R 27880

Paris
1866

Bautain, Louis Eugène Marie

Manuel de philosophie morale

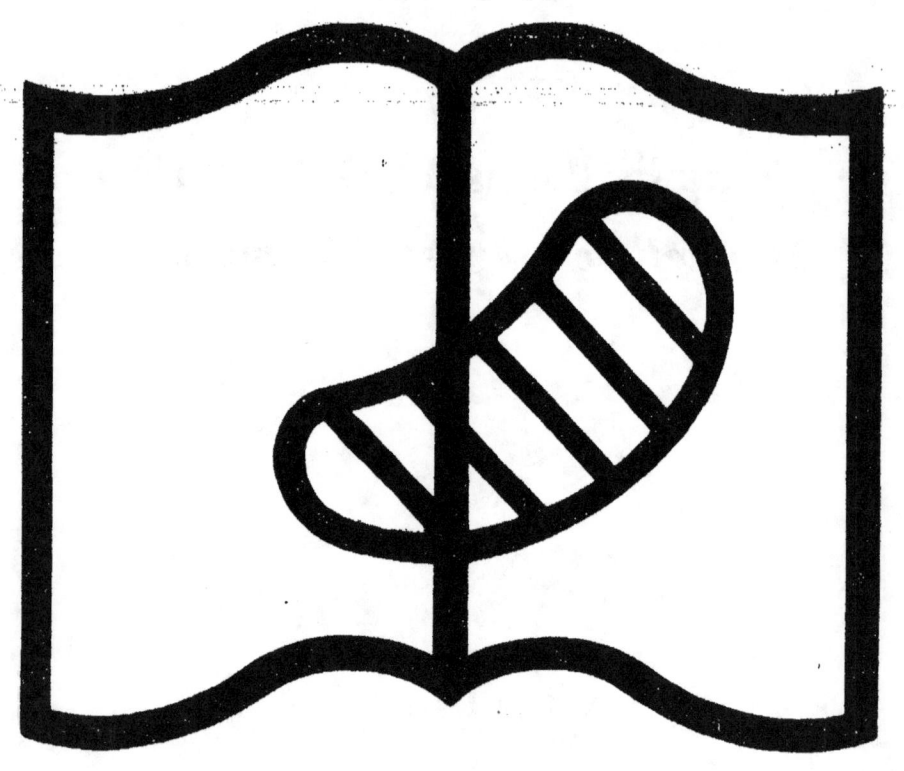

Symbole applicable
pour tout, ou partie
des documents microfilmés

Original illisible

NF Z 43-120-10

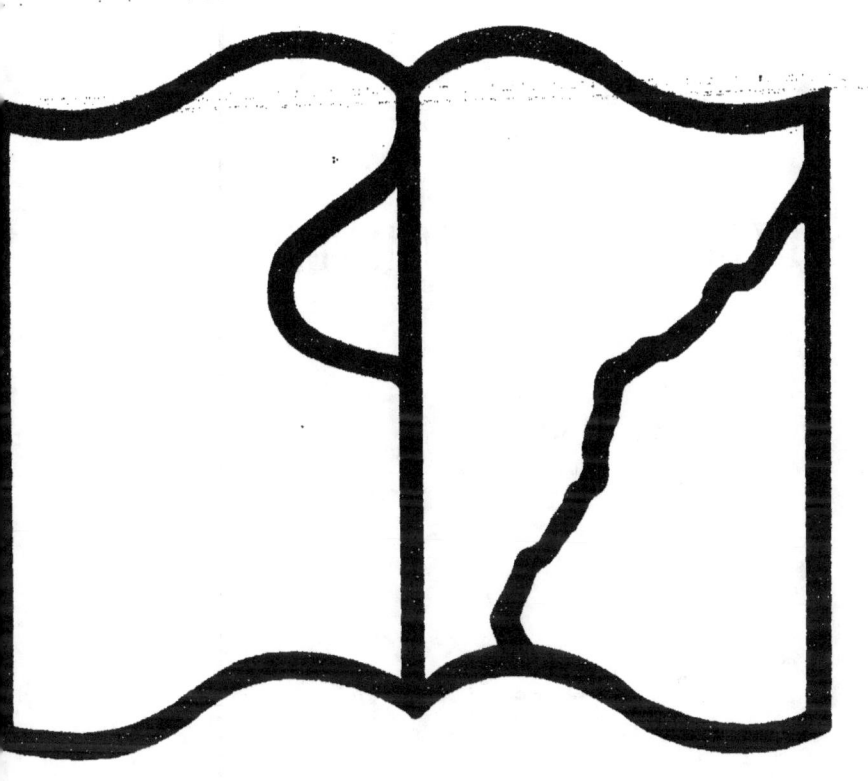

**Symbole applicable
pour tout, ou partie
des documents microfilmés**

Texte détérioré — reliure défectueuse

NF Z 43-120-11

MANUEL

DE

PHILOSOPHIE MORALE

PAR

M. L. BAUTAIN

Vicaire général de Paris et de Bordeaux
ancien professeur de philosophie à la Faculté de Strasbourg
et de théologie morale à la Sorbonne
docteur en théologie, en médecine et ès lettres, etc.

PARIS
LIBRAIRIE DE L. HACHETTE ET Cie
BOULEVARD SAINT-GERMAIN, N° 77

1866

MANUEL
DE
PHILOSOPHIE MORALE

IMPRIMERIE GÉNÉRALE DE CH. LAHURE
Rue de Fleurus, 9, À Paris

MANUEL

DE

PHILOSOPHIE MORALE

PAR

M. L. BAUTAIN

Vicaire général de Paris et de Bordeaux
ancien professeur de philosophie à la Faculté de Strasbourg
et de théologie morale à la Sorbonne
docteur en théologie, en médecine et ès lettres, etc.

PARIS

LIBRAIRIE DE L. HACHETTE ET Cie

BOULEVARD SAINT-GERMAIN, N° 77

—

1866

Droit de traduction réservé

AVERTISSEMENT.

Ce livre est un sommaire des cours de morale faits à la Faculté des lettres de Strasbourg et à la Sorbonne, et de divers écrits sur le même sujet[1]. Ce que nous imprimons aujourd'hui, nous l'avons enseigné depuis quarante ans, et dans ce long espace de la vie, *grande ævi spatium*, comme dit Tacite, au milieu de tant de changements, nous n'avons trouvé aucune raison suffisante de changer. Notre morale, grande et petite, est restée la même au milieu de la vicissitude des hommes et des choses.

Nous avons cependant assisté à bien des révolutions dans le domaine de la philosophie; car là, comme dans les empires, la face des choses se renouvelle à peu près périodiquement, ne fût-ce que pour avoir du nouveau, et quoique ce nouveau soit toujours de l'ancien rajeuni au goût du moment; en sorte que la philosophie, qui devrait mener le monde, a tout l'air de le suivre dans ses variations; ce qui, on le comprend, nuit à son autorité et diminue son crédit aux yeux des peuples.

1. *La philosophie morale*, 2 vol. in-8; *La morale de l'Évangile comparée aux divers systèmes de morale*, 1 vol. in-8; *La conscience ou la règle des actions humaines*, id.; *La philosophie des lois*, id.

Quand nous sommes entré à son école, il y a cinquante ans, Condillac y régnait, et le système de la sensation transformée avait, comme de raison, pour morale le sensualisme plus ou moins mitigé. Nous avons contribué à le démolir sous le drapeau et avec les armes de l'éclectisme, qui aspirait au moins à une sphère plus élevée. L'éclectisme, en se germanisant, est devenu du platonisme dans sa meilleure tendance, et du scepticisme par sa pente naturelle à la suite de Kant; puis une sorte de philosophie de la nature sous l'inspiration de Schelling, et enfin quelque chose qui ressemble au panthéisme par son alliance avec Hegel. Du reste, il avait trop de bon sens pour suivre l'*hegelianisme* dans toutes les conséquences, et sans oser dire son dernier mot, se tenant en dehors du mouvement fatal qui entraînait de nouveau la philosophie au matérialisme, au nihilisme, il a laissé proclamer, sans protester, qu'il n'y a ni vérité ni erreur, que le néant est identique à l'être, le *oui* en équation avec le *non*: logique transcendante, devenue la métaphysique du siècle, et dont la morale a été la confusion du fait avec le droit, du vice avec la vertu, c'est-à-dire le réalisme.

Fils d'un matérialisme nouveau un peu plus savant que son devancier du dernier siècle, et qui emploie toute la science des faits naturels à prouver qu'il n'y a au monde que des phénomènes, le réalisme nie hardiment les principes du spiritualisme, du rationalisme, du kantisme et de la philosophie de la nature, les traitant de chimères de la pensée humaine, auxquelles ne correspond aucune réalité.

Vaincu il y a cinquante ans, le sensualisme prend sa revanche aujourd'hui en Allemagne comme en France; il tend à ressaisir le terrain dont il a été dépossédé, et qu'ont bien de la peine à lui disputer l'éclectisme à bout de forces et le spiritualisme rationnel découragé ou couvert de blessures. Instruit par l'expérience, le matérialisme de nos jours, devenu plus habile et plus hardi, a reconnu que son adversaire le plus puissant n'est pas la philosophie, qui a peu d'influence sur les peuples, mais la religion, qui les domine par ses principes éternels ; et pour se débarrasser de cette opposition redoutable dans la pratique, il propose nettement de faire de la morale en dehors de toute idée religieuse.

Nous l'attendons à l'œuvre, et nous verrons comment il s'y prendra pour fonder une morale éternelle et universelle sur des opinions et des autorités humaines. Cette tentative n'a guère réussi pour la dogmatique à la réforme, qui a été réduite à supprimer le dogme par le désespoir de l'établir. Il en arrivera autant à cette prétendue philosophie sans religion aucune : sa morale sera de n'en pas avoir.

Nous n'avons pas besoin de dire que nous allons franchement à rebours de cette tendance, et que notre intention est de combattre, autant qu'il est en nous, ce nouveau courant, qui a fait sortir la philosophie et avec elle la morale de son lit naturel et légitime. Nous n'avons jamais été partisan de Condillac, et il y a longtemps que nous ne sommes plus ni éclectique, ni kantiste, ni philosophe de la nature. Nous nous faisons gloire d'être philosophe chrétien, et nous avons la conviction que, si l'idée de Dieu est le fondement nécessaire et la sanction indispensable de la morale, le christianisme, qui a seul donné au monde la science de cette idée, en est la perfection et le couronnement. Ce qui a produit deux morales, ou plutôt deux parties d'une morale unique, dont l'une, qui peut être purement humaine ou naturelle, se déduit de la croyance en Dieu, ratifiant par son autorité les dictées de la conscience et de la raison, et dont l'autre, surnaturelle et divine, élève les âmes, par la foi en la parole révélée, à la participation de l'éternelle justice et de l'amour infini.

Tel est le but de ce livre. Nous avons voulu faire une espèce de catéchisme de morale, résumant toutes les questions importantes, et donnant seulement les explications les plus nécessaires. C'est pourquoi nous l'avons appelé un *Manuel*, espérant qu'il passera dans les mains des maîtres et des disciples, et que, par sa brièveté et sa clarté, il aidera les uns dans leur enseignement de tous les jours et les autres dans leurs études préparatoires à leurs examens et à la science de la vie. Afin d'en faciliter la lecture et la compréhension, toute la doctrine a été réduite en quelques paragraphes, liés étroitement entre eux, et qui sont comme des sommités qu'on peut embrasser d'un coup d'œil, et autour desquelles se groupent les développements. Une longue expérience nous a convaincu que cette méthode, un peu aride dans la forme, est cependant la plus sûre et la plus commode dans un enseignement sérieux. Après avoir consacré notre vie entière à cet enseignement, nous serions heureux de contribuer encore, si peu que ce fût, à ses progrès et à ses bienfaits par la plume, puisque notre voix, qui s'y est éteinte, nous a forcé d'en abandonner les fatigues et les joies.

MANUEL
DE
PHILOSOPHIE MORALE

PARTIE THÉORIQUE.

§ 1.

La morale ou l'éthique, c'est-à-dire la science des mœurs, enseigne à l'homme comment il doit se conduire, ou ce qu'il doit faire ou ne pas faire pour vivre selon sa vraie nature et conformément à sa fin dernière. Elle implique trois choses principales :

1° Une règle que l'homme doit suivre dans ses actions, afin d'être dans l'ordre et d'accomplir sa destination : donc une *loi*.

2° Qu'il est capable de connaître la loi et d'en apprécier l'obligation : donc la *conscience morale*.

3° Que, connaissant sa loi, il a le pouvoir de

l'observer ou de l'enfreindre : donc l'*exercice de la liberté*.

La loi, la conscience morale et la liberté, voilà les trois conditions nécessaires *de la moralité*.

La théodicée et la psychologie sont les antécédents nécessaires de la doctrine morale : la théodicée, parce que la morale émanant de Dieu, ou n'étant que l'expression de sa volonté par rapport à nous, nous comprendrons ou interpréterons cette volonté en raison de l'idée que nous aurons de la nature divine et de son rapport avec l'humanité : la psychologie, car l'opinion que l'homme a de sa nature et de ses facultés détermine la conviction de sa destination. C'est pourquoi on voit toujours la morale pratique des individus et des peuples correspondre à leurs croyances ou à leurs doctrines philosophiques. L'homme qui se croit un être purement physique, vivant sur la terre comme l'animal et n'ayant point de fin supérieure, sera porté à vivre comme la bête et à mourir comme elle. Le plaisir et la peine seront ses seuls mobiles d'action ; il n'y aura de bien pour lui que la jouissance, et de mal que la douleur. Si au contraire, s'exaltant dans son esprit propre, il se regarde comme une intelligence faite pour contempler la vérité, à la manière du platonisme, rien ne lui paraîtra plus excellent que la science, et le devoir principal sera d'en acquérir. Si, comme le stoïcien, il n'estime en lui que la force de la volonté, supérieure par sa nature à tout ce qui l'entoure, et devant persister dans l'*imperturbabilité* pour conserver sa dignité, il placera sa perfection dans l'indépendance. Si, comme le péripatéticien, il reconnaît en lui un être mixte, dont les deux parties, unies pour s'accorder et non pour se gêner, ont droit à une égale satisfaction, il trouvera le *bien* dans le tempérament de l'une par l'autre, dans le juste milieu de l'âme et du corps, et la somme de toutes les jouissances sera sa perfection. Si enfin il croit avec le chrétien que le corps n'est uni à l'âme que pour être l'instrument de ses volontés et de ses pensées; que la perfection de l'âme consiste à obéir à la loi de Dieu, son principe, sans se laisser entraîner par les désirs de la chair, et qu'il sera plus homme en devenant plus pur, la tendance de sa volonté sera de se détacher de la terre pour entrer dans un rapport plus intime avec les choses du ciel.

Toutes les écoles philosophiques ont dit à l'homme en l'appelant à la perfection et au bonheur : « Vis conformément à ta nature. » Mais pour chacune ce précepte a un autre sens, suivant sa manière de comprendre le mot *nature*. L'épicurien et le stoïcien pouvaient convenir dans la formule, sans s'accorder dans la pensée ; et de nos jours encore, avec toutes les lumières données par l'Évangile sur l'origine, la loi et la destination de l'humanité, combien d'hommes abusent de cette sentence et l'interprètent faussement ? N'invoque-t-on pas journellement la nature et ses exigences pour excuser, sinon pour légitimer, l'entraînement des passions? Y a-t-il un mauvais penchant, un vice qu'on ne cherche à justifier par là, et ne croit-on pas avoir tout dit, quand on a affirmé que c'est un besoin de la nature? A entendre nos éducateurs modernes, il faudrait bien se garder de contrarier le naturel de l'enfant; et les philosophes des derniers temps, qui ont la prétention de comprendre l'homme et la société mieux que le christianisme, n'ont-ils pas dit que tous les désirs du cœur sont bons, qu'ils peuvent tous être exploités au profit de l'ordre et du bonheur, et qu'en les compensant les uns par les autres on parvient à les rendre moraux et utiles?

Ces erreurs, qui se renouvellent sous une autre forme dans tous les temps, proviennent de la même source : l'ignorance de la nature et de la constitution de l'homme arrivant en ce monde. S'il était resté dans l'état primitif de sa création, il n'y aurait aucun risque à suivre les penchants et les tendances de la nature; il obéirait à Dieu en s'y conformant. Mais la question préalable est celle-ci : Le genre humain est-il aujourd'hui ce qu'il était originairement? Sommes-nous encore ce que Dieu nous a faits? Là est le nœud de toutes les difficultés morales, et il est impossible d'établir une doctrine sérieuse de la moralité sans avoir décidé cette question, c'est-à-dire sans avoir une opinion ou une croyance arrêtée sur l'origine du mal. La philosophie chrétienne, puisant ses principes et ses inspirations dans la parole divine, est la seule qui parle clairement et catégoriquement dans cette grande affaire, la seule qui résolve vraiment le problème, autant qu'il peut l'être ici-bas.

Elle enseigne que l'ordre de la création a été troublé par la volonté de la créature, et qu'ainsi l'humanité a été pervertie, non par un vice essentiel aux deux natures qui la constituent, mais par leur désharmonie et le faux rapport qui s'est établi entre elles. Elle enseigne que l'âme, s'étant détournée de Dieu, a laissé prendre au corps une prépondérance illégitime, que l'homme, exalté par l'orgueil, est tombé sous le joug de la sensualité, et qu'en voulant se rendre indépendant ou égal à Dieu, il est devenu l'esclave des choses terrestres. De là une tendance instinctive au mal, transmise par la génération à tous les enfants d'Adam, et qui constitue le vice originel de leur nature actuelle. Suivre cette tendance, ou vivre conformément à cette nature corrompue, est donc un mal; et loin de lui obéir nous devons la combattre et nous efforcer de la redresser, de la réformer; ce qui est le but de la religion, de l'éducation et de toute discipline véritablement morale, afin de rétablir l'ordre divin dans notre existence, et de remettre les deux parties de la personne humaine dans le rapport hiérarchique de leur origine.

Il y a donc en nous une bonne et une mauvaise nature. Le précepte de vivre conformément à la nature ne signifie donc rien, si l'on n'explique d'abord de quelle nature on veut parler. Le méchant vit conformément à la nature viciée, en suivant l'instinct de la concupiscence et l'entraînement de l'égoïsme. L'homme de bien vit conformément à la nature pure ou régénérée, quand par l'énergie de sa volonté il a remis le corps sous l'empire de l'âme et l'âme sous la loi de Dieu.

On peut dire la même chose de la fin ou de la destination donnée comme règle de la vie. Sans doute, un être n'est dans la voie de sa perfection qu'en marchant vers sa fin, en accomplissant sa destinée ou *ce pourquoi* il a été créé. La fin seule indique les moyens convenables et les dirige. Mais la fin est déterminée par la nature; car le terme est toujours analogue au principe, le but au point de départ. Il y aura donc autant d'opinions diverses sur la destination de l'homme que sur sa nature, et la doctrine qui connaîtra sa vraie nature, et par conséquent sa véritable fin, en donnant les moyens efficaces d'y parvenir, sera aussi la seule qui enseignera la vraie morale.

La première partie de ce manuel, comprenant la *morale générale*, ou les principes de la morale, expliquera les trois conditions nécessaires de la moralité, savoir la loi, la conscience, et l'exercice de la liberté. La seconde partie exposera la morale pratique, ou l'application de la loi à toutes les circonstances de la vie, à tous les rapports où la volonté humaine peut se trouver engagée, et d'où sortent les devoirs de l'homme.

CHAPITRE PREMIER.

DE LA LOI.

§ 2.

L'idée simple et primitive exprimée par le mot *loi* est souvent confondue avec des notions purement empiriques, avec des abstractions rationnelles. L'ordonnance ou le précepte, le commandement ou la défense supposent la loi, comme le texte, la formule ou l'article la représentent, mais ils ne sont pas la loi elle-même. La loi dans son principe et dans son essence est un acte de souveraineté, par conséquent un fait vivant et permanent. Elle implique nécessairement un terme supérieur dont elle dérive et qui l'impose, et un terme inférieur, auquel elle s'applique et qu'elle régit. Dans son expression la plus simple, la loi est le rapport du supérieur à l'inférieur, de l'antécédent au conséquent. On l'appelle *loi naturelle*, en tant qu'elle est essentielle à la créature, comme la condition nécessaire de son existence.

Remarquons d'abord que la loi n'est point une abstraction, un être de raison ; car c'est l'homme qui fait les abstractions, les généralités, et il ne fait pas la loi. Les lois véritables sont indépendantes de notre volonté et de notre raison ; elles existent dans la nature des choses, que nous le sachions ou non, que nous le voulions ou ne le voulions pas, et l'art du législateur n'est pas d'inventer la loi, mais de la découvrir, de la formuler et de l'imposer. Les lois morales sont des faits de l'ordre moral, comme les lois physiques sont des faits du règne organique ou inorganique, et, sous ce rapport, les êtres libres, individus ou peuples, sont dans les mêmes conditions que ceux qui ne le sont pas. La loi existe pour tous, une dans son essence, diverse dans ses applications et dans ses formes. Il n'y a de différence que par la manière dont elle s'applique et se réalise, l'être raisonnable pouvant la comprendre et la vouloir, tandis qu'elle entraîne aveuglément l'être sans raison. Mais dans l'un et l'autre cas la loi est un fait d'autorité ; c'est l'acte d'une puissance qui, en dominant ou en commandant, s'impose avec droit et sans appel, en un mot un acte souverain.

Cet acte implique deux choses : d'un côté un terme supérieur qui donne, de l'autre un terme inférieur qui reçoit. Point de loi sans un législateur dont elle dérive, et sans un sujet qui lui est soumis. Elle ressort du rapport de ces deux termes, et c'est pourquoi elle est nécessairement quelque chose de vivant, la vie procédant partout de l'action et de la réaction. La loi constitue donc la vie du subordonné, en même temps qu'elle exprime celle du supérieur. Elle est la condition absolue de l'existence, qu'elle gouverne et conserve à chaque instant en s'imposant à elle, ou encore c'est la continuation de l'acte créateur par l'application toujours renouvelée et plus ou moins médiate de la puissance créatrice à l'être créé.

La loi n'est donc pas, comme le dit Montesquieu d'une manière trop générale, le rapport qui dérive de la nature des choses; car il existe entre les êtres, en raison de leur nature, beaucoup de rapports ou de relations qui les modifient sans les obliger. Le rapport spécial qui constitue proprement la loi est le rapport de supériorité, sans lequel il n'y a ni autorité, ni législation possible. L'obligation imposée et la direction que la loi imprime viennent de plus haut; la cause régit l'effet, le principe la conséquence, l'antécédent ce qui sort de lui. Il n'y a de loi que par la hiérarchie et dans l'ordre hiérarchique. Entre égaux, il n'y en a pas; encore moins peut-elle partir de l'inférieur. Dans la société humaine, famille ou peuple, ce n'est point l'homme qui pose la loi de l'homme. Le père commande aux enfants, de droit divin et par le droit naturel, comme le représentant de Dieu dans la famille, et parce qu'il leur a transmis la vie. La volonté du chef de famille n'a d'autorité légitime que par la loi supérieure qu'elle exprime. Ni la volonté d'un individu, ni la volonté de plusieurs, ni même celle de tous ne fait la loi d'un peuple. C'est peut-être un moyen de la reconnaître et de la promulguer; mais la raison de la légitimité n'est pas là : elle est dans la nature des choses et dans leur développement conforme à l'ordre providentiel. D'où la distinction de la *légitimité* et de la *légalité*; celle-ci provenant de la coïncidence avec des formalités humaines, et étant par cela même en partie conventionnelle et toujours relative; celle-là au contraire pure, immuable, éternelle comme la vérité et la justice qu'elle manifeste.

§ 3.

Comme acte d'une puissance supérieure, la loi impose une *obligation* et provoque à l'accomplir. Tout ce qui existe se trouve par le fait même de l'existence sous l'empire de la loi, et l'homme, tout libre qu'il est dans son for intérieur, ne peut y échapper. En tant qu'être organique il est soumis aux lois physiques; de là les besoins, les appétits, les penchants, les désirs qui ressortent du corps, ainsi que les souffrances et les maladies qui l'affligent. Il y a là pour l'homme une certaine fatalité, à laquelle il est forcé d'obéir sous peine de la vie, et même, en définitive, aux dépens de la vie.

Étant posé que la loi est le rapport du supérieur à l'inférieur, son caractère obligatoire en est une conséquence nécessaire, puisqu'elle est l'application d'une supériorité naturelle et la condition de la vie pour le terme qui lui est soumis. Ainsi *l'obli-*

gation morale, que les philosophes ne peuvent fonder, quand ils n'admettent rien au-dessus de l'homme, s'explique d'elle-même par l'idée transcendante de la loi ; car c'est une nécessité que dans l'ordre de l'univers, dans la hiérarchie des êtres, l'action du supérieur en nature s'impose au terme inférieur et lui communique à la fois l'aliment et la direction de son existence. Là se trouve la raison de la loi naturelle et sa sanction.

Or cette force obligatoire de la loi se manifeste à tous les degrés et dans tous les règnes. Partout il y a quelque chose à faire pour bien faire, pour agir conformément à l'ordre ; et le devoir de l'être intelligent et libre est de rechercher en toutes choses ce qui doit être, et de tâcher de l'accomplir. L'être raisonnable est obligé par la vue de la vérité, l'être moral par la connaissance de la justice, l'être physique par l'instinct du besoin. Seulement le premier peut violer la loi tout en la reconnaissant, tandis que le second la suit ou s'en écarte sans le savoir et sans le vouloir.

Comme être organisé, et par la partie matérielle de sa personne, l'homme est englobé dans le monde physique, il en subit la loi. Sa liberté ne peut échapper entièrement à cette dépendance ; s'y soustraire serait détruire son existence ; car il ne vit ici-bas que par la satisfaction des nécessités corporelles. La coaction est toute naturelle ; c'est une violence faite à l'âme par le corps en raison de son union avec lui. Par cette union qui la met en relation avec la matière, elle se trouve engagée dans la fatalité en arrivant dans ce monde et pour y subsister. La liberté de l'individu n'est pour rien dans sa naissance ; il vient au jour sans être consulté, ici ou là, en tel temps, de tels parents, dans telle condition, avec telle constitution, sous telles influences, avec tels penchants. Il reçoit un sang pur ou impur, des prédispositions à la vertu ou au vice, des instincts plus ou moins énergiques. Voilà le fonds qu'il est obligé d'accepter en entrant dans la vie et pour fournir sa carrière.

Puis il faut qu'il grandisse, se forme, devienne homme par l'esprit et par le corps ; et pour cela il entre en commerce avec une multitude d'agents naturels, physiques et spirituels, dont il ne peut refuser les influences, parce qu'elles sont indispensables à sa conservation. Il est comme engrené dans la grande roue de la nature, forcé de tourner avec elle, puisqu'il vit en elle et par elle, et c'est peut-être ce que l'apôtre Saint-Jacques appelle *rota nativitatis*. (Jac., III, 6.)

Il est donc dans une certaine mesure soumis au destin, au moins par la partie matérielle de sa personne. En est-il l'esclave ou le jouet ? Oui et non, en raison de l'énergie de sa volonté, et de l'usage bon ou mauvais de sa liberté. Par elle il est plus grand que le monde ; car il peut le gouverner, au moins en ce qui le concerne, tout en se soumettant à ses lois. La liberté humaine a toujours la puissance de s'exercer au milieu de cette fatalité qui la presse de toutes parts. Elle est même tellement grande, qu'elle peut résister aux lois inflexibles, et braver le destin en se refusant aux exigences de la nature. Sa perfection dans ces cas n'est point de repousser les conditions inévitables de son existence, mais d'accepter ce qu'elle ne peut empêcher, et d'obéir volontairement à la nécessité sans s'en laisser maîtriser, n'accordant que ce qui est indispensable, concédant au vrai besoin ce qu'elle refuse à la concupiscence, non pas seulement en vue de la conservation physique, mais surtout dans l'intérêt de son développement moral. Assurément l'homme est plus assujetti dans l'ordre physique qu'en aucun autre. Sa liberté néanmoins n'y est point accablée; elle se retrouve dans le gouvernement des appétits, dans la satisfaction réglée des besoins, dans la discipline de la vie animale. Elle doit tendre à diminuer tous les jours sa dépendance du corps par la tempérance, l'empire sur soi-même, l'habitude de la privation, la mortification des sens. La vie ascétique prouve quelle autorité l'âme prend sur le corps par une volonté forte et persévérante. L'histoire des saints en offre d'admirables exemples.

§ 4.

Comme être raisonnable, ou dans la sphère logique, nous sentons partout l'autorité de la loi. Les idées de l'être et de l'existence, les notions de cause et d'effet, de substance et d'accident, de principe et de conséquence, de temps et d'espace, toutes les définitions mathématiques sont *a priori* pour la raison, qui ne peut les modifier à son gré. Elle ne peut non plus refuser les axiomes sans se renoncer elle-même. Elle ne peut s'exercer, fonctionner, qu'à la condition d'accepter ces *postulées*, qui sont pour elle autant de lois particulières, applications diverses de la loi fondamentale.

La loi s'applique à l'existence logique comme à l'existence physique. La fonction rationnelle comme la fonction organique s'opère sous l'action d'une puissance supérieure, provoquant une réaction analogue, qu'elle règle et soutient après l'avoir excitée. La raison humaine n'entrerait point en exercice si elle n'était éveillée et comme allumée primitivement par une raison plus haute ou déjà développée. Puis quand elle y entre, elle tombe sous l'empire de certaines lois, de certaines conditions qu'elle est obligée de subir et de suivre même à son insu ou sans pouvoir se les expliquer, comme l'homme physique accomplit la plupart des fonctions organiques sans savoir ce qu'il fait. Nous pensons et nous raisonnons d'abord instinctivement; en beaucoup de choses on sait faire avant de savoir comment on fait ; l'art précède la théorie. C'est pourquoi il y a une logique naturelle antérieure à celle de l'école, et qui en reste souvent indépendante. Les conceptions, les jugements, les raisonnements, le discours, toutes nos manières de penser et de parler sont soumises à des règles fixes, qui en déterminent la formation régulière, comme les phénomènes de la nature obéissent à des lois constantes. Ces règles sont nécessaires et d'une application inévitable. On ne peut penser juste qu'en les observant, et quand on les enfreint on tombe dans le faux ou dans l'absurde.

En outre la pensée suppose certaines *données* ou principes, sur lesquelles elle est obligée de s'appuyer dans la formation des conceptions, dans la composition des notions, dans la construction du raisonnement et du discours. Ces données lui sont fournies par ce qu'on appelle le sens commun, c'est-à-dire qu'elles sont inhérentes à la raison même qui ne peut fonctionner sans elles. Qu'elles soient niées ou mises en doute, le travail de la raison s'arrête; il n'est plus possible de raisonner. Telles sont d'abord les *idées* de *l'être* et de *l'existence*, qui sont au fond de tout ce qui peut être conçu et pensé par l'esprit humain. Telles sont encore les notions de substance et d'accident, de cause et d'effet, de principe et de conséquence, dérivations de l'idée fondamentale de l'être tombée dans le temps et soumise à la diversité, à la multiplicité par le passage de la puissance à l'acte, par la manifestation successive de l'idéal dans la réalité. Telles enfin les définitions mathématiques, postulées nécessaires de la science des nombres et de l'étendue, qu'elle est forcée d'admettre à son point de départ sans pouvoir les expliquer, quelquefois même sans les comprendre.

Or le propre de ces lois, expressions multiples de la loi suprême de la raison, est de s'imposer dogmatiquement, de commander l'assentiment. Une loi naturelle porte en elle-même son autorité : dans l'évidence de sa formule ou de la proposition qui l'exprime, si c'est une loi logique; dans la vertu de son commandement, quand c'est une loi morale. Dans l'un et l'autre cas, elle se pose en régulatrice de la manière de penser et d'agir; elle devient la ligne ou l'axe qui détermine et soutient l'acte de l'esprit et de la volonté; c'est pourquoi on l'appelle *axiome*.

Il y a donc des nécessités logiques comme il y a des nécessités physiques; et les unes et les autres doivent être accomplies pour que la vie se développe et que l'ordre s'établisse. L'être libre peut, il est vrai, en vertu de sa liberté, violer les lois de la logique, de même qu'il peut lutter avec les lois physiques, mais dans les deux cas il compromet son existence. Dans le premier, il se condamne à l'absurde, c'est-à-dire à la mort de la raison, parce qu'il se met lui-même hors la loi de la pensée : dans le second, il brise les liens qui l'attachent à ce monde en refusant d'obéir aux conditions de la vie terrestre. Des deux côtés, avant la mort il y a la maladie, c'est-à-dire le trouble et la souffrance causée par la violation de la loi, par le désordre et la lutte qui en sortent. La conséquence des idées et des propositions est aussi fatale que l'enchaînement des causes et des effets, et quoiqu'il n'y ait rien au monde de plus libre que la pensée humaine, elle est cependant soumise à l'autorité de la loi, comme toute autre créature.

§ 5.

Dans la sphère morale la loi se manifeste à la conscience, et quoique dans cette sphère la liberté s'exerce le plus largement, et que là plus qu'ailleurs l'homme soit le maître d'accepter ou de refuser la loi, il ne peut cependant en étouffer la voix impérative dans son cœur ; il ne peut se soustraire entièrement à son autorité, tellement qu'il lui obéit souvent malgré lui. Quand il lui résiste ou agit contre elle, il abuse de sa liberté et il en portera les conséquences. Son sens moral s'affaiblit, son intelligence s'obscurcit ; les idées du bien et du mal se confondent en lui, et s'il persiste dans cette opposition, il se pervertit et se dégrade.

La puissance supérieure, dont l'homme dépend et qui agit mystérieusement sur sa volonté, se fait sentir et reconnaître dans ce qu'on appelle les *dictées de la conscience*. Il y a en effet dans la voix de la conscience quelque chose d'impératif et de catégorique qui indique une *autorité naturelle*, s'imposant avec droit à la volonté humaine. Ce n'est ni l'impulsion de l'instinct, ni l'entraînement du désir, ni le conseil de la prudence. Il ne s'agit point du bien-être physique, d'un plaisir ni d'une chose utile; il s'agit de faire moralement bien ou moralement mal; il s'agit d'un devoir à remplir, et il faut le remplir avec ou sans plaisir, malgré l'instinct, la passion, et même les calculs de la raison. Quand l'enfant entend cette voix et l'écoute, la vie morale commence pour lui; il prend possession d'une nouvelle existence. C'est quelque chose de vivifiant, qui ouvre son âme, l'élève et la met en rapport avec une sphère supérieure. Ce quelque chose se fait surtout sentir négativement, quand après avoir entendu la voix de sa conscience et reconnu son autorité, l'homme ne répondant pas à ses inspirations, et négligeant d'exécuter ce qu'elle impose, se détourne de la loi morale ou la viole ouvertement.

Alors s'opère en lui une scission, et une lutte s'engage, qui, comme toute lutte indique un désordre et produit des douleurs. La loi, dont le droit est imprescriptible, réclame son application; elle sollicite, presse, et la volonté tergiverse ou refuse. Dans ce cas et par son opposition elle se met elle-même hors la loi, et ainsi hors de la vie morale, que la loi donne et conserve. D'autres fois la volonté lui obéit malgré elle, par la crainte de la punition ou parce qu'elle n'ose braver ouvertement l'autorité; mais elle obéit en frémissant, n'aimant pas le bien qu'elle fait, et désirant le mal qu'elle a peur de faire : d'où ressort davantage le caractère obligatoire de la loi. Dans tous les cas la liberté subsiste, et le sort de l'homme est entre ses mains. S'il accomplit la loi, il aura les bénéfices de la loi, il vivra d'elle et par elle il jouira du bien et des biens qu'elle apporte. S'il lui résiste ou l'enfreint, il pose une série d'actes dont sa volonté est le principe et qui lui reviendront un jour avec leurs résultats. Il assume ainsi une responsabilité qui entraîne une expiation, une réparation ; car tout ce qui n'est pas dans le plan providentiel ou dans l'ordre de la loi est illégitime, et disparaîtra avec les actes propres qui l'ont produit.

Ainsi, avec la loi, la vie et le bien-être partout : le bien-être physique ou la santé, par l'accomplissement de la loi physique; le bien-être logique ou le développement régulier de la raison, par l'observation de la loi logique; le bien-être moral, ou l'exercice bien ordonné de la volonté, par l'exécution de la loi morale; et au contraire sans la loi, hors la loi, partout le mal et la mort, du corps par la maladie, de l'esprit par l'absurdité, de l'âme par la perversion.

§ 6.

L'homme, malgré sa liberté, est donc dominé par la loi de sa nature, et ainsi, dès qu'il existe, il a des obligations naturelles à remplir. Sa vie, son bien-être, sa dignité et sa conservation en dépendent. En aucun cas il ne peut se soustraire entièrement à la loi physique, à la loi logique, à la loi morale, ni refuser impunément ce qu'elles lui imposent. Comme toute créature, il a reçu sa loi avec l'existence, il a reçu avec la vie le devoir, le droit, et le pouvoir de vivre. C'est pourquoi l'auteur de son être est aussi son unique législateur; car si Dieu donne la vie, lui seul peut imposer la loi de la vie. La puissance législatrice est identique à la puissance créatrice Toutes les lois naturelles, ou qui obligent par elles-mêmes, sont donc divines dans leur principe, parce qu'elles sont les expressions vivantes et permanentes de la volonté souveraine.

Il n'y a qu'un législateur comme il n'y a qu'un Père. Le Principe unique de la vie est aussi la source unique de l'autorité, et depuis la première créature jusqu'à la dernière, dans la chaîne des êtres il n'y a de puissance légitime et de vitalité bien ordonnée que par délégation et transmission. Aucune créature, si haute, si forte qu'elle soit, n'a en soi et de soi la vie et la puissance; elle transmet ce qu'elle reçoit. Il n'y a donc vraiment qu'une seule loi, la loi principe, fondement de la création, à savoir le rapport du créateur aux êtres créés, ou l'application de la volonté divine à toutes les créatures. Cette volonté, qui les a faites ce qu'elles sont, les soutient et les conserve par le renouvellement incessant de l'acte qui les a posées. La vie de chacune dépend de sa loi ou de la manière dont la volonté créatrice s'impose en elle en raison de sa nature, de son rang et de sa destination, ou de ce qu'elle est appelée à représenter de la perfection de l'Être suprême dans l'ensemble et l'ordre de l'univers.

Cependant pour connaître les lois qui gouvernent le monde et ses règnes divers, il ne suffit pas de savoir en général que tout s'y fait par la volonté de Dieu. Il faut descendre des hauteurs de la sagesse divine en marquant les intermédiaires par où elle passe et les transformations qu'elle y revêt sans en être altérée au fond, ou bien remonter des faits actuels à ceux qui les ont précédés et amenés, poussant l'induction de la causalité aussi loin qu'il est possible, jusqu'à ce qu'on arrive à une loi dans laquelle tous ces faits se résument, et à la détermination d'une force qui échappe à l'observation des sens. Et au-dessus de ces lois et de ces forces, se multipliant avec les degrés hiérarchiques de l'univers, les règnes, les ordres, les genres, les espèces et les individus, plane la loi universelle qui domine en chacune, toujours la même et toujours autre, les vivifiant, les légitimant, les sanctionnant, et en définitive les rattachant toutes par un anneau d'or, comme disait Platon, au trône de l'Éternel.

Toute loi remonte donc à Dieu comme toute vie, et elle n'est sacrée et obligatoire qu'à ce titre. Il est impossible d'expliquer rien à fond sans s'élever à Dieu, et sans lui rien de solide et de durable ne peut s'établir. Les phénomènes du monde visible vont se résoudre en des forces invisibles qui les relient à une sphère supérieure, où sont les dernières raisons des choses, obscurément manifestées ici-bas. Les faits intellectuels, moraux, politiques, religieux, après qu'on leur a arraché par l'analyse tous les éléments humains et terrestres qu'ils contiennent, offrent une partie irréductible qui ne vient ni de la terre ni de l'homme, et par laquelle ils communiquent avec une puissance transcendante et mystérieuse, cause première de ce qu'ils sont et de ce qu'ils peuvent devenir.

Les anciens faisaient descendre du ciel les sciences, les arts et les lois. Il n'y avait pas une invention utile à l'humanité qu'ils n'attribuassent à un dieu, et jamais un de leurs législateurs ne s'est avisé d'imposer une constitution en son propre nom ni au nom du peuple qu'elle devait régir. Minos, Lycurgue, Solon, Numa, Pythagore et autres ont tous invoqué la parole et l'autorité de la Divinité. C'est Dieu lui-même qui écrivit le Décalogue sur des tables de pierre, et toutes les lois politiques et civiles des Hébreux sont des conséquences de leur législation religieuse. Dans le monde moderne la civilisation est sortie du christianisme. La parole révélée a été la source principale des institutions et des mœurs des peuples chrétiens, et aujourd'hui encore, en dépit de l'incrédulité ou de l'indifférence religieuse, le mouvement parti d'en haut se continue, et l'on doit à l'esprit de l'Évangile le perfectionnement de la législation. C'est l'Évangile qui a enseigné au monde l'égalité devant la loi, conséquence nécessaire de l'égalité devant Dieu. C'est lui qui a fait passer l'homme des temps modernes de l'esclavage au servage, du servage à la commune, de la commune à la liberté politique. Tant que les institutions et les lois ont leur racine dans la foi chrétienne, elles ont un sens et une autorité supérieure ; il y a en elles quelque chose d'élevé, de généreux, qui, ne se bornant pas aux choses de la terre, prépare l'homme du ciel dans le citoyen. Mais là où la parole divine est négligée, contestée ou niée, tout ce qu'on établit n'a plus de base solide ; et les esprits, n'étant plus rattachés en haut par le lien surnaturel de la foi, ne savent plus où prendre les principes de leurs spéculations, la sanction de leurs décisions, la garantie de leurs institutions. Tout manque par les fondements, tout périt par défaut d'autorité. Ne la voyant plus hors de soi, l'homme la cherche en lui-même, et il tourne dans un cercle vicieux sans trouver ni point de départ ni terme. Un peuple qui prétend s'imposer des lois au nom de sa propre souveraineté n'est pas plus solidement établi comme peuple que l'individu qui veut n'obéir qu'à sa raison et ne faire que ce qu'il se commande. Il est aussi insensé de vouloir s'obliger par soi-même que de s'appuyer sur son propre corps pour le soulever. La loi vraiment obligatoire vient toujours, immédiatement ou médiatement, d'un supérieur qui a le droit naturel de l'imposer. Elle est imprescriptible et toujours vivante, même quand elle est méconnue ou violée. Elle régit les êtres inintelligents avec la rigueur du destin. La dignité des êtres moraux est de l'observer en la connaissant et la voulant, avec conscience et liberté ; ce que tout homme doit tâcher de faire dans sa vie privée et publique.

§ 7.

Quel est l'objet de la volonté souveraine par rapport à l'homme ? Puisqu'elle l'a créé, elle veut qu'il existe et subsiste conformément à l'idée divine ; elle veut qu'il vive de toute la capacité de sa nature, qu'il se développe dans l'harmonie de ses facultés, qu'il se tienne à son rang dans la chaîne des êtres et dans ses rapports naturels, afin que l'ordre soit conservé dans le monde. La loi universelle, émanant du Créateur, est la vie même qu'il donne à sa créature. Dieu veut que l'homme vive, et qu'il jouisse de tous les droits de la vie.

Il y a deux moyens de savoir ce que Dieu veut relativement à l'homme. Le premier, la révélation, est transcendant et objectif. Dieu a parlé à l'homme dès le commencement, à travers les siècles, et au milieu des temps. Il lui a dit expressément pourquoi il l'a créé et ce qu'il demande de lui. Il a proclamé lui-même la loi fondamentale sous plusieurs formes, de la manière la plus solennelle, au milieu du tonnerre et des éclairs sur le Sinaï, puis avec moins d'appareil, mais plus complétement, par Jésus-Christ. L'ancienne et la nouvelle loi sont deux formules de la loi universelle données au genre humain d'abord par la nation juive, et ensuite par le peuple chrétien.

L'autre moyen, plus humain et moins sûr, est la science, produit du travail de la raison, laquelle peut conclure le rapport qui doit exister entre le Créateur et la créature de la connaissance préalable de ces deux termes : ce qui suppose d'un côté l'idée de la divinité, qui sera difficilement pure sans la révélation; de l'autre une connaissance exacte de l'homme, qui s'acquiert en partie par l'observation.

Étant posé que Dieu est l'Être parfait, source de tout bien et de toute vérité, qui ne peut vouloir et faire que ce qui est bon et vrai; étant admis qu'il a créé par amour, pour réaliser hors de lui ce qui était en puissance en lui par la communication à des êtres finis de la surabondance de sa vie et de ses perfections; étant reconnu qu'il a tout fait dans son infinie sagesse pour que chaque chose aille à sa fin par des moyens proportionnés, il s'ensuit que Dieu veut tout ce qui est bon pour l'homme, c'est-à-dire tout ce qu'il peut porter de bien en lui; ou, en d'autres termes, que l'ayant créé pour une certaine fin, soit pour être son image et sa ressemblance, et tenir sa place en ce monde, comme dit la Genèse, soit pour y croître et s'y développer dans toute la plénitude de sa nature conformément à l'idée de son Créateur, comme dit le bon sens, et les deux assertions sont au fond identiques, la loi essentielle de l'homme est de faire ce que Dieu demande de lui, ou de réaliser par son existence tout ce qui est virtuellement dans l'idée divine, qui a présidé à sa création. Une semence porte en elle son corps futur, avec les propriétés et les qualités qu'il manifestera; elle contient même dans son sein en substance les milliers d'êtres qui en sortiront jusqu'à la consommation des temps. Sa destination, quand elle est jetée en terre, est de mettre au jour tout ce qui est caché en elle. Sa vie est dans ce développement successif, et son bonheur est dans la joie de la vie réagissant avec amour et par degrés vers les influences qui l'excitent. L'homme est une semence tombée du ciel en terre; il faut qu'il y germe, qu'il s'y élève, y fleurisse, y fructifie. Sa loi est de recevoir les influences célestes qui doivent à la fois le diriger et le nourrir, et le but de cette loi est de le conduire à la pleine jouissance de la vie ou au bonheur par la manifestation de tout son être en harmonie avec l'idée et la volonté divines, dont il est l'image et le produit.

La loi étant le rapport du supérieur à l'inférieur,

le caractère du supérieur, sa fonction naturelle et par conséquent sa loi, c'est de donner à l'inférieur ou de verser en lui la vie et ce qui est nécessaire à son entretien. Le pouvoir n'est dans l'ordre qu'à cette condition. Il n'y a donc de pouvoir légitime que celui qui ressemble à Dieu, se donnant à tous et répandant son soleil et sa rosée sur les méchants comme sur les bons. Toute loi de ce monde doit approcher de ce divin modèle ; elle doit tendre au bien de ceux qui y sont soumis ; par là seulement elle est divine, c'est-à-dire expression de la volonté souveraine. Elle est parfaite si elle représente pleinement l'intérêt de tous, et quand elle prescrit le bien commun, elle est intrinsèquement légitime, quels que soient le moyen et la forme par lesquels elle s'impose. A ceux qui gouvernent plus qu'aux autres convient donc l'oubli de soi-même et le désintéressement, et c'est pourquoi Jésus disait à ses disciples : « Je ne suis pas venu pour être servi, mais pour servir ; que le plus grand d'entre vous devienne le plus petit, ou le serviteur de ses frères. » *Servus servorum*, voilà le titre véritable du pouvoir le plus haut sur la terre.

Mais si le rapport naturel est renversé, si le pouvoir, au lieu de se dévouer au sujet, l'opprime en l'exploitant à son profit, s'il s'engraisse de sa substance au lieu de le nourrir, l'ordre est troublé ; il n'y a plus que le semblant de la loi et la prévarication domine. Les choses vont à rebours de la volonté souveraine, et le pouvoir infidèle à sa mission sentira tôt ou tard qu'on ne s'écarte point en vain de la loi divine, et que l'autorité qui n'en est point l'expression n'a point de force profonde et durable. C'est le despotisme par lequel un individu, s'arrogeant la puissance donnée d'en haut, détourne la loi à son profit et prévarique à la fois contre Dieu et les hommes; contre Dieu dont il devrait être le représentant et dont il se fait l'égal ; contre les hommes, parce qu'il garde ce qu'il devrait leur transmettre, les épuisant au lieu de les nourrir, et s'appropriant leur hommage qui ne s'adresse à lui que pour aller plus haut. Le despotisme est l'abus de la plus excellente chose, l'autorité ; c'est la corruption de la loi, la perversion des voies de la vie.

§ 8.

La loi universelle, expression de la volonté souveraine, se prononce en chaque créature par la tendance innée d'attirer à elle ce qui est nécessaire à sa conservation, de s'unir à ce qui peut la soutenir. De là le besoin général de la nourriture, si divers suivant les genres et les espèces. Or l'homme étant composé de deux substances unies en lui par un moyen terme, sa loi vitale s'exprime par le besoin d'une triple nourriture. Si donc, conformément à la volonté qui l'a créé, il doit vivre de toute sa capacité, dans son âme, dans son esprit et dans son corps, il lui faut un aliment analogue à chacun de ces trois termes ; car l'âme ne vit pas du pain matériel, et l'homme animal ne goûte pas les choses de l'esprit.

La loi, qui est le rapport du supérieur à l'inférieur, a dans chacun de ces deux termes quelque chose dont elle procède et qui en est la racine. Du côté du supérieur l'autorité s'impose en vertu de sa nature et de sa position, et se donne en s'imposant. L'inférieur au contraire dépend par nature et par sa situation. Il ne peut rien sans celui dont il relève, car il n'a que ce qui lui est transmis. Son caractère essentiel est donc la receptivité. Le rapport avec son supérieur est vital pour la créature ; elle défaille s'il languit ou quand elle le néglige ; elle s'évanouirait s'il pouvait cesser ; ce qui revient à dire qu'elle ne peut subsister sans l'action continuelle de celui qui l'a posée, ou sans Dieu.

Toute créature, et l'homme plus qu'une autre, est donc doublement poussée vers Dieu. La loi souveraine la sollicite par deux voies, objectivement et subjectivement ; d'un côté par l'action de l'infini toujours prévenante parce qu'elle veut se donner à tous pour les vivifier tous, et là est la source de l'existence dans la création ; de l'autre par le besoin de l'être fini qui, aspirant à l'infini, le désire et l'attire d'autant plus énergiquement qu'il sent ou sait mieux ce qui lui manque. Ne se suffisant point à lui-même et ne pouvant subsister sans être soutenu du dehors, il absorbe avidement ce qui lui est donné et se l'assimile, autant qu'il lui est possible. La fin de la loi dans la créature est donc la nutrition, qui est la fonction principale de la vie, et toutes les autres en sont des moyens et des conséquences. L'histoire de chaque existence vivante est tout entière dans la manière dont elle se nourrit, ou dans l'exposition de son développement sous l'influence des termes dont elle dépend, et par l'application de la loi vitale à sa constitution et à son organisme. La nourriture d'un être indique sa nature et son degré. Mais si une créature composée de plusieurs éléments tient à plusieurs sphères, elle devra être en rapport avec chacune pour vivre, et ainsi sa loi, une et la même dans son essence, devient multiple et variée dans ses applications. Ainsi dans l'homme, existence synthétique qui réunit en elle tous les éléments de l'univers, outre la loi fondamentale qui le lie à son auteur, il y a une loi secondaire qui l'unit au monde physique par son corps, et une autre qui le rattache au monde intelligible par son esprit. Ce qui fait pour l'homme trois genres de vie, et par conséquent trois sortes de nourriture, analogues aux trois parties constitutives de sa personne.

§ 9.

La vie physique est alimentée par l'air vital répandu dans l'atmosphère et par l'absorption des substances terrestres. La loi naturelle de l'homme animal, sans laquelle son organisme ne peut être entretenu et conservé, est donc qu'il aspire continuellement l'air, véhicule de la vie et de la lumière physique, et qu'il mange les fruits de la terre. L'enfant naît avec cette loi, il l'accomplit instinctivement comme l'animal. Il respire et se nourrit sans l'avoir apprise, et, en exerçant ces fonctions, il obéit sans le savoir à la volonté qui l'a créé et le conserve.

§ 10.

Dans l'ordre intellectuel les sens et l'esprit naturel de l'enfant se développent d'abord par ses rapports avec le monde physique, et ensuite par le commerce qui s'établit entre la société et lui au moyen de la parole. La loi naturelle de l'homme raisonnable, sans laquelle il ne peut parvenir à l'état de raison, veut donc qu'il entende, écoute et admette la parole, véhicule en ce monde de la vie et de la lumière spirituelle, et elle veut qu'à cette fin il vive en société. Recevoir la parole, se l'assimiler, s'en nourrir, et réagir et se développer à son tour par la parole, c'est vivre de la vie de l'esprit, c'est accomplir la loi de l'esprit. L'homme physique suit sa loi par instinct, l'homme spirituel apprend à observer la sienne.

La loi, exprimée dans l'inférieur par la dépendance et le besoin, dans le supérieur par l'autorité et la force surabondante, entre en acte ou fonctionne quand le rapport entre les deux s'établit et que la vie circule entre eux. Un organisme qui ne recevrait pas l'action du monde qui l'entoure ne pourrait vivre, n'étant ni stimulé ni nourri, ou si à l'action extérieure ne répond pas ou répond mal la réaction interne, la vie s'y éteindra faute d'aliment ou languira par une mauvaise alimentation. Dans l'un et l'autre cas, la loi vitale est entravée. Le corps tire sa nourriture de deux côtés : de l'air par la respiration, de la terre par la digestion. Composé de parties solides et fluides, il a besoin de se réparer dans les unes et les autres. Il se mêle avec la terre comme le végétal, afin d'en absorber les sucs analogues aux parties terreuses de sa substance ; et comme le végétal aussi il boit par tous les points de sa surface en contact avec l'air les fluides qui y sont dissous pour réparer ses parties les plus subtiles, et celui-là surtout qui contribue le plus énergiquement à refaire le sang.

Or l'esprit humain est soumis à la même loi et vit aux mêmes conditions. Il faut qu'il soit excité d'abord par une influence supérieure, et nourri ensuite par l'action continue de cette influence. Il ne vivra et ne vivra bien qu'en raison de sa réaction. Tenant à la fois de l'âme et du corps, comme lien de leur union mystérieuse, il est nécessairement excité des deux côtés et par deux sortes d'agents. C'est pourquoi son développement est double. Il entre d'abord en relation avec le monde matériel par les sens, et de là les facultés inférieures qui constituent ce qu'on peut appeler l'esprit naturel : ébauche de l'intelligence, commençant à s'exercer sous une action purement physique, et dont nous voyons des traces remarquables dans les animaux, dans ceux-là surtout dont l'organisation ressemble le plus à la nôtre et que leur sympathie rapproche de nous. Cet esprit naturel est une préparation ou un premier degré de l'esprit intelligent ; c'est l'anneau entre la raison de l'homme et l'esprit de l'être sans raison. Si l'homme en restait là, il ne s'élèverait guère au-dessus des animaux, comme l'expérience l'a prouvé par des individus trouvés seuls dans des forêts où ils avaient été abandonnés dès le bas âge : réfutation sans réplique de ces systèmes matérialistes qui prétendent substituer à la création divine je ne sais quelle éclosion de l'homme du sein de la terre, ou sa formation successive par l'élaboration graduée de la matière première.

Ces théories trahissent une profonde ignorance des lois de la vie dans l'ordre physique comme dans l'ordre psychique, où le développement de l'être fini est toujours une réaction à une action préalable qui lui vient du dehors, réaction analogue par sa nature et par son intensité à l'action reçue. D'où il suit que pour mettre en acte la vie intellectuelle proprement dite, il faut absolument une stimulation intelligible : ou, en d'autres termes, l'esprit humain ne peut arriver à l'état intelligent sans l'action fécondante et vivifiante d'une intelligence déjà formée. La condition première de sa vitalité, ou la loi fondamentale de son existence, est donc qu'il entre en rapport avec le monde des esprits, et c'est ce qui s'opère par la parole. L'enfant pense parce qu'il parle, il parle parce qu'on lui a parlé, en sorte que pour l'amener lui-même à penser, il faut l'action prévenante de la pensée d'un autre, s'imposant à son esprit par le langage, et lui versant avec la parole la vie de l'intelligence. Notre existence intellectuelle est toujours en raison composée de la société qui agit primordialement sur nous par sa langue, et de la manière dont nous recevons cette action et y réagissons.

Le langage et la société sont donc les postulées nécessaires de la vie spirituelle, et vouloir les expliquer par les efforts et les inventions de la raison, c'est tourner dans un cercle vicieux; car le développement primordial de la raison est le résultat de ce qu'on prétend expliquer par elle. D'où il faut conclure qu'il y a eu une société primitive, un langage initiatif, que les hommes n'ont ni inventés ni faits, et sans lesquels ils ne seraient point devenus des hommes; et comme maintenant encore il faut des hommes déjà formés pour en former d'autres, il suit que le premier homme, qui n'est pas né dans une famille humaine, communiquait dès son origine avec un être supérieur par des moyens analogues à leur nature respective. Cette conclusion, tirée par l'induction la plus rigoureuse de l'état de l'homme actuel, est justifiée, en outre, par les traditions des nations, et surtout par la plus pure et la plus antique, qui nous montre Dieu parlant à Adam qu'il vient de créer, et conversant habituellement avec lui. Voilà la première société et la première des langues. De cette source sublime descendent les hautes idées de l'humanité, communiquées en principe par un langage divin pour être le fond impérissable de sa science et de sa moralité. L'idée a été plantée en germe dans l'âme humaine pour y faire son développement ici-bas, comme une semence confiée à la terre doit germer, fleurir et fructifier en son temps, en sorte que la vie intellectuelle et morale de l'humanité se rattache par la chaîne de la tradition à la première parole de Dieu en ce monde, comme sa vie physique remonte par la suite des générations à l'animation primitive de la forme adamique par le souffle vivificateur de l'Esprit divin : *Adam, qui fuit Dei.* (Luc. 3, 38).

§ 11.

L'esprit naturel, l'entendement, la raison, sont des facultés de l'homme, mais non pas l'homme même. Pour que le caractère vraiment humain paraisse dans l'individu et dans la société, il faut autre chose que des excitations physiques et l'influence de la parole humaine. Quoique revêtue d'une forme terrestre, l'humanité n'est point fille de la terre. L'âme humaine, semence divine, germe immortel qu'elle apporte en ce monde, doit s'y développer, et pour cela il faut qu'elle obéisse à la loi universelle qui veut qu'elle vive, à la loi générale d'après laquelle elle ne peut vivre sans aliment, à sa loi propre par laquelle elle ne peut s'assimiler que ce qui est analogue à sa nature.

Il faut plus qu'un corps et de l'esprit pour faire un homme, il faut encore de l'âme, et, sans le développement propre de l'âme, ni l'esprit ni le corps ne sont ce qu'ils doivent être. L'existence humaine est tronquée, incomplète, et la personne n'arrive point à sa pleine manifestation. L'expérience montre qu'on peut avoir beaucoup d'esprit naturel, une raison forte, une brillante imagination, des sens subtils, et être dépourvu du sens moral et religieux par lequel l'âme exerce son influence. L'âme est le fond de l'humanité, le centre de la personnalité humaine, et ainsi elle ne peut être atteinte, excitée et poussée au développement que par une force supérieure au corps, supérieure à l'esprit naturel, supérieure à elle-même ; car la vie vient toujours de plus haut. L'homme ne devient donc vraiment homme que s'il entre en rapport avec Dieu, son Principe ; car par ce rapport seulement le fond de son être est vivifié et sa loi essentielle accomplie. C'est ce qu'on appelle la *religion*, qui doit relier l'homme à Dieu en rétablissant son lien primitif avec son auteur.

La religion comprend et explique la destinée humaine tout entière ; son passé, puisqu'elle doit rétablir ce qui existait ; son présent, qui doit être employé à reprendre une position perdue ; son avenir, ou la perfection et le bonheur que peut seule lui donner la restauration complète de son rapport avec le ciel. La religion est donc l'affaire la plus importante de ce monde, la chose vraiment et uniquement nécessaire. L'humanité n'est tout ce qu'elle doit être que par la religion, et là où elle manque, chez les individus ou les peuples, on peut dire qu'il n'y a point de vie véritablement humaine. Du rapport de l'homme avec Dieu ressortent tous les autres. Si vous l'ôtez, ils n'ont plus de principe solide, et la morale et la législation croulent avec leur base. Là est la source et la sanction de toute loi, la racine de la loi fondamentale. Il est à remarquer aussi que toutes les religions établies, si erronées ou grossières qu'elles soient, s'appuient sur une révélation positive ; toutes prétendent à une origine céleste, croyant n'avoir de valeur et de légitimité qu'à ce titre, et avec raison ; car la vraie religion ne peut venir que de Dieu.

La religion préside partout à l'établissement de la civilisation. Elle fonde les sociétés ; et les sciences et les arts, qui forment, entretiennent et embellissent l'existence sociale, ont leurs principes en elle. Elle est la base, la garantie et la sanction de la morale et de la législation ; car l'homme ne devant recevoir la loi que de son principe, il n'y a de loi véritable pour lui que par son rapport avec Dieu, son supérieur naturel ; et comme la vie et l'aliment de la vie lui viennent de Dieu, plus il est en rapport avec son auteur ou plus il est religieux, plus aussi il est heureux, en sorte que l'accomplissement de sa loi fait à la fois sa vertu et son bonheur.

Le christianisme a mis cette vérité dans la plus éclatante lumière. Il enseigne avec l'autorité de la parole divine et la science profonde de la nature humaine, que l'homme actuel, engendré, conçu, né dans le péché, est égoïste en naissant par la concupiscence qui l'entraîne et les exigences du corps qui le tyrannisent. Son âme, tombée sous le joug de la chair, en subit la loi ; et si on l'abandonne à l'impulsion de l'instinct, loin de devenir meilleur en devenant raisonnable, il s'enfoncera dans l'amour de soi et emploiera son esprit naturel et ses plus hautes facultés à la satisfaction de ses passions grossières. Tels sont les enfants dès l'âge le plus tendre, tels deviennent les adultes, s'ils ne sont pas disciplinés par la parole religieuse. Qui transformera ces animaux plus ou moins raisonnables en des hommes justes et charitables ? Comment changer l'égoïsme le plus étroit en l'amour le plus large, l'âpreté en douceur, l'amour de soi dans l'amour des autres, l'homme terrestre en homme céleste ?

Les forces physiques ne le peuvent ; car elles n'ont point d'action sur la conscience morale, et d'ailleurs c'est elles qu'il faut vaincre. L'influence humaine est impuissante ; car nous ne recevons pas la loi de notre égal, et c'est de l'homme même qu'il s'agit de triompher. Il faut donc une puissance supérieure au monde et à l'homme, et il n'y a que celle de Dieu. Donc Dieu a dû agir sur l'homme pour le rendre meilleur ; il a dû être le pédagogue du genre humain, et il l'a été en effet dès l'origine et à travers les temps par ses envoyés, jusqu'à ce qu'il ait daigné se faire homme lui-même pour instruire, guérir et sauver les hommes. Alors, quand la nature divine a assumé la nature humaine en la personne du Christ, le rapport de l'homme avec Dieu a été consommé, la loi fondamentale de l'humanité a été complétement rétablie, et la vie lui a été rendue dans sa plénitude. Régénérée par la greffe du ciel entée sur son tronc sauvage, l'humanité a commencé à produire les fruits de l'éternité, les œuvres incorruptibles de la science, de la justice et de l'amour. Là est le sens profond de la religion chrétienne et de ses sacrements, dont les uns sont destinés à tirer les âmes de la mort, à les ressusciter à la véritable vie, et les autres ont pour fin de les nourrir du pain de vie, de Celui qui est la vie elle-même, dès qu'elles sont capables de le recevoir.

§ 12.

Faite à l'image de Dieu, l'âme doit être nourrie par un aliment divin. Si donc l'air vital du ciel, le souffle de l'esprit vivificateur n'arrive jusqu'à elle à travers l'atmosphère épaisse et la forme matérielle qui l'enveloppent; si le rayon pur de cette lumière qui a fait le monde et qui luit pour tout homme venant en ce monde ne dissipe ses ténèbres, elle restera dans la mort; car elle ne vivra pas de la vie qui lui convient. Le corps pourra être sain et robuste, l'esprit vif, la raison forte, l'intelligence brillante, l'homme du temps qui passe avec le temps pourra prospérer ; mais l'homme de l'éternité, l'âme, restera comme un germe fécondé d'une manière irrégulière, et son développement sera avorté ou monstrueux.

La mort n'est qu'une privation, une négation ; elle est semblable à son principe, qui l'a produite en se séparant de Dieu, en refusant sa loi. Mourir, c'est perdre la vie sous une forme quelconque. L'âme peut donc mourir comme le corps, bien qu'elle soit impérissable. Ainsi l'entend la doctrine chrétienne, quand elle enseigne l'immortalité de l'âme, tout en reconnaissant un péché qui la conduit à la mort, et qu'à cause de cela elle appelle mortel. Ainsi Adam et sa postérité sont tombés dans la mort par la désobéissance ; ainsi Satan vit dans la mort depuis qu'il s'est révolté contre son auteur. La mort, comme toute négation, ne peut être absolue ; elle est une restriction, une limitation du positif ; elle n'existe que par l'opposition. Il en va ainsi de tout ce qui est contraire à la vérité et à Dieu.

L'être, qui ne vit point de la vie qui lui est propre, est dans la mort, parce que, n'étant point dans son rapport naturel avec son principe, il n'en reçoit point la nourriture dont il a besoin. Séparé de sa source, autant qu'il dépend de lui, il vit mal, dans le désordre d'une existence fausse et anomale. L'âme alors ne réagissant plus vers Dieu, n'ayant plus le sentiment ni la conscience de l'action divine, se verse dans l'esprit, dans les sens, et porte son amour et son activité sur les objets qui leur correspondent. Elle vit par ses facultés dans le monde rationnel, ou ce qui l'entraîne encore plus bas, elle vit par les organes des sens dans les jouissances du corps et dans le monde matériel. Elle est donc morte en elle-même, dans son fond, puisqu'elle a perdu sa vie propre, et quand son développement intellectuel serait le plus brillant du monde, quand elle posséderait la puissance et la gloire du génie, de la science, ou de l'art, elle n'en serait pas moins morte dans le sens religieux ; car le monde de l'éternité avec sa lumière pure, sa vérité absolue, son amour infini et ses joies ineffables serait pour elle comme s'il n'était pas. De là ces hommes d'esprit sans âme, ces têtes fortes sans cœur, cette science humaine sans charité et qui enfle. (Cor. 8, 1.)

Que sera-ce donc si l'âme ne vit pas même par la pensée et se pose tout entière dans le corps, ce qui arrive le plus souvent, quand elle cesse d'être en rapport avec Dieu? Elle gravite alors vers la matière, et s'attachant à la terre, elle devient la servante, l'esclave du corps. Sa volonté, son intelligence sont employées à le nourrir, à le conserver, à le faire jouir ; elle se dégrade avec lui, plus que lui; car elle tombe au-dessous d'elle-même, et obéit à ce qu'elle doit gouverner. Elle meurt à sa vie véritable; car elle ne sent, ne sait, ne veut et n'aime plus rien de ce qui convient à sa nature. Elle devient comme l'animal sans raison, n'ayant plus de rapport volontaire avec son principe, ne connaissant plus de Dieu, ou plutôt, suivant l'énergique expression de l'Écriture, se faisant un dieu de son ventre. (Philip. 3, 19.) Ce n'est donc plus un homme dans la vérité de ce mot, c'est un esprit animalisé ; c'est l'homme animal, dont saint Paul dit (Cor. 2, 14.) qu'il ne perçoit point les choses du ciel, et que le monde désigne lui-même par le nom de la bête.

---

§ 13.

Telle est la loi principe dont il faut avoir la conscience et la science pour comprendre l'état actuel de l'homme, sa dégradation et les moyens de sa réhabilitation. Cette loi suprême, expression la plus pure de la volonté souveraine, et source de toutes les autres lois, est la *loi de l'amour*, qui régit l'univers et qui, une et universelle dans son essence, devient générale, particulière et multiple dans ses applications, suivant la sphère de la création et le rang de la créature où elle s'accomplit. Au degré le plus bas, c'est la loi de la chair, ou l'amour charnel. Au second degré, c'est la loi de l'esprit uni à la matière, ou de l'animal raisonnable, qui vit et pense dans l'espace et le temps. Au degré le plus élevé, c'est la loi de l'âme, de l'humanité pure, qui déjà ici-bas et par la grâce divine peut vivre de la vie de l'éternité ; c'est la charité, ou l'amour au-dessus de l'espace et du temps.

Cette loi, qui est la vie elle-même en acte, ne se laisse point réduire en formules, ni rédiger en articles. Elle est esprit et vie, et la lettre ne peut ni la saisir ni l'exprimer tout entière. Il est impos-

sible de lui assigner un lieu dans l'espace, un point
dans le temps : elle remplit tous les espaces et tous
les temps. Comme l'âme qui anime le corps est présente à tous les organes, sans qu'aucun en soit le
siège exclusif, ainsi la loi universelle vivifie toutes
les existences et ne se localise dans aucune. C'est
le caractère de l'action divine d'échapper par son
infinité à la prise des sens, de l'imagination, de la
pensée, et surtout à la restriction, à la petitesse de
ses formules. C'est pourquoi tout ce qui vient de
Dieu est indéfinissable. Les œuvres de l'homme, au
contraire, sont toujours déterminées par la réflexion
de son esprit, et il est facile d'en assigner les limites.
C'est ce qui distingue les lois vraiment naturelles
de celles qu'établit la raison humaine. Celles-ci sont
le produit de l'abstraction, et une fois enfermées
dans la lettre, elles sont comme la lettre, sans vie,
peu efficaces, et d'autant moins observées qu'elles
ont été plus discutées et commentées. Celles-là sont
plus senties que connues; elles existent dans les
croyances, dans la foi, dans l'amour des peuples
plus que dans la science ; identifiées avec les mœurs,
avec les habitudes, elles s'accomplissent spontanément, comme les conditions même de l'existence.
Les nations les mieux constituées sont celles qui
n'ont pas de constitution écrite, ou au moins qui
ne peuvent pas dire précisément en quoi elle consiste et où elle se trouve.

Au-dessus ou plutôt au fond de toutes les lois
naturelles se trouve donc la loi une et universelle,
la loi éternelle, dont elles sont des irradiations, des
applications. Vue dans son principe et dans l'ensemble de son action, elle est l'expression de l'amour qui a tout créé et qui conserve tout. Tous les
êtres, en effet, n'existent et ne subsistent que par

l'amour. L'amour implique deux termes, le sujet aimant et l'objet aimé ; un supérieur qui donne, un inférieur qui reçoit, et entre eux le va-et-vient de la vie et une pénétration mutuelle. Partout où il y a de la vie, l'amour intervient pour la développer et la régler. Les corps ne vivent que par l'amour, non-seulement par l'amour qui les reproduit, mais encore par le désir qui cherche la nourriture et veille à leur conservation. C'est la loi de la vie organique, loi qui est dans nos membres, loi de la chair ou amour charnel. Dans le commerce des esprits, la vie s'exerce aussi par l'amour ; l'un donne et l'autre reçoit, et pour que la science ou la connaissance de celui qui instruit se reproduise dans le disciple, il faut qu'ils se pénètrent en un point par la vertu de parole. L'enseignement n'est fécond que s'il est reçu et donné avec amour.

Ce qui est vrai du corps et de l'esprit l'est aussi, et à plus forte raison, de l'âme. Les âmes, dans leurs rapports avec leur principe et entre elles, ne vivent que par l'amour ; elles n'existent que pour aimer. L'amour est leur fin dernière, leur loi suprême ; et l'excellence de l'Évangile est de résumer dans l'amour la loi et les prophètes. L'amour de Dieu et du prochain est la somme de l'ancienne loi, et le commandement nouveau de Jésus-Christ est de nous aimer les uns les autres comme il nous a aimés. L'amour véritable ou pur est celui qui aime sans restriction, sans retour sur soi, à l'exemple du Père céleste qui a créé par amour les êtres dont il n'a pas besoin. Cet amour-là se dégage des liens de la chair, des appétits du corps qui le bornent dans l'espace au cercle étroit de l'individualité et l'enchaînent à la matière. Il s'élève au-dessus du temps, au-dessus des pensées humaines qui rendent nos affections variables et passagères. Il s'étend à tous les lieux, à tous les temps, ou plutôt il les dépasse tous, parce qu'il aspire à un objet éternel et n'aime la créature que pour le créateur, en Dieu et pour Dieu. Ainsi l'amour, en s'universalisant, devient la charité, laquelle seule peut ramener l'humanité à son état vrai, à son rang primitif, en la remettant sous l'empire de sa loi fondamentale par la restauration du rapport vivant entre elle et Dieu.

§ 14.

Dans la sphère de notre personnalité la volonté est souveraine, l'esprit est immédiatement au service de la volonté, et le corps la sert par l'intermédiaire de l'esprit. Donc, pour que la loi de notre nature soit accomplie dans son triple rapport, il faut que l'organisme, soumis aux influences physiques, soit gouverné par la raison. Il faut que la raison, fidèle aux lois logiques, soit éclairée par la lumière de l'intelligence, dirigée par la conscience morale et soutenue par une volonté ferme. Il faut enfin que la volonté, libre, mais obligée par sa position d'opter entre le bien et le mal, choisisse librement le bien, observe la justice et exerce la charité. Alors seulement la créature humaine sera dans l'ordre, parce que tous les besoins légitimes de sa nature seront satisfaits.

La volonté est le chef ou la souveraine dans tout ce qui tient à notre personne; car c'est elle qui prononce le *oui* ou le *non* final pour accepter ou pour agir. Rien ne doit se faire en nous sans son consentement ou son ordre. L'esprit et toutes ses facultés, intelligence, entendement, imagination, mémoire, sens, sont à son service. Toutes contribuent à l'instruire, afin qu'elle puisse décider avec connaissance de cause. Elle est le centre d'où part le rayonnement et où tout converge. Elle emploie les autres facultés comme un roi ses ministres, d'abord pour s'informer, pour délibérer, ensuite pour agir ; car elle ne peut rien exécuter et réaliser sans la pensée de l'esprit et l'action du corps. Mais malgré cette condition elle est indépendante de ce qui est au-dessous d'elle dans son acte propre par lequel elle est souveraine, l'acte du choix et de la décision.

La volonté ne tire sa prérogative ni du corps ni de l'esprit, ni de leurs puissances; elle la tient de sa nature, de son rang, de son origine et de son rapport immédiat avec son principe dont elle reçoit son autorité et la loi qui la règle. Aussi ne relevant que de Dieu, elle ne peut régner légitimement qu'en son nom, et si son droit est d'appliquer au-dessous d'elle l'autorité dont elle est investie, son premier devoir est de reconnaître à son tour sa dépendance et de rendre hommage à celui par qui elle est. Elle peut être coupable de deux manières : en ne sachant point obéir, ou en ne sachant point commander. Dans le premier cas, elle manque à Dieu; dans le second, elle manque à sa nature, à sa destination et à ce qui est au-dessous d'elle; car l'ordre ne peut exister sans un commandement, une direction, une décision précise de ce qu'il faut faire ou ne pas faire. Si par sa faiblesse la souveraineté défaille, les autres facultés se disputent le pouvoir, et l'anarchie est dans la personne et en tout ce qui dépend d'elle. Alors on veut et on ne veut pas, on délibère longtemps sans rien résoudre, on parle beaucoup et on n'agit point, ou bien les résolutions et les actes les plus contraires se succèdent et se détruisent.

La force de la volonté est le trait principal du caractère de l'homme, parce qu'il est fait pour commander ; mais, par cela même qu'il a été fait, il ne peut commander en son nom. C'est pourquoi l'idéal du caractère, la perfection de la volonté est de savoir ordonner au nom de celui dont elle tient la place et conformément à sa loi : il ne s'agit pas seulement de vouloir avec suite et persévérance, ce qui peut être de l'opiniâtreté : il s'agit de vouloir ce qui est bien, ce qui est juste, ce qui est vrai, c'est-à-dire de vouloir avec intelligence et liberté, avec la connaissance de ce que Dieu veut et le désir sincère de l'accomplir. Il faut en un mot que la volonté dans l'exercice de son pouvoir, dans son choix, soit toujours inspirée, dirigée par le respect de la loi suprême, par l'amour de la volonté divine. Uni à Dieu par l'obéissance de la loi, l'homme sera facilement en harmonie avec ses semblables ; car l'amour de Dieu engendre l'amour du prochain. Il sera en harmonie avec lui-même, et toutes les parties de son existence seront régularisées et bien ordonnées. La haute lumière de l'intelligence lui arrive toujours par un cœur pur ; *beati mundo corde, quoniam ipsi Deum videbunt* (Matth. 5, 8). Elle se déverse de l'intelligence sur la raison, qu'elle élève à sa plus haute puissance en lui donnant avec les idées transcendantes les principes et la mesure des choses. La raison, à son tour, exerce son empire sur les facultés inférieures, discipline le corps et le maîtrise aisément, quand elle est elle-même à sa place, et soumise à ce qui lui est supérieur. Ainsi descend et circule dans l'existence humaine la vie véritable, prise à sa source par la volonté unie à Dieu, et de la volonté passant à travers les puissances pour les vivifier et les harmoniser, en les rattachant toutes au centre de la personnalité suspendue elle-même au trône de l'Éternel par l'indestructible anneau de l'amour.

§ 15.

Si, comme nous l'avons montré, la loi est l'expression vivante de la volonté souveraine, le rapport du supérieur à l'inférieur, il suit d'une part, que l'homme ne peut se donner la loi à lui-même, puisqu'il ne peut être à la fois son supérieur et son inférieur, et de l'autre, que l'homme, étant l'égal de l'homme par nature, n'a jamais le droit d'imposer sa volonté comme loi à son semblable. L'autonomie ou l'indépendance de la volonté humaine est donc une chimère; elle n'appartient qu'à Celui qui a en lui la source de la vie et ne relève de personne : ce qui s'applique à la société aussi bien qu'à l'individu.

De la définition donnée de la loi sortent deux corollaires d'une immense portée, qui ruinent par la base la morale et la politique rationnelle ou purement humaine, dont la cruelle expérience n'a pas encore désabusé les hommes de nos jours. L'orgueil de l'homme, toujours porté à s'exalter dans l'amour de lui-même et de sa gloire, vise à l'indépendance. Depuis qu'il a enfreint la défense divine, il lui est resté une malheureuse tendance à combattre la loi et même à en usurper la puissance, conséquence toute naturelle; car s'il renie Dieu ou refuse sa parole, c'est pour se mettre à sa place, c'est pour se faire dieu lui-même. Tous les systèmes d'autonomie chez les anciens et les modernes sont fondés sur la vaine prétention de se commander à soi-même, de ne reconnaître d'autre loi que sa volonté : ce qui est un non-sens dans la créature, puisque le fait de son existence implique sa dépendance d'un supérieur qui l'a faite et qui la conserve. Aussi ces doctrines, pour être conséquentes, sont-elles amenées à nier la création, afin d'échapper à la main du créateur. Elles vont nécessairement au panthéisme, si elles ont quelque rigueur, c'est-à-dire que pour affranchir l'homme et le rendre indépendant, elles doivent l'identifier avec celui à qui seul appartient l'indépendance. Rien de plus absurde que la prétention de s'imposer la loi à soi-même ; car il n'y a pas de loi sans obligation, et nul ne peut s'obliger par sa propre volonté, vu que si ma volonté seule fait ma loi, comme je reste le maître de ma pensée et de mes actes, rien ne m'empêche de la changer à tout moment et comme il me plaira. D'ailleurs où prendrais-je alors la mesure de la bonté de la loi? La meilleure sera celle qui me conviendra le mieux, et elle deviendra mauvaise ou sans valeur, dès qu'elle me gênera.

C'est ce qui arrive en effet à tous ces faiseurs de législation personnelle. La raison humaine a beau faire, elle ne peut se suffire, et quand elle l'essaye, soit dans la science, soit dans la pratique de la vie, elle s'enfonce dans un cercle vicieux dont elle ne peut plus sortir, et où, recommençant toujours la même tâche sans avancer, elle se décourage et renonce souvent à elle-même, non pour se restituer à l'autorité légitime dont elle ressort, mais pour s'abandonner à ce qui est au-dessous d'elle et tomber sous le joug avilissant des sens et de la matière. Tout système, qui promet l'indépendance à l'individu ou au peuple, est une illusion ou un mensonge. La vie humaine ne se conserve au contraire que par la dépendance; car la créature ne vit que par ses rapports, et elle reçoit nécessairement du dehors tout ce que ses besoins réclament. La question pour elle n'est point de ne dépendre de personne, mais de savoir de qui elle doit dépendre, et comment elle reconnaîtra et acceptera sa dépendance. C'est la question de la morale et de la politique. Individu ou peuple, il faut reconnaître un supérieur dont l'autorité fait vivre, et on ne peut bien vivre qu'en s'y soumettant : ce qui nous amène à l'explication du second corollaire.

En effet, si la loi implique un supérieur et un inférieur, elle ne peut venir d'un égal, et ainsi nul ne peut imposer sa volonté comme loi à son semblable : ce qui sape par la base les deux systèmes en apparence les plus opposés, et cependant les mêmes au fond, savoir le despotisme d'un seul et celui de tous. Dans la monarchie absolue et la démocratie pure, que ce soit un seul, plusieurs ou tous, qui posent leur volonté en loi, il y a toujours usurpation ; car l'homme individuel ou collectif s'arroge ce qui ne lui appartient pas. Il met la force à la place du droit, la volonté de tous n'ayant pas plus d'autorité législative que celle d'un seul, puisqu'ils sont tous égaux. Ainsi tombe la théorie tant vantée du *contrat social*, fondé d'un côté sur l'indépendance chimérique de l'homme, dont la liberté consisterait à n'obéir qu'à lui-même, et de l'autre sur cette assertion tout aussi fausse, que la loi est l'expression de la volonté générale.

CHAPITRE II.

DÉVELOPPEMENT DE LA CONSCIENCE MORALE, OU COMMENT ON ACQUIERT LA CONNAISSANCE DE LA LOI.

§ 16.

Ce qui distingue éminemment l'homme des autres êtres de ce monde, c'est la puissance qu'a son esprit de se replier sur lui-même, de rentrer en lui et de s'y réfléchir pour se connaître et connaître la loi de son existence. Cette loi, une dans son principe, et dont la fin est le plus grand bien de l'individu et du genre, se manifeste, comme nous l'avons vu, sous la triple forme de loi physique pour le corps, de loi logique pour l'esprit, de loi morale pour la volonté. La faculté, par laquelle nous arrivons à la connaissance de nous-même et de notre loi, s'appelle en général la *conscience*, et spécialement la *conscience morale*, quand il s'agit de l'application de la loi à l'exercice de la volonté, ou du discernement et du choix entre le bien et le mal moral.

La connaissance de la loi est la seconde condition de la moralité; car nul n'est tenu à observer une loi qu'il ignore, et c'est pourquoi la promulgation des lois est une condition essentielle de la législation. Là où il n'y a point de loi, il n'y a point de délit. Le péché vient de la science du bien et du mal, et quand rien n'est défendu tout est permis. C'est la loi qui a fait le péché, dit saint Paul, et je serais sans péché, si j'étais sans loi (Rom. VII, 7). Que la loi a toujours existé, nous venons de le voir en exposant cette loi-principe, qui n'est écrite nulle part en lettres humaines, et qu'on retrouve en caractères vivants dans toutes les créatures. Car tout ce qui existe ayant une fin marquée dans le plan providentiel est ordonné pour cette fin, et la loi est ce qui règle ou dirige le développement de l'être vers sa destination (saint Thom. *sum. de Legibus*). Mais tous les êtres de ce monde ne connaissent pas leur loi, parce que tous ne se connaissent point eux-mêmes. L'homme seul jouit ici-bas de cette faculté, parce qu'il est *raisonnable*. Elle le distingue des animaux qui n'ont ni raison ni liberté, et elle est à la fois le signe de sa grandeur et l'instrument de sa misère; car si d'un côté elle l'élève dans l'échelle des êtres en l'assimilant aux anges et le rapprochant de Dieu, de l'autre elle lui donne le moyen de se dégrader par le péché, de tomber au-dessous de lui-même en violant sa loi, et ainsi de se rendre coupable et malheureux. Cette faculté lui impose une responsabilité dont les autres créatures sont exemptes.

---

§ 17.

Le développement de la conscience morale ne peut être compris sans l'explication de la conscience psychologique. (V. § 80, 81, 82, 83, 84 de la *Psychologie expérimentale*[1].) Nous n'en dirons ici que ce qui est nécessaire à l'intelligence du sujet, savoir : pour qu'il y ait conscience, il faut que le *moi*, excité par le *non moi*, se pose en face de lui-même, se fasse sujet-objet et se considère au moyen de la réflexion dans le miroir de son entendement. Tant que l'âme n'est impressionnée que par des choses sensibles, la conscience est purement instinctive, par conséquent vague et confuse. L'homme à ce degré ne se distinguant des autres êtres que par sa forme extérieure, acquiert seulement la connaissance de son individualité. Mais quand il entre en relation avec des êtres intelligents par la parole, quand il commence à comprendre et à parler la langue, sa conscience devient logique; en réfléchissant, il se regarde dans sa pensée, et alors il apprend à connaître sa personnalité, qu'il pose et constitue par le nom de la première personne, *je* ou *moi*.

1. *L'esprit humain et ses facultés, ou Psychologie expérimentale*, 2 vol. in-12, 3ᵉ édition, librairie académique de Didier.

§ 18.

Dès que l'enfant commence à se connaître dans son esprit par l'exercice de sa pensée et de sa liberté, dès qu'il se regarde comme une personne intelligente et libre, et agit comme telle, sa conscience instinctive d'abord, puis logique ou rationnelle, devient sous une nouvelle influence conscience morale. Jusque-là il a distingué dans ses jugements le bon et le mauvais, l'agréable et le désagréable, l'utile et le nuisible, le vrai et le faux. Il s'agit maintenant de discerner entre le juste et l'injuste, entre le bien et le mal moral. Il n'en devient capable que par l'excitation du sens moral, lequel est éveillé et développé en lui par une action objective *moralisante*, c'est-à-dire une parole d'autorité qui, posant nettement et en caractères sensibles la loi devant lui, lui disant catégoriquement ce qu'il faut vouloir et ne pas vouloir, faire et ne pas faire, lui apprend à reconnaître la loi et à comprendre les dictées impératives du for intérieur.

La conscience morale, étant une forme de la conscience, doit en avoir le caractère générique, plus une différence qui la distingue. Son caractère générique est de nous faire connaître tout ce qui se passe en nous sous le rapport moral. Son caractère spécifique est de participer à l'autorité de la loi morale, qu'elle nous révèle et dont elle est l'interprète ou plutôt le héraut. La conscience morale n'entre proprement en exercice qu'après que la loi morale est connue ou au moins pressentie ; car jusqu'à ce moment la loi ou la mesure n'étant point posée, les actions ne peuvent être appréciées, il n'y a point lieu de porter ou de prononcer des jugements moraux. Comment l'enfant commence-t-il à la connaître, comment la loi morale se manifeste-t-elle à sa raison? Voilà la question.

Cette question, comme toutes les questions d'origine, se résout par l'application de la loi universelle de la vie dans la créature. Le développement de l'être fini, sous quelque forme qu'il s'opère, ne se faisant jamais de soi-même ou spontanément, nous ne commençons à vivre que par l'action prévenante de celui qui nous a créés et qui nous vivifie. Notre action première est toujours une réaction analogue à l'action qui la provoque et la soutient. C'est pourquoi, comme il a fallu une excitation physique préalable pour allumer en nous la vie organique, comme une stimulation spirituelle est nécessaire pour éveiller notre esprit et le faire passer de puissance en acte ; ainsi, bien que nous portions en nous la capacité morale, et que dans notre intelligence et notre liberté déjà en exercice soient les conditions subjectives de la moralité, néanmoins pour que cette puissance se réalise et que ces conditions s'accomplissent, il faut qu'une action moralisante pénètre en nous et y dégage par la parole ou tout autre moyen la loi morale, d'abord en l'annonçant, en la proclamant sous une forme sensible, puis en l'imposant avec autorité, avec la sanction de la récompense ou de la peine.

Il en est sous ce rapport de la conscience morale comme de la conscience logique, où l'enfant se connaît par le dehors avant de se connaître par le dedans. Il reconnaît aussi la loi morale par l'extérieur d'abord, telle qu'elle est présentée à ses sens, et les frappe par l'appareil de la force qui en confirme l'obligation. Pendant longtemps il ne sent le mal qu'il commet en la violant que par l'expérience ou la crainte de la peine corporelle que cette violation lui attire, comme aussi il ne sent le bien de l'avoir observée que par la jouissance ou l'espoir de la récompense. Ainsi va l'homme depuis que la nature animale domine en lui la nature spirituelle. On ne peut arriver à celle-ci que par celle-là, et il faut sans cesse s'accommoder avec la première pour développer la seconde.

Une erreur commune de nos jours et dans tous les temps où la raison vise à l'autonomie, c'est de croire que la moralité se fait toute seule et qu'il suffit pour l'acquérir d'écouter sa conscience et de la suivre. Rien ne se fait de soi-même ni dans l'homme ni hors de l'homme. L'intelligence et la volonté ne se forment point sans instruction, sans éducation, sans discipline. On ne sait que ce qu'on apprend, et il n'y a en nous que ce que la parole y met, sauf la capacité de la recevoir, qui exige encore une préparation.

Une autre erreur non moins grave par ses conséquences est de s'imaginer que la loi intérieure suffit, ou qu'au moins, précédant la promulgation de la loi extérieure, elle peut s'en passer. S'il en était ainsi, l'éducation morale serait inutile, chaque volonté portant sa loi en soi et pouvant n'accepter ni autorité ni jugement du dehors. Quand l'être moral sera pleinement développé, quand il aura la connaissance complète du bien et du mal et le vif désir de la justice parfaite, il n'aura peut-être plus besoin de la loi et de la discipline extérieure ; mais elles lui sont indispensables à l'origine, et tout en démontre la nécessité pour l'éducation de l'individu, des peuples et même de l'humanité entière. Dieu ne s'est pas contenté de poser sa loi dans les cœurs, il l'a encore proclamée sur le Sinaï ; il l'a même écrite de son propre doigt sur des tables de pierre, et cette annonce faite au milieu du tonnerre et des éclairs, avec tout l'appareil de la puissance et de la terreur, a attaché des récompenses et des peines à l'observation et à l'infraction des commandements divins. Si l'on suit à travers les siècles l'action providentielle sur le genre humain, on trouve à chaque époque une promulgation de la loi divine par la parole et par l'écriture, correspondante aux dictées de la conscience morale : en sorte que l'homme moral a toujours été instruit et formé par deux moyens, l'un extérieur et préalable, la déclaration de la volonté divine par le commandement parlé ou écrit, l'autre intérieur et subordonné au premier, sans lequel il serait insuffisant, la manifestation de la loi dans la conscience. Ces deux moyens doivent s'accorder et se soutenir pour conduire les hommes à la vertu, et c'est un grand malheur quand ils divergent ou se combattent.

Il faut à l'homme des sens, une loi qui parle aux sens, visible, lisible et presque palpable. Il faut devant l'homme animal, à côté de la loi qui lui impose un frein, une force physique capable de le tenir en respect, une puissance qui l'intimide et l'arrête. Ainsi se constituent les nations. La loi morale débute toujours par une législation religieuse et civile, qui prend un corps, revêt une forme et est sanctionnée par une autorité extérieure. La religion et la législation ont toujours été les moyens les plus efficaces de moraliser les hommes. La même chose se reproduit dans les familles à chaque génération. La parole du père devient la loi de l'enfant, non par elle-même, mais comme manifestation de la loi divine dont il est le représentant pour ses enfants, et que sa parole doit poser et développer en eux par l'éducation. Que si les parents ne sont ni écoutés ni respectés dans la famille, si leur volonté n'y est point reçue comme loi, si l'enfant n'apprend pas de bonne heure à connaître le bien et le mal, le juste et l'injuste, par les défenses et les commandements paternels, s'il n'est point maîtrisé, dirigé par une discipline incessante, excité au bien et détourné du mal par l'espoir de la récompense ou la peur de la punition, on peut être sûr que, faute de cette éducation par le dehors, il n'y aura point de formation morale au dedans, et qu'ainsi la conscience ne se développera pas ou se développera mal.

Donc, ici comme partout en ce monde, le dedans ne s'ouvre que par le dehors, et pour développer l'homme intérieur, l'homme du ciel, il faut commencer par agir sur l'homme extérieur et terrestre.

§ 19.

Puisque la loi morale est l'expression de la volonté divine, se posant avec une autorité souveraine en face de l'homme ou se promulguant impérativement dans son for intérieur, pour expliquer comment la conscience se forme en lui, ou comment il acquiert la connaissance de sa loi, il faut voir d'abord comment il arrive à sentir et à reconnaître sa dépendance de l'auteur de son être, et par quel moyen il apprend à discerner ce qu'il veut de lui et pour lui. Puis il faudra rechercher comment par les moyens les plus généraux de la société et de la civilisation, tels que l'instruction, l'éducation, la législation, toutes les institutions civiles et politiques, il parvient à savoir à qui il doit et ce qu'il doit, ou autrement qu'il a des obligations morales, des devoirs à remplir, et en quoi ils consistent.

Ici est le nœud de tout le développement qui va suivre. Il n'y a point de loi sans législation, donc on ne peut connnaître la loi sans connaître celui qui la donne, et sans lui reconnaître le droit et le pouvoir de l'imposer. A cette condition seulement on sent l'obligation de la recevoir et le devoir de l'observer. Or, l'auteur de la loi est aussi l'auteur du monde, le créateur de l'homme et de tous les êtres; la connaissance de la loi est donc enfermé dans la connaissance de Dieu. L'une implique l'autre, comme le principe la conséquence. La morale a donc la même source que la religion, ou plutôt le principe de la morale est dans la religion; puisque la religion est tout entière dans le lien qui rattache l'homme à Dieu et dans le sentiment de la dépendance où le lien l'engage. Chercher comment on acquiert la connaissance de la loi, c'est donc chercher comment s'acquiert la connaissance de Dieu, et comment nous pouvons savoir ce qu'il veut de nous. C'est demander en d'autres termes, par quels moyens la conscience morale est éveillée, développée et formée graduellement, jusqu'à ce que l'âme devienne capable d'entrer en rapport immédiat avec celui dont la loi dérive.

Cependant, comme l'homme est sujet à l'erreur et porté à s'exalter dans ses voies quand il ne sent point l'autorité au-dessus de lui, et que d'ailleurs, même dans les plus hautes intelligences et les volontés les plus droites, il y a des temps d'obscurcissement et de vacillation, la Providence ne l'a jamais abandonné à son propre jugement ni aux seules lumières de sa raison. Dès qu'il vit en société, à l'état de peuple ou de nation, par l'effet de la civilisation il a toujours devant lui une loi extérieure, posée et maintenue providentiellement d'une manière ou de l'autre suivant les circonstances. Alors la voix du dedans est contrôlée ou confirmée par celle du dehors. Le for intérieur doit s'harmoniser avec le for extérieur, et des deux côtés c'est le législateur suprême écrivant sa loi sur des tables de pierre, ou l'inscrivant profondément sur les tables vivantes des cœurs.

Tous les autres moyens de former la conscience morale se ramènent à ces deux formes de la révélation, et n'ont de force que par elle. Aussi, bien qu'ils puissent être très-utiles en concourant avec ce moyen principal, seuls et réduits à eux-mêmes ils seraient impuissants à fonder la morale, et à former la conscience. C'est pourquoi les théories morales, qui les prennent pour bases, n'ont ni vérité, ni autorité, ni efficacité. On a recours à ces systèmes pour se passer de Dieu et de sa parole. On prétend remplacer la religion, qui gêne, par des institutions purement humaines, dont on fait ce qu'on veut. De là des morales, dont l'homme est le législateur, et qui n'exprimant en effet que sa volonté ou sa pensée, sont variables et périssables comme elles. Dans toutes ces prétendues morales, la raison veut se gouverner elle-même, et imposer sa volonté à ses semblables. L'un et l'autre est folie, et ne peut mener qu'à la discorde. On obtient seulement par cette voie une apparence d'ordre, imposé par la force ou maintenu par l'intérêt sans aucune sanction ni garantie. Chacun sent dans ce cas qu'il n'est pas lié au fond, et qu'il reste toujours le maître de se dégager, quand son avantage le demande ou que les circonstances le permettent. Heureusement que la plupart des hommes, même les plus instruits, sont souvent inconséquents dans la pratique à ce qu'ils appellent leurs principes ou leurs systèmes. Beaucoup agissent encore sous l'influence secrète de la religion, même en déclamant contre elle. Éclairés dès le bas âge par la parole chrétienne, ils la suivent dans leur conduite tout en la reniant dans la spéculation. Ils sont meilleurs qu'ils ne paraissent ou même qu'ils ne veulent être. État singulier, contradiction flagrante, qu'on remarque surtout de nos jours, où la science, qui voudrait s'affranchir de la foi, se débat sans cesse pour y échapper et y revient presque toujours.

§ 20.

La loi de l'homme physique est celle de l'animal : c'est l'égoïsme instinctif qui veut pour soi, attire tout à soi et ne comprend ni le devoir ni le droit. C'est à l'autorité maternelle qu'il appartient de réprimer d'abord cet instinct en opposant sa volonté aux convoitises de l'enfant. Un refus net mais constant, une parole de défense simple et sans raisonnement, voilà tout ce que le premier âge peut comprendre. Dès qu'il est parvenu à distinguer son existence individuelle de ce qui l'entoure par la constance de son moi opposé au non moi, quand au moyen du langage il est entré en commerce avec ses semblables, avec des êtres raisonnables dont l'influence spirituelle provoque le développement de son intelligence et de sa liberté, il devient capable de comprendre non-seulement la défense, mais le précepte et le commandement. Alors aussi le nom de Dieu doit lui être annoncé ; car pour que l'enfant obéisse en créature libre, le commandement ne peut lui être imposé qu'au nom d'une volonté supérieure à celle de l'homme.

Le devoir et le droit, le juste et l'injuste, le bien et le mal ne sont appréciables que par l'application d'une mesure supérieure, qui qualifie les actes moralement, comme la comparaison des choses avec le bien-être physique les fait juger agréables ou utiles. Or cette mesure supérieure ne se trouve ni dans la sensation, ni dans l'intérêt propre. Ce n'est pas le *moi* qui la donne. Elle vient au contraire du *non moi* s'opposant au moi pour le maintenir, le régler, et s'y imposant avec droit, parce qu'il lui est supérieur. Comment l'enfant apprend-il à reconnaître et à observer la loi qui doit régir sa volonté, voilà le problème. D'abord il est évident qu'il doit l'apprendre, et qu'il ne l'apprendra jamais si on ne lui enseigne. Là où manque l'enseignement moral, le développement de la moralité n'a pas lieu. Il est encore évident qu'il l'apprend graduellement, peu à peu, par des moyens appropriés à son état et aux transformations de son intérieur depuis sa naissance jusqu'à l'âge adulte, jusqu'à la plénitude de son intelligence et de sa liberté. Il y a donc ici plusieurs périodes à distinguer.

La première est l'enfance proprement dite, *infantia*, caractérisée par l'absence du langage, ce qui montre que le développement intellectuel et moral ne s'opère point encore. A ce degré l'homme vit comme l'animal, et il n'est guère susceptible que de cette espèce d'éducation qu'on peut donner aussi à la bête. La loi de la chair, dont le but est la conservation du corps, le domine ; tous ses mouvements, tous ses actes, tendent à chercher la jouissance et à éviter la douleur. Il veut tout ce qui lui plaît, il s'approprie ce qui est à sa portée, sans s'inquiéter de la propriété dont il n'a point la notion, du droit et du devoir qu'il ne comprend pas, du juste et de l'injuste, dont il n'a pas le sentiment. Cependant comme dans cet enfant il y a un homme en puissance, et que l'être humain ne peut se développer sous une forme ou dans l'une de ses parties sans que les autres n'y participent jusqu'à un certain point ; comme dans la nature rien ne se fait brusquement, mais que chaque chose, arrivant en son temps, est préparée dans ce qui la précède et s'annonce avant de se manifester ; dans cet homme animal l'homme spirituel se fait pressentir, et l'âme intelligente et libre, perçant les enveloppes grossières de la chair, envoie déjà quelques éclairs, signes avant-coureurs de la vie qui lui est propre.

Comment l'enfant sortira-t-il de là ? comment

fera-t-il son premier pas vers la moralité? Certes, ce ne sera point de lui-même; car il ne sait ce qu'il est, ni ce qu'il doit être, ni d'où il vient, ni où il va. Il sent et veut, l'un et l'autre sans raison et presque sans conscience. Il faut donc que le secours lui vienne du dehors; s'il restait seul dans ce premier état, il n'en sortirait pas, comme le prouve l'exemple des êtres humains abandonnés dans les forêts dès le bas âge. Il doit apprendre à connaître la loi de justice par un enseignement accommodé à sa faiblesse; et sa mère, que la nature lui a donnée pour protectrice, est aussi sa première maîtresse. Ici commence la plus belle fonction de la femme. Elle n'est pas mère seulement pour donner son sang et son lait à son enfant, pour le réchauffer de ses caresses, le préserver de la douleur et soigner son existence physique; elle a une plus haute mission. L'être qu'elle a mis au jour n'est point un animal, mais un homme; et comme il a un esprit et une âme à développer, c'est sa mère qui doit présider à ce premier développement. C'est elle qui doit l'initier à la vie intellectuelle et morale; car c'est avec elle qu'il apprend à parler, qu'il s'essaye à penser, et dans ce premier commerce spirituel elle lui imprime, même sans qu'elle le sache, le sceau de son âme; elle implante dans le cœur de son enfant le germe des croyances, des idées et des penchants dont sa vie dépendra.

L'influence de la mère sur l'enfant est immense, soit quand elle le porte dans son sein, où elle le moule pour ainsi dire à son image, soit quand elle le tient dans ses bras, en face d'elle, exerçant sur lui la première autorité, si puissante pour le former au bien ou au mal. Les femmes, en général, ne comprennent pas assez l'importance de leur position. Elles ne s'y préparent point suffisamment, et se laissent trop aller dans la plus grave de leurs fonctions à l'entraînement de l'affection naturelle. Celles qui ont su prendre empire sur leurs enfants dès le principe, et qui en ont profité pour dresser et préparer au bien leur volonté naissante, ne perdront jamais cet empire, que l'homme a connu en commençant à vivre, et qui est lié à tout ce qu'il y a de doux et de profond dans son premier amour. Ces dignes mères recueilleront en leurs derniers jours ce qu'elles auront semé dans le berceau de leurs enfants; elles seront aimées et honorées jusqu'à leur mort et au delà. Mais pour cela il faut savoir gouverner l'enfant dans son véritable intérêt, pour lui et non pour soi ; il faut savoir résister à la tendresse charnelle, et l'aimer selon l'esprit et pour son âme. Il faut combattre la loi de la chair par celle du devoir, afin qu'il commence à sentir ce qu'il doit être par les bornes où on le maintient et les obligations qu'on lui impose. Une volonté éclairée et ferme doit être opposée à sa volonté ignorante et désordonnée.

Dans cette première période, où l'enfant ne comprend point encore la langue, la mère a deux moyens infaillibles pour le conduire, si elle sait les employer à propos et avec persévérance. Il ne s'agit point de l'instruire et, comme on dit vulgairement, de le raisonner, puisqu'il n'a point l'intelligence de la parole; il n'y a qu'à maintenir, à empêcher, à interdire. La discipline à ce degré est toute négative, et il en est ainsi de toute législation qui commence. Les lois sont d'abord prohibitives ; car il faut arrêter le débordement du mal avant d'exciter au bien. La mère est le juge naturel de ce qui convient à l'enfant, et elle doit avoir le courage de refuser, quand elle sent que le caprice ou l'envie de commander prennent la place du besoin. Elle a deux manières de refuser : la première est de ne prêter aucune attention à ses exigences et de le laisser pleurer et crier jusqu'à ce qu'il en soit las. Il cessera bientôt, soyez-en sûr, si ses cris sont inutiles, et le sommeil de la fatigue viendra terminer sa colère. Dans la plupart des cas cette force d'inertie est la meilleure. Si elle ne suffit pas, il faut employer la réaction vive, proportionnée à la faiblesse du sujet. Une force plus grande que la sienne, refoulant son activité exaltée, s'appliquera sur lui avec calme mais avec fermeté, et lui fera sentir par la résistance et par la douleur qu'il n'est pas le maître. N'estimant, comme l'animal, les choses que par le plaisir et la peine, il cédera devant une opposition à laquelle il ne peut échapper, et le souvenir du passé le rendra plus retenu à l'avenir. Par là il sentira la discipline en commençant à vivre, et la règle, mais une règle juste et constante, présidera aux premiers développements de son existence. Ce sera déjà un apprentissage de la loi.

Une autre période s'ouvre dès qu'il commence à parler ; car alors une nouvelle influence le pénètre, qui va exciter en lui une réaction plus profonde, d'où sortira son développement intellectuel et moral. La parole est ici-bas le moyen de communication des esprits. Non comprise, elle n'est pour l'enfant qu'un son, un bruit, dont il perçoit la forme sans en saisir l'esprit. La première fois qu'il en comprend le sens, une lumière nouvelle entre dans son entendement ; un *fiat lux* intelligible s'opère en lui, et son monde spirituel commence à se former, à s'organiser. Dès ce moment aussi il vit d'une autre vie. Il se pose en être pensant ; car il a saisi la pensée de son semblable. Il est devenu un nouvel être, et il faut une nouvelle manière de le traiter et de le diriger.

Tant qu'il a vécu comme l'animal, la loi ne pouvait le gouverner que par des moyens matériels, savoir la force passive ou active, aidée du plaisir et de la douleur. Mais un être raisonnable ne se laisse point conduire de la sorte ; il faut un autre mobile pour le pousser, un autre frein pour l'arrêter. La loi doit donc se produire ici sous une autre forme. Entre les esprits et les volontés ce n'est plus la force qui décide. La vérité seule domine légitimement l'être raisonnable, et la volonté libre ne doit céder qu'au droit et à la justice. C'est pourquoi la loi doit se présenter à ce degré comme vérité pour l'esprit, comme équité pour la volonté, et ainsi elle ne doit pas seulement empêcher, limiter, comprimer, elle a encore à diriger un être libre, auquel elle doit commander..

Or de quel droit un homme peut-il commander à son semblable ? Ils sont égaux par nature, et nul ne peut légitimement imposer aux autres sa volonté comme loi, pas plus qu'une raison ne peut en forcer une autre d'accepter sa pensée comme vérité. Les raisons et les volontés n'ont de puissance sur leurs semblables qu'en vertu de quelque chose de plus haut et qui peut seul les accorder. Elles ne peuvent s'entendre et s'unir que dans la vérité et la justice. La vérité, ce n'est pas l'homme qui la fait ; elle vient de Celui qui est, de l'Être des êtres, qui est lui-même la souveraine vérité. L'homme n'invente point la justice ; elle dérive de Celui qui a donné la loi à l'univers en le créant, et qui est lui-même la loi universelle, l'unique Législateur. Le privilége des êtres raisonnables est de n'obéir qu'à la vérité et à la justice, donc à celui dont elles émanent, à Dieu seul. Donc le commandement ne peut leur être imposé légitimement qu'au nom de Dieu, et ainsi vous n'aurez point de base valide de moralité ni de principe d'action véritablement moral, tant que ce nom sacré n'aura point été posé et reçu avec foi dans le cœur de l'enfant. C'est le point de départ de la religion et de la morale liées entre elles comme le principe et la conséquence. Par là seulement le père, le maître, ou qui que ce soit qui gouverne l'enfant, acquiert sur lui un droit véritable, comme le représentant de son supérieur naturel. Il y a entre celui qui commande et celui qui obéit une autorité plus haute qui règle et sanctionne leur position respective, et à laquelle ils peuvent en appeler l'un et l'autre dans l'exercice du pouvoir ou de l'obéissance.

L'homme ne pouvant commander légitimement à son semblable qu'au nom de Dieu, l'annonce du nom divin doit précéder toute législation, toute morale, toute discipline. L'influence religieuse est donc l'instrument nécessaire de l'éducation de l'individu et du peuple, et l'impression du nom de Dieu dans l'esprit et le cœur des hommes en est le vrai principe. Voyons maintenant comment cette première révélation de Dieu doit être faite à l'enfant, pour poser en lui la base inébranlable de la moralité.

§ 21.

C'est comme créateur, comme père, comme témoin secret de ses pensées, de ses paroles et de ses actions, comme juge et rémunérateur de sa conduite qu'il faut annoncer Dieu à l'enfant. Dieu lui commande d'honorer ses parents, par conséquent de leur obéir; il lui défend de faire du tort à ses semblables. Telle est la morale de l'enfance. Ici la vie de l'homme s'élève et prend un nouveau caractère. Elle n'est plus suspendue à la parole ou au geste d'un homme; elle relève d'un être supérieur avec lequel sa volonté est entrée en rapport et qui la gouverne légitimement. Les mots *bien* et *mal* prennent alors un sens moral. Le bien est ce que Dieu ordonne pour le bonheur de ses créatures, le mal ce qu'il défend comme contraire à l'ordre.

L'esprit ne peut se manifester en ce monde que par une forme sensible. Le physique est le véhicule nécessaire du métaphysique, et la vertu divine elle-même a besoin d'un signe pour se communiquer; d'où la nécessité de la *figure*, du *symbole* et du *nom*. Le nom d'un objet en est le représentant dans le langage, et s'il est bien fait, cette représentation n'est ni arbitraire ni purement conventionnelle. Il y a en elle quelque chose de naturel qui constitue la vertu des noms, et principalement du plus sublime de tous, celui de Dieu. C'est pourquoi ce nom sacré doit être annoncé à l'homme dès l'âge le plus tendre, aussitôt qu'il comprend la langue.

Dans tout enseignement d'ailleurs on procède de cette manière; car il faut avant tout poser devant le disciple l'objet de la science, ce qu'on ne peut faire que par un ou plusieurs mots, obscurs d'abord à l'ignorant, et qui s'éclairciront peu à peu à mesure qu'il s'instruira ou que la science se formera en lui. Tous les hommes apprennent à penser en apprenant à parler, recevant d'abord les termes sans en comprendre le sens, répétant presque machinalement la parole qu'ils entendent, et finissant par y attacher une signification, à mesure que leur intelligence, excitée par l'action incessante du langage, aperçoit tous les rapports du mot avec la chose désignée par les circonstances diverses où il est placé.

Il faut annoncer le nom de Dieu à l'enfant, pour que son âme, touchée par la vertu mystérieuse de ce nom, se tourne vers Celui qu'il représente et le cherche; mais deux conditions sont indispensables pour que cette annonce ait tout son effet. La première et la principale est qu'elle soit faite avec foi, avec le respect dû au nom divin et à Celui qu'il désigne, et surtout avec le désir que la vertu du nom et de son objet pénètre le cœur de l'enfant et l'excite à réagir. Les mots ont une tout autre puissance selon la manière dont ils sont prononcés, et celui-là plus que tous les autres. La seconde, c'est qu'à la promulgation du nom divin on joigne des explications convenables, afin que l'enfant conçoive ce qu'il peut comprendre de Dieu dans sa position, et surtout pour toucher son cœur et le tourner vers Dieu par l'amour. On le lui représentera comme un père, le père de ses parents et de tous les hommes. Ce que son père est pour lui, Dieu l'est pour tous : et en lui montrant le ciel où son regard le porte naturellement[1], il sera facile de lui faire entendre qu'il est le Père céleste qui voit d'en haut tout ce qui se passe sur la terre et envoie aux hommes ce qui leur est nécessaire. Rien ne répond mieux à

---

1. *Os homini sublime dedit cœlumque tueri.* (OVIDE.

l'esprit et au cœur de l'enfant que ce qui se rapporte à la paternité et aux sentiments qu'elle excite.

Puis on lui révélera le Dieu créateur. Il ne comprendra point sans doute ce que c'est que créer, puisque les plus grands philosophes ne le savent point. Mais comme il a déjà agi pour réaliser sa volonté, il a le sentiment de sa puissance et de sa causalité. Déjà sa raison demande instinctivement des causes à tous les faits, et par conséquent il admettra facilement une cause suprême de tout ce qu'il voit, et il y est tellement porté qu'il commence par expliquer toutes choses par la toute-puissance divine. Plus tard, quand il aura la conscience de sa pensée, on lui parlera de la science de Dieu, de son intelligence infinie, et il n'aura point de peine à concevoir que Celui qui a tout fait, et qui peut tout, doit aussi tout voir et tout savoir.

Si on lui dit alors que Dieu lit dans son cœur ses moindres pensées, ses désirs les plus secrets, et qu'ainsi il ne peut rien lui cacher, il le croira, et il ne sera plus tranquille, quand il aura fait une faute à l'insu de ses parents, de ses maîtres, quand il aura déguisé la vérité; car il sera convaincu que le bon Dieu l'a vu. Or si le bon Dieu le voit, comme il est son père, il le regarde avec plaisir quand il fait bien, avec peine quand il fait mal. Il le récompensera dans le premier cas, et le punira dans le second; et ainsi se forme la croyance au juge suprême, qui rend à chacun suivant ses œuvres, mais toujours avec plus de miséricorde que de justice, parce qu'il est père avant d'être juge.

Tout cela sans doute ne se fait pas en un jour ni d'un seul coup. Ces points de vue divins, sous lesquels Dieu est présenté aux enfants, arrivent successivement avec les circonstances; ils reçoivent avec une avide curiosité tout ce qu'on leur apprend à cet égard, et comme l'homme a dès l'âge le plus tendre le goût du merveilleux, du surnaturel, tout ce qu'on lui dit de la divinité, de ses perfections, de sa providence, de ses miracles, du ciel, d'une autre vie, de l'éternité, etc., l'enchante et excite en lui le désir de connaître ce monde supérieur. C'est pourquoi les enfants aiment tant les récits de l'histoire sainte, où Dieu intervient et se révèle si souvent. Ceux qui ne veulent point qu'on parle de Dieu au premier âge, ne voient pas qu'ils laissent sans objet et sans nourriture un des besoins les plus vifs de l'esprit et du cœur, et que, en ne lui donnant pas un aliment convenable par la parole divine, ils le forcent à chercher de quoi se satisfaire dans les produits fabuleux et fantastiques de l'imagination. Si vous ne lui offrez pas le vrai merveilleux, le merveilleux divin, il s'en fera un à sa guise, et en place d'une croyance simple et pure, qui éclaire l'esprit en élevant le cœur, vous aurez de grossières superstitions et des préjugés absurdes.

Dès que l'enfant a reçu l'impression du nom divin, et avec ce nom sacré les germes des hautes idées qu'il renferme, il sera facile de le porter à réagir vers Dieu, aussitôt qu'il en sentira l'action, en le faisant prier et adorer comme il convient à son âge. Par la prière se réalise ce qu'il croit et sait ; il ne prierait pas s'il ne croyait en l'Être tout-puissant et souverainement bon, qui peut le protéger, le conserver lui et ceux qu'il aime. Sa foi vierge et vive s'exprime alors naïvement avec beaucoup de candeur et de grâce. Ce sont vraiment les prémices du cœur, le premier encens de l'âme offert à Dieu.

Deux conséquences sortent de là. La première, c'est qu'en formant dans l'enfant la croyance en

Dieu, vous avez posé en lui le principe de la morale. Vous avez fondé la loi en la rattachant au législateur unique, et comme ce législateur se manifeste avec une autorité qui le rend naturellement supérieur à l'humanité, il n'y a point à contester avec lui, et l'homme trouve dans la puissance de Celui qui l'a créé et qui le conserve la raison péremptoire de son obéissance. Il sent qu'il appartient à Dieu, qui l'a fait ce qu'il est et lui a donné ce qu'il a. Si donc on lui commande au nom de Dieu, le commandement lui paraîtra fondé en droit, car ce ne sera plus une parole humaine, mais l'expression de la volonté divine. Les mots *bien* et *mal* prennent à ses yeux un sens nouveau; ils ne signifient plus le plaisir ou la peine, l'utile ou le nuisible, ce que ses parents, son maître ou tout autre homme veulent ou ne veulent pas, mais ce qui est conforme ou contraire à la volonté divine, ce que Dieu prescrit ou interdit. L'enfant comprend cela parfaitement, et il s'y soumet volontairement, même quand il ne l'observe pas toujours dans la pratique. Et pendant que vous qui le dirigez, vous avez derrière vous une autorité sacrée, dont le nom est la sanction de votre parole, lui voit aussi à travers votre parole, au delà de votre volonté, une volonté supérieure à la vôtre et à la sienne, qui lui assure un recours et un refuge dans ses peines, quand il se croit victime du caprice ou de l'injustice.

L'autre conséquence, c'est que par le nom de Dieu qui lui est annoncé, et dont la vertu le pénètre par la foi avec laquelle il le reçoit et réagit vers son objet, le plus profond de tous les rapports s'établit dans l'âme humaine, et elle commence à vivre de sa véritable vie. Le mouvement religieux s'opère en elle, c'est-à-dire ce va-et-vient entre elle et Dieu, qui vivifie le cœur, en même temps que la lumière du ciel éclaire l'intelligence et dilate l'entendement. Ainsi se forme l'idée de Dieu, idée mère qui contient virtuellement toutes les autres, comme l'Être suprême qu'elle représente est le principe de tous les êtres ; en sorte que par cette admirable vertu du nom divin imprimé dans son âme, l'enfant entre en rapport vivant avec ce qu'il y a de plus sublime, de plus profond, de plus grand, de plus large, de plus universel, l'infini ; et cette communication, qui le relie à son supérieur naturel, commence à l'affranchir de tout joug humain, et le prépare à la liberté des enfants de Dieu, qui consiste à n'obéir qu'à Dieu.

§ 22.

Alors aussi la loi apparaît à l'enfant avec le caractère sacré de la justice. Il se sent intérieurement obligé d'obéir, et il se soumet volontairement, comme il convient à un être libre. La distinction du bien et du mal se détermine plus nettement. La voix impérieuse du devoir se fait entendre, la vie morale se dégage de la vie physique, à mesure que la conscience se forme. L'autorité divine, dont il n'a encore que le sentiment, sanctionne à ses yeux la puissance paternelle à laquelle la nature l'a soumis, celle des maîtres à qui ses parents l'ont remis. C'est à Dieu qu'il obéira désormais en obéissant aux hommes.

La loi ne prend aux yeux de l'homme un caractère obligatoire que si elle lui paraît marquée du sceau de la justice. A ce signe seulement, il la reconnaît pour vraie, pour valable, et se sent contraint de l'accepter, non par une force extérieure, mais moralement, et parce que cela convient à un être raisonnable. Hors de là il n'y a que violence ou caprice, par conséquent, despotisme et servilité.

Or, l'idée de la justice est très-simple ; elle naît spontanément dans l'esprit de l'homme par les rapports où il est engagé et selon les circonstances où il se trouve. C'est une des données primordiales du bon sens, qui se dégagent aussitôt que la raison entre en exercice et acquiert la connaissance de sa position et de ses relations. La justice, dans sa plus simple expression, consiste à rendre à chacun ce qui lui est dû, ou ce qui lui appartient. La loi sera donc juste, quand elle demandera à chacun ce qu'il doit, en raison de ses rapports avec les autres, qui sont ses supérieurs, ses égaux ou ses inférieurs. Donc, une double justice, l'une qui lui impose le devoir envers ce qui est au-dessus de lui, devoir de soumission ; l'autre envers ce qui lui est égal ou inférieur, devoir d'équité. Mais nous avons reconnu que Dieu seul est le supérieur naturel de l'homme ; donc le devoir de soumission ne doit être rendu qu'à Dieu ou à ceux qui le représentent. Que dois-je à Dieu ? Tout ce qu'il m'a donné, c'est-à-dire tout ce que je suis et tout ce que je puis. Par lui, je suis et subsiste. Ma dépendance est donc évidente, et le devoir, qui m'oblige envers lui, ne peut être nié qu'en niant le terme dont il dérive et auquel il se rapporte. Dieu étant posé comme créateur, la justice m'oblige envers lui comme créature, et je ne puis ne pas admettre cette obligation, si je veux être un être raisonnable.

La justice qui oblige l'homme envers Dieu étant reconnue, le principe de l'autorité est posé, et toute autorité légitime, quelle qu'elle soit, doit en sortir. De là le sens de cette parole : *non est potestas nisi a Deo.* (Rom. 13.) Toute puissance vient de Dieu, ce qui est vrai même physiquement; car toute force, étant une fonction ou une application de la vie, dérive nécessairement de celui qui est la source de la vie, la vie même. Mais ici le mot *potestas* signifie surtout un pouvoir constitué, ayant le droit de défendre et de prescrire, portant le glaive pour la justice, comme dit l'apôtre (Rom. 13, 4), donc une puissance morale. Or, il n'y a de moralité que par la justice, et il n'y a de justice dans l'autorité que si elle descend du supérieur véritable, c'est-à-dire de Dieu. Hors de là il y a des forts et des faibles, des arrangements de prudence et des conventions ; il n'y a point de justice divine, de justice essentielle et obligatoire. Sans cette justice qui vient d'en haut, la puissance paternelle elle-même, la plus naturelle qui soit en ce monde, n'est aussi que de la violence et de l'arbitraire. Le maître, qu'il instruise ou dirige, s'il parle en son propre nom, aura peu d'autorité malgré ses connaissances et son talent. Le fond de l'âme lui échappera; car Dieu seul peut ouvrir ce fond et s'y établir. Il en est de même dans la sphère politique. L'autorité d'un gouvernement devient légitime et valide par quelque chose de sacré, que la force ni les conventions ne donnent point; et ici, comme ailleurs, pour que les peuples se soumettent volontairement et avec amour, il faut qu'ils aient devant eux, au-dessus d'eux, un pouvoir qui représente

Dieu, et dont le commandement soit à leurs yeux l'expression de sa volonté. Tel est le vrai sens du *droit divin*, qui se retrouve nécessairement partout où règne une autorité légitime, parce qu'à Dieu seul appartient le droit de commander à l'homme.

§ 23.

A mesure que la raison de l'enfant se développe par l'exercice de la parole, et que sa volonté est en contact plus fréquent avec celle de ses semblables, le sentiment de la justice est plus excité en lui. La loi se manifeste alors sous la forme de l'*équité*, qui réclame par la conscience l'égalité des droits entre les êtres de même nature. L'homme sent l'injustice qu'il souffre avant celle qu'il commet ; il faut qu'il soit opprimé pour comprendre qu'il ne doit pas être oppresseur. L'éducation commune qui réunit de bonne heure les volontés sous une même discipline est donc un des moyens les plus efficaces pour former la conscience morale de l'enfant, d'abord, en l'accoutumant dès le bas âge à obéir à la loi, puis en lui apprenant par l'expérience à respecter les droits de ses égaux pour qu'ils respectent les siens.

Le sentiment naturel de l'équité naît et se développe par le contact et le choc du *moi* ayant acquis la conscience de soi et la connaissance des *non moi* raisonnables qui lui ressemblent. Par l'expérience de tous les jours l'homme apprend à se connaître lui et son semblable, dont la nature est égale à la sienne, et qui a par conséquent des droits égaux. L'égalité de nature et de droits, ressortant de la constitution humaine, et ainsi de l'idée divine dont l'humanité est la réalisation, est donc de droit divin; car elle est l'expression de la volonté créatrice, et c'est pourquoi la loi, qui est partout la volonté souveraine, sous telle forme et à tel degré, se prononce dans les rapports des hommes entre eux sous la formule de l'équité, comme dans leur rapport avec Dieu par celle de la soumission. Néanmoins, l'équité qui doit présider à toutes les transactions des hommes, parce qu'elle est une conséquence nécessaire de l'égalité de leur nature, n'exclut point la diversité ni les différences dans la répartition des choses et dans le classement des personnes au sein de la société, pas plus que l'égalité devant Dieu n'emporte l'identité des facultés, des forces, de la puissance et du mérite. La nature du genre, commune à tous les individus qui en font partie, se trouve modifiée par les caractères de la spécialité et de l'individualité en chacun, et principalement par la liberté, qui ajoute au fond donné par le créateur les œuvres propres de la créature. La véritable égalité devant la loi, divine ou humaine, est un droit naturel donné à tous; mais l'usage de ce droit dépend du libre arbitre de chacun, et de là l'immense variété des conséquences et des résultats.

Quant à l'efficacité de l'éducation pour former la conscience morale, elle est toujours en raison de la manière dont elle est dirigée, de l'esprit qui l'anime, du principe dont elle part et du but où elle tend. L'éducation en elle-même n'est qu'un moyen, une discipline. Elle doit *élever* les hommes, c'est-à-dire les faire monter de l'état animal à l'état moral, pour les replacer dans le rang et l'ordre de leur destinée. Elle les déprave et les dégrade, si elle agit à l'encontre de leur fin dernière, en donnant la prépondérance au corps sur l'âme, à la nature physique sur la nature spirituelle. Privée ou publique, elle ne peut former la moralité de l'enfant qu'en lui apprenant à connaître la loi, en la lui présentant sous toutes les formes, dans toutes les circonstances, et surtout en employant tous les moyens de direction et de discipline, de persuasion, et même de force au besoin, pour en assurer l'observation constante et la pleine exécution. Ceux qui ont prétendu que la différence morale des individus vient exclusivement de leur éducation ont exagéré une influence réelle et très-importante, mais qui n'est pas la seule. C'est soutenir que la variété des plants sortis des graines d'une même semence est produite uniquement par la culture.

§ 24.

Parvenu à l'âge où il peut avoir la conscience complète de soi, de sa pensée et de sa liberté, la pleine jouissance de sa raison, l'homme est déclaré *majeur*, et dès lors il devient responsable de sa conduite privée et publique. Émancipé de la loi paternelle, il passe sous l'autorité des lois civiles, il devient membre de la société, et la patrie réclame le concours de son activité. Son éducation morale continue au milieu de ses concitoyens. Il y trouve, comme expression de la loi divine, des lois humaines, qui doivent maintenir l'ordre par la justice et pour le bien de tous. L'intelligence de ces lois en général et leur observation consciencieuse et volontaire est un moyen de perfectionnement moral.

En quelque lieu et sous quelque forme qu'il vive, l'homme rencontre une autorité et une discipline, et son éducation morale continue sous l'action incessante de la loi, qui règle toutes les positions et le dirige dans chacune. La vie présente est donc une éducation perpétuelle qui commençant par le régime de la famille, puis par celui des écoles, qui en est le supplément, prépare à entrer dans la société, où l'on trouve pour instituteur et pour guide le pouvoir qui fait les lois et veille à leur exécution. C'est une direction plus extérieure et plus large, parce qu'elle est plus générale, et qu'elle doit pourvoir aux intérêts de tous, en maintenant l'ordre public. Elle suppose la moralité déjà formée dans l'individu, et sous ce rapport elle s'en remet à l'instruction publique ou privée, et à la religion. Elle ne donne point proprement des leçons de morale, mais elle déclare nettement ce qu'il faut faire et ne pas faire pour être dans l'ordre, et elle appuie ses prescriptions et ses défenses par la menace du châtiment.

L'homme n'est apte à entrer et à fonctionner dans cet ordre de choses que lorsque sa raison est assez développée par l'exercice et l'expérience pour comprendre les relations sociales où il va s'engager, et sa volonté assez éclairée et assez ferme pour agir avec prudence et résister à l'entraînement des passions. C'est cette capacité de raison et de liberté qui caractérise proprement ce qu'on appelle la *majorité*, par laquelle le jeune homme est posé dans la société comme vivant pour lui en tant que citoyen ou membre actif de l'association civile. Alors aussi, l'État commence à compter avec lui en réclamant ses services en raison de ce qu'il lui donne, et imputant désormais ses actes à sa personne. Jusque-là il n'était citoyen qu'en puissance. Englobé dans la famille, la loi ne l'atteignait qu'à travers ses parents, ses tuteurs ou ses maîtres, qui répondaient pour lui. Eux seuls pouvaient disposer et contracter en son nom.

Cependant il ne faut pas croire qu'avant l'âge de la majorité légale, âge qui varie dans les législations humaines, il n'y ait dans l'enfant et dans le jeune homme une véritable responsabilité morale. De très-bonne heure l'enfant répond de ses actes devant Dieu, parce qu'il est apte de bonne heure à comprendre la loi morale, à distinguer le bien et le mal, à vouloir et faire l'un ou l'autre. Cette aptitude commence avec l'âge de raison, et la raison paraît dans son aurore longtemps avant d'être pleinement formée. Dès qu'il y a discernement de la loi et choix de la volonté, il y a aussi responsabilité; car une nouvelle cause est entrée en acte, la cause intelligente et libre, et les effets qu'elle produit lui appartiennent et lui reviennent. C'est pourquoi l'enfant est susceptible de direction morale et de discipline. Il est peccable, juste ou injuste, méritant ou déméritant à son degré, et ainsi sujet à la pénalité ou digne de récompense. S'il ne compte pas encore avec la société, il compte déjà avec Dieu, qui lui demande en raison de ce qu'il a reçu et le jugera par sa capacité et par ses œuvres.

En entrant dans la société, l'homme y trouve de nouvelles obligations avec de nouveaux rapports. La première condition de son existence sociale est de se mêler à la vie commune et d'y contribuer utilement par son travail ou d'une manière quelconque. Par là seulement il devient un membre actif de l'État. Dans l'exercice de la profession qu'il a choisie, ou qui lui est dévolue, la loi morale veut qu'il ait toujours égard au bien public, sans exclure pour cela la considération de son intérêt privé, de manière à les balancer l'un par l'autre. Tout en pourvoyant le mieux qu'il pourra à sa conservation et à sa fortune, il doit, par sa coopération au bien commun, payer sa dette à la société qui l'a protégé, nourri, instruit, élevé jusqu'à sa majorité, et avant qu'il ait rien fait pour elle.

La vie sociale, avec ses institutions compliquées et ses intérêts multiples qui se croisent dans tous les sens, est une grande école de morale, dont le gouvernement est le pédagogue, et le code civil et criminel le règlement. A chaque instant se présente un mal à éviter, un bien à faire; les lois, les ordonnances, les arrêtés prescrivent ou défendent. On peut les éluder, les violer ou les observer fidèlement; et si les commandements humains sont réellement les expressions de l'équité, les formules de la justice, ils seront d'un grand secours à la conscience, en lui montrant nettement et sensiblement ce qui est bien ou mal dans la plupart des cas, et la dispensant ainsi de chercher, de discerner et de délibérer. C'est un grand malheur quand les lois civiles sont obscures et ne parlent point au bon sens et à la conscience des peuples; car la lettre en tue l'esprit, et on échappe souvent à l'intention de la loi par l'accomplissement subtil de la forme.

C'est aussi un grand mal quand elle est partiale, exprimant un intérêt particulier qui se substitue à l'intérêt commun, ou encore quand elle repose sur des systèmes de gouvernement ou d'économie politique que le peuple ne comprend pas et dont il ne peut apprécier les avantages; car dans ces cas il ne voit point de liaison entre la justice naturelle, dont il est juge, et ce qui lui est commandé ou défendu : et la sanction morale et religieuse ne s'ajoutant pas à la prescription civile, on en vient à douter si l'on est engagé en conscience par de pareilles lois.

Il est encore très-malheureux que la loi ne tienne pas ses promesses ni ses menaces, et qu'il y ait des moyens de l'éluder, de la rendre muette ou de la neutraliser. Comme la parole du père et de la mère doit être ferme et persévérante vis-à-vis de l'enfant, ainsi le commandement de la loi vis-à-vis du peuple doit être infaillible, autant qu'une chose de ce monde peut l'être. Il faut que le coupable, ou celui qui serait tenté de le devenir, compte sur la certitude du châtiment, s'il est découvert. Telle est la fin principale des punitions publiques et exemplaires; elles tendent plus à prévenir le crime qu'à le venger. Mais cette fin ne sera atteinte que si la loi est inévitable et la justice inexorable comme le *fatum*, rigueur, du reste, qui pourra être tempérée en certains cas, par une influence supérieure de liberté et d'amour, toujours représentée dans les sociétés par le droit de grâce inhérent au pouvoir suprême. Mais là, comme ailleurs, la grâce est gratuite, purement volontaire, et personne ne peut la réclamer comme un droit. L'équité, ou le balancement des intérêts, est la première règle de la vie sociale, et devant l'équité tout se compte. On n'obtient l'équilibre que par la plus exacte pondération. La stricte justice est donc la condition absolue de l'ordre politique, et ainsi le premier devoir du citoyen.

§ 25.

La société doit avoir à sa disposition les moyens d'agir sur ceux qu'elle gouverne. Il faut qu'elle puisse empêcher le mal soit en le prévenant soit en le réprimant. La loi sociale doit donc être entourée d'un appareil de force capable d'imprimer l'intimidation et le respect. Mais la crainte, très-efficace pour détourner la volonté du mal, ne l'est pas autant pour la porter au bien. Il faut au citoyen un motif plus raisonnable et plus noble : il faut qu'il reconnaisse l'excellence de la justice ; et les avantages, que la société lui assure, doivent le dédommager des sacrifices qu'elle lui demande. Il faut qu'en respectant les droits des autres, il ait la garantie que les siens ne seront point violés.

Il en est de la loi sociale dans son application comme de la loi paternelle. Tant qu'elle n'est point comprise par celui qu'elle régit, son action est tout extérieure et se fait sentir par des moyens physiques. Elle commence par poser des barrières à la volonté, la refoulant par la défense et l'empêchant de sortir de l'ordre et de s'exalter. Puis si cela ne suffit point, si les mauvaises passions ne sont point contenues par la menace du châtiment, elle emploie une force coactive pour arrêter leur emportement et punir le désordre. Mais comme la loi sociale s'applique à des hommes raisonnables ou qui sont censés l'être, elle ne peut s'imposer à des adultes comme à des enfants, et elle doit se justifier par l'exposé de ses motifs et les *considérants* de ses applications. Elle ne doit donc point punir sans jugement, et ainsi sans débats contradictoires, sans accusation et sans défense. Cependant le juge ne peut aussi réaliser ses jugements que par le ministère d'une puissance physique, chargée d'exécuter les dictées de la loi. On ne peut pas plus se passer du gendarme et du geôlier dans l'État, que de la main paternelle qui châtie dans la famille, ou de la correction, quelle qu'en soit la forme ou le mode, dans l'éducation. L'intimidation ou la crainte est donc le moyen principal de la législation sociale pour empêcher le mal par la prévention ou par la punition.

Toutefois, comme la crainte est surtout négative, elle ne suffit pas pour donner la vie à la société et une influence active à la législation. La crainte porte à s'abstenir; elle rend immobile, et la société doit marcher, se développer, faire des progrès. Elle a donc besoin d'un autre mobile qui la pousse en avant. En outre, la loi n'est pas seulement prohibitive; elle a aussi des prescriptions qui réclament le concours des citoyens, de leur activité, de leurs facultés, de leur temps, de leurs biens. Ils doivent contribuer à l'entretien général, à la défense commune; ils ont des charges à partager, des sacrifices à s'imposer, le corps social ne pouvant subsister que par la coopération de ses membres. L'État a donc le droit incontestable de les contraindre à lui rendre les services nécessaires à sa conservation. Mais ce qu'on donne par force, on le donne mal, c'est-à-dire à regret et le moins qu'on peut. Il faut donc un mobile plus élevé qui porte à donner de bon cœur, avec facilité et même avec dévouement. La meilleure législation est sans contredit celle qui exerce un tel empire sur les citoyens, et elle peut l'obtenir par deux voies : soit en inspirant l'amour plus que la crainte, comme dans certaines républiques anciennes et modernes, et même dans quelques monarchies, ce qui a produit de beaux exemples de patriotisme ou de dévouement social; soit en se faisant considérer, estimer et aimer comme la représentation la plus exacte de la justice publique, et la plus sûre garantie des droits individuels, ainsi qu'on le voit parfois de nos jours dans les États constitutionnels.

§ 26.

Ces deux moyens d'enseigner la loi morale ne sont vraiment efficaces pour le bien, que s'ils sont en rapport avec le principe de l'ordre et de la justice dont toute loi dérive. L'autorité des parents, réduite à elle-même, reste humaine, et dégénère aisément en emportement ou en caprices. L'éducation, sans l'influence prédominante de la religion, développe l'esprit, mais ne sait point former le cœur ni élever l'âme. La législation, séparée des croyances religieuses, n'agit sur les hommes que par la crainte ou l'intérêt; substituant le principe de l'égoïsme ou de l'avantage personnel à celui du dévouement, elle va contre sa fin, en divisant au lieu d'unir.

Un moyen ne vaut que s'il mène à sa fin, en partant du principe qui y correspond. Le principe de la loi étant la volonté de Dieu, et la fin de la loi la conformité de la conduite des actions humaines à cette volonté ou l'union volontaire de l'homme avec Dieu, il suit que tous les moyens de moralisation, pour être légitimes et efficaces, doivent sortir de la connaissance de Dieu et conduire à Dieu. Ce qui revient à dire que les véritables moyens de former la conscience morale, et les plus puissants, sont ceux que l'esprit religieux anime et que l'influence divine dirige. Sans le secours de cet esprit, sans cette influence, l'homme est réduit à lui-même pour agir sur son semblable. Il peut le contraindre par la force ou le convaincre par le raisonnement, le persuader par la parole, l'entraîner par l'affection ou le pousser par l'intérêt; mais il n'a pas le droit de lui commander, et des deux côtés tout ressort du bon plaisir. L'autorité supérieure n'intervenant pas, l'obligation morale n'est point fondée. Ainsi va la puissance paternelle, quand méconnaissant son origine et sa mission, elle ne parle pas au nom de Dieu. Le père, livré à lui-même, échappe difficilement à la passion, au caprice et à l'erreur. Il est le jouet du tempérament, des sens, de l'imagination, de la disposition ou de l'humeur du moment, des circonstances. La famille sera donc abandonnée au mouvement de la chair et du sang, ou, comme dit saint Paul (Rom. 7, 23), à la loi qui domine dans les membres.

Si le père est d'un caractère faible, le même

désordre arrivera, mais en sens contraire ; l'enfant sera le despote. Le pouvoir paternel méprisé, foulé aux pieds, indignement outragé par les enfants, parce que sans foi en son origine supérieure il s'abandonne lâchement lui-même, est une des choses les plus déplorables et qui se voit trop souvent de nos jours. La foi religieuse pourrait seule dans ce cas venir en aide à la faiblesse personnelle des parents. Par elle ils se sentiraient soutenus d'en haut. Participant à une vertu surhumaine, et se regardant comme les délégués de l'autorité divine, ils trouveraient dans leur conscience le devoir de la faire respecter, ou au moins de ne pas la laisser dégrader entre leurs mains. Ils seraient effrayés et relevés par le sentiment de leur responsabilité. Le régime de la famille non réglé par la religion démoralise les individus et les peuples ; car non-seulement il n'inculque pas la loi morale, mais encore il habitue dès l'origine à ne point respecter, à ne point aimer l'autorité, soit qu'on lui obéisse à regret, quand elle est despotique, soit qu'on la méprise, quand elle est faible. Si Dieu ne règne point dans le cœur des parents, les parents à leur tour ne règnent plus dans la famille, et quand l'autorité paternelle défaille, tous les pouvoirs de la terre sont ébranlés.

Ce que nous venons de dire de la famille s'applique à l'éducation publique ou privée. Certes, si la religion doit dominer quelque part, c'est là, et surtout dans les établissements publics, où l'État, se substituant aux familles, veut former lui-même les citoyens. Sous ce rapport, comme sous tant d'autres, nous portons encore aujourd'hui les tristes conséquences de la démence du dernier siècle, qui voulant exiler la religion du monde, s'était imposé la tâche de détruire tout ce qu'elle avait fondé et de tout reconstruire sans elle. Après les plus déplorables essais, force a été de la réintégrer dans l'instruction publique comme dans l'État; mais, ne pouvant s'en passer, on lui a laissé tout juste la part d'influence qu'on ne peut lui ôter. Par le principe même de sa constitution et de son organisation, notre éducation publique n'est point foncièrement religieuse; c'est là son vice essentiel, qu'on s'efforce aujourd'hui de diminuer et de pallier par de sages mesures et de louables efforts.

Nous avons dit plus haut ce que devient un État, quand la législation ne conduit les citoyens que par la crainte ou l'intérêt, les seuls mobiles qui lui restent, dès qu'elle s'est séparée de la religion. Alors la loi n'a plus qu'une force humaine; elle manque de sanction supérieure, et c'est pourquoi elle est si instable en elle-même et dans le cœur des peuples. Elle n'est plus à leurs yeux qu'une affaire de circonstance, soit l'expression d'une volonté despotique, soit une combinaison d'intérêts, un résultat d'intrigues parlementaires, enfant monstrueux de la collision des partis. On l'observe, tant qu'on ne peut la violer sans danger, par crainte, par prudence, ou par convention. On l'élude, autant qu'il est possible, quand elle gêne; on cherche à la discréditer de toute manière dans l'opinion quand on ne l'approuve pas; on la sape en secret, on s'apprête à la détruire, car elle a toujours contre elle un parti hostile; et, comme l'opposition finit par arriver au pouvoir un jour ou l'autre, la loi d'une époque contredit celle d'une autre, et le bon sens du peuple en est confondu. On a cru agir très-philosophiquement en isolant les lois et les gouvernements des croyances religieuses.

La loi, a-t-on dit, protége tous les cultes, mais n'en adopte aucun. On a même poussé cette maxime jusqu'à affirmer que la loi doit être athée : assertion immorale et absurde, s'il en fut jamais : immorale, car sans la croyance en la Divinité, il n'y a point de morale ni publique ni privée, et la loi qui ne la reconnaît pas ne peut obliger la conscience de personne ; absurde, parce qu'une loi athée, si elle était possible, se détruirait elle-même en renversant sa propre base, en se privant de sa plus puissante sanction.

§ 27.

Outre ces moyens il y a encore l'action directe de la religion qui, comme institution morale, annonce à l'homme sa loi, lui enseigne ses devoirs et l'aide à les accomplir. C'est sans contredit le plus excellent moyen pour former la conscience, et il est d'autant plus efficace, que le dogme religieux est plus vrai, la morale plus pure, le culte plus intelligent et la discipline mieux entendue. Le christianisme remplit ces conditions au plus haut degré. Il a les paroles de la vie éternelle ; aucune morale n'est comparable à la sienne, son culte est plein de sens et de splendeur, et nulle part l'homme ne trouve autant de secours pour apprendre à se connaître et à se diriger, à connaître la loi et à l'observer.

La religion, comme institution positive, réunit les trois moyens principaux que nous venons d'exposer. C'est pourquoi elle est partout et toujours le grand instrument de la moralisation des individus et des peuples. En tant que religion, elle ne peut parler et prescrire qu'au nom de la Divinité. Elle part donc du vrai principe de la moralité. Les fausses religions ont une idée fausse de Dieu, le représentant par des images ou des notions humaines; mais elles ont au moins cela de juste, qu'elles posent au-dessus de l'homme une puissance surnaturelle qui le gouverne, le jugera, le récompensera ou le punira en raison de ses actes, donc un supérieur, un législateur, une autorité et une loi, et ainsi des devoirs et une discipline : ce qui implique la survivance de l'âme après la mort, et une autre vie, heureuse ou malheureuse en raison de celle de la terre; et, par suite, la crainte et l'espérance, les deux moyens les plus efficaces de conduire les hommes ici-bas.

Le but final de toute religion est de rendre l'homme meilleur et plus heureux en lui apprenant à connaître et à suivre la volonté divine. Mais ce qui distingue les religions, c'est la manière dont elles tendent vers ce but et s'en approchent. Sous ce rapport, comme sous tous les autres, le christianisme est la religion par excellence, ou la consommation de toute religion. Sa dogmatique est la plus profonde et la plus simple à la fois. C'est le cours de métaphysique le plus sublime qui ait jamais été enseigné sur la terre, non en système et comme théorie, ce qui serait la forme et le signe d'une pensée humaine, mais avec la simplicité et l'universalité de la parole divine, laquelle, s'abaissant jusqu'à l'homme, est obligée, pour être comprise, de revêtir une forme sensible. Le dogme chrétien ne pose justement que les vérités nécessaires à l'humanité pour s'orienter en ce monde, et y déterminer sa marche. Il ne prétend point tout expliquer ; il apprend seulement à l'homme ce qui lui est nécessaire pour parvenir à sa destination.

Par le christianisme seul ont été résolus les grands problèmes de Dieu, de l'homme et du monde, et ces solutions, annoncées dogmatiquement comme les principes éternels de la science et de la vie, sont pleines de conséquences admirables, qui se déversent sur toutes choses. Ainsi, la morale chrétienne, qui s'applique au temps et à l'éternité, dérive de la métaphysique de l'Évangile, et puise dans les profondeurs du dogme sa source, son esprit et sa vie. On ne peut donc l'en séparer, car sans le dogme elle n'aurait ni base ni sanction. Jamais législation n'a été plus claire, plus profonde et plus puissante. Elle s'impose au nom du Créateur et du Père de tous les hommes, d'abord par le ministère de Moïse, auquel Dieu transmet ses commandements sur le Sinaï au milieu du tonnerre et des éclairs, signes frappants de l'autorité du législateur et symboles des châtiments réservés aux infracteurs de la loi. Elle est complétée par la parole de Jésus-Christ, qui est venu apprendre à l'homme à aimer Dieu par-dessus tout et son prochain comme lui-même, plus que lui-même, puisque le commandement nouveau est de nous aimer les uns les autres comme il nous a aimés, en donnant sa vie pour nous sauver.

La loi évangélique est donc une loi d'amour, et elle est aussi supérieure à la loi mosaïque, qui est une loi de justice, que celle-ci l'emporte sur les législations purement civiles, qui n'atteignent que l'extérieur. Car elle est à la fois religieuse et civile; elle fonde la législation sur la morale et la morale sur le dogme ; ce qui est l'ordre vraiment scientifique. La parole de Jésus-Christ a encore été au delà ; elle a donné au monde le code de la charité. Elle recommande aux hommes, non plus seulement de ne point se nuire, mais de s'aimer en frères et de se dévouer les uns pour les autres. Elle soumet à la règle les pensées, les désirs, les sentiments, les volontés les plus secrètes ; elle va saisir le mal à sa racine ; elle le frappe dans son germe, dans l'impression même d'où sort l'acte, et, comme ces faits du for intérieur tombent uniquement sous l'œil intérieur de celui qui les éprouve, pour les atteindre par la loi elle a établi un tribunal de la conscience, où les âmes viennent se dévoiler elles-mêmes devant Dieu et son ministre, afin de rejeter le mal qui est en elles et de recevoir, avec la punition expiatoire, une lumière nouvelle et une nouvelle force pour rentrer dans le bien : tribunal admirable et unique, où les coupables viennent s'accuser au lieu de se défendre, invoquant la peine méritée loin de chercher à s'y soustraire, où le juge remplit un ministère de consolation plus que de vindicte, et dont les arrêts, à l'encontre de ceux de la justice humaine, transmettent le soulagement et la vie. Là seulement la loi a toute sa perfection ; car elle corrige en punissant et ne châtie que pour rendre meilleur.

Mais ce n'est pas tout, et ici se montre la prééminence de la religion de Jésus-Christ. Elle ne se borne point à défendre le mal et à prescrire le bien ; elle fournit encore les moyens d'exécuter ce qu'elle commande, elle donne la force de s'abstenir de ce qu'elle condamne. Les lois humaines sont prohibitives, négatives ; elles n'ont guère d'efficacité que pour arrêter, empêcher. L'influence religieuse au contraire doit transmettre le bien plus encore que préserver du mal ; et comme il faut toujours commencer par le combattre, elle inspire d'abord le courage et la force nécessaires à cette lutte, afin que par son secours la volonté parvienne à se vaincre elle-même et le mal en elle. Le christianisme seul atteint ce but, parce qu'en lui il n'y a pas seulement une vertu de Dieu, mais Dieu lui-même qui se donne à l'humanité pour la guérir et la régénérer.

Aucune religion n'a offert à l'homme autant de moyens de rentrer dans son rapport vrai avec son auteur, et par conséquent de connaître et d'accomplir sa loi. Le culte, par sa liturgie, entretient continuellement le commerce de l'âme avec le ciel, et par les véhicules de l'action divine d'un côté, et de l'autre les instruments de la réaction humaine, la prière, l'offrande, l'action de grâces et la louange, la volonté reçoit et attire avec la grâce la lumière et la force dont elle a besoin, d'abord pour détruire ou absorber le mal, et ensuite pour vivre de sa vie véritable, de la vie du ciel, et la répandre sur la terre par sa parole et par ses actes. Puis au-dessus du culte, qui est la religion en action, plane la parole divine qui éclaire tout, qui anime tout, et dont la vertu plus pénétrante qu'un glaive à deux tranchants, agit incessamment par la voix du prêtre, soit pour enseigner et exhorter dans la chaire de vérité, soit pour reprendre et encourager au tribunal de la pénitence ou dans le secret de la direction. Car la religion chrétienne ne se contente pas de prescrire à tous le devoir d'une manière générale ; elle prend encore chaque fidèle à part pour lui dire ce qui lui convient le mieux dans sa position, et comment il pourra le faire.

Il n'y a pas un homme de bonne volonté qui ne trouve par elle un confident de ses peines, un soutien de sa faiblesse, un consolateur de ses douleurs, un médecin pour lui rendre la santé de l'âme et la vie spirituelle au nom de celui qui a versé son sang sur la croix pour donner la vie à tous. Je demande, s'il y eut jamais sur la terre, une institution plus capable de développer la moralité de l'homme en lui apprenant à connaître sa loi, en formant sa conscience, et en aidant sa liberté. C'est par de tels moyens, divinement institués et appliqués divinement par le ministère de l'Église, que le christianisme est la religion vraiment universelle ou catholique, parce que venant de Dieu elle est pour tous les hommes, offrant à tous et d'une manière appropriée au degré de chacun, avec la lumière pour connaître leur nature, leur destination et leur loi, les secours les plus efficaces pour accomplir cette loi sublime et persévérer jusqu'au bout dans la voie unique de la perfection et du bonheur.

CHAPITRE III.

DE LA LIBERTÉ MORALE [1].

§ 28.

La liberté morale, bien qu'elle ne soit point contraire à la loi, puisque sa perfection est de

---

1. Voir sur ce sujet : 1° *Philosophie morale*, chez Lagrange, 2 vol. in-8; 2° *La religion et la liberté*, Hachette et Cie, 1 vol. in-12; 3° *La conscience*, Didier et Cie, 1 vol. in-12.

s'identifier avec elle, implique cependant dans son exercice la puissance de s'y opposer. La loi (*lex* de *ligare*) est ce qui lie et par conséquent oblige la volonté. La liberté la délie ou la délivre, en lui donnant le pouvoir de s'en affranchir, si elle le veut. Il n'y a donc en ce monde de liberté morale que là où la loi peut être connue, voulue ou non voulue, c'est-à-dire dans les êtres raisonnables. La liberté est une propriété de la volonté, mais non la volonté même ; car celle-ci peut agir sans faire acte de liberté, comme il arrive quand elle accomplit la loi spontanément et par la nécessité de sa nature. Ainsi chaque homme veut son bonheur et ne peut pas ne pas le vouloir. Mais tout acte de liberté suppose la volonté, même quand on agit contre son penchant et son goût.

Trois choses, avons-nous dit, sont nécessaires pour constituer la moralité : la loi, la connaissance de la loi, et le pouvoir de l'observer ou de l'enfreindre. C'est ce pouvoir qui est l'essence de la liberté morale. Nous allons la considérer dans son acte propre, afin de constater comment elle contribue à former la moralité, quelles sont les conséquences de son exercice, et par quelles causes elle peut être affaiblie et même paralysée : considérations nécessaires pour apprécier exactement les qualités des actions et la responsabilité des agents.

On distingue la liberté métaphysique, morale, physique, civile, politique. La première consiste dans le pouvoir de la volonté de se déterminer par elle-même : *per se, non ex se, proprio motu*, de son propre mouvement, comme il appartient à une cause intelligente, qui porte en soi la dernière raison de son acte Nous l'avons expliquée ailleurs[1]. La seconde est dans le choix entre deux termes opposés, le bien et le mal. La troisième est le pouvoir de faire ou ne pas faire un acte extérieur. La quatrième est la faculté de faire tout ce que la loi civile ne défend pas; à la condition qu'elle ne défende que ce qui est contraire à l'intérêt commun. La dernière est la participation plus ou moins grande du peuple à l'établissement des lois auxquelles il est soumis.

Il n'y a point d'opposition foncière entre la loi et la liberté, puisqu'en Dieu la liberté sans limites est identique à la loi souveraine, et que dans les créatures la perfection de la liberté est précisément de coïncider parfaitement avec la loi. D'ailleurs Dieu ayant imposé la loi à l'homme et l'ayant fait libre puisqu'il l'a créé à sa ressemblance, il est impossible qu'il y ait une contradiction dans son idée, et qu'il ait mis dans son œuvre deux choses contraires. La loi est bonne, la liberté est bonne, et deux bonnes choses ne peuvent être essentiellement opposées. C'est une erreur grave que de voir dans le mal et dans l'injustice non pas seulement une preuve ou un signe de la liberté, mais encore une condition nécessaire de son exercice. Ce qui est vrai, et de là sort l'opinion fausse que nous signalons, c'est qu'il y a dans la liberté morale la puissance de s'opposer à la loi, ou au moins de ne pas y acquiescer. Tel est le privilége et la dignité des créatures libres, qu'elles doivent, en suivant leur loi, la connaître et y consentir.

1. La religion et la liberté. (*La conscience.*)

Par cela même qu'elles l'acceptent, elles peuvent la refuser ; et c'est pourquoi, dans tout ce qu'elles pensent, disent et font, il faut qu'il y ait un acte d'intelligence et de liberté, l'adhésion de leur volonté. La dignité de la créature raisonnable consiste donc à obéir à la loi qu'elle a jugée bonne et à laquelle elle a consenti, c'est-à-dire à se soumettre avec conscience et parce qu'elle le veut. C'est ainsi que Dieu doit être obéi par les créatures qui lui ressemblent.

Or, ce qui existe entre Dieu et l'homme doit avoir lieu dans les rapports des hommes entre eux. Partout où il y a de l'autorité, l'obéissance doit se donner aux mêmes conditions; l'homme doit obéir en être intelligent et libre, dès qu'il entre en puissance de la raison et de la liberté : *Sit rationabile obsequium vestrum* (Rom. 12, 1). D'où il suit que le principe des gouvernements constitutionnels, savoir le consentement de la loi à laquelle le peuple est soumis, est fondé en nature, et par conséquent de droit divin ; car tout ce qui ressort de notre véritable nature est voulu par Dieu qui l'a faite. Tout pouvoir, en effet, venant nécessairement d'en haut, puisqu'il représente l'autorité divine qui a seule le droit de commander aux hommes, ne peut imposer dignement la loi aux peuples qu'à la même condition sous laquelle Dieu l'impose à l'humanité : savoir, le jugement et l'acceptation de la loi par l'être intelligent et libre auquel elle est proposée.

La liberté n'appartient donc qu'aux êtres doués de raison, parce qu'eux seuls peuvent connaître la loi, la juger et l'adopter ou la rejeter en raison de la connaissance qu'ils en prennent. Tous les autres êtres la reçoivent sans y consentir, suivant aveuglément, fatalement l'impulsion de la volonté supérieure qui les mène, sans qu'il y ait de leur part possibilité de résistance ou d'opposition.

La volonté et la liberté ne sont pas la même chose ; car il y a des cas où nous voulons sans pouvoir faire autrement et par un entraînement irrésistible. Alors il n'y a point à choisir, et l'on ne peut se refuser à la loi sans violenter la nature. Il en est, sous ce rapport, de la volonté comme de la raison. Elle peut penser de toutes sortes de manières sur tel objet ; mais il y a certains principes et certaines conditions de la pensée qu'on ne peut contester ou nier sans la réduire à l'impuissance, sans annuler l'être pensant. Tels sont les axiomes, les définitions premières et toutes les vérités qu'on appelle nécessaires. De même la volonté ne peut pas ne pas vouloir certaines choses nécessitées par la nature humaine. Ainsi tout être vivant cherche spontanément son bien et ne peut pas ne point le chercher. Chacun l'entend à sa manière et le poursuit par une autre voie ; mais tous s'accordent à le désirer et à le demander. Tout homme s'aime lui-même et ne peut pas ne point s'aimer ; mais il peut s'aimer plus ou moins, conformément ou contrairement à la justice et à l'ordre. La liberté s'exerce dans le choix des moyens de satisfaire cet amour de soi qu'il n'est pas le maître de ne pas ressentir, parce que c'est un besoin essentiel de la nature, un penchant inné de son être, un instinct fondamental, la meilleure garantie de sa conservation, s'il est réglé par l'équité, comme il produit tous les maux, quand il la viole.

Par contre, la volonté est impliquée dans tout acte libre ; car la liberté est la volonté dirigée par l'intelligence et discernant par la pensée avant de choisir ou de décider. On peut exécuter librement des choses auxquelles la volonté répugne, et qu'elle accepte cependant, quand la raison ou la loi l'exige, en dépit des penchants, des inclinations et des goûts. Alors la liberté ressort davantage par l'opposition même de la volonté et de ses désirs. Ainsi le marchand qui jette à la mer sa cargaison pour sauver de la tempête son navire et sa personne, aime mieux perdre sa richesse que sa vie; il la jette malgré lui, et néanmoins il la sacrifie volontairement, puisqu'il veut avant tout son salut. Il est encore libre de les garder; car il n'est point sûr de se sauver en les perdant, ni de périr en les conservant. La volonté est donc aux prises avec elle-même, et la lutte se décide par un acte libre, où elle est à la fois victorieuse et vaincue. De même celui qui donne sa bourse pour garder sa vie, tout contraint qu'il est par la violence, préfère cependant une chose à une autre, ce qui suppose un acte de liberté contre sa volonté. C'est ce qui arrive toutes les fois qu'il y a scission dans l'homme par le partage de sa volonté tirée en sens contraires, et ainsi devant décider contre elle-même.

§ 29.

L'Être absolument libre est celui qui n'est lié par aucune loi; c'est l'Être suprême et unique qui, ne relevant de personne, est parfaitement indépendant, et dont la volonté est la loi universelle, principe des lois divines et humaines. La créature ne peut être libre que d'une manière relative. Celle qui est faite à l'image de Dieu a aussi en elle un reflet de la liberté divine par la faculté inhérente à sa volonté, non d'être au-dessus de la loi ou de la faire, ce qui est le privilége du Créateur, mais d'accepter la loi ou de la refuser, de l'accomplir ou de l'enfreindre. Du reste, quand elle ne l'accepte pas, la loi n'en subsiste pas moins pour elle, et c'est ce qui fait son tourment.

La liberté absolue ou l'indépendance n'appartient qu'à celui qui est de lui-même, par lui-même, ou qui a en lui la source de la vie. Celui-là seul, n'ayant point de supérieur, ne reçoit la loi de personne. Par son asséité il a aussi le privilége de n'être dominé ni limité par quoi que ce soit, dans sa substance ni dans son acte ; de là sa toute-puissance et sa toute-science. Il n'y a donc que lui qui puisse être et faire tout ce qu'il veut, et cette définition de la liberté, si fausse par rapport à la créature, s'applique au Créateur seul, en qui la substance, la volonté et l'acte sont identiques. Mais la volonté divine, pour être au-dessus de la loi, n'est pas contraire à la loi, puisque toute loi en dérive. La loi ne commence que là où il y a un terme inférieur soumis à un terme supérieur, c'est-à-dire à la création, et elle résulte nécessairement de l'application de la volonté du Créateur à la créature, application créatrice dans son effet primordial, et conservatrice par son incessante répétition.

Dieu, en face de lui-même ou dans son éternelle génération, n'a point de loi proprement dite ; car il ne peut se diviser en supérieur et en inférieur. En Dieu tout est égal, puisqu'il n'y a en lui qu'une nature, une seule substance, dont la distinction des personnes n'altère point l'unité. La perfection morale, qui consiste dans la coïncidence exacte de la volonté avec la loi ne se trouve véritablement qu'en Dieu, dont la volonté souveraine, identique à la loi ou principe de toute loi, ne s'applique à ce qui est au-dessous d'elle que pour y porter le bien, la lumière et la vie. Sous ce rapport encore l'homme doit être l'image de Dieu, et c'est pourquoi il est appelé, dans sa mesure, à devenir parfait comme son Père céleste. Il doit, à l'exemple de son Créateur, confondre sa volonté avec la loi; et comme Dieu en créant a réalisé son idée par sa volonté, et qu'ainsi la loi, qui est cette volonté même, se trouve imprimée dans le fond des créatures et s'exprime par leur existence, celles-ci doivent, pour être dans l'ordre, qu'elles le sachent ou non, se conformer, dans leur développement à l'idée et à la volonté éternelles qu'elles portent en elles, ou faire coïncider leur manière d'agir avec leur loi. Ainsi seulement elles répondent à la fin de leur création. L'excellence, la dignité de l'être intelligent, c'est de le faire avec connaissance, avec liberté, avec amour.

La liberté de la créature est au fond la même chose que celle du Créateur, sauf la différence incommensurable de l'infini au fini, de l'absolu au relatif. En l'homme comme en Dieu, la liberté qui dans son essence est le pouvoir de se déterminer par soi-même, est une faculté d'indépendance ou d'affranchissement. Mais dans la créature, si élevée qu'elle soit, l'indépendance est toujours relative, l'affranchissement partiel, et il n'en peut être autrement; car l'être créé ne vit que par son rapport avec celui dont il est, par le lien qui l'y attache, et ainsi par sa dépendance et sa soumission. La sujétion à une loi est dans l'idée de la créature, comme l'indépendance de toute loi est dans celle du Créateur. La liberté de la première ne peut donc consister à refuser toute dépendance ni à s'affranchir complétement, puisque ce serait rejeter la vie et les moyens de vivre, se séparer de ce qui est sa force, comme la branche qui se détache du tronc. Ici se montre la folie de ces doctrines morales ou politiques qui placent la liberté, soit dans le pouvoir de se mettre au-dessus de la loi en agissant à sa guise, soit dans le privilége de la faire, afin de n'obéir qu'à soi-même en l'observant. C'est mettre l'homme à la place de Dieu : c'est renouveler la première faute, fruit du premier orgueil, et il en arrive toujours ainsi, quand la créature s'exalte en elle-même, et ne reconnaît plus sa nature ni sa place. L'homme n'est pas plus l'auteur que le maître de la loi ; elle lui est donnée dans toutes les positions où il peut se trouver. Il n'a point à l'inventer mais à la découvrir, et il est législateur au même titre qu'il est père, par la délégation d'une puissance supérieure dont il est le ministre.

Il lui importe donc essentiellement de savoir en quoi consiste sa liberté morale, comment et jusqu'où elle peut s'exercer. Elle se réduit à accepter ou à repousser volontairement la loi qui lui est imposée, et par conséquent à concourir à l'accomplissement de la volonté divine, ce qui fait sa vertu, ou à la contrarier, ce qui tourne à sa perte. Sa dignité consiste à n'accepter la loi que sciemment et librement, puis à ajouter son consentement et sa coopération, ce qui sans doute ne donne pas plus de valeur à la loi en elle-même, mais en facilite l'application. Car si la volonté humaine ne peut changer la nature des choses ni leur destination, si elle ne peut empêcher les desseins providentiels d'aller à leur fin, néanmoins parce qu'elle est employée comme instrument dans ce grand mouvement, et qu'elle a sa part d'activité dans l'ordre général, elle peut devenir obstacle au lieu d'être auxiliaire, et ainsi entraver ou retarder la réalisation de l'idée divine et l'accomplissement de l'éternelle volonté dans le temps et sur la terre. De là l'importance de la liberté humaine; importance telle, que le bien et le mal entre lesquels elle est placée ici-bas se disputent son alliance, ne pouvant rien établir en ce monde sans son concours.

En récusant la loi, la créature ne s'en affranchit point pour cela; car elle ne peut détruire la volonté de son supérieur en essayant de s'y soustraire. Elle portera nécessairement la peine de sa révolte, peine qui est le résultat inévitable de l'opposition à la justice, de la lutte avec la loi, laquelle s'impose comme un joug et avec violence là où elle n'est point reçue volontiers et avec amour. De là, comme nous le verrons plus bas, le tourment intérieur de la créature qui s'oppose volontairement à sa loi, de quelque manière que ce soit, et surtout dans l'ordre moral, où elle entre directement en guerre avec Dieu lui-même. Repoussant sans cesse ce qu'elle ne peut éviter, et se débattant contre ce qui la fait vivre, déchirée en elle-même, elle s'agite et se dévore dans une angoisse toujours ravisée par l'action de la puissance supérieure qui la pénètre et l'accable.

§ 30.

La métaphysique, la psychologie et la morale s'occupent toutes les trois de la volonté humaine et de sa liberté; mais chacune de ces sciences la considère à un point de vue différent et dans une autre phase de son développement: la première dans son origine pour en expliquer la généalogie, ou comment elle sort de l'essence de l'âme; la seconde dans son exercice constaté par l'observation interne; la troisième dans ses rapports avec la loi, comme agent moral, par conséquent dans son exercice régulier ou irrégulier et dans les conséquences de ses actes. A ce dernier point de vue tout pratique, la science cherche, non l'explication profonde des choses ou leur exacte description, mais la meilleure manière de diriger la volonté dans l'intérêt de l'individu et de la société. Il ne s'agit donc ici que de la liberté morale, telle que l'homme l'exerce ici-bas, soit dans le for intérieur, quand il décide ce qu'il veut ou ne veut pas faire; soit dans le for extérieur, lorsqu'il réalise sa décision par des actes.

La morale doit diriger la volonté humaine, dans les conditions de sa position actuelle. Cette volonté se produit pleinement dans l'acte libre, dont le choix est resserré dans l'alternative du bien et du mal, partout mêlés dans le monde, en nous et hors de nous. Quoi que nous fassions, nous ne pouvons nous soustraire à l'influence de leurs instruments, et nous avons toujours à décider auquel nous donnerons la préférence. La loi nous guide dans le choix; mais quand nous savons et voulons ce qu'elle demande, la volonté a encore à se débattre contre les entraînements de la concupiscence. Car la loi acceptée n'est pas encore accomplie, et il y a déjà exercice de la liberté avant l'exécution. Je puis vouloir le bien sans le faire, l'intention est déjà bonne, puisque par l'acte interne de ma liberté j'acquiesce à la loi. Je puis vouloir le mal sans le commettre, méditer un crime sans l'exécuter. Je suis cependant coupable, quoique je n'aie point agi au dehors; car un acte libre a été posé par mon adhésion au mal, par mon opposition à la loi, et si après avoir désiré le mal, je ne le réalise point par des circonstances indépendantes de ma volonté, ma culpabilité subsiste avec mon désir. Mais si je combats ce mauvais désir et l'empêche de se satisfaire, le nouvel acte de liberté en faveur de la loi détruit le premier qui lui était contraire. Il n'y a donc point de différence, quant au démérite, entre un mal voulu et un mal accompli, sauf la persistance que l'exécution suppose. Mais il y en a une très-grande, quant aux conséquences. La liberté, se décidant seulement dans le for intérieur, ne s'objective point; elle ne jette rien d'elle-même dans le monde sensible; elle reste maîtresse de sa décision et de sa pensée, tant qu'elle ne les a point livrées à la causalité fatale qui règne dans le temps et l'espace. Elle a donc plus de facilité pour revenir sur sa détermination, détruire le mal et réparer le désordre, tandis que l'acte une fois posé au dehors par l'action ou la parole, est détaché de sa cause, comme l'enfant du soin de sa mère. La volonté ne peut plus le reprendre, *volat irrevocabile verbum*, il court à travers le monde avec l'influence bonne ou mauvaise qu'elle lui a communiquée, et il produira indéfiniment des effets dont il est impossible de calculer le développement et la portée. Ce sont des semences emportées par le vent, et qui vont se reproduire sans mesure partout où elles seront reçues. C'est pourquoi le sage n'a hâte ni d'agir ni de parler.

§ 31.

Que nous ayons le pouvoir de choisir entre le bien et le mal, l'expérience de chaque moment le démontre, la conscience individuelle et générale du genre humain l'atteste. Quand on rentre en soi pour examiner la manière dont s'effectue l'acte volontaire, on constate : 1° la présence d'une force efficiente ou *causante*, qui nous rend capables de produire un fait par un effort propre, en sorte que le moi ne peut point ne pas s'en attribuer la production et a la conscience certaine qu'il émane de sa volonté ; 2° que cette force efficiente peut vouloir telle chose, de telle manière, sans avoir d'autre raison à donner de sa décision que sa décision même ; 3° quand l'esprit est dans le doute et la volonté en suspens, le moi, pesant et appréciant les motifs opposés, sent très-bien qu'il peut, même contre le bon sens, la raison et la loi, résister au plus fort, acquiescer au plus faible, et ainsi terminer la crise par un acte propre ou de libre arbitre, *motu proprio*. Ici se trouve l'acte souverain de la volonté humaine.

La liberté se démontre de deux manières, par le droit et par le fait; par le droit, en montrant qu'elle est une conséquence nécessaire de la nature de l'homme et de sa position, c'est la preuve directe; ou indirectement par l'absurde, en prouvant que sans elle la vie est inexplicable et n'a plus de sens. Elle se démontre par le fait comme toutes les existences, qui s'affirment elles-mêmes par leur présence ou leur développement. La meilleure preuve du mouvement est le mouvement même. La preuve la plus forte de la liberté est dans son exercice; c'est une affaire d'expérience. Quiconque s'observe attentivement est obligé de reconnaître en lui une force *sui generis*, qui peut seule expliquer la production de ses actes personnels et volontaires. Quand on nie la liberté, c'est toujours par suite d'un système avec lequel on ne peut l'accorder, ou par l'impuissance de résoudre certaines difficultés qu'elle soulève, par exemple l'accord de la liberté humaine et de la prescience divine; difficultés purement logiques, qui n'ont aucune influence dans la pratique; car, s'il faut se résoudre et agir, les plus grands adversaires de la liberté, ceux qui la nient le plus intrépidement dans la spéculation, font comme tout le monde et agissent comme s'ils étaient libres. Ainsi les sceptiques, qui professent ne croire à rien selon la science, suivent les dictées du sens commun comme les ignorants dans leur vie de tous les jours.

Nos mouvements sont de deux sortes, les involontaires et les volontaires. Dans les premiers nous sentons que la force productrice ou la cause qui les amène n'est pas nous. Nous recevons une impulsion et nous transmettons ce que nous avons reçu. La mobilité traverse notre existence comme un canal; nous sommes engagés dans un engrenage de mouvements ou dans une série de faits que nous n'avons point commencée, et que nous ne pouvons ni arrêter ni terminer. Les seconds, au contraire, ont en nous leur principe, leur origine, et nous avons la puissance de les diriger à notre gré et de les interrompre. Dans ces cas le moi s'apparaît à lui-même comme la cause de ce qui se passe en lui, c'est-à-dire comme pouvant produire tel effet et le produisant actuellement par une force à lui inhérente, qui est lui-même. Bien plus, nous n'avons la notion de la *causalité* qu'en acquérant l'expérience du pouvoir *causant*, et nous ne le comprendrions jamais, si nous ne l'exercions nous-mêmes. Les faits extérieurs, par leur succession, éveillent en nous cette notion et nous font soupçonner la force qui les meut; mais nous ne saisissons directement la force ou la cause qu'en nous-mêmes, par le sens intime et par la conscience de notre propre force et de sa puissance efficiente. La force spirituelle, ou la cause morale, est donc la seule que nous connaissions directement, parce qu'elle est nous-mêmes et que nous avons conscience de nous. C'est pourquoi l'être raisonnable est le seul qui recherche les causes des choses; car seul il comprend ce que c'est qu'une cause, parce qu'il en est une, et ce n'est qu'après avoir exercé et perçu sa propre causalité, qu'il applique aux autres analogiquement ce qu'il en sait par sa conscience. Mais jamais il ne connaîtra ce qui se passe en eux, comme il sait ce qui se passe en lui, parce qu'il ne peut entrer dans leur for intérieur ni identifier sa conscience avec la leur.

La force *causante* ou notre propre causalité se produit en nous de trois manières, d'abord par un certain effort qu'elle peut faire ou ne pas faire et qui est le moyen de la production. Cet effort est l'acte du moi produisant, ou l'énergie productrice du moi passant en acte dans l'ordre moral, dans l'ordre intellectuel, ou dans l'ordre physique. Quand il se résout à quelque chose après ou sans délibération, il arrête sa volonté, il la fixe, il prend son parti, comme on dit. Or il n'arrive à cette décision que par un acte énergique qui repousse tous les autres cas ou exclut les autres possibilités d'action pour s'en tenir à une seule. La puissance de l'effort moral prouve la force de la volonté ou le caractère. C'est le premier degré.

Je veux maintenant exécuter ma résolution et je cherche les plus sûrs moyens d'y parvenir. Ici nouvel effort pour représenter dans mon esprit la fin voulue, et percevoir la convenance ou la disconvenance des moyens à la fin. Je ne puis y penser sans un acte intellectuel, qui dirige le regard et pour ainsi dire la pointe de l'intelligence sur l'objet ; effort qui doit se renouveler à chaque opération de la pensée pour maintenir les choses sous l'attention de l'esprit et lui donner le temps de les considérer en elles-mêmes et dans leurs rapports, ce qui est une opération difficile, pénible, et dont peu d'hommes sont capables. Tant que cet effort agit et persiste, la pensée opère et le travail avance. Mais dès que l'effort faiblit, elle s'arrête, et tout s'obscurcit devant elle. Il y a souvent dans ce cas une double dépense de force, d'un côté pour fixer l'objet, et de l'autre pour résister aux distractions qui assaillent l'esprit par l'imagination et les sens ; ce qui l'empêche de rallier ses facultés dans un mouvement unique et de les concentrer sur un seul point. Celui qui s'y laisse entraîner s'épuise en vaines considérations, en images passagères, et par suite en paroles inutiles; il dissémine sa force et ne produit rien de grand par la pensée.

Après avoir considéré ce que je veux dans mon entendement, après avoir discerné les moyens de remplir mon intention et de produire l'effet voulu, je descends dans le monde extérieur pour réaliser ma pensée dans l'espace par l'action, comme auparavant j'ai réalisé ma volonté dans le temps par la réflexion. Ici l'esprit fait invasion dans le physique, l'âme agit sur le corps, et elle acquiert la conscience de cette nouvelle causalité par l'effort nerveux et musculaire qui meut les organes et les membres. Comment leur donne-t-elle l'impulsion? comment le mouvement volontaire devient-il mouvement organique? comment la vie spirituelle communique-t-elle avec la vie matérielle, et quels sont les rapports et les différences de ces deux vies? Nous l'ignorons, et pour le savoir exactement, il faudrait connaître à fond la nature des deux substances qui constituent l'homme et le mode de leur union. Mais ce que nous savons, et l'ignorant le constate comme le savant, c'est que nous avons le pouvoir d'opérer à notre gré certains mouvements du corps, et qu'à moins d'accidents morbides ou d'empêchements extérieurs, aussitôt que nous voulons un de ces mouvements, il se fait instantanément avec la conscience claire de l'effort interne qui l'exécute, effort qui lie la partie physiologique à la partie psychologique de l'acte. Cet effort est tout à fait nôtre; c'est l'expression du moi se manifestant activement par le corps, dès qu'il veut poser au dehors sa volonté ou sa pensée. Dans ce cas le moi a conscience de lui-même comme cause de l'effet produit.

Ce n'est pas tout. A la faculté de vouloir et de réaliser ce que nous voulons par la pensée et par l'action se joint la faculté de choisir entre plusieurs choses, qui nous impressionnent et sollicitent notre volonté. Car on ne peut vouloir sans vouloir quelque chose, et comme nous sommes des êtres finis et ne se suffisant point à eux-mêmes, nous sommes obligés de chercher hors de nous ce qui est nécessaire à notre conservation, et par conséquent de choisir sans cesse entre les objets contraires ou différents avec lesquels nous sommes en relation. Placés à chaque instant dans une alternative où l'incertitude nous tient souvent en suspens, nous ne savons à quoi nous résoudre au milieu de motifs et de mobiles opposés, entre des raisons également fortes qui font hésiter la pensée, osciller le jugement. Le corps participe lui-même jusqu'à un certain point par son attitude et ses agitations à cette fluctuation de l'âme, à cette indécision de l'esprit. Ces phénomènes apparaissent dans l'acte de la *délibération*.

Délibérer, c'est peser des motifs divers ou contraires pour vouloir une chose ou une autre, pour agir de telle ou telle manière, afin que la volonté, soumise à plusieurs influences, acquiesce à celle qui lui convient le mieux, suivant sa disposition du moment. Le consentement distingue l'acte libre de tous les autres mouvements, où l'effet suit nécessairement l'action de la cause, comme il arrive dans le monde matériel. Chez l'homme il en va autrement. Dans son existence morale, logique, et même organique, le mobile ou le motif, qui paraît le plus puissant, n'a pas toujours le dessus et n'entraîne pas totalement sa volonté. Elle a le pouvoir de résister, de s'opposer à ce qui semble le plus convenable, le plus utile, le plus agréable. Elle n'est point, comme on l'a dit quelquefois, une balance qui reste immobile si les plateaux sont également chargés, et chavirant infailliblement par l'addition du moindre poids. Ou du moins, si l'on veut conserver cette similitude, c'est une balance intelligente et libre, qui possède à son centre de gravité une force *sui generis*, laquelle, en s'appliquant par un mouvement propre, *motu proprio*, d'un côté ou de l'autre, fait pencher à son gré l'un des bassins.

D'ailleurs la volonté humaine n'est point dans son état présent tellement éclairée et adonnée au bien, que les meilleures influences l'emportent toujours en elle, et qu'on soit sûr d'obtenir son assentiment en lui présentant les motifs les plus vrais et les plus justes. Unie à un corps presque toujours en révolte contre elle, et exposée continuellement à des influences opposées qui se disputent son alliance, elle doit sans cesse choisir ou faire acte de liberté. Elle est obligée de choisir, mais rien ne la contraint dans son choix, qu'elle peut faire de la manière la plus déraisonnable, ce qui arrive trop souvent. Ne voit-on pas chaque jour les hommes vouloir et agir non-seulement contre la vérité et la justice, contre la raison et le bon sens, mais même en dépit de leur propre intérêt, se laissant entraîner par les motifs les plus futiles et ne donnant aucune attention aux plus solides? C'est ce qu'on appelle le *libre arbitre* de la volonté, et elle agit en effet arbitrairement, quand la raison ne la dirige point dans l'appréciation des influences et des motifs.

Cependant elle a toujours un motif, même dans ses actes les plus déraisonnables; car elle ne peut vouloir ni agir sans une impulsion du dehors. Mais souvent entraînée par la passion, elle le connaît à peine, ne cherche point à s'en rendre compte, et va comme elle est poussée sans savoir où ni pourquoi. D'autres fois elle prend un parti par esprit de contradiction, pour ne pas faire comme les autres, ou encore elle se déterminera par vanité pour paraître ferme et n'avoir pas l'air de reculer. Dans ce cas et beaucoup d'autres elle use et abuse de son droit. Elle jouit de sa souveraineté, puisqu'elle décide à son gré, de son propre mouvement, sans loi et même contre la loi. Elle est alors sa loi à elle-même, et par là encore elle ressemble à celui qui l'a faite. Mais en Dieu la liberté absolue étant toujours d'accord avec l'intelligence infinie, il n'y a point possibilité d'erreur ni de caprice. Dans la créature bornée et faible l'abus est toujours possible, quoiqu'il ne soit jamais nécessaire. Le pouvoir de mal faire n'est point une condition essentielle de la liberté, dont la perfection au contraire est de s'en préserver en lui préférant le bien par l'acceptation et l'accomplissement de la loi. Mais comme liberté morale, devant opter entre l'un et l'autre, elle a la puissance de s'allier au mal, si cela lui plaît, de se déterminer contre toute loi et toute raison par son libre arbitre, au risque d'être absurde et de se rendre malheureuse. Elle peut décider souverainement en faveur de l'erreur, du mensonge et de l'iniquité, à la condition d'en porter la responsabilité et d'en subir les conséquences ici-bas et ailleurs.

§ 32.

Quand on a rempli un devoir malgré les tentations qui en détournaient, quand on a accompli une bonne action au prix d'un sacrifice, on éprouve une joie intime, on sent qu'on a bien mérité et on espère une récompense. Mais si on a agi contre la loi, préférant son plaisir ou son intérêt à la justice, on éprouve du trouble, un mécontentement intérieur, du remords. On sent qu'on est dans le désordre par sa faute, qu'ainsi on a démérité, et on redoute les conséquences d'un acte qui doit nous revenir comme l'effet de sa cause, puisqu'il a été posé par la volonté propre en dehors de la loi. Cette conscience du mérite et du démérite dans l'agent moral prouve l'existence de la liberté.

Dans tous les moments de l'acte volontaire la conscience atteste que nous en sommes les auteurs, qu'il dépend de nous, et que les suites nous en reviendront. Avant l'acte nous savons que nous pouvons le faire ou ne pas le faire ; la décision est en notre pouvoir. Pendant l'acte nous sentons l'effort nécessaire pour le produire, et nous voyons l'effet correspondre à notre intention. Après l'acte, suivant qu'il a été bon ou mauvais, conforme ou contraire à la loi, nous sommes contents ou mécontents de nous-mêmes et nous avons de l'espoir ou de la crainte. La satisfaction éprouvée dans ce cas ne ressemble point au plaisir que donne une chose simplement avantageuse ou agréable. A la joie de se sentir dans l'ordre se joint le sentiment très-doux d'y être parce qu'on l'a voulu, et la gloire de réaliser et de confirmer la loi par son consentement exprès et sa coopération plus ou moins laborieuse. Si l'homme n'est point libre, ces faits sont inexplicables, ou il faudra les regarder comme des illusions de l'amour-propre, des préjugés d'un esprit faible. Car si ses actes sont purement instinctifs, comme les mouvements de l'animal, il n'y a entre eux aucune distinction morale. Ils ne diffèrent que par la forme et les résultats, partant tous du même principe, l'instinct, et tendant au même but, la manifestation de la vie universelle, dont chaque vie individuelle est une fraction. Il n'y a donc lieu d'être content ni mécontent de soi ; car on est un instrument, une machine qui communique le mouvement sans rien y ajouter et transmet l'action reçue sans la modifier autrement que par son milieu. Il faut donc nier la joie et le trouble de la conscience ; il faut nier le plus grand bonheur de l'âme humaine, la satisfaction du devoir rempli, de la vertu pratiquée. Il faut briser les freins les plus efficaces du crime, la crainte d'une peine future et le remords ; ou bien si tous ces faits sont trop bien attestés par la conscience pour être récusés, on doit admettre la liberté qu'ils impliquent et sans laquelle ils n'ont plus de sens.

Mais ces faits en produisent d'autres, qui tombent ou subsistent avec eux. La satisfaction ou le mécontentement éprouvés après une action prouvent que nous la regardons comme nôtre, et produite par notre propre causalité sous l'empire d'une loi qui lui sert de règle et de mesure. La comparaison de l'action avec la loi détermine le jugement que nous en portons, jugement qui, en la qualifiant de morale ou d'immorale, en impute le bien ou le mal à celui qui l'a commise ; ce qui fait la *responsabilité* de l'agent. Là, où il n'y a point de loi, il ne répond de rien ; on n'a point de compte à lui demander. L'animal soumis à des lois qu'il ne peut connaître, les suit en aveugle et n'a point à répondre de ce qu'il fait. Si l'agent connaît la loi sans avoir le pouvoir de l'observer par des circonstances plus fortes que sa volonté ou qui en empêchent l'exercice, il ne répond encore de rien, parce qu'il a les mains liées. Celui-là seul est responsable de ses actes qui a reçu la loi, la connaît et peut s'y conformer ou l'enfreindre. C'est la situation de l'homme raisonnable et en jouissance de sa raison. La responsabilité morale suppose donc la liberté ; sans elle elle est un vain nom, un fantôme, comme la conscience, comme le mérite et le démérite, comme la moralité elle-même.

A son tour, la responsabilité a ses effets ; elle entraîne de graves conséquences. L'être responsable, devant se tenir à la loi, n'est rassuré sur le présent et sur l'avenir que s'il remplit ses instructions et reste fidèle à son mandat. Tant que ses actes y sont conformes et que sa volonté s'identifie avec la loi, il est dans l'ordre providentiel, et s'il n'a rien posé de lui-même hors la loi ou contre elle, il n'a rien à craindre et se réfugie avec bonheur dans l'obéissance. Il espère au contraire la récompense de sa fidélité, et il la trouvera dans l'union avec Dieu, qui commence sur la terre par l'accomplissement sérieux du devoir et se consomme au ciel par l'amour. Mais s'il néglige ou dépasse ses instructions, s'il préfère son sens propre ou son désir à la raison et à la volonté du législateur, alors il pose en dehors de la règle, et par conséquent, dans le désordre, une série d'actions plus ou moins opposées à la loi ; et comme elles lui appartiennent, étant sorties de lui, elles lui reviendront nécessairement, et il devra en subir les conséquences. De là les angoisses de la responsabilité, qui ajoutent singulièrement au trouble du remords. Car on recueille ce qu'on a semé ; et le jour où tout ce qui est caché se manifestera, chacun devra reprendre ce qui est issu de lui sans pouvoir le méconnaître ni le refuser. A chacun suivant ses œuvres. Elles reflueront sur nous comme sur leur source avec tout ce qu'elles auront produit, et nous serons jugés, *ipso facto*, par nous-mêmes. Tel est le sentiment indestructible de la conscience morale, dans laquelle la conviction de la liberté se confond avec celle de la responsabilité.

§ 33.

La liberté se démontre encore par les faits les plus saillants de la vie humaine et de la civilisation : 1° par les croyances et les convictions de tous les peuples sur la distinction du bien et du mal, du juste et de l'injuste, de l'innocence et du crime, de la vertu et du vice, sur la responsabilité, le mérite et le démérite, les récompenses et les peines dans ce monde ou dans un autre ; 2° par toutes les institutions religieuses et civiles qui établissent et maintiennent l'ordre dans la société en réglant les volontés et leur imposant des obligations, les détournant du mal par la menace du châtiment, les punissant quand elles l'ont commis, et les invitant au bien et à la vertu par l'espoir de la récompense et du bonheur ; 3° par les moyens d'instruction et d'éducation employés de tout temps et partout pour former les hommes, les élever, et les rendre plus capables de reconnaître, de vouloir et de faire le bien.

La liberté est en acte dans toute la vie du genre humain, spéculative ou pratique, dans ses croyances et ses convictions comme dans ses institutions religieuses, morales et politiques ; en sorte qu'il faut l'admettre avec ces choses, dont elle est l'âme, ou les déclarer des chimères, des déceptions, ce qui serait cent fois plus difficile à expliquer que la liberté elle-même et ses difficultés. Il n'y a point de peuple si barbare, si ignorant, qui n'admette une distinction entre le bien et le mal moral, et qui n'impute à la volonté humaine le pouvoir de faire l'un et l'autre. Tous ne s'accordent pas dans l'estimation morale des actions ; mais tous conviennent qu'elles ne sont point indifférentes comme les mouvements de l'animal, et qu'outre les qualités de l'agréable ou du désagréable, de l'utile ou du nuisible, elles sont susceptibles d'une qualification plus relevée et d'un autre caractère. Tous reconnaissent des bons et des méchants. L'iniquité est la cause ou le prétexte des luttes individuelles et nationales, et partout où il y a un sentiment de l'humanité, conscience de la dignité humaine, il y a respect du droit, au moins en principe, si on le viole par le fait. On en met toujours en avant le désir ou le semblant, et comme toutes les erreurs se parent du nom de la vérité, toutes les iniquités se commettent au nom de la justice. Or, si les hommes agissaient nécessairement, fatalement, par l'instinct naturel et par l'impulsion du dehors, il n'y aurait plus de justice ni d'injustice, et ces dénominations n'auraient pas plus de valeur pour nous que pour les animaux. La vie morale n'aurait plus de sens ; la vertu et le vice seraient des mots vides ; car tout cela suppose la puissanse d'observer la loi ou de l'enfreindre. A cette condition seulement, il y a moralité ou immoralité, et on n'appelle point ainsi les écarts de l'instinct, les déviations des lois de la nature, les anomalies des genres et des espèces, et les monstruosités qui apparaissent parfois dans la nature.

Ces croyances et ces convictions des peuples se réalisent dans leurs institutions. On n'a jamais vu sur la terre une société sans une religion quelconque ; et toute religion, si grossière qu'elle soit, ayant pour but de rattacher la terre au ciel et de mettre l'homme en rapport avec Dieu, tend à faire connaître Dieu aux hommes et à les élever vers lui. A cette fin, elle prescrit certaines choses comme agréables à la divinité ; elle en défend d'autres, qui sont censées lui déplaire ; elle menace de peines en ce monde ou dans l'autre ceux qui n'obéiront pas à ses injonctions, et elle promet des récompenses aux observateurs fidèles de ses commandements ; ce qui serait inconcevable et absurde, si les hommes n'étaient point libres ni maîtres de leurs actions. Il faudra donc déclarer, non que telle religion est fausse, mais que toutes le sont, qu'elles sont toutes des absurdités, plus que cela, des immoralités, si le mot *moral* a encore un sens dans cette hypothèse. Car il est à la fois injuste et insensé d'attribuer à un être sans liberté des actes qui ne sont pas les siens, et de le punir pour des faits qu'il ne pouvait empêcher ni changer. Il faut affirmer, en un mot, que tout ce qu'il y a jamais eu de religieux dans le monde a été imposture d'un côté et imbécillité de l'autre.

Cependant, quand on passerait condamnation sur la religion, ce qui est bien loin de notre pensée, on verrait la même difficulté surgir dans une autre sphère, la législation et ses institutions. Un État peut-il exister sans lois et sans gouvernement? La loi ne doit-elle pas commander et défendre? Ne punit-elle pas ceux qui la violent, et pour cela ne faut-il pas des tribunaux, des juges, des gendarmes, des geôliers, des bourreaux? De quel droit et à quelle fin? Pourquoi prescrire quelque chose à un être incapable de comprendre et d'exécuter ce qu'on lui dit? Il ne s'agit pas de lui ordonner; il faut le pousser ou l'entraîner comme la roue soumise à la force de l'eau ou de la vapeur. Si ses mouvements sont nécessaires, s'il n'est pas maître de les diriger, il y a démence de chercher à l'influencer par la parole, il y a cruauté de le punir, puisqu'il n'est ni juge ni arbitre de ce qu'il fait. Où mènera la punition? Prétendez-vous corriger un être sans raison ni volonté? C'est vouloir changer le destin, ou bien vous obtiendrez tout au plus de l'homme par votre discipline de fer ce qu'on obtient du chien et du cheval par le fouet, par le mors, par l'éperon. Déchirez donc vos codes, renversez vos tribunaux, renvoyez vos juges, licenciez vos gendarmes, chassez vos geôliers, et n'essayez plus de violenter le cours fatal des choses. Vous perdez votre temps à contrarier la nature. Mais alors il faut renoncer à la société, à ses avantages, aux perfectionnements dont elle est la condition. Soit, dit Jean-Jacques, qui ne recule jamais devant une conséquence absurde. L'homme qui pense est un animal dépravé, retournez dans les bois dont vous n'auriez jamais dû sortir (si nous en sommes sortis), et là vous jouirez sans gêne de tout le bonheur dont la nature humaine est capable, de toutes les joies de l'animalité.

Reste le grand fait de l'éducation, qu'on retrouve partout et dans tous les temps. Est-ce aussi une illusion? Est-ce encore une violence imposée depuis le commencement du monde à l'homme enfant, afin de le dresser comme le chien, le cheval ou le bœuf pour la chasse, la course ou le joug? Quelques-uns l'ont dit, et il y en a qui le croient ou affectent de le croire; car là aussi la spéculation et la pratique diffèrent singulièrement.

L'éducation, comme le nom l'indique, est l'art de faire sortir l'homme intellectuel et moral de l'homme physique et animal. Elle doit *élever* les enfants, expression très-heureuse de notre langue, c'est-à-dire les faire monter du degré de l'animalité à celui de la raison, et pour cela il faut qu'elle instruise l'esprit et forme la volonté. S'il n'a point de liberté, à quoi bon l'un et l'autre? On n'instruit pas un homme malgré lui ou sans lui; car instruire c'est apprendre à discerner la vérité de l'erreur, ce qui suppose la liberté de l'esprit. Former la volonté, c'est lui donner une bonne direction, l'habituer peu à peu à goûter le bien, à aimer la justice, à la rechercher de préférence, donc à se détourner du mal, à le prendre en aversion, à le fuir, c'est-à-dire à choisir entre le bien et le mal, ce qui est le propre de la liberté. La liberté est donc l'objet de l'éducation, qui tend, non à façonner une chose, à organiser une machine, de manière à ce qu'elle exécute des mouvements utiles, mais à disposer une âme à recevoir les influences du vrai et du bien, et à joindre sa force propre à celle de la loi pour coopérer à son accomplissement. Si donc l'homme n'est pas libre, l'éducation n'a pas plus de sens que la religion et la législation; et il est absurde et cruel de tourmenter les enfants et les adultes par des méthodes et des disciplines d'enseignement, par des prescriptions religieuses et des codes criminels. Ce qui revient à dire que la civilisation va à rebours de la nature et du bon sens depuis le commencement du monde, et que pour remettre les choses dans l'ordre véritable, il faut les renverser et prendre le contre-pied de tout ce qu'on a fait jusqu'ici.

§ 34.

Pour que l'enfant opte consciencieusement entre le bien et le mal, il faut d'abord qu'il les connaisse. Nous avons vu dans le chapitre précédent comment il acquiert primitivement cette connaissance par l'annonce positive de la loi. La parole d'autorité, qui fait naître dans son esprit les idées du juste et de l'injuste ou des distinctions morales, est donc la condition indispensable pour exciter en lui le sentiment de son libre arbitre. Car aussitôt que sa volonté rencontre en face d'elle la force de la loi qui lui fait opposition et ne fléchit point, elle est mise en demeure d'accepter ou de refuser le commandement imposé. C'est en obéissant ou en désobéissant qu'il comprend sa liberté, et il ne la comprend que parce qu'il l'exerce.

Après avoir constaté l'existence de la liberté morale, examinons les conditions de son développement, et d'abord comment elle passe de la puissance en acte.

Il n'y a pas lieu de consentir à la loi ou de s'y opposer, si elle n'est point présentée ni connue, et tant que le *moi* ne se sent point arrêté par un *non moi*, tant qu'il n'a pas devant lui une force externe qui combat la sienne, il n'a point à délibérer s'il acceptera ou repoussera. L'épreuve de sa liberté commence avec l'opposition sentie de la volonté d'un autre, de même que son individualité se distingue des existences environnantes par la résistance opposée à son activité extérieure. Alors la force morale en lui est refoulée par la force morale hors de lui, et comme cette force s'impose sous la forme de la loi, c'est-à-dire comme puissance supérieure, elle le met dans l'alternative de l'obéissance ou de la révolte ; ce qui fait passer la liberté en acte par la nécessité de choisir.

Mais pour que ce fait si important s'accomplisse régulièrement et utilement, il faut d'abord que l'opposition faite à la volonté de l'enfant soit vraiment morale, c'est-à-dire mue uniquement par la justice et dans son véritable intérêt. Il faut ensuite qu'elle soit ferme et douce à la fois, mais surtout inflexible quand elle a parlé, afin que l'enfant la sente comme un obstacle infranchissable. Si elle cède et recule devant lui, l'effet est manqué ; car

n'étant point refoulé sur lui-même, il ne sent point
la force triomphante de la loi, et il n'est point mis
en demeure d'opter entre elle et lui. Il suivra l'entraînement du désir, l'emportement de la volonté
propre avec d'autant plus d'ardeur, qu'il sera plus
animé par l'arrêt d'un moment, et que la satisfaction disputée lui donnera plus de jouissance. L'épreuve aura donc été inutile, parce que la volonté
n'ayant point été brisée par l'autorité qu'elle n'a
point reconnue, la liberté n'a point eu à se décider
pour ou contre la loi. Toute créature intelligente
doit passer par cette épreuve, qui décide en général de toute son existence. Les anges y ont été soumis comme les hommes. Les uns l'ont traversée
heureusement en se donnant à Dieu et à la vérité ;
d'autres y ont succombé en se préférant à leur créateur et à sa loi. Celui qui a fait le premier ce malheureux choix a engendré le mal, le mensonge et
la mort.

Dès que l'enfant est capable de reconnaître la
loi, dès qu'il est appelé à l'accepter ou à la refuser,
sa vie morale commence ; il devient susceptible de
justice et d'injustice, de vertu et de vice, et toutes
les actions qu'il accomplira désormais librement
lui seront imputables. Heureux, s'il continue à avoir
devant lui l'enseignement et l'opposition de la loi,
et s'il reçoit, avec la parole d'autorité qui lui prescrit ce qu'il doit faire et ne pas faire, une parole
d'affection qui le dirige et le soutienne dans l'accomplissement du devoir, et vienne en aide à sa
liberté novice dans son choix de chaque instant.
C'est là surtout la tâche de l'éducation morale, qui
ne doit pas seulement donner le précepte.

Plus l'enfant exerce sa liberté, plus il en acquiert
la conscience. Du moment où il a dû opter entre

son désir et la loi, une scission s'est opérée en lui, et une lutte intestine a commencé. L'homme animal entre en guerre avec l'homme spirituel, ou, comme dit saint Paul, la loi de l'âme milite contre la loi des membres. Que s'il domine ceux qui l'entourent, personne n'osant se poser devant lui comme le représentant et l'organe de l'autorité divine, sa volonté s'exalte, et le malheureux, ne rencontrant point d'obstacle à ses désirs et n'ayant jamais à reculer devant un supérieur, grandit dans l'ignorance de la loi, sans conscience de sa liberté morale, sans connaissance du bien et du mal, mais tout rempli d'orgueil et du vain sentiment de sa puissance; ce qui lui amènera tôt ou tard de cruels mécomptes. Celui au contraire qui a connu la loi de bonne heure, quoique, tenté par le mal, il ait à se débattre entre le plaisir et le devoir, entre sa volonté propre et le commandement, obéit cependant le plus souvent à la loi qu'il a appris à respecter, il aime à s'y soumettre et exerce noblement son libre arbitre dans la préférence qu'il lui donne. Cette préférence habituelle qui fait sa vertu, ne s'établit pas sans lutte ni sans chutes; mais par la victoire dans le combat, et même par la défaite, l'énergie de la liberté se manifeste plus vivement à l'âme, et elle acquiert jusque dans sa faiblesse la conscience plus intime de sa force, *virtus in infirmitate perficitur* (Cor. 12, 9). Plus les hommes sont éprouvés, plus ils sont dans le cas de faire acte de liberté en faveur du devoir, en triomphant de leur égoïsme et de leurs passions, plus aussi ils deviennent moralement libres par le choix plus facile du bien, plus ils approchent de cette liberté suprême, que l'Évangile appelle la liberté des enfants de Dieu, dont la liberté morale ici-bas n'est qu'une forme et une préparation, et qui consiste dans l'affranchissement complet du mal par l'union définitive et consommée de la volonté humaine avec le bien souverain. C'est ce que le chrétien demande tous les jours au Père céleste à la fin de la prière par excellence : *libera nos a malo*, délivrez-nous du mal.

OBJECTIONS CONTRE LA LIBERTÉ.

§ 35.

On a beaucoup disserté et écrit pour et contre la liberté. Les objections ont été entassées les unes sur les autres, et les réponses se sont accumulées comme les objections. Pour déblayer le terrain, nous réduirons les objections à trois, tirées des trois ordres de choses avec lesquels nous sommes en rapport. D'abord celle qui s'appuie sur l'ordre constant du monde où nous vivons ; en second lieu celle puisée en nous-même, c'est-à-dire de l'acte de la délibération et de ses motifs ; et, enfin, la troisième sort de la contradiction apparente de la liberté humaine avec la prescience divine, et de la difficulté de les concilier. C'est la grande objection, et à vrai dire la seule qui soit réellement embarrassante.

La première objection tirée de l'ordre constant du monde peut se formuler en ces termes : « Le monde, tel qu'il nous apparaît, marche par la fatalité ou au hasard. Dans l'un et l'autre cas, il n'y a pas lieu à liberté. Car si le hasard gouverne le monde, tous les événements sont fortuits; ou si ce n'est point le hasard, rien n'est fortuit et tout est nécessaire. La production des choses est le développement fatal d'une inflexible causalité.

Écartons d'abord le mot *hasard*, qui, s'il a un sens, ne peut signifier que notre ignorance des causes. Autrement, dire que le monde va au hasard ce serait affirmer qu'il y a des effets sans cause, ce qui est absurde aux yeux de la raison, dont le principe de causalité est une loi essentielle. On retombe donc dans l'objection de la fatalité.

D'après ce système, tout ce qui arrive s'opère par des causes nécessaires, qui une fois mises en activité produisent leurs effets. Soit : mais s'ensuit-il que tous ces effets soient produits nécessairement, fatalement? S'ensuit-il qu'il n'y ait que des causes matérielles, physiques, et qu'il n'existe point de causes spirituelles et morales? Nullement. Cette fatalité, qu'on prétend dériver de la causalité, n'est point enfantée par elle. La causalité n'a pas besoin d'abjurer sa vertu pour sauver la liberté. Alors il faut nier l'existence des causes morales, et c'est justement la question. Mais sur quoi se fondera-t-on pour la nier? Sur l'expérience? Mais elle vous dément, car l'expérience interne, ou le sens intime, qui est la plus immédiate, la plus sûre de toutes les expériences, vous révèle une causalité perpétuellement agissante en vous-même, et qui opère non point par des organes et des moyens matériels, mais spirituellement, métaphysiquement dans l'entendement par la pensée, dans la volonté par l'acte libre. Pourquoi nier ce que la conscience constate si clairement?

Mais il y a plus. A parler rigoureusement, les causes morales sont les seules que nous connaissions ; car en nous, et uniquement en nous, nous avons la conscience de la cause et de son action. Quand je veux mouvoir mon corps et qu'il se meut, il y a deux phénomènes qui se suivent, un acte intérieur composé de raison et de volonté, et un phénomène externe, le mouvement de mes membres. Or, par la conscience nous atteignons le lien effectif, le trait d'union entre ces deux faits, c'est-à-dire le *nisus*, l'effort qui part de la volonté et détermine le mouvement corporel par une tension nerveuse et musculaire. Cette force motrice et efficiente de notre causalité, nous la sentons passer de l'esprit dans l'organisme, de l'intérieur de notre personne dans son extérieur, et en fait de causalité, c'est tout ce que nous savons. Mais dans la production des faits sensibles qui ne dépendent pas de nous, nous ne voyons rien que par le dehors, nous ne percevons de la réalité que des apparences, une succession de phénomènes, et le reste s'induit par le raisonnement ; tandis que par l'observation psychologique nous plongeons au fond de la réalité qui est en nous, qui est nous-mêmes, nous abordons directement la cause, nous la saisissons, nous la suivons dans son efficience.

Enfin si nous n'avions point cette conscience de la causalité en nous, qui est l'idée même de notre liberté, nous ne comprendrions pas la causalité au dehors, nous n'en aurions pas même la notion, et ainsi nous ne pourrions l'appliquer à d'autres êtres. Mais une fois qu'elle nous a été révélée par la conscience de notre énergie productrice, nous la transportons hors de nous, d'abord dans nos semblables qui agissent comme nous, et ensuite dans tous les faits de la nature où se manifeste de l'activité et de la puissance. C'est pourquoi nous appelons *cause* toutes sortes de choses, qui en réalité ne le sont pas, n'étant que des intermédiaires par lesquels la force et le mouvement se propagent. Car dans l'ordre physique il n'y a point de *motus proprius*, c'est un engrenage plus ou moins subtil; le mouvement une fois donné par une impulsion première va de sphère en sphère, d'existence en existence, jusqu'au dernier anneau de la chaîne. Les êtres qui le reçoivent et le transmettent n'y ajoutent rien, ils l'absorbent peu à peu et finissent par l'épuiser. Dans l'ordre moral au contraire les êtres qui forment la chaîne augmentent le mouvement à chaque degré par leur part d'impulsion, par une quantité nouvelle de force qu'ils tirent de leur propre fonds, du foyer de leur liberté, *proprio motu*, et ainsi le mouvement transmis, loin de s'affaiblir, se multiplie par une série d'actes libres et dans l'enchaînement de causes intelligentes.

A cette objection s'en rattache une autre, tirée de l'organisation physique de l'homme. Ici, nous avons affaire aux naturalistes, anatomistes, physiologistes, médecins, chirurgiens, etc., à tous les philosophes de la matière et de la sensation. A force de considérer exclusivement la partie matérielle de l'humanité, quelques-uns arrivent à ne plus voir en elle que le corps, et de là leur prétention d'expliquer tout l'homme par l'organisme. On dit donc : pour connaître l'homme il ne s'agit que de le disséquer, et l'on trouvera dans l'économie animale à peu près tout ce qu'il faut pour rendre raison de ce qu'on appelle la nature intellectuelle et morale. Nous ne pouvons sentir, penser, vouloir sans le corps : donc la vie humaine, avec ses modes divers, vient du corps; seulement nous distinguons ces modes par leur caractère. Le cerveau a deux sortes de fonctions : l'une physiologique, par laquelle il sécrète du fluide nerveux ou quelque autre chose qui va stimuler les organes ; l'autre idéologique ou psychologique, si l'on veut, par laquelle il sécrète des images, des pensées. Il y a quelque différence dans les produits, mais le principe est le même. Idées et volonté, tout sort de la sensation, comme Condillac l'a démontré. Les facultés intellectuelles et morales ne sont que la sensation transformée, et la sensation est un fait purement organique.

A cela, il n'y a qu'une chose à répondre, c'est que ces assertions sont de pures hypothèses, et qu'il n'y a point lieu de les réfuter, jusqu'à ce qu'on en ait prouvé la réalité. Comment savez-vous que la pensée est une sécrétion du cerveau? L'avez-vous vu? Vous avez disséqué des cerveaux et moi aussi ; je déclare, pour ma part, que je n'y ai rien aperçu en ce qui concerne la pensée et la volonté. J'y ai vu de la substance blanche et de la substance grise. J'y ai vu des circonvolutions nombreuses et une conformation admirable. Je n'y ai jamais trouvé, je l'affirme, une trace de pensée, un vestige d'intelligence, et l'encéphale d'un idiot m'a paru ressembler parfaitement à celui d'un homme de génie. Chez les aliénés eux-mêmes on ne trouve rien de caractéristique. C'est donc une imagination, une supposition de quelques physiologistes, qui veulent à toute force se passer de l'âme et de ce qui s'ensuit.

Tout ce qu'il y a de vrai dans cette opinion, c'est que l'esprit dépend du corps dans une certaine mesure, pour le développement et l'exercice de ses facultés. Il en dépend, comme l'artiste de son instrument; mais est-ce l'instrument qui fait l'artiste? L'âme est l'artiste du cerveau; c'est elle qui le monte, qui le dispose, qui le met en mouvement, quand elle veut produire et manifester ses pensées, ses volontés; et, parce qu'elle a besoin de l'encéphale à cet effet, on affirme que c'est lui qui fait tout. C'est le sophisme *post hoc, ergo propter hoc*. Tout cela n'est pas sérieux : passons à la troisième objection.

Celle-ci est plus spécieuse. On dit : c'est le propre d'un être doué de raison de n'agir que par des motifs qui le décident, et si la volonté est raisonnable, elle doit toujours céder au motif le plus fort, à celui qui a le plus d'influence sur elle. Donc, dans tous les cas celui qui délibère entre des motifs divers, doit être entraîné par le plus fort, qui à ce titre est le meilleur. Donc il n'est pas libre.

Pour donner à cette objection plus de relief et la faire mieux saisir, on prend l'exemple d'une balance, dont les deux plateaux sont parfaitement en équilibre. Mais si on ajoute un poids à l'un ou l'autre, si minime qu'il soit, elle chavirera nécessairement. Ainsi va la liberté, comme son nom d'ailleurs l'indique, *liber, libra, librare*, balancer, peser. Elle pèse les motifs, les balance par la délibération, et, quand elle se décide, c'est toujours la prépondérance d'un motif qui la fait pencher d'un côté et vouloir en conséquence.

Les comparaisons ne sont pas des raisons, bien qu'elles puissent servir à faire comprendre les choses invisibles par les visibles, le spirituel par le sensible. Mais une philosophie sérieuse n'accepte ces similitudes de l'ordre physique et de l'ordre moral que sous bénéfice d'inventaire et dans une certaine mesure. L'analogie entre deux ordres de choses, ne prouve pas l'identité de la nature de ces choses, et le fond reste différent avec des ressemblances de formes. Or, qu'y a-t-il de commun au fond entre une balance et une délibération de l'esprit, et comment des raisons ou des motifs ressemblent-ils à des poids matériels? Quel rapport substantiel y a-t-il entre la force morale des motifs et la pesanteur des poids? Il y a tout au plus quelque analogie dans les résultats, et encore une énorme différence les sépare. Dans la balance, en effet, le poids le plus lourd l'emporte nécessairement, ce qui n'arrive pas toujours dans la délibération volontaire; car, au milieu du fléau de cette balance spirituelle, si balance il y a, réside une force, *sui generis*, qui peut faire pencher d'un côté ou de l'autre par une énergie propre, *proprio motu*. La main qui tient la balance ne peut-elle pas opérer le changement par une pression secrète? C'est l'image de la liberté, force morale qui s'adjoint d'un côté ou de l'autre, pour le bien ou pour le mal, en ajoutant sa pression mystérieuse à l'influence des motifs, à l'impulsion des mobiles. Donc, si l'on veut comparer la liberté à une balance, il faut dire que c'est une balance morale tenue par un esprit, lequel, tout en pesant les raisons, a toujours la puissance d'incliner les plateaux d'un côté ou de l'autre par l'acte de sa volonté.

Vient la grande objection qui met la liberté humaine aux prises avec la prescience divine. On dit: il est contradictoire que l'homme soit libre, si Dieu connaît d'avance tout ce qui arrivera, ou que Dieu connaisse tout ce qui arrivera, si l'homme est libre. Or, la prescience paraît prédéterminer tout ce qu'il doit faire ; car, si Dieu le sait d'avance de sa science certaine, il faut bien que cela s'accomplisse. C'était écrit. De l'autre côté, si la liberté consiste à produire des actes non nécessaires, puisqu'ils sortent de son mouvement propre, et qu'elle peut à tout instant les faire ou ne pas les faire, comment Dieu peut-il connaître ce qui n'est pas, ce qui ne sera peut-être jamais, ou ce qui, s'il vient à exister, n'aura d'autre raison d'être que le caprice de ma volonté ?

Nous l'avouons, cette difficulté est sérieuse et embarrassante. Pour la résoudre on a fait plusieurs théories, que Bossuet a résumées dans son *Traité du libre arbitre*.

La première est au fond le système janséniste, bien que Bossuet ne l'appelle pas de ce nom. Confondant le *libre* avec le *volontaire*, elle soutient que ce qui est volontaire est toujours libre : ce qui est faux, comme nous l'avons montré ailleurs [1], car il y a des nécessités intérieures qui empêchent le volontaire d'être libre. Ceci posé, on dit : Dieu a tout prévu, et il opère tout en nous par sa grâce victorieuse, par la délectation triomphante. Mais ce qu'il opère en nous, il nous le fait vouloir, et ce que nous voulons étant toujours libre, il suit qu'il peut sans difficulté prévoir nos actes libres dans ses décrets. L'identité du volontaire et du libre une fois admise, la conclusion paraît naturelle. Malheureusement elle est basée sur une confusion, sur une erreur grave.

La seconde théorie est celle de la *science moyenne et conditionnelle*. Elle fait dépendre la certitude des décrets divins de certaines grâces nécessaires pour

---

1. Voy. *La conscience*, ch. VI, 2ᵉ édit., chez Didier et Cie.

que l'homme exécute ce que Dieu veut, et ces grâces, que Dieu envoie quand il lui plaît, sont des conditions par lesquelles d'un côté il détermine les actions humaines conformément à ses décrets, en portant l'homme à faire ce qu'il veut, et, de l'autre il assure l'accomplissement de tout ce qu'il a prévu. Mais cette voie détournée ne mène pas au but ; car, si comme cela doit être, les conditions ou les grâces nécessaires pour incliner la volonté humaine à exécuter ce que Dieu a voulu de toute éternité, sont prévues aussi bien que les faits qu'elles doivent amener, la difficulté reste la même, et il s'agira toujours d'expliquer comment ce que la prescience divine a arrêté et déterminé peut rester libre. Cette opinion, qui ne sauvegarde point la liberté, a donc, en outre, l'inconvénient de mettre des conditions à la science et à la puissance de Dieu.

Le troisième système est la doctrine de la *contempération*. « Dieu, dit-on, sait tout d'avance, puisque la science est universelle. D'autre part il nous a faits libres et il veut que nous agissions librement. Il finit donc toujours, au moyen des événements qu'il suscite, des dispositions qu'il inspire, des grâces qu'il accorde, des mouvements qu'il nous imprime, par nous amener en dernière analyse à l'accomplissement de sa volonté ; ce qu'exprime cette parole : l'homme s'agite et Dieu le mène. » Il y a du vrai dans cette opinion ; mais elle ne résout pas la question ; car il reste toujours à savoir comment la liberté humaine s'accorde avec la puissance divine au milieu de tous ces tempéraments.

Enfin le quatrième système, adopté par Bossuet et qui est celui des thomistes, prétend concilier la liberté et la prescience par ce qu'il appelle la *prémotion* ou la *prédétermination physique*, c'est-à-dire que, en admettant que Dieu fait tout en nous en vertu de sa puissance, et qu'il est l'auteur de nos actes parce qu'il est l'auteur de notre être et de notre activité, on affirme en même temps qu'il a voulu que nous soyions libres, et par conséquent nous le sommes malgré tout, parce qu'il l'a voulu, et que sa volonté est infaillible. Ce qui est très-vrai en soi, mais ne montre nullement l'accord des deux grandes choses qu'on cherche à concilier.

Comment sortir de cette apparente contradiction? Nous avouons simplement que nous ne le savons pas. Mais après avoir confessé notre ignorance, nous allons dire ce que nous savons.

D'abord nous savons par la conscience et par le témoignage du genre humain que nous sommes libres. La liberté est un fait dûment constaté, et jamais un raisonnement, si puissant qu'il soit, ne doit prévaloir contre la réalité. Ainsi par exemple tous les hommes croient à l'existence du monde extérieur, à la réalité des phénomènes perçus par les sens. Cependant on peut prouver que tout cela est une illusion, une fantasmagorie, et les sceptiques n'ont jamais manqué d'arguments à cette fin. Néanmoins, qui de nous dans la vie pratique, et les sceptiques eux-mêmes, a jamais douté sérieusement de la vérité de ce qui nous entoure? Un sophiste niait le mouvement, et pendant qu'il pérorait pour en démontrer l'impossibilité, Diogène pour toute réponse se mit à marcher devant le raisonneur.

En outre, un fait évident, comme l'existence du monde, du mouvement, et aussi de la liberté, dont nous avons une si pleine conscience, ne peut jamais être détruit par une notion obscure, par une idée incompréhensible.

Or, ce qu'on nomme la prescience divine est une idée très-obscure. Je dis plus, c'est un mot qui n'a pas de sens ; car prescience signifie savoir d'avance, et dire que Dieu prévoit, c'est le faire voir à la manière de l'homme, à travers les distinctions du temps, le passé, le présent, et le futur, lui pour lequel il n'y a qu'un éternel présent. C'est confondre l'infini et le fini. Son véritable attribut n'est donc pas la *prescience*, mais l'*omniscience*. Il connaît tout de toute éternité dans les causes mêmes des choses, c'est-à-dire dans ses idées éternelles comme Lui. Maintenant comment expliquer l'accord entre l'omniscience, qui voit toutes choses dans les idées divines et le développement successif des événements dans l'espace et le temps ? Il y a là un rapport entre deux choses incommensurables, le fini et l'infini, le temps et l'éternité. C'est une question mal posée, ou plutôt qui ne doit pas l'être, parce qu'elle est insoluble, comme la quadrature du cercle, le mouvement perpétuel, la pierre philosophale, et la panacée universelle.

Cependant de ce que nous n'apercevons pas le lien entre deux vérités certaines, il ne s'ensuit pas que nous devions nier l'une ou l'autre ni leur rapport. Toutes deux sont évidentes, elles sont nécessaires chacune en soi ; nous ne pouvons les révoquer en doute, parce que leur liaison nous échappe. Ainsi la liberté est un fait évident à la conscience humaine ; et ce n'est pas seulement un fait, c'est encore une idée, partie intégrante de l'humanité comme l'intelligence, et qu'on ne peut lui retirer sans la mutiler et la dégrader. De l'autre côté, l'omniscience est un attribut nécessaire de la nature divine comme l'omniprésence, et elle est tout aussi mystérieuse. Nous sommes, nous vivons, nous nous mouvons en Dieu. Comment dans la substance universelle, qui remplit l'univers et qui le contient, y a-t-il place pour les substances particulières ? Comment la substance divine et les substances créées se pénètrent-elles sans se confondre? Mystère aussi insondable à la raison que l'accord de la prescience et de la liberté ! Mais parce que nous sommes incapables de saisir leur rapport, ne nions pas les idées nécessaires qu'il suppose, et disons avec Bossuet « tenons ferme les deux bouts de la chaîne, même quand nous n'en voyons pas les anneaux intermédiaires. » Gardons précieusement ces deux vérités qui unissent la volonté de l'homme à l'esprit de Dieu, sans que nous sachions comment. Croit-on que les théologiens et les philosophes seuls éprouvent de pareils embarras ? Que les mathématiques nous disent comment l'unité produit la multiplicité ou le nombre, comment le point géométrique, qui n'a point d'étendue, peut en faire, le rapport de la circonférence au diamètre, celui de la diagonale d'un carré avec l'un de ses côtés, et bien d'autres énigmes, admises cependant comme des vérités certaines, ou des postulées nécessaires. Reconnaissons donc qu'il y a des choses, dont nous ne pouvons rendre compte, bien qu'elles soient incontestables; et parce qu'il se trouve des difficultés inexplicables, et des questions insolubles, ne traitons pas d'illusions et de chimères les vérités les mieux établies.

CAUSES QUI DÉTRUISENT OU AFFAIBLISSENT L'ACTE LIBRE.

§ 36.

Après avoir établi la liberté et répondu aux objections les plus graves qui l'attaquent, il nous reste à dire ce qui détruit l'acte libre et ce qui l'affaiblit. Une seule cause peut le détruire, la nécessité. Plusieurs l'affaiblissent, l'ignorance, la passion, la contrainte, la crainte, l'habitude, et autres influences moins graves que nous allons signaler.

Cela seul est vraiment nécessaire dont le contraire est impossible, et qu'on ne peut concevoir autrement qu'il n'est : c'est la nécessité de nature. Une chose créée ne peut donc être nécessaire par nature, ou absolument, mais seulement par conséquence, en raison du principe dont elle sort. Dieu seul, celui qui est et ne peut pas ne pas être, l'Être universel et infini est absolument nécessaire.

Il y a dans les êtres créés des nécessités relatives, qui dérivent de leur nature, c'est-à-dire que par la constitution de cette nature ils ne peuvent en certains cas agir autrement qu'ils ne font ; ainsi, les pures intelligences et les âmes bienheureuses réunies à Dieu ne peuvent point ne pas l'aimer. C'est pourquoi ces êtres, participant à la nature divine, *divinæ consortes naturæ* (II Pet. I, 4), ne peuvent plus déchoir de cet état sublime. Mais alors, dira-t-on, que devient la liberté? Elle reste au fond la même, mais elle est transformée, transfigurée. Ce n'est plus celle de l'homme placé ici-bas entre le vrai et le faux, entre le bien et le mal ; il s'est élevé au-dessus de ces contradictions en se donnant tout à Dieu, et la consommation de son épreuve l'a rendu inaccessible aux tentations. Uni à Dieu, sa liberté est devenue une participation à la liberté divine. Dieu, qui aime nécessairement le bien, n'est-il pas libre? n'a-t-il pas créé l'homme et l'univers parce qu'il l'a voulu?

La vraie liberté, comme nous l'avons vu, ne consiste pas dans la nécessité de choisir entre le bien et le mal, ce qui supposerait le mal nécessaire, mais à vouloir ou à ne pas vouloir, à faire ou à ne pas faire en se déterminant par soi-même, *proprio motu*. L'existence du mal n'est donc pour la liberté de la créature qu'un embarras, dont elle doit se délivrer pour revenir spontanément, de son propre mouvement, à la contemplation et à l'amour du bien reconnu et préféré, et dont elle ne peut plus se détacher, en vertu de son union pleine et entière avec Dieu. A cette hauteur, comme en Dieu lui-même, sa liberté s'identifie avec une heureuse nécessité.

Sans monter si haut, il y a dans la vie présente des nécessités naturelles, physiques et morales. On aime nécessairement la vie, parce qu'en soi elle est un bien; on aime l'être, le bien-être; on a horreur de tout ce qui menace l'existence, du non-être, de l'anéantissement, du néant, mot sans idée, et qui cependant terrifie comme la somme de toutes les négations. On s'aime nécessairement soi-même, et sauf l'excès, cela est bon pour exciter la créature au soin de son existence et lui faire exécuter une multitude d'actes indispensables à sa conservation. De là tous les instincts naturels, du corps et de l'esprit, qui sont des nécessités relatives.

Dans ce cas y a-t-il liberté? Non, sans doute, puisqu'il y a nécessité d'agir, et qu'on agit instinctivement, sans le concours de la raison, sans délibération. Voilà pourquoi on distingue l'acte volontaire de l'acte libre. Tous les actes instinctifs sont volontaires, parce que nous cherchons par eux l'être et le bien-être, mais ils ne sont pas libres, parce qu'alors on agit uniquement sous l'impulsion de la nature et sans pouvoir faire autrement. Mais si la raison se substitue à l'instinct, la liberté reparaît avec la conscience et la détermination propre. Ainsi dans les anges et dans les bienheureux, l'intelligence ayant absorbé et remplacé les instincts naturels, qui n'en sont qu'un supplément, tous les actes sont libres, parce qu'ils procèdent d'une volonté éclairée, agissant dans la plénitude de la lumière.

Il y a encore des nécessités d'un autre genre: *nécessité physique*, quand un effet sort de sa cause, *nécessité logique*, quand une conséquence dérive de son principe. Vous ne pouvez pas faire que deux et deux ne donnent quatre, ou qu'un effet soit sans cause, ou une qualité sans substance. Il y a dans la rigueur logique un *fatum*, auquel on n'échappe que par l'inconséquence, c'est-à-dire par l'absurde, qui est la mort de la raison. Dans l'ordre de la nature et dans l'accomplissement de ses lois, il y a une certaine nécessité relative et conditionnelle. Ainsi, on sait par la physiologie que tel organe est absolument nécessaire à l'entretien de la vie. Si donc il vient à être lésé ou empêché dans ses fonctions d'une manière grave, soit par une blessure, soit par une altération de tissu, la vie ne peut plus s'exercer, et la mort est imminente, à moins que par un acte immédiat et transcendant une puissance supérieure aux lois de la nature ne rétablisse directement l'organe blessé ou altéré dans sa substance. Ce qui s'appelle un miracle : et Dieu seul fait des miracles, quand pour sa gloire ou le salut des âmes, il exerce directement sa puissance d'une manière surnaturelle ou par-dessus les lois de la nature. C'est ce qu'on peut nommer les coups d'état du Tout-Puissant, et il en fait quelquefois pour sauver ce qui n'est plus sauvable par les forces naturelles et les moyens humains.

Ceci étant posé, il suit que la volonté de l'homme, se trouvant dans un de ces cas de nécessité dont nous venons de parler, n'est pas libre, puisqu'alors son action n'est point le résultat de son choix, mais d'un entraînement irrésistible. Cette nécessité a été affirmée comme universelle et constante par un certain nombre de systèmes philosophiques ou de préjugés populaires.

1° La croyance au *fatum* ou le fatalisme païen, qui soumettait toutes choses à la *Némésis* ou au destin, lequel dominait les dieux eux-mêmes, et à plus forte raison la volonté humaine, qui finissait toujours, malgré son courage, son intelligence et sa constance, par en être accablée. C'était l'idée fondamentale de la tragédie antique, idée erronée par son exagération, mais où se retrouvait cependant un reflet de la vérité. Le monde ancien, en effet, était sous le poids d'une sorte de fatalité, conséquence nécessaire du péché d'origine, qui avait jeté l'humanité sous le joug du mal. Mais cette fatalité n'était point absolue, et il pouvait encore, par l'exercice convenable de sa raison et de sa liberté, se disposer à recevoir le secours et le sauveur promis après sa chûte, et dont on retrouve, sous une forme ou sous une autre, l'annonce et l'espérance chez tous les peuples.

2° La croyance à l'influence déterminante des astres, qui a longtemps prévalu au moyen âge, au point de constituer une espèce de science, qu'on appelait l'astrologie. On pensait que le monde sidéral enveloppant le monde solaire et le pénétrant de ses irradiations, exerçait une action décisive sur tout ce qui arrive ici-bas, et qu'ainsi chaque individu venant au monde, à tel moment du temps et sous l'influence prédominante de tel astre ou la conjonction de plusieurs, recevait par ces circonstances la prédétermination nécessaire de son existence ou sa destinée, d'où dépendait fatalement la direction de sa vie et tout son avenir.

Ici encore il y avait beaucoup d'exagération. Que le monde sidéral ait une certaine action partout où tombent ses rayons, cela est possible et même probable; parce qu'enfin tous les êtres qui sont en rapport, même lointain, doivent envoyer et recevoir des influences, tout se tenant dans la création et la vie universelle circulant en toutes choses. Mais que ces influences obscures, et qu'on ne peut apprécier, agissent sur les hommes, au point de déterminer tout ce qu'ils font, cela est faux, ou du moins on ne l'a jamais démontré. C'est une pure hypothèse.

3° Le manichéisme. Les manichéens, comme on sait, admettaient deux âmes dans l'homme, l'une produit du bon principe, l'autre du mauvais. La bonne âme ne pouvait faire que du bien, la mauvaise que du mal. Les actions humaines étaient donc nécessitées par la nature même des âmes qui les accomplissaient. Nous ne réfuterons point ce système absurde, qui l'a été suffisamment par saint Augustin et plusieurs autres.

4° Le protestantisme donna une autre forme à cette

erreur par sa doctrine du *Serf arbitre*, que Luther et Calvin opposèrent au libre arbitre affirmé de tout temps par l'Église. Pour faire triompher la grâce, ils détruisirent complétement la liberté, prétendant que depuis le péché originel l'homme est incapable d'un bien quelconque, parce qu'il est sous le joug de Satan, et ainsi nécessairement poussé au mal; qu'en outre sa raison a été tellement pervertie par l'erreur, qu'elle ne peut plus discerner la vérité. Dès lors impuissant par lui-même à faire le bien et à connaître le vrai, la foi seule peut le réhabiliter, le sanctifier. Et les œuvres, et c'est là qu'ils en voulaient venir, ainsi sont inutiles, nuisibles même au salut; car c'est la foi qui sauve. L'Église enseigne au contraire que par la décadence primitive, qui a obscurci la raison et détérioré la volonté, l'homme est resté capable de connaître le vrai, et de choisir le bien dans une certaine mesure. L'intelligence et la liberté ont subsisté, détériorées par le péché, mais non détruites dans leur puissance naturelle, ce que confirme l'expérience Elle a donc condamné, et la saine philosophie condamne avec elle la doctrine du serf arbitre, et par conséquent les opinions du Luthéranisme et du Calvinisme qui en sortent.

5° Après le Protestantisme est venu le Jansénisme, autre système de nécessité, créé aussi pour faire triompher la grâce aux dépens de la liberté, et c'est pourquoi on a dit avec raison que le Jansénisme est le cousin germain du Protestantisme.

Les Jansénistes, en effet, confondant le libre avec le volontaire, ont soutenu que tout ce qu'on veut, même nécessairement, est libre par cela seul qu'on le veut. Or, disent-ils, on ne veut le bien ou le mal qu'en raison d'une délectation victorieuse, qui entraîne infailliblement la volonté. Donc l'homme n'est point maître de ses actes, toujours déterminés par la délectation la plus forte, contre laquelle il ne peut vouloir.

6° Le Jansénisme a amené le *Quiétisme*, qui en est au fond le complément, bien qu'il en diffère par la forme. La doctrine de la délectation triomphante, tendant en effet à détruire la liberté, réduit la personnalité humaine à un état de captivité telle, que l'homme identifié avec Dieu, absorbé en Dieu, n'est plus rien. Dans cet état, proposé comme sa perfection, les actes ne lui sont plus nécessaires, ils lui sont même dangereux, parce qu'ils excitent l'activité propre. C'est pourquoi plus de prières, plus de pénitences, plus de bonnes œuvres, plus de vertus. Une fois l'âme unie à Dieu, c'est Dieu seul qui agit en elle dans tout ce qu'elle fait, et alors tout devient bien dans l'homme, même ce qu'on appelle vulgairement péché ou crime. Doctrine dangereuse et immorale; car qui est assuré d'être uni à Dieu en ce monde, et comment savoir qu'il agit par nous et qu'il est l'auteur de toutes nos actions? C'est l'abus du mysticisme, conduisant au délire du fanatisme.

7° Il y a encore la théorie rationaliste des motifs prépondérants, dont nous avons parlé plus haut, et la doctrine matérialiste des naturalistes, représentée en ce siècle par le livre fameux de Cabanis sur les rapports du physique et du moral, dans lequel, comme du reste on a toujours fait dans cette école, on prétend expliquer le moral en le supprimant, tous les actes humains n'étant que mouvements organiques et des produits de la sensation.

Cette pauvre liberté, comme on le voit, a été martelée, torturée, martyrisée par toutes les écoles possibles, théologiques, rationalistes, naturalistes, par les Manichéens, les Luthériens, les Calvinistes, les Jansénistes, les Quiétistes, et enfin, dans le dernier siècle et encore de nos jours, par la plupart de ceux qu'on appelle les philosophes. Aucune de ces opinions, qui au fond sont de pures hypothèses, des assertions gratuites, ne peut prévaloir contre l'observation exacte des faits phychologiques, tels que les constatent avec une pleine assurance le sens intime ou la conscience de chacun, le témoignage du genre humain, et toutes les institutions et les œuvres de la civilisation.

Cependant outre la nécessité de nature, absolue en Dieu, mais qui s'identifie en lui avec la souveraine liberté, outre la nécessité relative imposée aux créatures par la constitution de leur être, laquelle, en certains cas indiqués plus haut, restreint ou même empêche l'exercice de leur liberté, il y a encore une sorte de nécessité qu'on appelle *morale*, et qui n'en a que l'apparence. La nécessité morale signifie en général la grande difficulté à faire ce qui est imposé, ou s'abstenir d'une chose qui attire par une sorte de fascination et d'entraînement violent. On regarde alors comme impossible ce qui n'est que difficile, et la volonté, qui pourrait triompher par un redoublement d'énergie et avec le secours de la grâce, se déclare *nécessitée* ou forcée pour excuser sa faiblesse et dégager sa responsabilité. Quelques exemples feront comprendre cet état angoisseux et mystérieux de la liberté, qui l'entrave sans doute péniblement, mais où elle ne périt que si elle désespère d'elle-même.

Ainsi les penchants naturels, la conscience, le tempérament, les prédispositions physiques et morales sont regardés par beaucoup comme des nécessités insurmontables. On dit : Dieu m'a fait ainsi, c'est ma nature, je ne puis pas la changer. Et d'abord il n'est pas vrai que Dieu nous ait créés tels que nous naissons aujourd'hui, puisque la race humaine a été détériorée par le péché d'origine, transmis avec ses suites du premier homme à sa postérité, et en outre nous venons au monde avec l'héritage physique et moral de nos parents, accumulé sur notre tête par les générations dont nous sortons. Ensuite si, comme dit saint Paul, la loi animale milite dans nos membres, il y a aussi une loi spirituelle, une loi morale qui parle dans la conscience; si la concupiscence nous sollicite et parfois nous entraîne, nous avons la raison pour en discerner le désordre, la volonté pour la combattre, et si notre force propre n'y suffit pas, par la prière nous pouvons obtenir un secours supérieur, qui nous rendra capable de la vaincre. La grâce ne fait jamais défaut à celui qui l'invoque sincèrement et avec le désir de la suivre.

Il y a même plus; nous pouvons si bien résister aux influences naturelles et aux tentations qui en sortent, au monde et à ses entraînements, qu'en certains cas nous entrons en lutte avec Dieu lui-même, qui à coup sûr est plus fort que le monde, tant la personnalité humaine est puissante par sa liberté. L'homme peut faire ce qu'a fait Satan, le prince et l'auteur du mal; car il peut non-seulement résister à la grâce, s'il le veut, mais encore tourner contre Dieu ses propres dons, et le contrarier dans les œuvres de sa providence et de sa justice. L'homme n'aurait-il donc pas contre le mal la puissance qu'il a contre le bien? L'expérience prouve par ses crimes comme par ses vertus qu'il a le pouvoir de faire de l'opposition des deux côtés, et c'est justement ce qui constitue son libre arbitre, sa liberté morale qui fait de la vie actuelle un combat.

Il y a cependant des cas extraordinaires où la nécessité morale se confond presque avec la nécessité physique. Là se trouvent des difficultés qu'il faut abandonner à la justice de Dieu ou à sa miséricorde. Dans certains états de l'âme la passion arrive à un tel paroxysme, que la volonté est opprimée, entraînée et paraît nécessitée. En d'autres l'imagination est tellement exaltée que la raison semble n'avoir plus la puissance d'elle-même. Tels les excès du fanatisme religieux, politique, ou autre, dans lesquels l'esprit est si perverti, qu'il voit comme vérités des erreurs monstrueuses, et la conscience si dépravée, qu'elle appelle vertus des crimes abominables.

Sans accepter toutes les assertions des médecins et des avocats à cet égard, on ne peut nier qu'il n'y ait des monomanies du vol, du meurtre et d'autres crimes. Les monomanies du suicide sont plus fréquentes qu'on ne pense, et les malheureux possédés de cette fatale pensée finissent presque toujours par la réaliser.

En certaines situations il peut se trouver une telle complication de circonstances fâcheuses, qu'elle ne laisse à la volonté qu'un seul parti à prendre, et ce parti est contraire à la loi morale ou à la délicatesse de la conscience. Ainsi un militaire insulté ou provoqué peut-il refuser de se battre en duel? Il sait que le duel est un crime; il en a horreur et voudrait s'en abstenir. Et cependant, refuser c'est perdre son état avec son honneur militaire; il ne peut rester au régiment ni dans l'armée. Ainsi son existence sociale et son honneur, comme les hommes l'entendent, le contraignent à se battre malgré lui. Sans doute, sa volonté n'est point complétement nécessitée, car il n'y a point de nécessité morale absolue; mais enfin jusqu'à quel point est-il libre en cette triste conjoncture?

Un officier général a reçu des bienfaits et des faveurs d'une dynastie à laquelle il a prêté serment de fidélité. Une révolution en amène une autre ou un gouvernement quelconque. Que faire? Brisera-t-il son épée et aussi sa carrière pour tenir son serment? Il a une femme, des enfants et point de fortune. S'il brise son épée pour conserver son honneur, qui donnera du pain à sa famille? Faut-il pour prix de sa fidélité accepter la misère pour lui et surtout pour les siens? jusqu'à quel point est-il libre dans un pareil choix?

Vous pouvez sauver un innocent par un mensonge qui ne fait de tort à personne, en déclarant que vous n'avez pas vu ce que vous avez vu, ou que celui auquel vous avez donné asile n'est point chez vous. Peut-on se permettre un mensonge en pareil cas? qui de nous ne s'y croirait autorisé par l'humanité, par la charité? Et cependant il est défendu de mal faire pour procurer un bien. Dan quelle mesure la personne interrogée dans une telle circonstance est-elle libre?

Que dirons-nous des veuves du Malabar qu'une coutume barbare oblige à se brûler sur le bûcher de leur mari? Si elles refusent, elles sont rejetées comme le rebut de la société; elles sont condamnées à vivre dans la dégradation. Où en est la liberté dans l'alternative entre l'infamie et la mort?

Autre cas plus grave et encore plus obscur. Il y a

des hommes que Dieu suscite et prépare comme instruments de ses desseins, et qui sont par cela même sous une direction particulière de la Providence pour amener de grands événements dans le monde et en changer la face. Ces hommes-là sont donc conduits d'en haut, Dieu les mène; et bien que leur liberté propre ne soit pas détruite, cependant en certains cas elle est déterminée par l'action divine et mue par une sorte d'instinct supérieur, l'instinct, par exemple, qui poussait Attila vers Rome, ou les chefs des hordes barbares sur l'empire romain comme sur une proie. Il y a eu des exterminations, des abominations, des torrents de sang, toutes les horreurs possibles du pillage et du carnage. Jusqu'à quel point ceux qui ont commandé ou exécuté ces crimes ont-ils été libres dans ces terribles exécutions des peuples? Et en regardant plus près de nous, l'homme extraordinaire qui a renouvelé la France et le monde au commencement de ce siècle, jusqu'à quel point a-t-il été libre dans tout ce qu'il a fait? Car il a été évidemment un instrument d'en haut pour rétablir l'ordre après les plus épouvantables désordres, et relever la société et la religion de leurs ruines. Qui osera faire la part de l'impulsion divine et celle de sa volonté propre dans le bien et le mal qu'il a faits?

Et dans les grands coups de la grâce, comme en Saul, plein de fureur et de menaces contre les disciples du Christ, et renversé comme par un coup de foudre aux portes de Damas, et demandant à celui qu'il persécute : « Seigneur, que voulez-vous que je fasse? » Cette parole est l'expression du choix de sa liberté. Il se soumet; mais d'abord sa volonté a été brisée, changée, retournée par l'action prévenante de la grâce, et ne pourrait-on pas dire que Dieu lui fait vouloir ce qu'il veut? Combien d'incrédules de nos jours, qui se vantent d'être les ennemis de la religion et surtout de l'Église et des prêtres, se drapant dans l'impiété comme dans un manteau philosophique, persécuteurs de Jésus-Christ à leur manière, comme Saul, et qui sont tout d'un coup renversés comme lui, au moins dans leur esprit, par une maladie ou un événement quelconque, mais surtout par l'efficacité de la prière ardente et persévérante d'une femme, d'une fille pieuse, qui sollicitent en leur faveur les secours spirituels du ciel et de la terre. La grâce arrive au moment où on y pense le moins, et cet ennemi de Dieu, dont le nom le mettait en fureur, ou qui ne le prononçait que pour le blasphémer, vaincu par la grâce, s'écrie aussi : « Seigneur, que voulez-vous que je fasse? » Faut-il croire que dans ces cas la liberté est contrainte jusqu'à un certain point par la vertu d'en haut attirée par la prière? faut-il admettre une prière qui force, comme disent les Allemands, *zwing gebeth*? Il faut dire simplement que l'âme est touchée et mue par la grâce divine et qu'elle a le bonheur d'y réagir. Mais il n'en reste pas moins vrai que la grâce prévenante, en bouleversant ses dispositions, en renversant son opposition, l'a portée à vouloir ce qu'elle repoussait jusque-là.

Mais s'il en est ainsi dans l'entraînement au bien, ne peut-il pas en être de même dans l'entraînement au mal? Comme Dieu, en agissant par la grâce sur les âmes, semble parfois les nécessiter à bien faire, une autre puissance contraire à celle de Dieu, ne peut-elle pas aussi les envahir et les contraindre en certains cas à mal faire? On a parlé dans tous les siècles de pactes avec le démon, d'hommes qui se donnent à Satan, en lui promettant avec serment de se vouer à son service et à sa cause, s'il leur procure ce qu'ils convoitent. Dans ce cas il y aurait deux choses ; d'abord dans la promesse et pour prix de ce qu'ils demandent la donation de leur volonté, et par conséquent l'aliénation de leur liberté entre les mains du prince du mal, ce qui est un acte libre; et ensuite, comme conséquence de leur choix, la servitude où ils se sont mis volontairement, et qui les nécessite à mal faire comme un pur instrument; nécessité qui est la suite fatale de l'abus de la liberté.

CAUSES QUI AFFAIBLISSENT LA LIBERTÉ MORALE.

§ 37.

La liberté ne pouvant se manifester que sous deux conditions, son exercice est suspendu quand l'une de ces conditions manque, ou affaibli quand elles s'accomplissent mal. La première est une connaissance suffisante de la loi qui doit régler la volonté et des choses entre lesquelles elle a à choisir. La seconde est la possibilité du choix, de la décision, et dans certains cas de l'exécution. L'ignorance et l'incapacité de l'esprit empêchent l'accomplissement de la première: la seconde est entravée par la passion, la crainte, la violence et l'habitude.

§ 38.

L'ignorance est volontaire ou involontaire. Elle est involontaire dans l'enfant sans instruction, en tous ceux qui n'ont pas eu le moyen de connaître la loi et ses applications. Elle est encore involontaire, quand par les préjugés d'enfance et d'éducation elle est devenue invincible et comme impénétrable à la vérité : ce que Dieu seul en certains cas peut juger. Elle est volontaire, et par conséquent imputable, si on néglige d'apprendre ce qu'on doit savoir, soit par légèreté ou paresse pour s'épargner la peine du travail, soit par crainte de la vérité qui gêne, soit pour tout autre motif qui fait repousser le vrai. L'acte interne ou externe, suite de l'ignorance involontaire, n'est pas susceptible de moralité.

Pour opter entre deux choses, il faut les rapporter l'une et l'autre à un terme moyen, qui serve d'unité de comparaison, de mesure d'appréciation. L'acte de liberté implique au moins la connaissance nécessaire au choix. L'ignorance complète le rend impossible et l'ignorance relative hasardeux. Or celui qui agit avec ignorance, n'agissant point librement, ne répond point de son acte, car ne sachant pas ce qu'il fait, il n'y met point l'intention qui donnerait seule une valeur morale à son acte : ce qui arrive dans les cas d'ignorance absolue et d'ignorance relative involontaire.

L'ignorance est involontaire, quand elle ne provient point de la faute de l'agent, auquel les moyens d'instruction ont manqué, sans qu'il ait pu se les procurer, ni même les soupçonner; ainsi l'enfant au berceau, les sauvages qui sont en dehors de la civilisation, les peuples qui n'ont point entendu parler du christianisme, de ses dogmes ni de sa morale, et au milieu même de la société, ceux qui par leur âge ou leur position, n'en connaissent point les lois, les usages, les convenances. Cet immense bienfait de la société, quand elle est ce qu'elle doit être, est de donner à ses membres l'instruction nécessaire pour exercer dignement leur liberté, et par conséquent accomplir leurs devoirs dans toutes les circonstances de la vie. Elle doit les y préparer de diverses manières par la promulgation des lois, par l'enseignement religieux, par l'instruction intellectuelle et morale de tous les degrés. L'État doit ces secours à ses membres, parce qu'ils sont hommes et ne peuvent le devenir effectivement que par l'exercice régulier de leur liberté.

L'ignorance est encore involontaire, quand, tout en connaissant la loi, on n'en voit pas l'application présente qu'un jurisconsulte seul peut discerner, comme il arrive souvent dans les délits civils ou de police. On peut même connaître la loi et les cas où elle s'applique, sans savoir que l'on se trouve dans l'un de ces cas, comme ceux qui se marient malgré des empêchements religieux ou légaux qu'ils ignorent.

Il y a une autre espèce d'ignorance involontaire, plus difficile à apprécier, celle des personnes auxquelles l'instruction n'a point manqué, mais qui l'ont reçue inutilement, en sorte que la vérité n'a point pénétré dans leur esprit, quoique peut-être ils l'aient désirée, ou du moins ne l'aient point repoussée expressément. Il y a dans le monde spirituel une sorte d'impénétrabilité comme dans le monde matériel. Quand la place est prise dans un esprit, il devient quelquefois impossible d'y introduire autre chose, surtout quand les croyances, les convictions et les opinions ont leurs racines dans les impressions de l'enfance. De là des préjugés presque invincibles; l'éducation les a confirmés, les intérêts et les passions sont venus s'y joindre, et enfin l'habitude, qui est une seconde nature, y a mis le sceau du temps, en sorte que la conscience morale est dominée par cette manière de sentir et de voir. Il est bien difficile de changer un pareil état; car les voies, par où la vérité pourrait entrer, sont faussées, et tout s'altère en y passant ; c'est le rayon du soleil traversant un verre colorié et se teignant de la nuance. Cette maladie ne peut être guérie que par un secours extraordinaire de la grâce, qui renouvelle l'entendement par une lumière surnaturelle, ou change le cœur par une motion particulière.

Dans ces conditions l'ignorance involontaire est regardée comme invincible ou à peu près; car il n'est pas facile de déterminer exactement cette invincibilité. Elle est évidente, quand les moyens d'instruction ont complétement manqué, ou s'il y a eu incapacité de la recevoir, comme nous avons dit tout à l'heure des enfants au berceau, des sauvages, et des païens non évangélisés. Mais elle n'est pas aussi claire, en ceux qui se sont trouvés au milieu des moyens d'instruction sans en profiter à cause de leurs préjugés, de leurs passions ou de leurs intérêts. Les théologiens disent que pour qu'elle existe dans ce cas, il faut qu'on ait fait absolument tout ce qui était possible pour s'instruire, qu'on n'ait négligé aucun moyen de s'éclairer, ce qui n'est déjà pas facile à apprécier. C'est pourquoi ils ajoutent qu'on doit avoir pris toutes les précautions d'une personne prudente : ce qui n'est pas très-clair non plus, et paraît un peu vague dans la pratique.

L'ignorance invincible est moins probable à mesure que les hommes sont plus civilisés. Dans les classes supérieures de la société, où les connaissances sont plus répandues, on a plus de moyens d'apprendre la vérité, par conséquent moins de chances d'ignorance, surtout en ce qui regarde les devoirs de l'homme, du chrétien et du citoyen. Plus on a fait d'études, plus aussi on est en mesure de reconnaître les obligations que ces diverses situations imposent et ce qu'il faut faire pour les remplir.

Il est encore évident qu'il n'y a pas d'ignorance invincible des vérités fondamentales du droit naturel, sauf dans le cas d'idiotisme, parce que tout homme, par cela qu'il est un homme, ne peut entrer en rapport avec ses semblables sans que l'idée de la justice et des devoirs qui en sortent ne se développe dans sa conscience, comme les axiomes et les lois de la pensée se manifestent quand il exerce les facultés de son esprit. Les théologiens s'accordent à dire, que si l'ignorance invincible des principes fondamentaux de la morale, du droit naturel et de leurs corollaires les plus prochains, est inadmissible, elle peut exister pour des conséquences plus éloignées, dont la liaison avec leurs principes n'étant point d'évidence immédiate peut être discutée et démontrée par le raisonnement.

On reconnaît l'ignorance invincible à ce caractère, qu'il y a eu absence complète de doute avant d'agir, et qu'on n'a pas même songé à mettre en question la licité de l'acte. Mais pour peu qu'il y ait d'incertitude et d'inquiétude, si, au moins d'une manière confuse, il y a soupçon du bien à faire ou du mal à éviter, il y a alors un motif de chercher à s'instruire, une excitation à s'éclairer davantage, et l'on devient coupable jusqu'à un certain point, si on ne le fait pas.

L'ignorance volontaire est celle dont nous sommes la cause soit en refusant l'instruction, soit en n'en profitant pas. En ce cas elle retombe sur nous avec ses conséquences, et nous devenons responsables du mal qu'elle peut produire ou amener. Il y a des péchés d'ignorance, et par conséquent une ignorance qui n'est pas invincible. L'ignorance dans ce cas a donc besoin de pardon, comme celle des bourreaux de Jésus-Christ, pour lesquels il implore la miséricorde divine, parce qu'ils ne savent ce qu'ils font ; donc ils étaient coupables.

Cette ignorance s'appelle *vincible*, parce qu'on aurait pu l'éviter. Si elle provient de la négligence à s'instruire, c'est l'ignorance *crasse* ou *grossière*. Elle est moins coupable, si l'on a fait quelque chose pour apprendre, sans faire néanmoins tout ce qui était nécessaire. Ainsi il y a des chrétiens qui connaissent la religion d'une manière générale et en bloc pour ainsi dire, mais qui ne veulent pas y regarder de près ni l'approfondir. Ils ont peur de s'en occuper, soit par paresse, soit peut-être que leur foi n'étant pas solide, ils craignent d'être ébranlés. Ils se contentent donc de ce qu'on appelle vulgairement la foi du charbonnier. Quoi qu'on en dise, l'Église ne recommande pas cette sorte de foi, qui, le plus souvent est morte. Elle veut au contraire qu'on s'instruise des vérités éternelles ; car, l'Évangile appelle tous les peuples des ténèbres de l'ignorance à l'admirable lumière du ciel, et il veut les mener des obscurités inévitables de la foi à la contemplation de Celui qui est la vérité absolue. C'est pourquoi Jésus-Christ a dit : Je suis la lumière du monde, et celui qui me suit ne marche point dans les ténèbres (Joan. VIII, 12.).

Enfin, il y a une ignorance voulue, de parti pris, et qu'on appelle *ignorance affectée*. On ignore, dans ce cas, parce qu'on refuse expressément de savoir, parce qu'on craint d'être éclairé ; et on ne le veut pas pour trois raisons : la première, parce qu'il est fort incommode de connaître la loi, quand on est décidé à ne pas l'observer : *noluit intelligere ut bene ageret* ; il n'a pas voulu comprendre, pour n'être pas obligé de bien faire (*Ps.* 35, 4.) ; la seconde est la paresse d'apprendre à un certain âge, et s'il faut revenir aux éléments, surtout en ce qui concerne la religion ; la troisième, qui n'est pas la plus faible, est l'amour-propre, qui a honte de paraître ignorer en questionnant. C'est pourquoi nous ne cesserons de répéter aux jeunes gens : travaillez pendant que vous en avez le temps, la force, les moyens, les ressources. Le printemps prépare la maturité de l'été et la richesse de l'automne.

§ 39.

L'incapacité de l'esprit et l'impuissance de la pensée empêchent l'exercice de la liberté, l'homme ne pouvant connaître la loi, les cas où elle s'applique, ni discerner les contraires entre lesquels il devrait opter. Donc n'agissent point librement : l'enfant, qui n'a pas l'âge de raison, le vieillard tombé en enfance, l'insensé dont l'esprit est aliéné, le malade auquel l'ardeur de la fièvre et l'excès de la souffrance ôtent la conscience et la direction de son esprit. En outre, le sommeil, le somnambulisme naturel ou artificiel, l'ivresse et d'autres causes de ce genre suspendent ou entravent l'acte libre en arrêtant ou affaiblissant l'exercice de la raison.

L'incapacité complète de l'esprit suspend totalement la liberté. Les actes dans ce cas n'ont point de valeur morale, parce que l'intention humaine, c'est-à-dire la direction d'une volonté intelligente, y manque. Mais il y a des circonstances où la ligne de démarcation entre la rationalité et l'irrationalité n'est pas nettement tranchée, principalement chez les enfants. Alors il est souvent difficile de déterminer jusqu'à quel point la liberté est engagée dans l'action, en raison de l'inexpérience de l'agent ou à cause de la faiblesse de la volonté et de la prédominance des sens et de l'imagination dans la conduite. La plupart du temps, les enfants en commettant le mal ne savent pas ce qu'ils font, non qu'ils ne sentent plus ou moins qu'ils agissent mal, mais ils ne peuvent juger de la gravité de l'acte, ni surtout en apprécier les conséquences. Ils cèdent à un premier mouvement de désir ou d'aversion. C'est ce que discerne un maître habile, qui, tout en maintenant la discipline avec fermeté et imposant nettement la règle, aura une grande indulgence pour des infractions dont l'enfant n'a point conscience. Il laissera tomber beaucoup de fautes, méchantes en apparence, et qui sont réellement pure étourderie, tellement que l'enfant les oubliant lui-même, s'il est puni dans l'instant qui suit, ne comprend pas plus le châtiment que le délit. Aussi, dans ces cas, accuse-t-il le maître d'injustice, soutenant qu'il n'a rien fait; et il a raison en ce sens, que n'ayant pas mis de mauvaise intention dans son acte, il n'a rien fait d'immoral.

A l'autre extrémité de la vie, on retrouve avec l'absence de la raison la même incapacité de l'esprit, appelée aussi du même nom, l'enfance. Le vieillard tombé en enfance n'agit plus librement; il est le jouet des instincts de la chair. Son âme est déjà comme absente de son corps, et il faut qu'une autre volonté s'empare de la sienne pour la diriger et la maintenir. Rien de plus triste que la vue de l'homme ainsi dégradé par le temps. C'est peut-être la preuve la plus frappante de l'état anomal où il vit en ce monde par suite d'une faute primitive, dont les suites se montrent si évidemment dans les misères de l'âme, de l'esprit et du corps. Végéter sur la terre sans intelligence et sans liberté, après y avoir régné par l'une et l'autre, se survivre pour ainsi dire à soi-même, est une des choses les plus déplorables de notre condition présente.

L'insensé n'est plus dans les conditions de la liberté, non qu'il ne puisse penser et raisonner, il le fait parfois très-subtilement; ce qui lui manque, c'est la base de la pensée, les données nécessaires pour l'exercer convenablement, et la mesure pour la régler. Cette base est le *sens commun*, ou la manière de sentir et de voir commune à tous les hommes, dont les organes ne sont ni troublés ni dérangés. En outre, la raison tirant ses matériaux des sens et l'imagination les façonnant, la mémoire les conservant, si les sens sont altérés par le dérangement des organes, l'imagination exaltée par l'excitation du cerveau, la mémoire troublée dans ses arrangements, la pensée travaille avec des matériaux viciés, avec de fausses données, et ainsi l'édifice ou le système qu'elle construira ne sera en rapport ni avec la réalité des choses ni avec la manière de voir des autres hommes. Enfin, le monde où nous sommes englobés soutient et redresse notre manière de penser. L'imagination, qui s'égare aisément, est sans cesse ramenée par les exigences de la vie à l'ordre de choses qui nous entoure, et l'on ne peut s'en écarter notablement sans que le contraste ou la divergence n'y ramène bientôt. L'homme en démence est enlevé à cet ordre commun. Il perd la conscience du monde objectif, de son propre esprit et de leurs différences, en sorte que, confondant ce qu'il voit avec ce qu'il imagine, et ce qu'il imagine avec ce qu'il voit, il devient comme étranger au monde extérieur et à lui-même : ce qui est assez bien désigné par l'expression d'*aliénation mentale*, laquelle signifie encore qu'il n'est plus le maître de sa personne, ne pouvant plus se posséder par la réflexion, ni se gouverner raisonnablement par sa volonté.

Dans la maladie, l'ordre normal de la personne humaine est troublé, et le rapport des deux substances qui la constituent est dérangé. Le corps domine l'âme qu'il doit servir. La vie s'y concentre et l'esprit se trouve affaibli de deux manières, d'abord parce que l'organisme détraqué lui refuse le service, et ensuite parce que dans l'angoisse de la douleur, dans l'inquiétude de l'existence en péril, toutes les forces de la nature se concentrent dans le corps. L'homme malade, n'étant point dans son assiette, n'a donc plus le libre usage de ses facultés. Par le désordre de l'organisation et les souffrances qui en sortent, il lui est difficile de penser avec vérité et intensité ; il ne peut ni savoir ce qu'il veut, ni discerner les meilleurs moyens de l'exécuter, et d'ailleurs la vigueur nécessaire pour se résoudre lui est enlevée. La liberté est donc invalidée dans son effet moral : invalidée, mais non détruite ; car il y a des degrés dans la maladie, depuis le malaise sourd de l'invasion, le paroxysme du mal jusqu'à la faiblesse de la convalescence. L'état spirituel varie avec l'état physique, et la responsabilité morale reparaît ou s'évanouit suivant les crises de l'affection morbide et la disposition actuelle des malades. C'est pourquoi la plupart du temps il faut traiter les malades comme des enfants qui n'ont pas la jouissance de leur raison.

Le sommeil nous ôtant la conscience de nous-mêmes, condition première de la connaissance, suspend l'exercice de la liberté. Mais on ne passe pas soudainement de la veille au sommeil profond ; et ainsi la conscience ne s'éteint pas tout d'un coup : elle s'affaiblit par degrés, et la volonté la suit dans sa défaillance progressive. Alors les actes deviennent des mouvements instinctifs, et bien qu'ils puissent trahir les goûts et les tendances de l'âme, comme les paroles incohérentes des rêves montrent ce qui préoccupe l'esprit, ils cessent d'être moralement imputables, dès que la direction intelligente les abandonne. La personne n'étant plus présente à ce qu'elle fait, elle n'en est pas la cause mais l'instrument.

Il en est de même dans le somnambulisme, état

mystérieux où la pensée s'exerce souvent avec intensité, où la volonté produit des suites d'actions bien combinées, sans que le somnambule en ait conscience, et tellement à son insu qu'au réveil il n'en a pas le moindre souvenir, et reprend la vie là où il l'avait laissée en s'endormant. Il n'y a donc aucune moralité dans ses actes. Il n'y en a pas davantage dans le somnambulisme artificiel; car, d'après les conditions et les lois du rapport entre le magnétiseur et le magnétisé, le premier domine entièrement le second, qui est comme suspendu à sa volonté, pensant et agissant à son commandement : état très-dangereux, qui tend à subjuguer l'homme dans le sanctuaire même de son être, en sorte que le rapport une fois consenti et établi, le patient ne peut résister sans de vives douleurs dans les moments de crise, et sa liberté est comme aliénée. Sa responsabilité morale, entière au point de départ dans l'acte du consentement, disparaît avec la conscience de lui-même.

L'ivresse suspend la liberté, quand elle est complète; partielle, elle l'entrave plus ou moins. Dans le premier cas, la conscience se perd avec le pouvoir de réfléchir. Le cerveau, enflammé par l'alcool et l'abondance du sang qu'il y entraîne, ne peut remplir ses fonctions, en sorte que la raison et la volonté sont empêchées dans leur exercice par l'indisposition de l'organe. La liberté est suspendue avec la conscience. Aussi n'impute-t-on point à l'homme ivre ce qu'il dit ni ce qu'il fait; car il n'est plus maître de lui et ne peut gouverner son esprit, sa langue ni ses membres. Si l'ivresse n'est point entière, et qu'il y ait encore une lueur de raison, la liberté 'exerce en proportion; elle est pour quelque chose dans l'acte posé. Mais il est difficile d'apprécier le degré de culpabilité dans l'état vague et désordonné où l'influence dominante de l'esprit animal a jeté l'être intelligent. Dans tous les cas, même quand l'impuissance de savoir et de vouloir ce qu'il fait excuse celui qui s'enivre, il est cependant coupable de s'être abandonné à cet excès, parce que, quand il avait encore l'usage de sa liberté, il en a usé ou plutôt abusé pour se livrer aux influences dégradantes qui la lui ont ôtée.

Enfin l'impulsion instinctive est parfois si violente, que la volonté est comme enlevée à elle-même sans avoir le temps ni le pouvoir de réfléchir ni de se retenir. Cela peut arriver par une motion supérieure ou par un entraînement des sens; car chaque nature a ses instincts, l'âme comme le corps. Dans le premier cas, instrument d'une puissance plus haute qui agit par lui, l'homme peut être employé à de grandes choses, sans presque en avoir conscience. Dans le second, dominé par la sensation, par l'excitation des nerfs, par le mouvement du sang, par la fibre organique, et par tout ce qui les exalte, il agit sans le savoir ni le vouloir, à la manière des animaux.

§ 40.

La liberté est gênée, quelquefois même empêchée dans son exercice, par la passion, comme en ceux que l'amour ou la haine rendent momentanément insensés. Si le mouvement de la passion est spontané, provenant par exemple d'une disposition organique, d'une maladie ou de toute autre cause physique, on ne répond des actes produits qu'en raison de la participation de la volonté ou du pouvoir qu'elle avait de s'y opposer. Mais si la passion s'est formée par la complaisance de la volonté dans le désir et la jouissance de l'objet, elle est d'autant plus coupable qu'elle a cédé plus facilement à la tentation, et qu'elle avait plus de motifs et de secours pour y résister. Une fois asservie par l'habitude, elle perd la jouissance de sa liberté et retombe sous l'empire de l'instinct.

La passion a deux racines, l'une dans le sujet qui l'éprouve, l'autre dans l'objet qui la cause. La racine subjective est le besoin de la vie et le désir de ce qui l'alimente et la réjouit. La racine objective est dans la propriété que possède une personne ou une chose d'affecter agréablement la sensibilité, et, par le plaisir donné ou promis, d'agir, à travers les sens, l'imagination et l'esprit, sur la volonté pour exciter sa concupiscence et attirer son amour. Dans ce cas l'objet est actif par rapport à l'âme passive sous son influence, s'abandonnant à son attrait, subjuguée par sa puissance, ne voyant plus que lui au monde et mettant son suprême bonheur à le posséder. De là l'aveuglement, l'emportement, et le caractère exclusif de la passion. C'est une espèce de charme ou de fascination jetée sur l'esprit et le cœur. Dans ce cas, surtout dans les moments du paroxysme comme dans un transport d'amour ou un accès de colère, l'usage de la raison est entravé, suspendu, et alors manque une des conditions de l'acte libre, l'homme n'étant plus apte à discerner sainement les choses ni leur rapport avec la loi et entre elles. C'est presque un accès de folie.

Il y a toujours du mal pour l'être libre à se laisser dominer par ce qui lui est inférieur ou égal, à se passionner pour les choses terrestres ou pour ses semblables; car dans l'un et l'autre cas, il reçoit la loi de ce qui n'a pas droit de la lui imposer. La passion n'est excusable, justifiable, que si elle est inspirée par de grandes et belles qualités, où quelque chose d'idéal se fait sentir, et subjugue le cœur par une influence supérieure, qui ramène au divin et à Dieu. L'homme devant aimer Dieu par-dessus tout et de toute son âme, parce qu'il est le bien suprême, il ne peut donner exclusivement son amour à une créature sans prévarication. Les passions purement humaines sont donc mauvaises au fond, et presque toujours funestes par leurs conséquences, bien que parfois elles soient relativement utiles, comme remèdes à un plus grand mal. Elles ont d'autant plus de malignité, que la volonté a plus de part à leur formation et contribue davantage à les développer et les exalter.

Dans toute passion il y a de l'involontaire et du volontaire, et la culpabilité dépend de la proportion de ces deux éléments. Le corps avec sa constitution, son tempérament et ses prédispositions, y est pour beaucoup. L'homme d'un tempérament bilieux est moins coupable de se laisser emporter aux passions violentes. Le tempérament mélancolique dispose à la concentration, donc à la jalousie, à l'envie, à la malveillance. Le flegmatique, porté naturellement à l'indolence, à l'apathie, démérite moins par la paresse et l'inertie; le sanguin excuse davantage la légèreté, l'imprudence et l'inconstance. Non que chacun ne doive et ne puisse combattre ses penchants naturels, et s'affranchir de cette fatalité de la chair par son libre arbitre; mais il y a plus d'obstacles à surmonter, plus de liens à briser, plus de tentations à vaincre d'un côté que de l'autre, et ainsi moins de culpabilité dans la défaite et plus de mérite dans la victoire.

Les maladies, surtout les maladies chroniques, qui changent peu à peu l'humeur et le caractère, influent considérablement sur l'exercice de la liberté, en disposant à telle affection morale, à telle passion, suivant la région et les organes qu'elles envahissent. Ainsi les maladies de l'abdomen, les obstructions du foie et de la rate, les gastrites et les embarras du système digestif, portent aux affections malveillantes, à la défiance, aux soupçons, à la misanthropie. Celles de la poitrine exaltent l'activité et la sensualité par l'accélération de la circulation du sang. Les névroses finissent par dominer la volonté, et la liberté est violentée par les organes qu'elle devrait gouverner. L'irritation des nerfs sert alors d'excuse à l'emportement et aux caprices, et souvent en effet ils en sont la cause, parce qu'on a trop cédé à leur entraînement.

La passion rend d'autant plus coupable que la volonté a plus de part dans les circonstances qui l'ont amenée et qui l'entretiennent. Il y a des passions presque toutes volontaires, le sujet se donnant à l'objet de toute sa force, par toutes ses facultés, par tout son amour. Dans ces cas, les deux causes de la passion, subjective et objective, concourent vivement à la même fin, en poussant l'exaltation au plus haut degré, et si l'habitude vient cimenter leur union, elle devient presque indestructible. Alors il n'y a plus de lutte ni de scission dans l'individu, sa volonté ne résistant plus.

Il acquiert, au contraire, une certaine assurance dans le désordre, parce que sa concience est affaiblie ou étouffée. Tant que la liberté ne s'est pas aliénée, il y a ressource et espoir de retour. L'ennemi n'a pas encore envahi le centre de l'âme. Mais quand il a pénétré dans l'intérieur de la place, et la liberté seule peut l'y introduire, il en reste trop souvent le maître, et c'est ce qui explique le déplorable état de quelques hommes, subjugués par des passions ignobles dont ils ne peuvent s'affranchir. Parfois ils tentent de secouer ce joug, surtout quand ils sont remués momentanément par ce qu'ils ont de plus sacré et de plus cher ; mais leur résolution ne tient pas devant la tentation, et leur courage défaille à la première occasion. C'est qu'ils sont vaincus au fond et comme expropriés de leur personnalité. A force d'abuser de leur libre arbitre, ils en ont perdu l'usage. Cette impuissance à délivrer ici-bas une âme ainsi asservie, paralysant par sa mauvaise volonté ou sa faiblesse tout ce que le bien et ses agents font pour elle, nous aide à concevoir l'éternité des peines pour une créature qui, par un acte exprès et réfléchi de sa liberté s'étant donnée au mal et l'ayant sérieusement préféré au bien, persiste obstinément dans son choix jusqu'au dernier moment, et blasphème ou repousse même dans la mort tous les moyens de la justice et de la miséricorde divines.

§ 41.

La liberté est encore opprimée par la violence physique ou morale. La première s'opère par l'imposition d'une force qui, gênant notre activité extérieure, nous fait faire malgré nous ce que nous ne voulons pas, ou nous empêche de faire ce que nous voulons. Dans ce cas, la personne opprimée, n'ayant pas l'usage libre de ses membres, n'est point responsable de ce qui arrive, si elle a résisté autant qu'il lui a été possible. La violence morale s'exerce par la crainte, qui entrave l'exercice de la liberté sans la suspendre, sauf les circonstances où elle ôte la présence d'esprit et le pouvoir d'agir. C'est pourquoi une méchante action arrachée par la peur, soit de la mort ou de mauvais traitements, soit de la calomnie, du scandale ou du ridicule, quoiqu'elle soit libre encore et par conséquent coupable, l'est cependant moins que si elle avait été voulue et accomplie sans crainte.

La violence physique ou la coaction nécessite absolument, et ainsi détruit seule l'acte libre. Elle porte directement sur la partie extérieure de l'homme, et indirectement sur les facultés qui ont besoin des organes du corps pour exercer leurs fonctions. La volonté, dans son acte le plus intime, est inaccessible à la violence. On ne peut pas faire vouloir un homme malgré lui. En le contraignant par le dehors, on peut lui imposer un mouvement machinal, en remuant ses membres comme un instrument, mais il est impossible de le forcer à vouloir. Il est inexpugnable dans son for intérieur, quand il veut s'y réfugier et s'y enfermer.

La volonté produit deux espèces d'actes : d'abord

son acte immédiat ou la volition, dont elle est seule la maîtresse, que personne ne peut forcer, pas même Dieu, puisque, comme l'existence du mal le prouve, elle peut toujours lui résister. *Nemo potest velle invitus, et velle nolens velle*, dit saint Anselme ; personne ne peut vouloir malgré lui, et vouloir en ne voulant pas vouloir. Saint Thomas dit aussi : *est contra notionem actus voluntarii ut sit coactus ;* il est contraire à la notion du volontaire qu'il soit contraint. La volonté produit en second lieu des actes médités ou commandés, qu'elle accomplit par le ministère de l'esprit et des membres du corps. Ici, elle peut être violentée dans les facultés et les organes qui lui servent d'instruments. Mais, dans ce cas, pour que la coaction excuse entièrement du péché et du crime, il faut qu'elle soit complète, et elle ne l'est que si la résistance a été sincère et impuissante, comme chez les martyrs auxquels on voulait arracher un semblant d'adoration en face des idoles. Il ne suffit pas même de rester passif pour que la volonté n'ait point de part à l'action. En se laissant mener comme un instrument, on peut encore être coupable de faiblesse et d'une sorte d'acquiescement. On doit se défendre de toute sa force et ne céder qu'à une puissance supérieure, afin d'être complétement victime. La responsabilité n'est pleinement dégagée qu'à cette condition.

La violence morale n'est pas une coaction proprement dite, pas plus que la nécessité morale n'est une nécessité absolue. Elle s'exerce par la menace d'un danger ou d'une souffrance qui inspire de la crainte ; mais cette crainte, sauf en certains cas, ne détruit pas l'acte libre ni sa valeur morale. On vous menace pour arracher votre consentement, et effrayé vous le donnez, bien qu'à contre-cœur et avec peine. Il y a donc ici un acte moral, puisqu'il y a concours de la raison et de la volonté. On a le temps de considérer le danger qui menace et la chose demandée ; on peut en examiner les circonstances et les suites. Il est vrai que tout cela se fait dans le trouble de la peur, ce qui peut en infirmer jusqu'à un certain point la moralité. Mais enfin le volontaire n'est pas détruit comme dans la coaction, excepté si la crainte va au point d'enlever l'usage de la raison. Ainsi, un brigand vous met le pistolet sur la gorge au coin d'un bois en vous demandant la bourse ou la vie. Il vous laisse le choix. A coup sûr, il vous met dans l'embarras, et on ne peut pas dire que vous soyez entièrement libre. Vous l'êtes cependant jusqu'à un certain point ; car vous avez un choix à faire, et votre raison ne vous laissera pas longtemps dans le doute, mais enfin elle peut délibérer. Le capitaine, qui jette sa cargaison à la mer pendant la tempête pour sauver sa vie et son bâtiment, ne le fait pas de bon cœur assurément. Sa liberté est placée dans une cruelle alternative ; mais, quoiqu'elle soit sous l'impression de la crainte de la mort, elle délibère cependant et se décide.

La crainte diminue le volontaire en proportion de la gravité du danger ou de la faiblesse de la personne. Il n'est pas même nécessaire que le danger soit réel, il suffit qu'il soit imaginé. Elle agit plus vivement sur les enfants, les femmes, les vieillards et les malades, circonstance dont il faut tenir compte dans l'appréciation des actes.

La peur, quelle qu'elle soit, n'autorise jamais à faire ce qui est défendu ni à omettre ce qui est prescrit. On doit tout supporter plutôt que de mal faire, la mort même s'il le faut. On ne demandait souvent aux martyrs que quelques grains d'encens, de manger un peu de la viande consacrée aux idoles, ou même d'en faire le semblant, et cela en face des tortures et du bûcher. Ils répondaient simplement : Je suis chrétien, et ils mouraient. Personne, pour se justifier d'un crime ou d'une lâcheté, n'est admis à dire : J'ai eu peur ce jour-là. Le soldat placé en vedette devant l'ennemi peut aussi avoir peur un jour ou l'autre : est-ce une raison pour manquer à sa consigne et abandonner son poste ?

La crainte, qui ne peut innocenter une mauvaise action, ne peut pas non plus former des engagements légitimes et durables, c'est-à-dire que les promesses du mal arrachés par la peur ne sont point valables, d'abord parce qu'on ne peut s'engager contre la justice, ensuite parce que la parole a été extorquée par la violence. Néanmoins si la promesse faite dans ce cas n'a rien d'immoral en soi, elle peut lier dans une certaine mesure.

Est-il permis d'employer la crainte pour porter les hommes à bien faire ou les empêcher de mal faire ? Assurément ; car il y a une crainte salutaire et légitime : *initium sapientiæ timor Domini*; la crainte du Seigneur est le commencement de la sagesse. La crainte du mal moral est une bonne passion, et quand on ne peut inspirer directement l'horreur de l'injustice, il faut inspirer au moins la peur de ses conséquences, c'est-à-dire du châtiment qu'elle mérite et qui la frappera tôt ou tard. Arrêter la liberté dans la voie du crime par une frayeur salutaire, ce n'est point la détruire ; c'est seulement la préserver de ce qu'elle doit éviter. Empêcher les hommes de faire le mal par la crainte est tout aussi légitime que de les punir quand ils l'ont commis.

La peur du châtiment est un moyen indispensable dans l'ordre civil comme dans l'ordre religieux. Dans toute société la force publique doit soutenir et sanctionner la justice, et les lois qu'on ne craint point de violer perdent bientôt leur efficacité. L'égoïsme et les passions grossières ont besoin de ce frein. La religion s'en sert admirablement, bien que son instrument principal et le meilleur soit la charité. Mais il faut d'abord dompter l'homme animal, l'habituer à l'ordre en l'empêchant de faire aux autres le mal qu'il ne veut pas qu'on lui fasse; elle lui apprendra ensuite à leur faire du bien. Pour cela la crainte est bonne dans le principe. Heureux celui dont le cou a été courbé de bonne heure par le joug de la loi: et ce joug salutaire qui s'impose d'abord avec force, ne tolère pas les résistances. Sans doute la crainte seule ne fait pas la vertu, mais elle la prépare. Obéir à la loi uniquement par peur et sans détester le mal, sans la ferme volonté de ne plus le commettre, c'est un acte servile, mais qui a encore sa moralité, parce qu'il maintient l'ordre en empêchant le désordre. Pour que l'agent ait du mérite moral, il faut qu'avec la crainte de la punition il ait l'aversion du péché ou du délit, et leur refuse l'acquiescement de sa liberté, parce qu'ils sont contraires à la justice. C'est ce qui constitue l'efficacité de la contrition du pécheur.

Enfin l'habitude exerce une grande influence sur la volonté et ses actes. Cette influence va-t-elle jusqu'à diminuer la liberté, et les actions mauvaises par l'entraînement de l'habitude sont-elles moins coupables que les autres? On peut répondre oui et non. Oui, en ce sens que l'habitude, comme dit Aristote, est une seconde nature, ὥσπερ ἡ φύσις ἦθος;

donc l'acte habituel participe à l'entraînement de l'instinct naturel, c'est-à-dire de ces actes qu'on fait spontanément et sans s'en apercevoir. C'est une impulsion analogue à celle du premier mouvement, et à ce point de vue on peut dire qu'elle atténue l'immoralité d'une action.

D'un autre côté il ne faut pas oublier que si l'habitude est une seconde nature, elle est une nature acquise et formée volontairement. Donc là se retrouve la loi du volontaire indirect, c'est-à-dire qu'elle rend coupable, non pas précisément des fautes qu'elle fait faire, mais d'avoir posé les causes qui amènent ces fautes; car elle ne s'établit que par des actes répétés de liberté. On commence par une action qu'on réitère, et à force de la multiplier elle finit par se produire comme d'elle-même. Mais cette malheureuse facilité de mal faire ne se forme jamais sans la participation directe et soutenue de la volonté, qui au bout de quelque temps en est entraînée et subjuguée.

Il faut donc bien prendre garde aux habitudes vicieuses; car, dès qu'elles ont envahi la volonté, il est extrêmement difficile de s'en défaire, surtout s'il s'y joint l'influence de la constitution et du tempérament, comme dans certaines passions déplorables. Ainsi l'ivrognerie, qui modifie profondément le système nerveux, excite un besoin factice et une tendance violente vers son objet, dont on a peine à se défendre. La paresse amollit la constitution, relâche la fibre, en sorte que le corps, indocile à la volonté, rebelle à l'esprit, l'accable de son poids, l'étouffe de son inertie, et l'empêche de se livrer à tout exercice intellectuel ou physique. La luxure, qui enflamme le sang et par le sang tout l'organisme, tyrannise l'âme par le besoin de ses jouissances grossières. Dans tous ces cas l'homme est dégradé par d'ignobles habitudes, car il n'a pas été fait pour être l'esclave du corps, mais pour le réduire en servitude et le gouverner, afin d'en faire l'instrument docile de son intelligence dans la recherche et la manifestation de la vérité, le serviteur fidèle de sa volonté dans l'accomplissement de la justice et du bien.

§ 42.

Dès que la conscience du mal est éveillée, l'homme ne peut pas ne pas exercer sa liberté, et cet exercice tourne à son avantage ou à son dommage; car tous les actes libres tendent finalement au bien ou au mal. Ils ont pour effet dernier soit le perfectionnement progressif, la réhabilitation morale de l'humanité, soit sa perversion et sa dégradation. La vie de l'homme sur la terre est donc une épreuve continuelle où il est toujours exposé aux influences de deux agents contraires, toujours dans le cas de choisir entre ces deux extrêmes.

Quand l'enfant arrive à la conscience de lui-même, se distinguant de ce qui n'est pas lui, reconnaissant ce qui lui convient ou ne lui convient pas, il exerce sa liberté et avec elle son esprit et sa pensée. Placé entre des choses opposées, et ne pouvant se suffire, il est obligé pour vivre d'entrer en relations avec tout ce qui l'entoure. Ces relations peuvent lui être utiles ou nuisibles suivant la nature des objets ; il doit donc discerner les esprits et les choses pour n'en former que de bonnes. Il ne peut subsister qu'en discernant, jugeant, choisissant sans cesse. Il est juge en ce monde par droit de nature et par nécessité de position. Sa vie ici-bas est une longue crise, qui se décide péremptoirement à la mort, mais dont tous les moments sont des crises secondaires concourant à préparer la solution finale ; car nous ne vivons pas un instant sans poser un acte de liberté. A chaque instant il s'offre quelque chose à faire ou à laisser, un oui ou un non à dire, un jugement à prononcer. C'est une marche incessante qui nous rapproche ou nous éloigne du but. Heureux quand il y a un véritable avancement, et si les actes s'enchaînent dans la voie du progrès !

Ce qui est vrai dans l'ordre physique et pour la conservation du corps l'est encore plus dans l'ordre intellectuel et pour le développement de l'esprit. L'esprit a besoin de nourriture comme le corps, et il ne peut la trouver en lui. Dès qu'il commence à vivre, c'est-à-dire à penser, il la cherche au dehors, dans la parole de son semblable et dans le monde qui l'entoure. Or, dans le monde il rencontre les choses les plus contradictoires, et la parole qu'il reçoit par la société, par l'enseignement, par les livres, par tous les moyens de la science et de l'instruction lui offre partout le mélange du vrai et du faux, de la lumière et des ténèbres. Il faut donc qu'il discerne et juge. Il n'en est pas capable au commencement à cause de sa faiblesse et de son inexpérience. Il accepte d'abord de confiance tout ce qu'on lui dit, et c'est pourquoi il est si important d'entourer l'enfance d'hommes honnêtes et amis de la vérité. Les premiers jugements de l'enfant sont nécessairement des préjugés, c'est-à-dire les jugements d'autrui qu'il accepte et reproduit sans pouvoir les reviser, et ces préjugés forment le fond et comme la première couche de son développement intellectuel. L'éducation de l'esprit, ou l'instruction qu'on lui donne ensuite, a pour but de le former au discernement, au jugement, au raisonnement, à toutes les opérations de la pensée, afin qu'il apprenne à distinguer par lui-même la vérité de l'erreur, et à acquérir la science.

Il en va de même dans l'ordre moral; il y a toujours un bien à faire et un mal à éviter. Par la force des circonstances il faut agir conformément ou contrairement à la loi. D'un côté l'égoïsme avec toutes ses tendances instinctives et réfléchies, la concupiscence, l'intérêt et l'orgueil; de l'autre le devoir sous toutes ses formes et avec ses obligations, et au milieu la volonté, qui doit choisir entre le bien et le mal, le juste et l'injuste, le convenable et l'inconvenant, et par conséquent discerner, juger, puis se résoudre et exécuter. Elle ne vit que par les alliances qu'elle contracte : morale, si elle acquiesce aux bonnes influences; immorale, si elle s'unit aux mauvaises. Le choix est libre dans cette alternative, mais il faut choisir.

Il suit de là qu'aucun acte libre n'est indifférent, car il n'est libre qu'à la condition d'être fait avec intelligence et volonté, et ainsi toujours dirigé par une intention ou une disposition bonne ou mauvaise, il tend au bien ou au mal. Sauf les circonstances extraordinaires, la vie se compose en général de petites choses, mais les petites choses finissent par en faire de grandes, comme les gouttes de pluie forment les ruisseaux, et les ruisseaux les fleuves. Tout acte libre, si faible qu'il paraisse, a déjà cet effet d'en amener d'autres qui lui ressemblent, et de contribuer pour sa part à fixer la volonté dans la voie où elle est entrée. L'habitude du mal, qui constitue le vice, se contracte insensiblement par des actions échappées à une conscience légère, à une volonté faible, entraînée par les sens, la concupiscence et l'occasion. On accumule ainsi des difficultés que l'on retrouve plus tard, des obstacles qui arrêtent au moment où l'on y pense le moins, et quand il s'agit de combattre le mal, on se trouve garrotté par une multitude de fils inaperçus, qui, tout minces qu'ils paraissent, ont encore assez de force pour enchaîner la volonté.

En outre, un acte posé dans le monde y imprime nécessairement une certaine impulsion. Il n'y a pas plus de vide moral que de vide physique, et si tout est plein, on ne peut opérer un mouvement sans amener un déplacement, lequel reflue sur ce qui l'avoisine, et ainsi indéfiniment. C'est le flot qui pousse le flot et le dernier vient se briser au rivage. Mais où est le rivage dans le monde moral, et qui imposera des limites à cette mer de la civilisation, plus orageuse et plus perfide que l'océan ? Elle confine à l'éternité, et c'est aussi dans l'éternité que le dernier flot de nos actes se brise et que l'écume de notre vie va rejaillir.

Enfin, quand on pense que la société est comme une trame où chacun met son fil et fait passer sa navette, que tous ces fils s'impliquent l'un dans l'autre et se mêlent incessamment; quand on considère que nous ne pouvons rien dire ou faire qui n'ait du retentissement en ceux qui nous entourent, et que nos paroles et nos actions sont des semences emportées par le vent qui vont s'implanter et se reproduire dans l'âme des autres; que nous sommes pour notre part dans tout ce que ces semences peuvent produire de bien ou mal sur la terre jusqu'à la fin du temps, et qu'ainsi, plus on a d'influence sur ses semblables, plus s'élargit le cercle de la responsabilité et plus le poids s'en augmente; plein de frayeur alors devant ces conséquences incalculables, et ne pouvant mesurer la portée d'un acte ou d'un mot, on dit dans son cœur avec l'homme-Dieu : Seigneur, que votre volonté se fasse et non la mienne ! Que la mienne ne soit que l'instrument de la vôtre, afin que ma responsabilité disparaisse dans l'ordre de votre providence. On s'écrie avec le roi prophète : Épargnez-moi mes péchés cachés et les fautes d'autrui (Psalm. 18, 14) ! car tout le mal que les autres commettent sous l'influence et par l'initiative de ma volonté aggrave ma culpabilité, et augmente le compte que je dois rendre un jour.

§ 43.

Il y a dans l'existence de chacun un premier acte libre qui est comme le principe de sa vie morale. Qu'est-ce qui porte la volonté vierge à céder à une influence plutôt qu'à une autre? Qu'est-ce qui la fait pencher à droite ou à gauche dans son premier choix entre le bien et le mal? Ce qui l'incline naturellement vers le mal, c'est l'égoïsme, c'est la prétention à l'indépendance qui se déclare dès le bas-âge; ce qui l'appelle au bien, c'est la parole d'autorité qui le lui révèle, c'est le commandement de la loi ; et ce qui la détermine pour ou contre la loi, c'est l'action d'un moteur secret qui excite sa réaction, et que la réflexion transforme en motif. Ce moteur est toujours un agent extérieur, organe du bien ou du mal.

En toute chose le commencement a une grande importance, il pose la base et le point de départ. *Dimidium facti, qui bene cœpit, habet*, dit le poëte. La direction est donnée, la route tracée. On n'oublie jamais ce qu'on apprit en première ligne. Le fait du premier occupant constitue la plupart des droits de ce monde, et quand la place est prise, le fait subsiste. Ce qui est vrai de la sensibilité et de la connaissance, l'est à plus forte raison de la liberté, où le moi met plus du sien. Le premier acte libre caractérise l'épreuve à laquelle tout homme est soumis ici-bas. La manière dont elle commence influe puissamment sur la manière dont elle finira ; car en général la fin ressemble au début, et la consommation est en puissance dans le principe.

La volonté ne pouvant opérer librement sans se donner au bien ou au mal, il s'agit de savoir auquel elle s'unira d'abord, avec qui elle contractera sa première alliance ; car celui qui en aura les prémices a plus de chance d'en garder la possession. Heureuse l'âme qui a décidé la première fois en faveur de Dieu et de la loi, ou qui lui a donné son premier amour ! Attachée au bien dès l'origine, elle en conservera la trace profonde, et rien ne pourra détruire ce premier fait qui a posé le fondement de sa vie morale. Dans l'ordre de l'intelligence l'esprit qui adhère pour la première fois à la vérité ou à l'erreur, contracte le goût du vrai ou du faux, une prédisposition à la vue droite ou oblique. On voit tous les jours des hommes incapables de penser nettement en certaines choses, parce que leur esprit a été faussé dès l'origine par une doctrine erronée. On ne sait jamais bien ce qu'on a mal appris. Une mauvaise direction morale, imprimée à l'enfance, est difficilement redressée. Les vices de la première éducation sont ce qu'il y a de plus tenace ; ils persistent presque toujours au fond sous le vernis dont on les recouvre plus tard, sous les formes plus ou moins gracieuses qui les masquent.

Qu'est-ce qui détermine l'enfant dans son premier choix entre le bien et le mal ? qui le dira ? C'est en vérité une pure grâce que l'âme est disposée à recevoir, et qu'elle reçoit effectivement, quand elle donne la préférence au bien. Jusque-là l'enfant agissait comme l'animal, par l'impulsion de l'instinct et sous l'impression du moment. Il n'y avait en lui ni division, ni combat entre les deux parties de son être. Elles se distinguent et entrent en lutte la première fois que le désir se trouve en opposition avec le devoir ; s'il donne gain de cause au devoir, il fait le premier pas dans la voie de la moralité, et c'est un pas immense. Chacun se juge par son inclination dominante et par son choix ; mais le pouvoir de choisir, inhérent à la volonté et qui fait son énergie et sa responsabilité, reste toujours insaisissable et mystérieux dans son ressort intérieur et dans son exercice. Nous connaissons les influences générales qui le sollicitent ; d'un côté l'égoïsme naturel qui porte l'individu à rapporter tout à lui, à se faire le centre et la mesure de toutes choses au mépris de la justice et de la charité ; l'orgueil qui affecte l'indépendance et s'exalte dans sa propre gloire : la sensualité ou le moi s'identifiant avec le corps et plaçant sa vie et son bonheur dans la jouissance grossière; de l'autre côté l'influence du bien qui agit sur l'enfant, dès qu'il peut comprendre le langage, pour l'instruire, le discipliner et l'élever, d'abord par la parole de ceux qui ont autorité sur lui et qui ont reçu la mission de le soumettre à la loi, puis par tous les moyens propres à lui faire connaître et à lui apprendre à exercer la justice et l'amour. Voilà ce que chaque homme trouve devant lui, plus ou moins nettement formulé, dès qu'il entre en rapport avec ses semblables, dès que la conscience s'éveille et qu'il devient capable de juger et de choisir. Mais dans chaque circonstance et pour chaque acte de liberté, il y a une cause particulière qui influe sur la décision de la volonté; il y a un agent quelconque dans lequel la force du bien ou du mal s'individualise momentanément pour porter l'homme à agir dans son sens, et qui ainsi devient comme le véhicule de l'inspiration bonne ou mauvaise, instrument de secours ou de tentation. Cet agent est en définitive la cause motrice, le mobile de la volonté, si elle cède à son impulsion, et ainsi en lui est la substance ou l'énergie substantielle du motif qui pousse à l'acte.

§ 44.

Livré à lui-même dans la détermination de sa liberté, l'homme ne se décide que par un *motif;* car il est une créature intelligente qui a la conscience de ce qu'elle fait et qui doit savoir ce qu'elle veut et pourquoi elle le veut.

Le motif, objectif par le fond, est subjectif dans sa forme, c'est-à-dire que le sujet, sentant la motion imprimée à sa volonté, peut en acquérir la connaissance par la réflexion, et ainsi la penser et la parler. Mais, à proprement dire, ce n'est ni le jugement, ni la proposition du motif qui meuvent la volonté; c'est l'objet et son action. Le motif, considéré en soi et abstraction faite de ce que la pensée y ajoute, est le reflet de l'action motrice dans l'esprit de celui qui la reçoit.

L'homme ne peut agir sans motif, parce qu'il est un être raisonnable. Il ne faut pas confondre le *motif* avec le *mobile*. L'un est la motion externe qui pousse au mouvement; l'autre est la connaissance que l'être intelligent en prend avant, pendant ou après l'action. Les êtres inorganiques n'ont aucune spontanéité; ils transmettent le mouvement reçu sans se l'assimiler, et ce mouvement s'use en eux plus vite qu'ailleurs par la pesanteur et les frottements. L'homme aussi se meut parce qu'il est mu, il agit parce qu'il est poussé à l'action. Mais poussé de diverses manières et par différents côtés, en raison de sa double nature et de ses rapports multiples, il a, de plus que les autres créatures de ce monde, la faculté de connaître ce qui le pousse, et d'accepter l'impulsion ou de la refuser. Il est sans cesse mu dans son corps, dans son esprit et dans son âme, et de là les divers motifs de ses actions. Toutes les fois qu'il veut quelque chose, deux forces se mêlent et se combinent, l'une qui vient du dehors et qui a l'initiative du mouvement, l'autre qui est en lui, qui est lui-même, et dont la réaction se joint ou s'oppose à la première. Il n'est donc point mu nécessairement par le mouvement physique, intellectuel ou moral; mais son acte propre, quoique toujours influencé par la motion provocatrice, reste intelligent et libre, c'est-à-dire pensé et déterminé par un esprit qui sait et une volonté qui choisit.

Tel est le *motif* proprement dit; il distingue parfaitement l'homme de l'animal. Un objet excite le désir par l'impression agréable qu'il produit dans les sens; l'instinct pousse aussitôt l'animal à le saisir pour en jouir, et l'animal suit l'impulsion. Chez l'être raisonnable l'impression parvient à l'entendement, avec le désir qu'elle éveille, et là l'esprit la considère afin de juger s'il faut rechercher la chose ou la laisser. Alors se présentent toutes sortes de considérations morales, sociales, de convenance, de prudence, d'intérêt, qui militent pour ou contre; et quand la décision est prise, il faut encore passer au moyen de l'exécution. Ce n'est donc plus un mouvement instinctif, mais un acte réfléchi, délibéré et voulu.

Cependant l'homme s'embarrasse souvent dans ses propres pensées, comme il arrive aux âmes passionnées et aux esprits systématiques. Ils sentent et voient à travers un milieu trompeur; et dans l'agitation du désir ou de l'idée qui les dominent, ils arrangent les faits à leur guise, et au lieu de juger, de vouloir d'après ce qu'ils éprouvent, ils éprouvent au contraire d'après ce qu'ils veulent et pensent. C'est pourquoi on s'abuse souvent sur les véritables motifs de ses actions. La plupart agissent si inconsidérément, qu'ils ignorent le motif qui les décide au fond; ils se laissent entraîner par une influence mixte, composée des éléments les plus contraires et dont ils ne se rendent pas compte. Ainsi parfois, dans les actions qui semblent les plus généreuses, dans l'exercice apparent de la charité, l'égoïsme, l'orgueil, la vanité, l'intérêt, l'ambition, le calcul, l'avarice même se cachent sous les semblants du dévouement, sépulcres blanchis, brillants au dehors et pleins de corruption au dedans.

S'il nous est si difficile en certains cas de démêler le motif principal qui nous fait agir, le ressort le plus secret de nos actes, que sera-ce donc de nos jugements sur les actions des autres? Comment apprécier justement les motifs qui les poussent, les influences qui les déterminent? Pouvons-nous descendre dans leur cœur pour y saisir pleinement ce qui a mû leur volonté en telle circonstance? Pouvons-nous discerner tout ce qui a concouru à la mettre en mouvement, ce qui serait cependant nécessaire pour évaluer équitablement la moralité d'un acte? Ne jugeons donc pas nos semblables, quand nous n'en n'avons pas reçu la mission, et laissons à Celui qui est notre juge à tous, le seul juge compétent, le soin de rendre à chacun ce qui lui est dû, quand il redemandera ce qu'il a donné; car lui seul sait ce qu'il y a dans l'homme, et seu aussi il peut faire dans les actions humaines la part de la volonté, des motifs et des moteurs.

§ 45.

Parmi les hommes, les uns montrent dès le bas âge une disposition prononcée au bien et à la vertu, les autres au mal et au vice. Chacun apporte en naissant dans son âme et dans son corps, et par leur union, des germes, des capacités propres à recevoir des influences bonnes ou malignes, et il les transmet à ses descendants par la génération, au moins en tant qu'ils sont inhérents à la nature et à la vie physique. De là un héritage inné de vertus et de vices, ou plutôt d'aptitudes aux unes et aux autres, reçu des antécédents, et qui produit une propension plus ou moins décidée au bien ou au mal, à telle manière d'être ou d'agir, propension qui aide ou gêne la liberté, sans la paralyser ni la détruire.

La diversité des dispositions est un fait que l'éducation constate chaque jour. Il n'y a pas deux enfants qui se ressemblent sous ce rapport. Chacun arrive en ce monde avec un fonds différent dans le corps, dans l'esprit et dans l'âme. C'est la source naturelle de l'inégalité parmi les hommes. Tous les corps ne sont pas également vigoureux et bien conformés en naissant. Il en est de même des esprits et de leurs facultés. Ceux qui instruisent les enfants trouvent en eux dès l'âge le plus tendre une notable différence. Les uns apprennent avec facilité et plaisir, les autres avec peine et dégoût. Les inclinations morales sont aussi très-diverses. Il y a des enfants qui reçoivent avidement la parole de vérité ; ils réagissent spontanément au nom de Dieu dès qu'ils l'entendent, et la piété semble naturelle à leur âme. Ils ont du goût pour tout ce qui est bien et beau. En d'autres, les dispositions sont contraires : ils semblent nés pour le mal, tant ils y sont enclins. L'éducation les trouve durs et rebelles, et ils ne peuvent guère être maintenus ou dressés que par la force, par la crainte, leur cœur n'étant point touché par la vertu divine de la parole, par la douce influence de l'esprit. Comment expliquer cette variété? On dit vulgairement qu'un enfant est heureusement ou malheureusement né, et on a raison de le dire ; non que la naissance, ou plutôt la génération de l'individu décide totalement de sa vie entière, mais parce que les premières influences ont une grande importance, et que sans nécessiter le développement, elles y contribuent puissamment. Quelles sont ces influences? Il n'est pas facile de le dire d'une manière précise.

L'homme, tel qu'il naît ici-bas, est un fait complexe, à la production duquel concourent plusieurs causes. Il porte en lui deux substances, unies intimement par la vie, procédant des deux, et qui en est une expression mixte. Il y a donc ici trois choses à considérer : l'âme ou la nature psychique, qui est le fond de l'être humain ; le corps ou la nature physique, qui en est l'organe et l'enveloppe ; et le rapport de l'âme et du corps ou leur action réciproque. A chacun de ces trois termes s'attachent des influences qui les modifient et leur impriment par conséquent des dispositions et des aptitudes diverses. L'âme, créée immédiatement par Dieu, doit donc être marquée dès son origine par la volonté suprême qui l'a destinée à une certaine fin. Ainsi que l'humanité, chaque homme a sa destination, et il est appelé à l'existence pour la remplir. Sa vocation est d'y tendre, sa perfection d'y parvenir. La destination de chaque âme, ou l'idée de sa création, lui imprime donc une certaine direction, et par conséquent une tendance innée vers telle ou telle chose, et ainsi une prédisposition, une aptitude à réaliser ce que Dieu demande d'elle. On peut donc appliquer ici ce que saint Paul dit de la diversité des dons de l'Esprit-saint dans l'Église, qu'il compare à un corps organisé. Tous les organes, tous les membres forment un seul corps, mais chacun y exerce une autre fonction, et l'unité résulte de l'harmonie de leurs opérations.

Cependant l'âme seule n'est pas l'homme; il faut qu'elle soit unie à un corps pour constituer une personne unique avec deux natures toujours distinctes, souvent opposées, bien qu'étroitement unies. Le corps est formé par la génération, qui s'opère par le ministère des parents. Nous sommes les enfants de nos parents par le corps, par la vie physique et aussi par cette partie de la vie intellectuelle et morale qui provient du corps en raison de son influence sur l'âme dans leur commerce intime. Mais l'âme ne vient point d'eux. Dieu seul la crée, et à ce titre elle n'appartient qu'à lui. C'est pourquoi les parents sont les dépositaires, les gardiens et non les possesseurs de leurs enfants. Ils en sont les pourvoyeurs ou les nourriciers plutôt que les pères, et de là dérive la mesure de leurs devoirs et de leurs droits.

Si le corps vient des parents avec la vie qui lui est inhérente, ce corps étant l'enveloppe et l'instrument de l'âme et sa vie étant mêlée à celle de l'esprit, les conditions de la génération auront de l'influence sur l'âme et y détermineront des prédispositions, soit par la constitution de l'organisme, soit par l'action incessante du physique sur le moral. Que l'enfant reproduise ses parents par le corps, cela est évident, puisqu'il est le produit de leur union, le sang de leur sang, l'os de leurs os, la chair de leur chair. Il en reçoit donc un sang et des humeurs spécialisés par leur propre vie et par celle de leurs antécédents, une chair modifiée par tout ce qui a pétri la leur, un tempérament provenant du mélange de leurs tempéraments, une constitution analogue à celles des deux facteurs qui le produisent. De là des prédispositions innées qui sortent de l'organisme, lesquelles dépendent de l'état général des parents, de leur caractère, de leurs sentiments, de leurs passions habituelles, et aussi de leur part respective dans l'acte commun qui transmet la vie, sans compter les influences sidérales, atmosphériques, physiques de toutes sortes qui impressionnent à leur manière le produit nouveau : influences dont la science du moyen âge s'est peut-être trop occupée, et dont la nôtre ne s'occupe pas assez.

Ainsi trois sources principales de prédispositions ou d'aptitudes innées : la première dans l'âme elle-même ou dans l'idée divine qui a présidé à sa création ; la seconde dans l'organisme extrait de celui des parents, chargé de leurs antécédents et affecté par les influences multiples du monde ; la troisième dans le commerce de l'âme et du corps, qui se modifient réciproquement. D'où il suit que les parents, en transmettant la vie avec le sang, communiquent aussi quelque chose de leur vie morale dont le corps est imprégné, et que déjà dans l'embryon, aussitôt que l'âme y arrive, les prédispositions de l'âme et du corps tendent à s'accorder ou à se contrarier : ce qui produit des inclinations et des aversions primitives, des sympathies et des sympathies congéniales.

Il est donc très-heureux de naître de parents sains de corps, d'esprit et d'âme ; de corps, parce qu'ils transmettent un sang non vicié, ce qui est un gage de santé ou de force; d'esprit, c'est une garantie de bon sens, de raison droite dans les enfants, qu'on voit hériter trop souvent des travers des parents; sains d'âme surtout, *mens sana in corpore sano*, c'est-à-dire honnêtes et pieux. Ainsi s'explique jusqu'à un certain point l'hérédité naturelle de la noblesse.

Telles sont les circonstances générales au milieu desquelles surgit chaque liberté, les unes providentielles et qui lui sont des secours et des préparations au bien; les autres naturelles et qui peuvent lui devenir des obstacles et des empêchements. Chaque individu arrive au monde chargé de tous ces antécédents, et devant, en des conditions données, avec l'aide de la grâce divine, par la connaissance de la loi et avec les facultés dont il est doué, tendre au but de son existence, et réaliser l'idée de sa création. La vie et la mort, le bien et le mal sont devant lui. Il peut, il doit choisir, et ainsi il n'aura un jour que ce qu'il aura voulu. En cela consiste sa liberté et son épreuve, et dans tous la liberté peut s'exercer de manière à rendre l'épreuve décisive.

§ 46.

De l'exercice de la liberté sortent plusieurs conséquences, dont l'ensemble constitue le fait complexe de la moralité. Dès que l'homme reconnaît son créateur, il se sent obligé d'accepter sa volonté comme la loi de sa vie, et de lui rendre, autant qu'il est en son pouvoir, ce qu'il en reçoit. Le devoir fondamental, qui renferme tous les autres, est la *reconnaissance*. Reconnaissance envers l'auteur de notre être, hommage rendu librement à sa bonté, à sa puissance, culte du cœur et de l'esprit; reconnaissance envers les auteurs de nos jours, piété filiale; reconnaissance envers la société, la patrie, patriotisme; puis gratitude envers tous ceux qui nous ont fait quelque bien. Tels sont les devoirs positifs auxquels tous sont obligés.

L'idée du devoir, principe de la morale, outre qu'elle se produit dans l'homme par le développement de sa conscience et par la réflexion du sentiment moral ou *à posteriori*, se déduit *à priori* des idées de la loi et de la liberté, corollaires nécessaires de l'idée de la créature intelligente. L'idée de créature implique l'idée de loi, car l'être créé, n'étant point de lui-même, mais ayant besoin d'un autre pour arriver à l'existence et être conservé, dépend nécessairement d'autrui; et ainsi la volonté de celui qui l'a fait devient sa loi ou la condition absolue de son être et de sa vie. S'il est intelligent, c'est-à-dire capable de se connaître et ceux avec lesquels il est en rapport, il saura ce qu'il est et doit être à l'égard de son créateur, et ainsi que sa volonté suprême doit lui servir de règle et qu'il ne peut remplir sa destination qu'en l'accomplissant. De cette manière; la créature libre contribuera à la gloire de Dieu en se restituant à lui tout entière, et lui rendant avec usure ce qu'il lui a donné par le développement régulier des puissances, des facultés et des dons dont il l'a gratifiée. Mais la loi, qui régit toute créature du ciel et de la terre, spirituelle et matérielle, n'est *devoir* que pour celles qui sont capables de la comprendre et de l'observer volontairement ; car de l'intelligence qui connaît combinée avec la volonté qui décide ressort la liberté qui choisit.

L'idée du devoir implique l'idée d'obligation. Celui qui connaît sa loi se sent lié par elle, non à la manière des êtres sans raison, que la force de la loi entraîne sans leur assentiment, mais moralement, c'est-à-dire, tenu d'agir conformément à la loi par la justice, par la convenance de sa nature, sous peine de se pervertir et de se dégrader. Or toute obligation suppose une autorité qui a droit de commander, à laquelle il faut se soumettre ; et le devoir n'est possible que si elle est reconnue et admise. On ne s'oblige point par soi-même ni envers soi-même. L'obéissance ne peut être imposée avec droit que par une supériorité légitime. Dieu seul a cette supériorité sur l'homme, parce qu'il est son principe. Donc il n'y a de devoir pour lui que par son rapport avec Dieu, et ainsi la religion, qui est l'expression de ce rapport, est le fondement nécessaire de la morale. Là où Dieu n'est point reconnu, la sanction des devoirs manque ; car l'homme, n'admettant point sa dépendance et ne voyant plus d'autorité au-dessus de lui, ne comprend pas la nécessité de se soumettre à une loi. L'absence ou l'oubli de la religion entraîne l'absence ou l'oubli de la morale et du devoir.

Telle est en effet la manière d'être et de voir, explicite ou implicite, de ceux qui n'ont point de foi, ou qui pensent et vivent comme s'ils n'en avaient pas. Récusant toute supériorité et visant à l'indépendance, ils prétendent être leur loi à eux-mêmes, et ne voient plus dans les lois divines et humaines que des produits de la force ou de la convention. Les mots de justice, de devoir, d'obligation morale sont vides dans leur bouche, parce qu'ils ne répondent à rien dans leur cœur. Derrière leur phraséologie morale est l'orgueil qui cherche sa gloire, l'égoïsme qui rapporte tout à soi, et quand le moi ne peut se satisfaire, comme il le voudrait, au milieu de l'opposition de ses semblables et des conditions impérieuses de la société, il cède pour regagner et s'accommode par nécessité. Il n'y a au fond ni justice, ni moralité : c'est de l'intérêt plus ou moins bien entendu, du calcul, et non de la vertu. Toute morale humaine en est là et ne peut aller plus loin ; et nous appelons morale humaine celle qui ne prend pas en Dieu la raison dernière de la loi, de l'obligation morale et du devoir.

Rien n'est donc plus simple que la notion du devoir : et cela doit être, puisque le devoir est pour tous. Les philosophes ont singulièrement obscurci cette question, en méconnaissant le principe et l'origine de l'obligation morale, prétendant l'établir uniquement par la conscience humaine et sans une autorité supérieure. Le principe exclu, le reste devenait incompréhensible : et de là sont venues ces théories funestes qui ont prétendu fonder la morale par la volonté de l'homme et en se passant de Dieu ; systèmes d'indépendance absolue, d'autonomie, de commandement impératif de la raison individuelle, qui devaient amener la souveraineté de tous dans la société.

§ 47.

Le devoir accompli fonde le droit. Celui qui accepte volontairement la loi, et fait ce qu'elle impose, acquiert, par cela même, droit au bénéfice de la loi ; car réagissant positivement vers le principe dont elle dérive, sa réaction s'harmonise avec l'action qui le pénètre, et le rapport vivant qui s'établit entre eux lui communique une force supérieure. Dans l'ordre providentiel la créature qui se soumet à la loi divine acquiert le droit à la protection du souverain législateur. Dans l'ordre moral celui qui observe la loi de justice a droit à la justice. Dans l'ordre politique, celui qui accomplit la loi sociale a droit aux bienfaits de la société. Le droit n'existe donc que par l'adhésion à la loi ; il n'y a point de droit contre la loi.

L'idée du droit sort de l'idée du devoir, l'idée du devoir de celle de la loi, et celle de la loi dérive du rapport reconnu entre le supérieur et l'inférieur. La loi seule fonde des droits par son autorité, et elle les confère uniquement à la volonté qui consent à joindre et à subordonner sa force à la sienne. L'être raisonnable qui accepte la loi avec ses charges, en même temps qu'il se sent lié par les obligations qu'elle impose, profite des secours qu'elle procure ; et s'il consent à faire ce qu'elle lui demande, elle doit à son tour faire pour lui tout ce qu'elle promet. Elle se donne à lui comme il s'est donné à elle, et la justice veut qu'elle lui rende en raison de ce qu'il lui accorde. Le droit est donc établi sur la justice comme le devoir, et il lui est corrélatif.

Il n'y a point de droit hors de la loi[1] et à plus forte raison contre la loi, tel est l'axiome fondamental de la science du droit : et il vaut à tous les degrés, à toutes les sphères, dans le droit naturel comme dans le droit positif, dans le droit privé comme dans le droit public. Celui-là seul qui reconnaît et accepte la loi divine a droit à ses bénéfices. C'est ce que sent instinctivement l'âme détournée de Dieu; elle n'a plus le courage et la confiance de la prière. Ne faisant rien pour lui, elle n'ose point demander qu'il fasse quelque chose pour elle. Elle s'est mise hors la loi en n'en acceptant point les charges, donc elle ne doit pas participer aux avantages, ou du moins elle n'a pas droit au partage. Heureuse si elle croit en la miséricorde après avoir offensé la justice, et si dans ses angoisses elle pousse vers le ciel un cri de détresse, quand elle n'a ni obéissance ni mérites à lui offrir! C'est souvent ce qui est le plus agréable à Dieu. Brisée par le sentiment de son indignité, elle s'ouvre plus profondément à l'action divine et se restitue avec plus d'abandon. C'est l'histoire du Fils prodigue, de Madeleine, du bon larron, et de tous les pécheurs qui leur ressemblent. Les enfants de la foi ont seuls droit à la vie du ciel. Les fils de l'incrédulité ou de la défiance, *filii diffidentiæ*, ont perdu leur droit avec l'obéissance.

Il en va de même dans la famille et dans l'État. Pour jouir des droits de la famille, il faut en observer

---

1. Ceux de nos lecteurs qui voudront approfondir cette matière, pourront consulter la *Philosophie des lois*, 1 vol. in-8 et in-12, chez Didier.

la loi. L'enfant qui désobéit, ou se met en révolte contre l'autorité paternelle, perd son droit par le fait; car il se sépare du principe de la force. Le droit des enfants, fruit de leur soumission, se réalise et s'étend par l'amour des parents, et leur bénédiction au sortir de ce monde, complément et gage de leur affection, confirme le droit à l'héritage paternel : héritage double, au dedans par la communication de la vie de famille et des grâces qu'elle a reçues; au dehors par la succession aux biens terrestres acquis par les parents et dont la loi civile règle la répartition.

Dans la société civile l'application de l'axiome est encore plus évidente, parce que l'état social est surtout fondé sur la justice et ne se conserve que par elle. On n'est membre d'un État, ou citoyen, qu'en consentant à la loi qui le régit et en l'observant. Or cette loi impose des charges et demande des sacrifices ; elle interdit tout ce qui peut nuire à l'ensemble et aux parties; elle réclame ce qui est nécessaire à la conservation et à l'amélioration de la chose publique; elle exige des membres du corps social une contribution de leurs forces, de leur temps, de leurs facultés, de leurs biens, de leur vie même, en raison du rang, de la condition et des moyens de chacun. Là comme ailleurs on n'a droit aux bénéfices qu'en participant aux charges et en raison des charges supportées. Il n'y a de droits que par la loi, et on ne peut les exercer qu'en l'accomplissant. Celui qui viole la loi perd ses droits en partie ou en totalité; en partie, quand par l'amende, l'emprisonnement, ou toute autre peine, il est privé de la jouissance des droits communs, tel que la liberté individuelle, la propriété, l'admissibilité aux emplois; en totalité, quand il est retranché de la société par la peine capitale, par le bannissement, par la mort civile.

Enfin, dans les relations des hommes entre eux, il n'y a de sécurité et d'avantage que par la justice, c'est-à-dire, par le respect mutuel des personnes et des choses, et par l'échange des services. Elle ne vous donne des droits sur vos semblables, que si vous l'observez à leur égard; car elle est pour tous et ne vaut que par la réciprocité. Il faut donc l'accepter et en accomplir les obligations pour être en mesure de la réclamer des autres comme un devoir. Ce qui est parfaitement formulé dans ces deux préceptes chrétiens : Ne fais pas aux autres ce que tu ne veux pas qu'ils te fassent, et fais pour eux ce que tu voudrais qu'ils fissent pour toi. Là comme partout le devoir fonde et sanctionne le droit, et l'observation de la loi donne seule le pouvoir légitime de l'exercer.

§ 48.

L'homme, tant qu'il est libre d'adhérer à la loi ou de la refuser, d'accomplir le devoir ou de l'omettre, est responsable de sa conduite, comptable de ses actions, dont il doit subir les conséquences, parce qu'elles émanent de la volonté. Mais il ne répond que de ses actes propres, bien que, comme membre de la famille et de la société, il participe plus ou moins aux suites des faits qui y adviennent. S'il agit conformément à la loi, par le sentiment du devoir ou avec dévouement à la justice, sa responsabilité morale est sauve, quoiqu'il puisse être solidaire jusqu'à un certain point des actions d'autrui. S'il agit en dehors de la loi, par sa volonté propre et pour lui, l'action lui revient avec tout ce qu'elle produira par le fait de sa volonté. La *responsabilité* morale est donc distincte de la *solidarité*.

La responsabilité est impliquée dans la liberté de deux manières, d'abord parce que l'être libre est l'auteur de ses actes, la cause de leur production, et ensuite parce que, relevant de son créateur, à titre de créature raisonnable il lui doit compte de la puissance qu'il en a reçue. L'homme fait à l'image de Dieu est ausi principe et cause, mais non de la même manière : car il ne l'est que par ressemblance, par délégation, c'est-à-dire qu'il ne peut vouloir et produire que sous la condition inhérente à la créature de dépendre d'un terme supérieur, dont l'influence préalable la porte à vouloir et à agir. Il n'est ni le principe unique ni la cause spontanée de ses actes; car le premier mouvement lui venant toujours du dehors, il ne peut que le refuser ou l'accepter. C'est pourquoi on l'appelle *cause seconde*, et toute créature libre est dans le même cas. Mais en tant que libre, elle a aussi sa part de causalité, ou une causalité *sui generis*, dont l'exercice est essentiel à la dignité de sa nature. De même que l'homme ne peut faire quelque chose de rien, ce qui s'appelle créer n'appartenant qu'à Dieu, et que ses inventions ou productions ne sont jamais qu'une combinaison d'éléments préexistants ; ainsi, quand il veut, il ne veut pas de lui-même, en ce sens qu'il tirerait de lui seul la raison de vouloir, mais les motifs lui viennent toujours du dehors, et sans eux il ne songerait pas même à vouloir. Il ne peut qu'opter entre ces motifs et les moteurs dont ils partent, et choisir celui dont il accepte l'impulsion. Tout son acte, à lui, est dans ce choix, et par ce choix il en devient réellement la cause, bien qu'une influence externe entre dans sa décision. Donc tous les effets qui en sortiront dépendent de lui et lui reviennent comme à leur principe, mais non exclusivement, puisque le moteur externe y a coopéré; et c'est pourquoi la gloire de nos bonnes œuvres retourne en définitive au principe de tout bien, comme les suites de nos fautes retombent sur le principe du mal, qui en est l'initiateur.

En second lieu, l'homme est responsable à son auteur qui lui demandera compte un jour du pouvoir et des facultés qu'il lui a donnés pour connaître sa destination et accomplir la loi de son existence. L'être raisonnable accepte la vérité ou la repousse; il travaille avec elle ou contre elle, et sa volonté suit les jugements de son esprit, ou au moins les ratifie par sa décision. Il a donc un pouvoir discrétionnaire dont il peut user et abuser. C'est encore une application de la loi générale de la justice : à chacun selon ses œuvres. Ce qui sort de nous est plus nôtre que ce qui nous est uni par une appropriation extérieure; car c'est l'expression de notre nature, de notre volonté, de notre esprit. C'est pourquoi il est écrit que nos œuvres seules nous suivront au-delà de cette vie, et que nous serons jugés par elles. Le jugement futur, complément nécessaire de la justice, est l'application finale de la responsabilité, ou la responsabilité pleinement réalisée. Sans ce jugement elle n'aurait ni but ni sanction.

La responsabilité s'étend aussi loin que les actes

propres; elle est déterminée par la loi imposée et la puissance concédée. Chacun ne répond moralement que de ses actions; mais on peut être entraîné dans la sphère des actions d'autrui, et ainsi participer à leurs conséquences. Chaque existence est plus ou moins modifiée par ce qui se passe dans les autres, et surtout en celles qui lui sont plus unies ou plus prochaines. Il y a là une fatalité du bien et du mal qui saisit à l'entrée de la vie, et on ne peut pas plus s'y soustraire qu'à l'air qu'on respire en naissant. De là ce qu'on appelle la *solidarité* des êtres qui, placés dans les mêmes conditions d'existence, mêlent pour ainsi dire leur vie et jouissent ou souffrent ensemble de ce qui les affecte respectivement. Ainsi, dans un corps vivant, les organes et les membres, parties du même tout, animés par le même sang et ressortant du même foyer, vivent en commun, et ce qui trouble le centre ou seulement l'une des parties, retentit dans toutes les autres. Il en est de même dans les familles et les races. Il y a solidarité entre les générations qui transmettent le même sang, et avec le sang les qualités bonnes ou mauvaises dont il est chargé. Le péché originel, qui s'étend à tous les descendants d'Adam par la génération, ne se comprend pas autrement. L'humanité, viciée dans sa souche, a dû l'être dans ses rejetons. Les enfants sont solidaires avec les parents, et bien qu'ils ne soient responsables que de leurs actes propres, cependant les suites des actions de leurs ascendants retombent en partie sur eux, et ils les portent parce qu'ils sont les fils de leurs pères. Ils souffrent par ceux qui les ont précédés, et cette expiation volontairement acceptée a une grande puissance pour absorber le mal ou l'arrêter dans son cours. C'est encore une des grandes vues du christianisme, qui appelle les innocents à pâtir pour les coupables, parce que le mal se reverse comme le bien. L'Évangile déclare heureux ceux qui souffrent en ce monde pour la cause de la justice, c'est-à-dire pour la réparation de l'iniquité et l'abolition des maux qu'elle produit.

Dans ces cas la solidarité est fatale. Elle provient de liens naturels, que la volonté n'a point formés, et où elle s'est trouvée prise et comme enchaînée en venant au monde. En d'autres circonstances la liberté y a sa part, et alors la responsabilité s'y joint. Ainsi dans le mariage, ou en toute autre association volontairement contractée, on fait soi-même sa solidarité dans la sphère où l'on s'engage; et ainsi on doit porter les conséquences de l'œuvre commune à double titre, comme responsable et comme solidaire. Terrible dans le mal et le malheur, la solidarité est d'un grand secours pour le bien. Par elle il se fait plus largement, plus sûrement, parce qu'elle établit entre les individus une communauté morale, sans laquelle rien de grand ni de durable ne s'accomplirait. Elle les intéresse à se surveiller, à se soutenir mutuellement, puisqu'ils partagent la même fortune et payent les uns pour les autres, comme l'indique le sens du mot *solidaire*. Elle constitue la force, la dignité et la perpétuité des familles et des nations.

La responsabilité morale est à la solidarité ce que la liberté est à la fatalité. Des deux côtés, après les faits accomplis, il y a des conséquences à porter. Mais d'une part on les subit parce qu'on les a produites, et ainsi on est à la fois le coupable et le patient; de l'autre on les supporte sans les avoir amenées, on est victime, et c'est justement la souffrance de ce genre, chrétiennement acceptée, qui est la plus agréable à Dieu et la plus utile aux hommes, parce qu'elle est le solde du péché et la réparation de l'injustice. Celui qui est la victime par excellence, et qui pouvait seul expier les péchés du monde, n'avait point de péché en lui. Nul ici-bas ne peut échapper à la solidarité; car tout homme est de son genre, de sa race, de sa famille, de sa nation, et à tous ces titres il participe à une vie générale qui l'enveloppe de son réseau et le pénètre de ses influences. La liberté lui est donnée pour s'affranchir de ces liens, et s'élever au-dessus de ces conséquences fatales en les neutralisant dans sa personne par une volonté énergique et surtout en les amortissant par la patience. C'est pourquoi Jésus-Christ a dit à ses disciples : *in patientiâ possidebitis animas vestras ;* vous posséderez vos âmes dans la patience. C'est ce qu'il a fait dans toute sa vie et jusqu'à la mort, à la mort de la croix. Il a vaincu le mal par la souffrance, et il en a brisé la fatalité en l'absorbant.

---

§ 49.

Dans l'ordre physique, la série des faits se développe nécessairement par la loi inflexible de la causalité; c'est le règne du destin. Il n'en est pas de même dans l'ordre moral, où les êtres ne sont pas des corps inertes ou des formes passives, des points dans la ligne, des anneaux dans la chaîne, mais des existences personnelles et actives, douées d'intelligence et de volonté, ayant le pouvoir d'accepter ou de refuser le mouvement qui les pousse, d'y réagir positivement ou négativement. De là le *mérite* ou le *démérite* de l'agent moral, suivant qu'il agit volontairement avec ou contre la loi. La conscience du mérite moral naît d'un sentiment intime de paix, de bien-être, d'espérance, effets de l'acquiescement au bien par une bonne volonté. La conscience du démérite provient du trouble intérieur, du remords, de la crainte, produits par l'admission du mal dans la volonté pervertie.

L'idée du mérite et du démérite moral se déduit immédiatement de la responsabilité, comme celle-ci est le corollaire le plus prochain de la liberté. L'agent responsable a devant lui sa ligne tracée par la loi. S'il la suit, il est dans l'ordre, sa volonté participe à la rectitude de la règle, et elle doit en retirer les avantages, puisqu'elle en accepte les charges. Ces avantages sont de deux sortes : il y a d'abord le bénéfice moral, qui est la conséquence directe de la loi accomplie. La volonté en devient meilleure, plus ferme dans le bien, plus forte contre le mal. En exécutant la loi elle se rapproche de celui qui l'a portée ; elle croît en grâce et en vertu devant Dieu et devant les hommes. C'est un mérite intrinsèque, substantiel, qui provient de son union avec le bien. Le second, suite du premier, est plus extérieur. En acceptant la loi, l'homme acquiert un droit à ses bénéfices, et ainsi dans ce monde ou dans un autre, il recevra la récompense due à ceux qui l'observent : récompense qui ne peut lui manquer parce que la justice est imprescriptible.

La conscience du mérite moral est le fond du bonheur ; c'est le sentiment de l'ordre, sans lequel il n'y a pas de véritable joie. Il produit l'espérance, et une espérance sans bornes, qui donne confiance dans l'avenir avec le pressentiment d'un bien infini. Mais il est toujours à craindre que le *moi* ne fausse ce sentiment en s'attribuant le bien accompli, en tirant gloire ou vanité du succès. Alors se produit la justice propre, qui est une souveraine injustice, parce que l'agent, se confiant en sa propre force et méconnaissant le secours d'en haut, s'arroge ce qui ne lui appartient pas et ne rend pas à Dieu ce qui lui est dû. C'est ce que l'Évangile appelle le *pharisaïsme*.

Là se trouve, sous le rapport moral, la ligne de démarcation entre le chrétien, le juif et le païen. Le premier croit et professe que dans le bien qu'il peut faire il est seulement le ministre ou l'instrument volontaire de l'auteur de tout bien. Il sait qu'il n'a rien qu'il n'ait reçu, qu'il ne peut pas même avoir une bonne pensée, un bon désir sans une motion supérieure (II *Cor.* 3, 5), et c'est pourquoi il rapporte sans cesse à Dieu tout ce qu'il est et tout ce qu'il a. Quoiqu'il espère une récompense, il ne la réclame point comme une dette, et il s'appuie sur la miséricorde de Dieu plus encore que sur sa justice. Le païen, au contraire, se confie en sa justice propre. S'il fait le bien, il se l'attribue naïvement et s'en glorifie. Il jouit de sa vertu, qui maîtrise ses passions, résiste aux séductions et surmonte les obstacles. Il se déclare juste, ami des dieux, et aspire à prendre place parmi eux. L'apogée de la morale païenne a toujours été l'apothéose de l'homme par la philosophie ou par la religion. Le stoïcisme et le platonisme y mènent par deux voies différentes : par l'exaltation de la volonté ou par celle de l'intelligence. C'est l'orgueil humain au maximum de son paroxysme, et qui se termine ordinairement par une prostration aussi profonde que l'exaltation a été haute. L'esprit finit par la chair, et l'orgueil enfante la luxure. Telle a été la fin honteuse de la civilisation païenne. La gloire de ces vertus humaines qui ont fait tant de bruit dans le monde, cette philosophie sublime qui devait élever l'homme au ciel, sont venues se résoudre dans les orgies et les cruautés de l'empire romain, et jamais corruption semblable n'a déshonoré l'humanité ni épouvanté la terre.

Le juif était plus éclairé que le païen, et par cela plus coupable. Il connaissait Dieu et sa loi par la parole divine elle-même et par ses envoyés, et non pas seulement par les symboles de la nature ou par les pensées de son esprit. Seul entre tous les peuples, il avait été mis dans la confidence des desseins providentiels, et il en attendait avec foi l'avénement. Objet de tant d'amour, de tant de sollicitude, de tant de merveilles, il se croyait privilégié parmi les nations, peuple choisi, enfant de prédilection du Maître de l'univers. Il l'était en effet, son histoire le montre. Mais il a gâté ses hautes destinées ; il a abusé de la bonté divine, et ce qui lui avait été donné pour le rendre meilleur a été perverti par son orgueil et son obstination. Il a mis toute sa confiance dans les œuvres extérieures de la loi, en en méconnaissant l'esprit ; il a cru en sa justice propre et s'y est complu. Il s'est imaginé que Dieu lui devait tous les biens qui lui étaient annoncés, et il les a réclamés comme une dette avec arrogance, au lieu de s'en rendre digne par l'obéissance et de les attirer par l'amour. De là le second type du mérite purement humain, ou la vertu pharisaïque, dont le caractère éclate dans les prêtres et les doctrines de la synagogue opposés au Christ, le modèle du mérite chrétien.

L'être responsable qui dévie de sa ligne ou sort du cercle que la loi trace autour de sa liberté, se met hors la loi ou se tourne contre elle, et dans les deux cas il sent qu'il démérite. Le démérite a aussi deux conséquences. La première est toute morale; car la volonté étant obligée à l'observation de la loi manque à son devoir en l'enfreignant; elle perd de sa valeur, de sa dignité, en sortant de l'ordre; elle se ravale en se dépravant. Puis, comme la justice doit avoir son cours, et que tout crime, délit, ou faute, demande une expiation ou entraîne une peine, à la conscience de l'indignité se joignent la crainte de la vindicte divine ou humaine et le pressentiment d'un châtiment mérité qu'il faudra subir tôt ou tard. Le sentiment du démérite est donc toujours accompagné d'un trouble intérieur par la scission qui s'opère dans le coupable; de remords, à cause de la loi qui réclame et de la conscience qui proteste de honte, par la vue de l'abaissement où jette le désordre; de frayeur, par l'appréhension des conséquences; et au milieu de tout cela il y a l'angoisse profonde d'une âme sortie de sa voie, abandonnant Dieu pour son ennemi et luttant avec le principe de son être et de sa vie.

Tels sont les priviléges et les malheurs de l'être libre. La liberté est un don magnifique; c'est le trait le plus saillant de la ressemblance de l'homme avec Dieu. Par elle il se rapproche le plus de son auteur et devient capable de le représenter en ce monde. Il lui doit sa plus grande gloire, qui est de consentir à la loi et de coopérer sciemment à l'accomplissement des desseins providentiels. Il lui doit son plus grand bonheur, celui d'aimer avec choix, avec conscience, en se donnant volontairement, ce qui est le plus agréable à Dieu. Mais l'abus de cette haute prérogative est aussi la cause de sa dégradation et de ses infortunes. Comme toutes les choses excellentes perverties, *corruptio optimi pessima*, la liberté désordonnée produit les suites les plus déplorables, et ce don, si précieux quand il est bien employé, devient le plus funeste par un coupable usage et s'il est tourné contre sa fin.

§ 50.

Tous les actes libres sont marqués du caractère plus ou moins prononcé du bien et du mal, et en portent pour ainsi dire la semence en eux. Ils sont qualifiés par leur rapport plus ou moins prochain avec l'un ou l'autre de ces deux extrêmes, et c'est pourquoi on les appelle *bons* ou *mauvais*. La répétition fréquente des actes conformes à l'ordre, à la justice, fortifie le penchant au bien, en facilite la pratique, et forme une heureuse habitude de bien faire, qui est la *vertu*. La réitération fréquente des actes contraires renforce les mauvaises inclinations, affermit dans le mal, et finit par produire le *vice*. La moralité ou l'immoralité d'un homme s'apprécie par la prédominance de la vertu ou du vice dans sa conduite, par l'usage habituel de sa liberté en faveur du bien ou du mal.

La qualité morale d'une action se tire du principe dont elle émane et du motif qui porte à la faire. L'acte libre a déjà de la valeur en soi ; car, supérieur au mouvement machinal, il s'opère non-seulement volontairement, ce qui peut arriver dans le mouvement spontané de l'instinct, mais encore avec conscience, avec réflexion, après délibération et par choix. Mais tout libre qu'il est, et même à cause de sa liberté, il peut être bon ou mauvais, non plus sous le rapport de l'agrément ou de l'utilité, mais par sa conformité ou son opposition avec la loi de l'âme, dont l'obligation stricte constitue la justice, et dont la perfection est la charité.

Nous avons vu comment l'homme parvient à connaître cette loi et d'où elle dérive. Nous avons vu aussi ce qui le porte à l'observer ou à la violer, et comment sa volonté, placée entre deux principes ennemis qui se la disputent, ne peut agir librement qu'en choisissant entre eux, et qu'ainsi l'un ou l'autre participe à ses actions en raison de son consentement à leur alliance. L'action bonne ou mauvaise peut donc être considérée comme le fruit d'une sorte de génération, et c'est pourquoi elle porte en elle une vie capable de se reproduire partout où elle est reçue. Le principe extérieur, d'où part l'impulsion, agit sur l'âme, la pénètre et dépose en elle quelque chose de vital qui l'excite. Elle conçoit sous cette influence la pensée et le désir d'un acte, lequel, en germe dans la prédisposition de l'individu, tend à se développer au dedans et à se poser au dehors, quand ce fruit est mûr ; ce qui s'opère par l'exécution. *Concupiscentia, cum conceperit, parit peccatum.* (Jacob, 1, 15.)

Dans tout ce que nous faisons il y a une vertu reproductrice du bien ou du mal. Chaque action porte en elle la semence de son espèce et tend à la poser au dehors. Le bien et le mal s'insinuent dans les âmes par toutes les voies, comme les poussières fécondes de la végétation que le vent emporte vont déposer leur vitalité dans les germes les plus éloignés. Il suffit de vivre dans l'atmosphère d'un homme de bien pour être porté à bien faire, et concevoir sous cette influence salutaire de bonnes pensées et de bons désirs. Au contraire, la fréquentation des êtres vicieux finit par gâter les plus heureux naturels, en les pénétrant sans cesse d'un esprit funeste, qui développe les mauvais germes que tout homme apporte en naissant. Il vient dans le même champ de bonnes et de mauvaises herbes, et de tout temps l'ennemi a semé de l'ivraie parmi le bon grain du père de famille.

L'habitude se forme dans les actions morales comme dans les autres manières d'agir. La répétition fréquente des actes, qui forme les talents et l'habileté, produit aussi les vertus et les vices. Un bon penchant, un caractère heureux, ne sont pas de la vertu, mais des dispositions à l'acquérir. Une mauvaise inclination, un naturel fâcheux, ne sont pas des vices, mais une préparation à en contracter. Quelques bonnes œuvres ou quelques fautes ne constituent ni la vertu ni le vice, qui sont des produits plus ou moins lents de la liberté, choisissant plus souvent le bien ou le mal, et aussi acquérant, par le fréquent renouvellement de certains actes, plus de facilité et un certain entraînement à les faire. Rien de plus utile que les bonnes habitudes, surtout celles formées dans l'enfance; car plus elles sont anciennes, plus elles ont d'empire et d'efficacité. Elles deviennent comme une seconde nature. Elles font comprendre cette heureuse nécessité de la vertu où se trouvent les âmes sorties victorieuses de l'épreuve et du combat de la vie, fixées immuablement dans le bien par leur choix et ne pouvant plus même concevoir la pensée ni le désir de ce qui lui est contraire; état de pureté et de félicité inamissible auquel nous aspirons au milieu des agitations de ce monde et des luttes. L'habitude est ici-bas le sceau de l'honnêteté, de la fidélité, de la vertu. Elle est comme un intermédiaire entre le temps et l'éternité, le passage de l'un à l'autre. Malheureusement elle a la même puissance pour le vice; elle le forme, le consolide et le rend presque indestructible. Elle immobilise dans le mal, et les tristes exemples, que le monde offre trop souvent d'hommes devenus incorrigibles par l'habitude du désordre, nous aident à concevoir cette fixité dans le mal, où sont tombées les créatures qui ont le plus abusé des dons de Dieu à l'origine, et celles qui depuis, participant à leur méchanceté ou entraînées dans leur révolte, rendent inutiles tous les moyens de la grâce, et s'ôtent, par l'endurcissement de leur volonté, la possibilité de sortir de l'abîme du mal et du malheur.

Enfin, l'aboutissant de l'exercice de la liberté dans ses rapports avec la loi, le produit extrême où se retrouve tout ce qu'elle a posé, est la *moralité* ou l'*immoralité* de l'agent, en prenant ces mots dans leur acception la plus large. Un homme moral est celui qui, vivant habituellement dans l'obéissance à la loi, est devenu capable, par un long exercice de la justice et une pratique constante du bien, de préférer son devoir à son intérêt, de sacrifier l'agréable et même l'utile à l'équité et à la charité. Celui-là veut avant tout sauver sa conscience et mettre sa responsabilité à couvert; en toutes choses la loi est la raison dernière de ses actes. La moralité prend plusieurs formes en raison des dispositions naturelles et des caractères. Chez les uns, elle est plus rigide et vise surtout à l'équité. Elle tient fermement au droit, et en réclame l'exacte observation. C'est une vertu très-estimable, mais un peu raide. Chez d'autres elle est plus humaine ou plus indulgente ; la bonté du cœur y a plus de part. Il ne lui suffit pas de rendre à chacun ce qui lui est dû et de ne nuire à personne ; elle éprouve encore le besoin d'aider les autres, de leur rendre service, de se dévouer pour eux ; ce qui produit ces vertus aimables et bienfaisantes, si utiles à la conservation et au développement de la société, et qui font le charme principal du commerce des hommes. La plus haute et la plus pure moralité est dans l'amour, qui outrepasse la loi et accomplit par charité ce qu'exige la justice et bien au delà. Dans tous les cas il n'y a point de moralité sans la justice, qui est la base de la vertu, comme la charité en est le couronnement. C'est pourquoi Jésus-Christ demande au jeune homme qui prétendait à la perfection, s'il a d'abord accompli la loi et ses commandements.

Être immoral, c'est désobéir habituellement à la loi et subordonner le devoir à sa volonté propre, faisant de son intérêt ou de son plaisir la règle de sa conduite. Alors l'individu, se substituant à l'équité, cherche à se satisfaire à tout prix et par tous les moyens. Ses penchants, ses goûts, ses appétits étouffent la voix de sa conscience. Il agit comme l'animal, par l'impulsion du besoin, du désir du moment, quand il est faible ; et s'il est fort de pensée et de volonté, il tourne contre la loi les hautes facultés qui lui ont été données pour la connaître et l'accomplir. Le fond de l'immoralité est l'égoïsme, prêt à tout sacrifier à sa convenance et se préférant à tout. L'orgueil de la créature, qui renie toute supériorité et veut se rendre semblable à Dieu, en est l'expression complète. C'est le crime de l'ange tombé, c'est la faute du premier homme, c'est la source du mal et de tous les maux qui sont dans le monde. C'est pourquoi l'humilité par la soumission de l'esprit dans la foi, par celle de la volonté dans l'obéissance, est le remède souverain de toutes les fautes, de toutes les douleurs, et par conséquent la condition nécessaire et le point de départ de la véritable vertu. Le christianisme seul enseigne cette vérité, et lui seul aussi a la puissance de relever, de guérir et de sauver les hommes.

§ 51.

L'homme ne vit vraiment de la vie humaine que par l'accomplissement de la loi morale. Mieux il l'observe, et plus son existence se développe, s'élève et s'affermit, et il ne peut être fort et heureux que s'il est dans l'ordre. En coopérant à la réalisation de la justice, partout où il se trouve, il travaille non-seulement à son perfectionnement et à son bonheur, mais encore au bien-être de tous ceux qui sont en rapport prochain ou éloigné avec lui. L'usage légitime de la liberté de l'individu contribue au maintien et au triomphe de l'ordre dans le monde, comme l'abus de la liberté y augmente la masse du mal et entrave le progrès de l'humanité.

L'homme n'est véritablement homme que par l'exercice de la liberté. En elle se déploient toutes les facultés intellectuelles et morales, en sorte qu'elle est comme un résumé de l'homme entier. Aussi n'a-t-il toute la valeur, toute la dignité de sa nature que s'il agit librement comme individu ou comme peuple, c'est-à-dire avec le pouvoir d'accepter ou de refuser la loi qui doit le régir, après avoir jugé si elle lui convient ou ne lui convient pas. La liberté politique, ainsi que la liberté morale, est à cette condition. Mais si tel est le caractère essentiel de l'humanité, que la privation de cette faculté la dégrade, elle tombe aussi au-dessous de sa nature et se pervertit quand elle en abuse. Elle n'est donc dans la vérité de son existence, dans la voie de son perfectionnement, que si elle en use conformément à la loi, et elle ne deviendra ce qu'elle doit être que par la coïncidence parfaite de sa volonté avec la volonté divine; car alors seulement l'idée de sa création sera réalisée et la destination de son être accomplie.

Mais à quoi sert d'être libre, si l'on n'use bien de sa liberté? Elle devient même un don onéreux, dangereux, quand on la tourne à mal, puisque l'agent répond de tout ce qu'elle opère : et ainsi par les suites de ses fautes, en même temps qu'il devient coupable et se pervertit, il travaille à son propre malheur et gâte son avenir. En agissant contre sa loi il pose dans le monde des produits faux, qu'il développe avec peine au milieu de mille obstacles, et qu'il devra réabsorber plus tard et détruire lui-même pour rétablir l'ordre qu'il a troublé. De plus, en choisissant le mal et en l'excitant, il s'associe au principe du désordre dans l'univers, il contracte alliance avec lui, il s'en fait l'auxiliaire, le satellite; il combat sous son drapeau, se voue à sa cause et contribue à augmenter sa force, à étendre sa puissance, à consolider son empire sur la terre et par conséquent à y affaiblir le règne de Dieu. Il s'oppose à la miséricorde divine, qui veut ramener l'homme à son état véritable; il accroît par son activité désordonnée la masse du mal ici-bas, et arrête, autant qu'il est en lui, le progrès du bien.

Le méchant est donc l'ennemi véritable de lui-même, de ses semblables, du genre humain, et de l'univers. Il tend par tous ses actes au désordre, à la discorde, à l'obscurcissement, au trouble, à la confusion; car tout acte libre, ayant une intention bonne ou mauvaise, s'accordant ou non avec la loi, contribue en quelque chose à l'affermir ou à l'ébranler. Ébranler la loi, qui est le firmament et la colonne de l'ordre, c'est bouleverser le monde, c'est le ramener au chaos, c'est détruire, autant que le peut la créature, l'œuvre du créateur, et se mettre en guerre avec l'éternelle sagesse. Telle est, en effet, la grandeur de la liberté humaine, qu'elle peut faire tout cela, si elle le veut; et c'est pourquoi elle est ici-bas l'arbitre du bien et du mal, aux risques et périls de sa responsabilité.

L'alliance de la vertu et du bonheur est donc toute naturelle; car le bien sort de l'observation de la loi, qui est l'application de la volonté divine, principe de tous les biens, à la direction et au développement des créatures. Celui qui aime et pratique la justice, même au prix des plus grands sacrifices, ne peut manquer d'être heureux un jour par les fruits de joie et de gloire de ce qu'il a semé ici-bas dans les larmes ou l'ignominie. Il a fondé son existence sur le roc en l'établissant sur la volonté divine; il a assuré son éternel avenir en entrant franchement dans les voies de la Providence, qui ne changent pas. Comme il suit la parole de Dieu et lui subordonne toutes ses actions, il est éclairé d'une lumière supérieure à sa raison, et soutenu par une puissance plus forte que sa volonté. Ne reculant jamais, parce qu'il marche avec la sagesse d'en haut, il s'avancera de clartés en clartés, parce que la lumière du ciel est le flambeau de ses pas, et qu'il est dans la voie du vrai progrès. En faisant son propre bien, il coopère à celui des autres. Partout sa présence est une bénédiction : vase de lumière et de rosée, il les répand sur tout ce qui l'approche; et, comme les âmes ne peuvent s'unir solidement que dans la justice, et que leur véritable bonheur est dans l'harmonie et la paix, celui qui est le représentant et l'organe de la justice parmi les hommes est leur plus grand bienfaiteur et leur meilleur ami.

Heureuses donc les familles qui comptent des justes dans leur sein! L'esprit de Dieu y descendra avec ses bénédictions et elles prospéreront. Heureuses les villes et les nations qui possèdent des citoyens fidèles à la loi de Dieu, acceptant et pratiquant sa parole! Elles seront préservées de beaucoup de calamités, et la graisse de la terre et les dons de l'esprit leur seront accordés. Si dix justes s'étaient trouvés dans Sodome, le feu du ciel n'y serait point descendu. Heureux les temps où la liberté humaine s'exerce en faveur du bien, où la préférence est hautement donnée à Dieu, dont elle s'évertue à amener le triomphe par son courage et son dévouement dans le combat contre le mal!

Quand il y a beaucoup de justes et de saints dans le monde, le royaume du ciel est proche, l'action providentielle est plus vive, plus efficace, plus éclatante dans les choses du siècle, et l'effusion abondante de l'esprit enfante des merveilles. En ces temps-là une grande impulsion est donnée à l'humanité, qui fait alors un pas en avant dans la voie du progrès et de son perfectionnement.

FIN DE LA PARTIE THÉORIQUE.

PARTIE PRATIQUE.

CHAPITRE IV.

DES DEVOIRS.

§ 52.

Dans la partie théorique nous avons expliqué l'origine et l'autorité de la loi qui doit régler la conduite de l'homme. Nous avons vu comment l'homme acquiert la connaissance de cette loi à mesure que sa conscience se forme et se développe; puis comment la liberté se comporte vis-à-vis de la loi, l'acceptant ou la refusant, l'observant ou l'enfreignant, ce qui détermine la qualité des actions humaines, le caractère moral de l'agent, son mérite ou son démérite, sa responsabilité. Ceci posé, il nous reste à exposer comment l'être libre, qui a reconnu l'autorité de la loi morale, peut et doit l'accomplir dans toutes les circonstances de sa vie ; en d'autres termes, comment la loi, une et universelle en soi, devient multiple et variée dans ses applications. C'est l'objet de la partie pratique de la morale.

Dans la première partie ont été posés les principes de la morale et les conditions essentielles de la moralité. Ces principes dérivent eux-mêmes d'une science plus haute, la métaphysique, qui recherche l'origine et la nature des êtres ; car on ne peut comprendre la liberté, qui est la clef de la morale, que si l'on connaît la constitution de l'homme, son origine, sa destination et sa position actuelle. Il faut maintenant considérer la morale en action, dans les mœurs, ou appliquer ses principes à toutes les situations de la vie. Il faut dire comment la loi, en s'appliquant, détermine les obligations de chacun, et constitue dans la réalité les devoirs de tous.

Toutefois nous devons l'avouer, cette partie de la philosophie morale, nommée *pratique*, par comparaison avec celle qui la précède et dont elle dérive, est encore générale et abstraite, et ici se montre l'insuffisance de l'enseignement philosophique, quand il est réduit à la parole et ne joint pas la direction et le secours au précepte. Nous allons exposer les différents devoirs de l'homme dans ses rapports avec Dieu, avec la famille, avec la société, avec ses semblables; mais nous ne pourrons donner que des formules générales et comme des articles de Code. Chacun de nos lecteurs en prendra ce qu'il pourra ou ce qu'il voudra, et nous ne serons point en mesure de l'aider à se reconnaître dans ce qui sera dit et encore moins de le guider et de le soutenir dans l'observation des principes posés. Un véritable enseignement pratique devrait, après avoir dit ce qu'il faut faire ou ne pas faire, éclairer chacun sur son état intérieur, le porter à s'examiner sérieusement à la lumière qui lui est donnée, puis à détester le mal qu'il reconnaît en lui, à désirer vivement le bien qui lui manque, à regretter d'avoir manqué à ses devoirs, à former de bonnes résolutions pour l'avenir. Il devrait encore lui communiquer par la parole, par l'exemple et par l'ascendant de l'autorité et de l'affection, la force nécessaire pour combattre les mauvaises habitudes et se vaincre soi-même. Voilà ce qu'un cours de philosophie ne pourra jamais faire. Quand le maître a exposé ce qui est bien ou mal, juste ou injuste, vertu ou vice, il reste à chacun de l'entendre suivant sa disposition et d'agir comme il comprend. Réduit à soi-même pour se juger, on risque fort de s'ignorer toujours, et ainsi d'appliquer faussement les préceptes, ou de ne pas les appliquer du tout.

Où trouver dans le monde cette parole qui doit être le flambeau de notre conduite, cette autorité aimée et redoutée tout ensemble, qui arrête nos entraînements ou stimule notre lâcheté ? Quel homme osera dire franchement à un autre qu'il a mal agi, qu'il est vicieux ou méchant? qui aura le courage de nous reprocher nos fautes, nos passions grossières, notre égoïsme? Le moindre blâme irrite l'homme naturel, et sa vanité se cabre à la plus légère piqûre. Il est toujours prêt à réagir violemment contre ce qui le blesse, et quand on l'accuse, il croit se justifier en récriminant. Cependant la condition absolue du perfectionnement moral est d'être éclairé sur ses fautes pour en conserver le regret ou le repentir, et d'être guidé et soutenu pour les éviter à l'avenir. Ici, comme dans toutes les situations graves de la vie, paraît l'insuffisance de l'enseignement philosophique et des ressources purement humaines. Cette puissance de mouvoir et de diriger les âmes dans ce qu'elles ont de plus intime, par le fond de leur volonté et dans l'exercice secret de leur libre arbitre, n'appartient qu'à Dieu, et à ceux auxquels il daigne la confier et qui l'exercent en son nom. L'homme de Dieu, le ministre de sa parole, celui qu'il a consacré pour être le dispensateur de ses grâces ou de ses sévérités, peut seul remplir pleinement la fonction de *moralisateur*, auprès de ses semblables, parce que, investi de pouvoirs qu'il tient d'en haut, il juge au nom du Souverain législateur. Il est père et guide dans l'ordre spirituel et selon la grâce, comme le père selon la chair dans l'ordre de la nature. Étranger par sa position aux intérêts et aux plaisirs du monde, il n'a rien à lui demander, rien à en craindre. Au-dessus de ses espérances et de ses agitations, la parole éternelle est sa règle, et il l'applique avec calme et désintéressement aux œuvres passagères des hommes. Quelle consolation, quel rafraîchissement pour une âme embarrassée dans les choses du siècle, que d'entendre une voix du ciel lui montrant une issue à ses égarements, un terme à ses fluctuations, un port dans la tempête au milieu des séductions du monde et des illusions de son propre cœur ! qui non-seulement dévoile le mal et ses tentations, mais encore par sa vertu surhumaine en délivre les hommes de bonne volonté par l'application de la miséricorde divine, qui les retire et les remet en voie ! Là se trouve réellement avec l'enseignement une discipline morale. Le secours est donné avec la parole ; une force qui vient d'en haut aide à réaliser le précepte; et la charité, qui rend tout facile, se joint à la science pour porter à l'accomplissement de la loi et à la pratique du bien. On peut donc affirmer que l'enseignement de la morale n'est tout ce qu'il doit être qu'entre les mains de la religion, et que dans le christianisme seul, et dans l'Église qui le réalise sur la terre, se trouve l'influence vraiment efficace pour le perfectionnement et le bonheur de l'humanité.

§ 53.

Dans quelque position que l'homme se trouve ici-bas, il a quelque chose à faire ou à ne pas faire pour rester dans l'ordre. Il y a toujours pour lui possibilité de bien ou de mal, suivant qu'il agit conformément ou contrairement à sa nature et à sa loi. Il est dans l'ordre, quand il se maintient dans les rapports par lesquels la vie lui est transmise et conservée, et il ne peut être et être bien qu'en réagissant convenablement vers les influences qui le font vivre. Cette réaction est donc obligatoire pour lui à double titre, d'abord comme condition *sine quâ non* de son existence, et ensuite comme restitution de ce qu'il a reçu ou comme reconnaissance.

L'ordre résulte partout de l'accomplissement des lois qui régissent les êtres. Ces lois dérivent de leurs rapports naturels, et la créature se maintient dans ses rapports naturels par sa réaction continue vers les objets dont l'action la fait vivre. Cette réaction, physiquement et métaphysiquement obligatoire comme condition de la vie, l'est encore moralement pour l'être raisonnable soumis à la loi de la justice aussi bien qu'aux lois générales de l'existence. Celui qui la néglige ou la refuse est donc à la fois imprudent et injuste; il compromet sa vie en même temps qu'il se pervertit; il se prive de ce qui lui est nécessaire en frustrant les autres de ce qui leur est dû.

Ici se laisse entrevoir la solution du problème du souverain bien agité de tout temps par les moralistes et surtout par les philosophes païens. Le bonheur est un bien-être complet et continu; et il ne peut s'établir et durer que par la persistance de la créature dans ses vrais rapports, ressortant de sa nature et de sa position. Or, la vertu provient aussi de cette même persistance voulue par la créature libre. Elle devient donc juste par la même voie, et ainsi elle a un double motif pour observer sa loi, son bien-être et son perfectionnement. Son intérêt et l'équité la portent à réagir convenablement vers ceux qui lui donnent, et l'obligation morale, catégorique pour la conscience, est soutenue et renforcée par le besoin de vivre et les conditions nécessaires de la vie. On remplit ses devoirs plus volontiers, quand on est convaincu que, l'utilité étant réunie à la justice, l'intérêt véritable se trouve en définitive dans l'accomplissement de la loi.

Ici est la racine du système de l'intérêt bien entendu ou de l'égoïsme intelligent, posé comme motif principal de la conduite humaine. D'un côté on a exagéré cette vérité incontestable, que la pratique de la vertu tourne en définitive au plus grand bien de l'agent, et de l'autre on généralise et pose en principe un fait malheureusement trop commun, la plupart des hommes recherchant plus dans leurs actions leur intérêt, ou ce qu'ils croient leur être avantageux, que la vérité et la justice. Mettant le fait à la place du droit, on explique la moralité par l'intérêt, au lieu de tirer l'intérêt de la moralité. Ici comme en toute erreur, il y a une vérité au fond. Il est vrai que celui qui fait le bien y trouve tôt ou tard son avantage; car il vivra du bien qu'il opère. Mais il est faux que l'être moral soit déterminé primordialement à bien agir par la vue de l'utilité qu'il en retire; car, s'il en était ainsi, il n'y aurait plus de moralité.

§ 54.

L'homme a des devoirs ou doit, parce qu'il n'est point de lui-même et ne subsiste point par lui-même. Il tient l'être et la vie de ses antécédents immédiats et médiats, et il reçoit assistance de tout ce qui l'entoure. Or, quiconque reçoit est redevable à celui qui lui donne, et par là est obligé envers lui; car la justice veut qu'à chacun soit rendu ce qui lui est dû. L'homme n'est donc juste qu'à la condition de payer tout ce qu'il doit, autant qu'il est en lui, ou autrement d'accomplir tous ses devoirs. La liste de ses devoirs est déterminée par le nombre de ses donateurs, la mesure de chaque devoir par la proportion du don, et leur valeur respective par l'importance des obligations et le prix de ce qu'il a reçu.

Ne pouvant subsister que par le secours de ce qui l'environne, l'homme ne vit qu'en recevant. Il doit donc à tous ceux dont il reçoit, et pour continuer à vivre, il faut qu'il réagisse vers les êtres employés à lui transmettre la vie ou l'aliment de la vie. Pour des êtres physiques l'obligation est aussi purement physique ; car ils sont de simples canaux, sans intelligence et sans liberté, et ainsi il n'y a aucun rapport moral dans ce commerce, où il n'y a point engagement réciproque de volontés. La réaction dans ce cas est purement organique, et réglée par l'instinct, elle est en dehors de la moralité. Il en va autrement avec les êtres raisonnables. Ceux-ci donnent en sachant ce qu'ils donnent et pourquoi ils veulent donner. Ils ne donnent, il est vrai, que ce qu'ils ont reçu eux-mêmes ; mais comme ils se sont approprié ce qu'ils transmettent, il y a quelque chose du leur dans la donation, leur substance, leur force, leur travail, leur richesse, ou leur intelligence, leur science, leur parole, et par dessus tout leur amour, en un mot tout ce qui sert de véhicule et d'aliment à la vie.

Celui qui reçoit ainsi de la volonté d'un autre, outre qu'il doit réagir vers l'action dont il est l'objet pour en profiter, est encore obligé par la justice de rendre à l'agent dont il reçoit, autant que cela dépend de lui, ne fut-ce que par la reconnaissance du don. Il faut qu'il restitue ce dont l'autre s'est privé pour lui, et s'il y manque, la justice est violée par le non payement de sa dette ; il y a iniquité et ingratitude. L'homme n'est juste qu'à cette condition, et c'est pourquoi sa justice est toujours imparfaite ; car il a des dettes impayables, savoir ce qu'il doit à Celui dont il a tout reçu. Ici apparaît la raison profonde de la doctrine du sacrifice ou du dévouement à Dieu par l'amour; doctrine qui est l'essence même du christianisme, et qui peut seule nous faire concevoir l'efficacité du sacrifice sanglant de la croix, qui se continue d'une manière non sanglante sur l'autel, comme réparation de l'ingratitude primitive de l'homme, comme expiation de la faute originelle, comme solde de la dette de l'humanité envers Dieu.

Étant posé que le devoir est une dette constituée par ce qui a été reçu, il devient facile de déterminer le nombre des devoirs en constatant ce qui est donné et par qui. L'importance de chaque devoir est en raison du rang du donateur et de la proportion du don, et dans la collision des devoirs la dignité des rapports fournit la mesure de l'appréciation. On doit plus à ceux dont on a reçu davantage, et la restitution et la reconnaissance sont déterminées par la grandeur du bienfait.

§ 55.

L'antécédent de toute créature, du genre humain et de chaque homme, est Dieu, principe de l'être et de la vie. Puis, dans l'ordre naturel les antécédents de tout homme sont ses parents, par lesquels il a été procréé; et la société qui le reçoit et le protége dès sa naissance, la patrie. De là sortent ses devoirs envers Dieu, envers ses parents, envers son pays. Viennent ensuite les obligations que l'homme contracte par ce qu'il reçoit de ses semblables dans ses diverses relations, obligations plus exigeantes à mesure que ces relations sont plus étroites, telles que les devoirs des époux, des parents, des concitoyens, les devoirs de reconnaissance et d'amitié, et enfin les devoirs d'humanité envers tout ce qui appartient au genre humain.

L'homme est uni à ses antécédents par un rapport intime que sa volonté n'a point concouru à établir, et où il se trouve naturellement engagé par son existence. Dans ce rapport, le terme avec lequel il communique lui est supérieur, et ainsi l'obligation qui en résulte, outre le caractère de justice qui lui est inhérent, a encore quelque chose de sacré. Les devoirs envers Dieu, envers les parents et envers la patrie sont donc en première ligne, parce que c'est de Dieu d'abord, de nos parents ensuite, puis de la société que nous recevons le plus.

Les autres devoirs dérivent non plus d'un rapport profond et involontaire établi par la création et la génération, mais d'une relation plus éloignée, plus superficielle, parfois accidentelle, entre des êtres égaux que les circonstances ou leur volonté rapprochent ou lient. Aussi ces devoirs, fondés sur la justice commune, n'ont pas au même degré le caractère sacré qui sanctionne les premiers. Ainsi les obligations du mariage proviennent d'un pacte par lequel deux volontés libres s'engagent l'une à l'autre. Elles traitent d'égal à égal; car il faut le consentement de chacune, et quoique leurs obligations diffèrent sur certains points, en raison du sexe et de leur situation respective, quoiqu'il y ait du plus ou du moins d'un côté ou de l'autre, cependant il n'y a point entre les époux la même hiérarchie qu'entre les parents et les enfants. L'obéissance de la femme n'est point celle de l'enfant, et le pouvoir marital ne ressemble point à la puissance paternelle.

Il en est des même de devoirs de parenté, d'amitié, de société. Ils proviennent de relations particulières qui, se resserrant ou se relâchant selon les circonstances, imposent des obligations variables, réduites le plus souvent à des communications officieuses, à un échange de services et de bons procédés.

Quant aux devoirs d'humanité, ce sont les plus vagues, en raison de la généralité des relations d'où ils dérivent. Ils consistent plus à ne pas faire ce qui est contraire à l'humanité qu'à faire ce qui lui serait positivement utile; ou plutôt, ces devoirs sont la suite des autres, chacun travaillant réellement au bien-être et à l'avancement du genre humain, quand il coopère au bien de son pays, de sa famille et de ses concitoyens, quand il remplit fidèlement ses devoirs envers Dieu et son prochain. De nos jours on a nommé *philanthropie* l'accomplissement de ce devoir, que le christianisme appelle *charité* depuis dix-neuf siècles, enseignant sous ce nom la plus sublime des vertus que les philosophes sont aussi impuissants à produire qu'à expliquer. Mais l'Évangile, en nous exhortant à faire du bien à tous, exige que nous ayons rempli d'abord les devoirs de justice, en rendant à chacun ce qui lui appartient. Il nous exhorte à nous inquiéter avant tout de ce qui nous touche de plus près, en aimant notre prochain comme nous-mêmes, et alors seulement, après avoir satisfait complétement à la loi, on devient capable de la vertu la plus haute. Trop souvent la morale philosophique a pris le contre-pied; elle commence par le général et oublie le particulier; elle porte à s'occuper du bonheur et des progrès du genre humain avant d'avoir rempli les devoirs les plus ordinaires; en sorte que, sous le prétexte d'être utile à tous, on ne l'est à personne, et en s'efforçant d'améliorer l'humanité entière, on la néglige en soi et dans les siens. Aussi sort-il de là beaucoup de discours et peu de bonnes œuvres. La philanthropie produit des plans magnifiques pour le bonheur des hommes, mais elle s'épuise à les inventer, à les proclamer, et il lui reste peu de forces et de zèle pour les réaliser. La charité chrétienne, au contraire, ne fait point de systèmes; elle agit.

§ 56.

Quant aux devoirs envers soi-même, nous croyons cette dénomination inexacte, et nous ne l'admettons point, parce qu'elle peut conduire à de graves erreurs. L'homme n'a rien de lui: il a tout reçu. Et ainsi, il ne peut rien se devoir à lui-même. En outre, tout devoir entraîne une obligation, et nul ne peut s'obliger envers soi. Admettre des devoirs envers soi, c'est reconnaître l'autonomie de la volonté humaine. Nous devons soigner et conserver notre existence, parce que nous l'avons reçue pour une certaine fin, et que nous en devons compte à celui qui nous l'a donnée. Nous devons exercer et développer nos facultés, parce que par elles seulement nous pouvons devenir ce que nous devons être et accomplir notre destination. Nous devons maintenir notre dignité, parce que nous sommes responsables envers Dieu de la noble nature dont il nous a doués.

Dans presque tous les traités de morale on trouve la division des devoirs envers Dieu, envers ses semblables et envers soi-même. On la retrouve même dans certains ouvrages religieux, dont les auteurs ne se doutent point qu'en reconnaissant des devoirs de l'homme envers lui-même, ils admettent avec le principe chrétien de l'abnégation du moi et de la dépendance entière de la créature, le principe païen de l'autonomie de la volonté et de son indépendance. Cette opinion opposée à l'esprit de l'Évangile est encore contraire au bon sens. En effet, le devoir étant une obligation de justice, comment puis-je exercer la justice envers moi-même? Pour qu'une obligation existe, il faut qu'un don m'impose une dette, et alors l'équité commande la reconnaissance ; ou qu'une autorité supérieure, dont la volonté fasse loi, intervienne et s'impose légitimement à la mienne. Or, ni l'un ni l'autre n'est possible ici. Je ne puis rien me donner, puisque j'aurais déjà ce que je me donne; et d'ailleurs l'homme a-t-il quelque chose de lui? Ne reçoit-il pas tout ce qu'il est et tout ce qu'il a? Peut-il se diviser en deux personnes, dont l'une donne et l'autre reçoive, et enfin, peut-il être reconnaissant envers lui-même?

D'un autre côté, l'homme peut-il se poser en face de lui comme autorité? Sa volonté peut-elle être sa loi à elle-même? Dans ce cas, d'où dériverait l'obligation? et si elle sort de mon libre arbitre, ne puis-je pas m'en dispenser quand cela me conviendra? Qui m'empêchera de défaire la loi, si c'est moi qui l'ai faite?

Que les Rationalistes du dix-huitième siècle et les Panthéistes du dix-neuvième parlent ainsi, nous le concevons. Suivant les premiers, la volonté de l'homme est le principe de la loi, comme sa raison est la source de la vérité. Les seconds, l'identifiant avec Dieu, mettent sa gloire à n'obéir qu'à lui-même, et lui accordent nécessairement l'indépendance. Mais que des philosophes chrétiens, qui croient avec saint Paul, que l'homme n'a rien de lui, pas même une bonne pensée, que comme créature, il est nécessairement distinct et dépendant de son créateur, que sa loi essentielle vient de son rapport avec Dieu, et que tous ses devoirs dérivent de cette loi suprême; que ceux-là, dis-je, parlent des devoirs de l'homme envers lui-même, comme s'il s'était jamais rien donné, d'obligations envers sa personne, comme s'il pouvait jamais s'obliger; voilà ce qui a droit d'étonner, tant il y a d'opposition entre ces deux manières de voir, tant se repoussent les deux principes dont elles partent. L'empire de la routine peut seul expliquer une telle inconséquence. Ainsi subsistent dans notre civilisation une multitude de traditions païennes, transmises par l'usage des siècles, altérant, faussant plus ou moins l'esprit chrétien qui doit animer le monde moderne, et lui donnant ce double visage, païen d'un côté et chrétien de l'autre, qui se reproduit partout dans nos mœurs, dans nos lois, dans nos gouvernements, dans notre science, notre littérature et nos arts.

Mais c'est surtout dans la pratique qu'on voit la fausseté de cette opinion. C'est un devoir envers nous-même, dit-on, de conserver notre existence et de pourvoir à ses besoins. Pourquoi? sans doute parce que ma conservation m'est utile à cause des avantages ou des jouissances de la vie. Mais est-ce là le fondement du devoir? L'intérêt ou le plaisir n'obligent pas la conscience ; c'est une affaire d'instinct ou de prudence, voilà tout. Mais, reprend-on, la nature l'exige ; elle vous pousse à vous conserver. Qu'est-ce que cette nature dont on parle? Est-ce mon corps ou la force vitale qui l'anime, la loi physique qui le régit? Mais ce corps est à moi ; cette force dépend de moi, et comme être intelligent et libre, je lui suis supérieur et j'ai le droit de lui commander. Si donc *moi*, dans ma propre sagesse, et de ma pleine liberté, je ne veux plus vivre, si je parviens à étouffer l'instinct naturel qui m'y porte, ne suis-je pas en droit de briser mon existence, si cela me plaît? et si mon avantage seul m'impose le devoir de la conserver, qui peut m'empêcher de me l'ôter? Si je ne dois tenir à la vie que parce qu'elle me plaît, je n'ai plus de raison de la garder, quand elle me deviendra pénible. C'est un fardeau dont je puis me délivrer ; le devoir a cessé avec l'avantage ou le plaisir de vivre. Il est impossible de trouver ici un élément d'obligation morale.

Mais qu'une autorité supérieure intervienne, et le caractère obligatoire va reparaître. Cette existence m'a été donnée par Celui qui m'a créé. C'est donc à lui qu'elle appartient foncièrement, puisque je dépends de lui. Je n'en ai donc que la jouissance ou l'usufruit, à la charge de lui en rendre compte un jour ; car il me l'a donnée pour un but, dans la vue d'une distination. C'est le talent confié au serviteur et qu'il doit faire valoir avec usure. Non-seulement je ne dois point la dissiper ou la détruire ; mais encore je ne puis, sans prévarication, la laisser inutile, stérile ; car elle m'a été accordée pour qu'elle fructifie. N'étant point en ce monde par ma volonté, je n'ai pas le droit d'en sortir par elle. Je manque alors à la Providence et à ma vocation, je substitue ma volonté propre à la loi que je dois accomplir, et par conséquent, j'entre dans une voie de désordre et de malheur. Ici, la raison du devoir est à la fois claire et solide, et celui qui la comprend, sachant pourquoi il doit supporter l'existence, même pénible, ne songera jamais à se l'ôter, non par devoir envers lui-même à qui elle n'appartient pas, mais par obéissance à la volonté divine, qui la lui a confiée et lui en demandera compte.

On en peut dire autant du devoir de cultiver son esprit et de développer ses facultés. L'instinct de l'intelligence nous y porte, et nous aimons naturellement les avantages et la gloire de la science. Mais ces motifs ne fondent point le devoir ; car alors, ceux en qui cet instinct est faible ou qui n'ont point de goût pour l'étude toujours plus ou moins pénible, seraient dispensés d'exercer leur esprit, et pourraient se reposer sans scrupule dans la paresse et l'ignorance. Cependant, c'est un devoir pour tout homme de s'instruire autant qu'il dépend de lui et que sa position l'exige; car Celui qui lui a donné l'intelligence veut qu'elle soit développée, puisqu'il reçoit par elle la lumière pour discerner la justice et la pratiquer, en un mot, pour devenir ici-bas ce qu'il doit être en raison de sa nature et de sa fin. Si donc je dois exercer mon esprit, travailler, étudier, faire des efforts pour acquérir des connaissances et me mettre en rapport avec la vérité, ce n'est point pour ma gloire, mon avantage ou mon bon plaisir, bien que ces motifs accessoires ne soient pas défendus ; c'est parce que la raison m'a été donnée pour travailler à mon perfectionnement et par suite à l'accomplissement des desseins providentiels dans ce monde. Un jour il me sera demandé compte de ma participation à l'œuvre commune de l'humanité, en raison de ce qui m'a été donné et de ce que je pouvais faire.

Enfin, si je dois maintenir ma dignité et ne point me laisser dégrader ni pervertir, quoique l'amour-propre et une certaine fierté naturelle qui sied bien à l'homme de cœur, me portent à repousser spontanément ce qui tend à m'opprimer ou à m'abaisser, néanmoins, ce n'est ni dans le moi, ni dans sa gloire ou son intérêt que se trouve l'obligation de ce devoir. Autrement je pourrais m'en affranchir, quand il me devient pénible ou onéreux, quand je ne puis conserver l'honneur qu'au prix de la douleur et des privations. Or il n'est jamais permis de sacrifier l'honneur à l'intérêt ni à la peur. L'homme doit conserver pure la noble nature qui lui a été donnée. Il doit la rapporter au Créateur, non pas seulement telle qu'il l'a reçue, mais avec le perfectionnement dont elle est capable; et surtout il ne doit pas la laisser déchoir du rang où Dieu l'a placée. Si elle a été obscurcie, défigurée par sa faute, la justice l'oblige à réparer le tort qu'il a fait à Dieu en gâtant son plus bel ouvrage. Il doit travailler à le restaurer pour lui restituer son image, telle qu'il l'avait formée en lui, belle comme à son origine par la reproduction de sa ressemblance et l'éclat de sa majesté. En un mot, c'est à Dieu que l'homme est responsable du soin de sa dignité et non à lui-même, et certainement ce soin est plus sûrement confié à la conscience chrétienne qu'à l'orgueil naturel.

CHAPITRE V.

DES DEVOIRS ENVERS DIEU.

§ 57.

L'homme ne peut comprendre ses devoirs envers Dieu qu'après avoir acquis la conviction que Dieu existe et de ce qu'il est pour lui. Il ne peut reconnaître ce qu'il lui doit qu'en apprenant ce qu'il en a reçu. Cette partie de la morale suppose donc, plus encore que les autres, un enseignement préalable par lequel il a été amené à croire qu'il y a un Dieu, et qu'un rapport entre Dieu et lui est possible. Nous n'avons pas à examiner ici ce que doit être cet enseignement pour atteindre ce but. Nous constatons le résultat qu'il doit obtenir : la croyance en un Dieu créateur et conservateur de l'univers.

La morale est, comme il a été dit plus haut, une doctrine d'application. Elle suppose des principes dont on a la science, ou qu'on admet par la croyance, ce qui est le cas le plus ordinaire; car nous sommes appelés à agir moralement longtemps avant de comprendre les idées fondamentales sur lesquelles la morale repose. Ces principes sont surtout transmis par l'enseignement traditionnel, et l'enfant y adhère spontanément, quand ils lui sont inculqués dès le bas âge. Le nom de Dieu lui est annoncé, et il croit en Dieu. On lui apprend à l'invoquer, et il répète avec confiance les paroles qu'on lui prononce. Son cœur s'élève vers Dieu dès que son esprit adhère à la parole qui le lui révèle, et la conviction de l'existence de Dieu et du rapport de l'âme avec lui est fondée dans l'homme élevé chrétiennement longtemps avant qu'il puisse se les démontrer et les confirmer par des arguments.

Cette tentative vient plus tard, à certaines époques de doute, où la raison croit de sa dignité de ne rien admettre qu'elle ne se prouve à elle-même. Elle revient alors sur ses croyances qu'elle appelle des préjugés, pour les reviser par la réflexion et la critique. Si les croyances résistent à l'épreuve, l'homme en fait ordinairement honneur à sa raison, s'imaginant avoir établi par elle ce qu'il croyait sans elle. Si les arguments négatifs l'emportent, et c'est trop souvent le cas, sa raison opprime sa foi, et il pense qu'un être raisonnable ne doit point se laisser conduire par des opinions indémontrables. Il en reste au doute, et le doute sur les principes entraîne l'incertitude, ou au moins le relâchement dans la pratique.

L'homme commence toujours par croire : il raisonne ensuite pour appuyer ou ébranler ce qu'il a cru. Dans aucun cas, son adhésion aux idées universelles, qui servent de bases à ses connaissances et à sa conduite, n'est le résultat primitif du travail de sa raison. En effet, le raisonnement ne peut être employé à découvrir les principes qu'il suppose; sa vraie fonction est d'en tirer ce qu'ils contiennent, c'est-à-dire de les développer et de les appliquer. Ainsi va le genre humain. Les siècles de foi ont toujours précédé les siècles de critique;

puis les époques de doute suivent celles de raisonnement, et enfin les inquiétudes et les excès du scepticisme ramènent de l'abus de la raison à la foi, mais à une foi éclairée par l'expérience et confirmée par la science. Un peu de philosophie, dit Bacon, mène à l'incrédulité, et beaucoup ramène à la religion.

§ 58.

Dieu est esprit. L'esprit se fait connaître de deux manières, par la parole et par l'action. Dieu s'est manifesté dès l'origine par sa parole à la créature intelligente, capable de la comprendre, et qui ne peut vivre de la vie conforme à sa nature que par un rapport direct avec son auteur. De là, la révélation proprement dite, source de la religion positive et principe du développement spirituel de l'humanité en ce monde. L'action de Dieu se montre dans ses œuvres par la création et la conservation de tout ce qui existe, par le gouvernement providentiel de l'univers. La démonstration de l'existence de Dieu part de ces données.

La connaissance de Dieu s'acquiert de la même manière et sous les mêmes conditions que toute autre connaissance. L'esprit humain, qui en est le sujet, doit entrer en rapport avec celui qui en est l'objet. La question est donc : comment pouvons-nous entrer en rapport avec Dieu ? Dieu est esprit;

il communiquera donc avec l'esprit humain par la même voie que tous les esprits. Or, comment mon esprit connaît-il celui de mon semblable ? Enveloppés de chair l'un et l'autre, ils ne peuvent se toucher, se pénétrer immédiatement ; ils ne s'atteignent qu'à travers des formes et par des intermédiaires. Je connais l'esprit d'un homme de deux manières, par sa parole et par ses actes. Sa parole me révèle ce qu'il sent et pense ; sa conduite me montre ce qu'il veut. Il en est de même de l'Esprit divin ; il se manifeste aux hommes sous des formes analogues à la condition actuelle de l'humanité.

La parole est la plus pure de ces formes, la moins matérielle ; et par elle aussi la communication la plus spirituelle, la plus directe de Dieu avec l'homme. Si donc un rapport existe entre l'homme et Dieu, ce qui est incontestable, puisque créé par Dieu il ne subsiste que par lui, l'intelligence divine a dû communiquer dès l'origine avec l'intelligence humaine par le moyen de tout commerce spirituel, par la parole. Dieu a donc parlé aux hommes au commencement et dans la suite des temps. Cette parole divine rendue sensible, matérialisée pour tomber sous la perception humaine, et qui lui a présenté l'éternelle vérité sous une forme analogue à sa faiblesse, est ce qu'on appelle proprement la *révélation.*

La parole révélée est la source de la religion positive. Toutes les religions établies chez les peuples par un culte public et des pratiques communes se sont toujours appuyées sur une révélation céleste, et jamais sur des abstractions de la raison, sur des pensées plus ou moins raisonnables, sur des arguments. La religion abstraite, rationnelle, ou naturelle, comme on l'appelle, est venue après, et jamais elle n'est devenue nationale ; car on n'a jamais vu un peuple déiste, pas plus qu'un peuple athée. Quelle est la révélation véritable, au milieu de toutes les paroles qui se sont données comme révélées ? Question qui appartient à la théologie. Comme philosophe, constatant que toutes les religions positives supposent une révélation primitive, nous en concluons que cette révélation a eu lieu en effet. L'histoire atteste la croyance générale des peuples à ce sujet, et ce témoignage nous paraît irrécusable, quant à l'existence d'une révélation primordiale, souche commune des traditions religieuses des nations, sorties comme les nations elles-mêmes d'un foyer unique, mais diversifiées, changées, altérées, faussées par les sens, l'imagination, les passions et la raison des hommes. Mais au milieu de la corruption multiple de la parole divine s'est maintenue pure à travers les siècles une tradition non interrompue, et dont la ligne vivante et toujours renouvelée par l'Esprit divin est devenue l'axe du monde moral, autour duquel gravitent toutes les civilisations. La religion qui a le dépôt et l'apostolat de cette tradition divine est donc la seule absolument vraie et universelle, et c'est pourquoi elle s'appelle *catholique*.

La parole de Dieu, source de la religion positive, est aussi le principe du développement spirituel du genre humain ; car il n'a pu commencer à exister intellectuellement et moralement que par elle. Ce qui montre que la civilisation a son berceau dans la religion, ou autrement que la foi de l'homme, produit de son rapport avec Dieu, est le principe de sa science et de sa moralité. La vie intellectuelle, en effet, est provoquée par une excitation spirituelle, laquelle s'opère ordinairement par la parole. Les enfants commencent à vivre par l'esprit, quand la parole de ceux qui les élèvent les pénètre. Mais cette génération spirituelle a eu son origine comme la génération physique, et le premier homme n'a pu féconder son esprit, pas plus qu'il ne s'est engendré lui-même. Or, la réaction intellectuelle ne pouvant être provoquée par une action purement matérielle, il a fallu primordialement pour l'opérer une parole, non plus humaine cette fois, mais surhumaine ou divine, partant du principe même de l'homme, du Père de son intelligence. Il est impossible d'expliquer autrement l'origine du langage sans tourner dans un cercle vicieux, la formation de la langue impliquant l'exercice de la pensée, et l'exercice de la pensée réclamant à son tour les signes du langage, en sorte qu'il faudrait, comme a dit Rousseau, une langue pour faire une langue.

L'histoire, ou du moins le plus ancien monument que nous en ayons, la Genèse, s'accorde avec la philosophie pour démontrer que le premier homme a reçu la parole de son auteur en recevant la vie, et que, comme la pénétration de l'Esprit divin l'a fait en âme vivante, ainsi la parole de Dieu a vivifié son esprit en le pénétrant et l'a mis en acte. Or la parole divine ne peut exprimer que des idées divines. L'homme en la recevant dès l'origine a donc reçu par elle les idées éternelles de l'infini, du bien, du vrai, du juste, du beau, bases immuables de la religion, de la moralité, et des lois, qui sont devenues les idéaux de la science, des arts et de la civilisation. Il en portait déjà le germe inné dans son âme, puisqu'elle est de nature divine et faite à l'image de Dieu, et ainsi il est arrivé dans cette communication primitive ce qui s'est reproduit dans les révélations subséquentes de Moïse et de l'Évangile : savoir que les préceptes imposés oralement ou par écrit correspondaient parfaitement aux dictées de la conscience humaine, et que ces deux promulgations de la loi divine s'éclairaient et se soutenaient mutuellement; le témoignage de la conscience ratifiant l'enseignement extérieur, et la prescription de la loi positive expliquant et déterminant ce qui était dit au dedans. Telle est la source principale de la science sur la terre, la source des vérités nécessaires et universelles, des idées éternelles, dont l'humanité est maintenant en possession, et sans lesquelles elle ne peut s'élever vers le ciel.

A la parole de Dieu, le plus pur moyen de sa manifestation en ce monde, se joint l'action divine qui éclate dans ses œuvres. Les effets démontrent la cause, l'ouvrage indique l'ouvrier, comme les conséquences prouvent le principe. Il est incontestable qu'il y a dans l'univers des signes admirables de sagesse, de puissance, d'ordre, de beauté, d'unité, par lesquels la raison humaine, déjà developpée, est amenée à conclure l'existence d'un auteur sage et puissant de l'univers. Il est encore incontestable, pour tout homme éclairé qui étudie l'histoire de la nature et celle du genre humain, qu'une Providence préside au développement des existences, et qu'elle paraît à chaque instant et partout, soit dans les lois constantes qui régissent les créatures sans raison, soit dans la marche progressive et le perfectionnement graduel de l'humanité. *Cœli enarrant gloriam Dei*, a dit le Psalmiste, les cieux révèlent la gloire de Dieu, et l'on peut ajouter que les merveilles de la pensée et du génie de l'homme ainsi que l'éclat des vertus des bienfaiteurs de l'humanité et des âmes saintes la proclament encore plus hautement, puisque l'homme est le plus bel ouvrage de Dieu ici-bas, et qu'en lui seul brille son image et sa ressemblance.

§ 59.

Celui qui croit qu'il y a un Dieu, créateur du ciel et de la terre, dont la Providence gouverne le monde et qui se fait connaître par sa parole, par la conscience, et par le spectacle de la nature, celui-là trouve dans sa croyance la raison de ce qu'il lui doit à cause du bien qu'il en reçoit. La foi en l'auteur de ce bien, et la conviction qu'un rapport avec lui est possible, porte la volonté à réagir vers Dieu, afin de lui rendre l'hommage qui lui est dû : hommage qui consiste à reconnaître sa dépendance de Celui dont elle tient l'être et la vie, et à lui témoigner sa soumission et son amour. C'est ce qui constitue l'*adoration en esprit et en vérité*, ou le culte intérieur.

De quelque manière que l'homme acquière la conviction de l'existence de Dieu, s'il croit que Dieu l'a créé et le conserve, il devra reconnaître ou au moins sentir ce qu'il lui doit. Il trouve dans sa croyance même le témoignage irrécusable de son devoir. Mais connaître son devoir n'est pas toujours une raison suffisante de l'accomplir. Il y a un abîme entre la raison et la volonté, et trop souvent on commet le mal qu'on condamne et on ne fait pas le bien qu'on approuve. La conviction rationnelle du devoir doit donc être aidée, animée par une motion plus intérieure qui porte à l'accomplir, motion toujours mystérieuse à son origine, agissant secrètement sur la volonté, qui peut la suivre ou la repousser. Rien n'est plus clair que ce raisonnement. J'ai reçu de Dieu tout ce que je suis et tout ce que j'ai ; donc je lui dois tout, et je dois réagir vers lui de toute mon âme, de tout mon esprit, de toutes mes forces pour lui rendre ce que je tiens de sa bonté. Mais pour réaliser cette conclusion, il faut, ce que le raisonnement ne donne pas, le sentiment profond de ce que Dieu est pour nous et de ce que nous devons être pour lui. Ce sentiment et l'amour qu'il produit ont besoin de se manifester par un acte solennel qui constate la dépendance de sa créature, n'existant que par sa bonté, et ainsi devant employer sa vie à faire ce qui lui est agréable.

Soumission volontaire de la créature intelligente à son auteur, offrande de son amour et de son dévouement ou restitution d'elle-même à son principe, pour ne vivre que de lui et pour lui, voilà le véritable hommage de l'homme envers Dieu, le culte intérieur, l'adoration en esprit et en vérité. Cette adoration est l'âme de la religion ; car la fin de la religion étant de relier l'âme à Dieu, ce lien ne peut être pleinement rétabli que par la restitution libre de la volonté, qui s'était librement détournée de son principe. Là est le fond, l'essence de l'acte religieux, et on peut apprécier par cette mesure toutes les religions qui ont paru dans le monde. La plus parfaite, et par conséquent la véritable, est celle qui, enseignant aux hommes l'hommage le plus pur qu'ils puissent offrir à Dieu, leur donne en même temps la force et les moyens de le rendre. Le sacrifice a été dans tous les temps la forme de l'hommage de la créature au Créateur, et le plus beau des sacrifices, le plus efficace, le plus agréable à Dieu et qu'il préfère de beaucoup à l'offrande des produits de la nature et de l'homme, c'est celui de l'homme lui-même, soumettant de nouveau sa raison par la foi à l'éternelle vérité, et rentrant dans son vrai rapport avec son principe par un acte libre d'obéissance et d'amour.

§ 60.

L'adoration, ou le culte intérieur rendu à Dieu, doit nous porter à le servir, en retour du bien que nous recevons de lui; et, le servir, c'est concourir de tout notre pouvoir à l'accomplissement de sa volonté. La foi doit se réaliser par les œuvres. Le culte intérieur, quand il est le produit d'un sentiment profond, et ce sentiment n'existe que dans une âme touchée par la grâce divine, tend, comme tout ce qui est vivement senti, à s'exprimer au dehors. Le culte extérieur est donc une conséquence du culte intérieur, et l'un et l'autre sont aussi anciens que la conscience du rapport de la créature intelligente avec son auteur.

Nous devons servir Dieu, parce qu'il nous a servis le premier, parce qu'il nous a aimés d'abord. Ne donne-t-il pas à tous l'être, la vie et la nourriture? Ses bienfaits ne sont-ils pas des services continuels?

Sa Providence, qui veille et pourvoit à nos besoins, n'est-elle pas sans cesse à notre service? Il en est ainsi de tout ce qui est puissant et bon. Les parents sont au service de l'enfant : ils ne sont père et mère que pour le soigner, le conserver, l'élever. La patrie nous sert longtemps avant que nous puissions la servir ; et, quand nous sommes à son service, d'une manière ou de l'autre, faisons-nous autre chose que de coopérer avec nos citoyens, et sous sa direction, à sa conservation, à sa puissance et à sa gloire? Nous nous servons les uns les autres dans l'accomplissement de nos devoirs réciproques, et l'échange des services est le lien et le charme de la société.

Ainsi la foi en Dieu, qui nous porte à reconnaître notre dépendance et à lui rendre hommage, doit se résoudre au dehors en actes qui réalisent l'une et l'autre, c'est-à-dire que nous devons toujours agir en regard de la volonté divine, et avoir Dieu pour fin dernière dans tout ce que nous faisons. Comme dans la féodalité, l'hommage dû au suzerain n'était pas seulement une reconnaissance de juridiction et d'honneur, mais emportait encore l'obligation de certains services pour la guerre ou pour la paix, et qu'à ces conditions seulement subsistaient le droit et la protection ; ainsi le culte intérieur par lequel l'homme rend à Dieu l'hommage qui lui appartient, doit passer en acte, et se réaliser par des œuvres contribuant à augmenter sur la terre la gloire du Roi du ciel. C'est aussi en combattant pour sa cause que nous servons le mieux le Seigneur dont nous relevons. Chaque homme est appelé à lutter contre le mal, et il doit toujours être prêt à faire la guerre au mensonge et à l'iniquité sous les drapeaux de la vérité et de la justice. C'est ce que l'Église enseigne à chaque chrétien, quand elle le consacre et l'arme pour ce combat, le revêtant de force et de grâce par un sacrement particulier, afin qu'il devienne un vaillant soldat du ciel et reste fidèle et ferme dans le service de Dieu.

Ce que nous sentons vivement tend toujours à se manifester. Toute impression amène naturellement une expression. Nos affections et nos aversions percent malgré nous, et les laisser paraître nous est un soulagement. La passion tend sans cesse à s'unir à son objet. La pensée se déclare spontanément par la parole; et, quand une lumière vient éclairer l'intelligence, elle éprouve le besoin irrésistible de la répandre au dehors. Plus les émotions sont profondes, plus on est porté à les épancher. Or, le sentiment religieux est le plus profond de l'âme humaine, parce que l'action divine, la plus analogue à sa nature, descend plus avant dans son être et peut seule en atteindre le fond. Le rapport entre Dieu et l'homme est le plus intime, le plus pénétrant, le plus vivifiant. De là, sa douceur infinie et ses joies ineffables, si l'homme réagit de cœur et avec abandon vers Dieu. De là aussi, ce qu'il y a de poignant, de déchirant, quand il se détourne de son principe et en repousse l'influence. C'est ce qui fait la pointe la plus aiguë, le tranchant le plus acéré du remords. Cette tendance du sentiment religieux à se manifester produit le *culte extérieur*, qui est la forme du culte intérieur comme la parole est celle de la pensée.

§ 61.

Le culte extérieur, expression nécessaire du culte intérieur, comme celui-ci est le produit du rapport entre Dieu et l'homme, se compose de deux parties. D'un côté, il doit avoir des signes symboliques, servant de véhicules à l'action divine pour arriver à l'âme humaine à travers les formes dont elle est enveloppée, signes déterminés et consacrés par la parole divine elle-même pour transmettre aux hommes ses vertus. De l'autre, il doit fournir à la réaction de l'âme vers Dieu d'autres signes sacrés, pour exprimer ses impressions, ses affections et ses mouvements dans cette communication supérieure. Telles sont les formes de la liturgie, les rites, les cérémonies, les formules de prières et d'invocation, tout l'appareil du culte.

L'action divine arrive ordinairement à l'âme humaine à travers les milieux qui l'en séparent et les formes qui la revêtent, comme le rayon solaire parvient à la terre réfracté par l'atmosphère, modifié par l'air, par l'humidité, et les autres fluides. Les formes dont elle s'enveloppe sont humaines ou naturelles. Les premières sont plus significatives et aussi plus efficaces, parce qu'elles ont plus d'analogie avec l'influence supérieure qui les emploie et avec l'âme sur laquelle elles agissent. La plus pure de ces formes est la parole. Tous ceux qui ont participé à une révélation divine l'ont reçue et transmise par la parole. Dans tous les temps et chez tous les peuples on a cru à la manifestation de la divinité par la parole. De là l'autorité des oracles et des réponses du sanctuaire dans l'antiquité païenne.

La parole sacrée, moyen principal de la communication avec le ciel, s'ajoute aux autres véhicules pour les sanctifier. Après la parole vient le souffle, émanation de l'esprit et qui sert à en transmettre l'exhalation. Dans presque toutes les langues l'esprit et le souffle sont désignés par le même mot. Le terme latin *spiritus* signifie l'un et l'autre. *Spiritus, spirare*, se prend à la fois au physique et au moral, et l'*inspiration*, dans son acception la plus générale, désigne l'air qui entre dans la poitrine et l'esprit qui pénètre l'âme par une insufflation mystérieuse. Le souffle physique est employé dans la plupart des religions comme moyen de consécration.

L'imposition des mains est aussi ancienne que la bénédiction paternelle ou patriarcale, qui remonte à l'origine de la famille. Le père tenant la place de Dieu à l'égard de ses enfants, investi de la puissance d'en haut en ce qui les concerne, leur transmet en les bénissant quelque chose de divin, dont la paternité l'a rendu dépositaire. Sa prière adressée au ciel appelle sur eux la vertu d'en haut, en même temps que sa main, s'imposant sur leur tête, leur communique la force qu'il a reçue, les promesses faites à sa race et la bénédiction dont il a hérité lui-même. La bénédiction du père mourant assure et consacre l'héritage, et par la malédiction au contraire il y a comme une rupture, une exclusion de la famille, une sorte d'excommunication naturelle. La paternité est une espèce de sacerdoce dans l'ordre de la nature, puisque les parents sont les ministres de Dieu pour la propagation de la vie. Le vrai prêtre, le prêtre selon l'ordre éternel, est celui qui communique la vie spirituelle, qui transmet la vie du ciel; et toute sa personne consacrée au service divin, et surtout sa parole, son souffle et sa main, doivent être employés à cette communication surnaturelle. De là les opérations saintes que le prêtre seul peut accomplir, sa bénédiction sacerdotale, et l'imposition de ses mains pour la consécration des personnes et des choses.

Les formes naturelles sont surtout celles que le monde fournit par ses substances les plus générales, que les anciens appelaient des éléments et d'abord le feu, dont l'origine a toujours passé pour mystérieuse, et qui vivifie la terre de sa chaleur en même temps qu'il l'éclaire et l'embellit de sa lumière. C'est une croyance générale, dont la trace se retrouve dans presque toutes les religions, qu'il y a un feu divin, dont le feu physique est le symbole, et qui agit sur les esprits comme le feu élémentaire sur les corps. Cette croyance se retrouve aussi dans le christianisme, mais dégagée de toute superstition. Au feu sacré conservé dans le temple de Jérusalem a succédé le feu divin qui brûle dans le sanctuaire de l'âme, où il a été allumé par l'Esprit Saint descendu en langues de feu sur les apôtres et les disciples du Christ, lesquels l'ont transmis à leurs successeurs par la parole et l'imposition des mains. C'est ce feu que Jésus-Christ a apporté sur la terre et qu'il veut y faire brûler. Il a son symbole dans toutes nos églises par la lampe qui brûle jour et nuit devant l'autel en témoignage de la présence divine et de l'ardeur de l'âme chrétienne. Chaque année, la veille du jour de la Résurrection, un feu nouveau, qui doit rallumer tous les flambeaux du sanctuaire, est consacré par la prière du prêtre invoquant celui qui s'appelle le *feu dévorant* et le père des lumières, afin qu'il illumine et embrase les âmes comme il a éclairé et vivifié l'univers.

L'air est employé dans le culte par le souffle

humain. Jésus-Christ souffla sur ses disciples, quand il leur transmit l'Esprit Saint avec le pouvoir de remettre et de retenir les péchés. L'évêque souffle sur le front des ordinants; il souffle avec douze prêtres sur l'huile sainte employés aux onctions du baptême, de la confirmation et de l'ordination. Le prêtre souffle trois fois et à deux reprises sur les fonts baptismaux pour y faire descendre la bénédiction céleste et la vertu de l'Esprit. Trois fois il souffle sur le front de l'enfant présenté au baptême, en lui imposant les mains, et pour en chasser l'esprit du mal.

Dans tous les temps la religion s'est servie de l'eau comme moyen et signe de purification. Tel est le sens des ablutions fréquentes en certains cultes. Dans le christianisme l'eau n'est pas seulement un symbole, mais, bénie et consacrée par la parole divine, elle en reçoit l'Esprit et lui sert de véhicule; elle devient l'instrument sacré de la régénération de l'homme, suivant la parole de Jésus-Christ : Si vous ne renaissez de l'eau et de l'Esprit, vous n'aurez point la vie en vous.

Le sel, base du règne minéral, a toujours eu un sens symbolique. C'est la substance la moins corruptible, celle qui empêche les autres de se corrompre, et, sous ce rapport, il a de l'analogie avec les choses impérissables du ciel. L'Écriture l'appelle *sal sapientiæ*, le sel de la sagesse. On le présentait à l'autel avec l'encens chez les juifs; et dans l'Église le prêtre, après l'avoir exorcisé et béni, en met quelques grains dans la bouche du catéchumène, comme pour lui donner le premier goût de la sagesse divine, et éveiller dans son âme la faim de la nourriture éternelle. On le mêle abondamment à l'eau purifiante qui contracte par la prière et bénédiction sacerdotale la vertu de chasser les mauvaises influences de l'âme et du corps.

L'huile, le vin, la farine ou le pain servent aussi aux choses sacrées. L'huile est le symbole de l'ardeur et de la douceur réunies; c'est le feu qui, enveloppé dans une forme humide, coagulé pour ainsi dire et devenu moins âpre, pénètre avec onction. Dans l'Église chrétienne la plupart des consécrations se font avec de l'huile, depuis le calice du saint sacrifice jusqu'à la main du prêtre qui l'accomplit, dans le baptême de l'enfant du peuple comme dans le sacre des princes de l'Église et des rois de la terre. Et quand l'homme va quitter ce monde, le prêtre oint d'huile sainte les organes et les membres du mourant, pour lui communiquer un esprit vivifiant ou l'aider à rompre plus facilement les liens de sa prison.

Dès la plus haute antiquité, le pain et le vin étaient offerts en sacrifice, puis consommés par les prêtres et les fidèles. Melchisédech les présente à Abraham en le bénissant à son retour victorieux. Dans le sanctuaire du temple étaient offerts chaque jour sur une table d'or les pains de proposition, destinés à la nourriture des lévites. Chez les païens comme chez les juifs il y avait des offrandes de pure farine, des gâteaux pétris avec de l'huile et du sel, et des libations de vin; et enfin dans l'Église chrétienne le saint sacrifice, ou l'adorable sacrement, s'accomplit avec le pain et le vin transsubstantiés par la parole de Jésus-Christ. Jamais substances naturelles n'ont été plus glorifiées, puisqu'ici elles ne sont plus seulement les symboles et les véhicules de la vie, mais la vie elle-même.

Le sang des victimes immolées sur l'autel contractait suivant la croyance commune une vertu lustrale ou purificatoire. On arrosait du sang du sacrifice les personnes et les choses qu'on voulait purifier et renouveler. Il y avait à cette fin des cérémonies horribles chez les païens, qui, pour effacer le crime, faisaient ruisseler le sang à travers un crible sur le corps du criminel. Chez les juifs le prêtre aspergeait du sang de la victime tout ce qui servait à l'autel, les vêtements, les instruments, les livres sacrés et l'assemblée. L'abomination du sacrifice humain est sortie de cette croyance. Aucun sang n'a paru plus expiatoire que celui de l'homme, plus propre à effacer le péché en satisfaisant à la justice divine. Cette croyance, défigurée et mal expliquée par l'idolâtrie et la superstition, est fondée sur cette vérité profonde, que la vie est dans le sang, et que le plus grand sacrifice étant celui de la vie, c'est par l'effusion du sang qu'il doit s'accomplir, mais par une effusion volontaire, agréable à Dieu, comme expiation du péché. De là, le mystère de la délivrance et de la réhabilitation de l'humanité par l'Homme-Dieu, qui en payant la dette de l'homme coupable lui a rendu la vie du ciel qu'il portait en lui. C'est pourquoi Jésus-Christ a dit : Celui qui mangera ma chair et qui boira mon sang aura la vie en lui. Les sacrifices du culte mosaïque étaient des préfigurations de ce sacrifice suprême, qui pouvait seul sauver le genre humain en le réconciliant avec le ciel.

La seconde partie du culte extérieur exprime la réaction de l'homme vers Dieu, laquelle, quand elle est ce qu'elle doit être, part du plus profond de l'âme, du centre même de la volonté; et le mouvement de la volonté, excité par le sentiment de l'action divine, tend à passer au dehors, et à se formuler comme tout ce qui est senti, pensé et voulu. Les formes humaines sont les premières que le mouvement religieux traverse et revêt en s'extériorant. La plus pure de ces formes, parce qu'elle est la plus analogue à la nature spirituelle, est la voix, et par la voix la parole. L'élévation de l'âme vers le ciel par la parole constitue *la prière orale*, qui peut être articulée ou modulée et chantée. Le chant est très-favorable à l'expression des sentiments ; aussi n'y a-t-il point de culte sans chant et poésie.

A la prière orale se joint la *prière d'action*, qui se fait par toute la personne, depuis le mouvement des yeux et de la physionomie jusqu'à la position du corps et son attitude. La supplication s'exprime par la démission de la tête et du corps, par l'agenouillement, le prosternement et tous les signes d'abaissement devant une puissance qu'on implore et redoute. C'est un besoin pour une âme touchée de la grandeur divine et de sa propre faiblesse de s'incliner devant Dieu en lui parlant, et de se mettre dans une position extérieure qui rappelle sa dépendance. C'est un besoin pour un cœur contrit et brisé par le repentir de s'humilier devant Dieu et les hommes, en s'avouant pécheur et digne des plus grands châtiments. Ces pratiques, que quelques grands philosophes ont trouvées ridicules ou au moins inutiles, Rousseau entre autres qui demande ironiquement si l'homme est si grand qu'il doive encore se rapetisser devant Dieu, sont dans la nature ; elles sont les signes spontanés de l'humilité, et dans ce cas, comme partout, les modifications du corps deviennent les symboles de ce qui se passe dans l'âme. Le corps participe aux émotions du cœur par la voix, par les gestes, même par le mouvement mesuré et harmonieux. La danse religieuse se mêle chez plusieurs peuples aux cérémonies sacrées, et dans les cultes les plus graves elle se transforme en marches pompeuses, en processions solennelles, soutenues par le chant et la musique et présentant aux fidèles les images des choses saintes et les objets de leur vénération.

Outre les formes humaines il y a encore des choses de la nature, qui servent à la fois des symboles et d'instruments à la réaction religieuse. L'offrande des existences naturelles, immolées ou consumées sur l'autel, est l'image de la restitution de l'homme à son auteur, et la destruction de l'offrande ou de la victime par le feu, qui divise les parties grossières et en élève les plus subtiles, représente l'âme se dégageant de la terre pour s'élancer vers le ciel par la prière et par l'amour. Le sacrifice est le résumé de toute religion ; car il exprime à la fois l'invocation montant vers Dieu par l'acte même du sacrifice, par l'objet offert, et la réaction de la vertu d'en haut qui descend sur l'autel et dans le cœur. L'encens brûlé dans le sanctuaire est une image de l'âme enflammée par l'amour divin, et s'exhalant en odeur de suavité vers le ciel. La lampe se consume jour et nuit devant le tabernacle, comme l'âme doit le faire en face de Dieu, employant sa vie terrestre avec tout ce qui l'alimente à entretenir en elle la flamme céleste, qui y a été allumée au baptême. On en peut dire autant de tous les détails du culte, du rite, des vêtements, des ornements, de tout ce qui compose l'appareil de la religion. Quand ces choses sont convenablement ordonnées, elles sont aussi belles que touchantes. Elles charment les sens et l'imagination, en même temps qu'elles présentent une idée à l'intelligence et excitent dans le cœur un sentiment. Le culte humain, comme l'hommage de la nature, doit être plein d'expression et de magnificence ; toutes les formes sont bonnes, quand elles ont du sens et de la dignité. Sans doute l'esprit doit toujours animer et dominer la forme; car sans lui elle est une lettre morte. Mais sans elle aussi il n'a plus de moyen d'expression ni d'action ; si elle est morte sans lui, il devient impuissant sans elle. Une véritable philosophie de la religion peut seule démontrer toute la vertu du symbolisme par la connaissance profonde de l'humanité. Une philosophie superficielle le dédaigne ou le mutile, d'après les vues étroites et mesquines du rationalisme.

§ 62.

Tous les devoirs envers Dieu sont compris dans le culte qui lui est dû. Mais ce culte ne se borne point à une foi stérile ni à un hommage extérieur ; il doit encore se réaliser par une conduite conforme à la loi divine. Le culte intérieur et extérieur est un devoir et un besoin ; un devoir, parce que la justice oblige de rendre à Dieu ce qui lui est dû ; un besoin, pour le cœur reconnaissant qui, sentant vivement ce qu'il lui doit, est pressé de le manifester. On peut manquer à ce devoir de deux manières : en ne le remplissant pas, ou en le remplissant mal. On ne le remplit pas, soit par manque de foi, comme dans l'athéisme, soit par une indifférence religieuse qui, sans renier Dieu expressément, s'en détourne par l'esprit et par le cœur. On le remplit mal, quand la croyance est erronée ou fausse, comme dans l'idolâtrie, la superstition, le fanatisme; ou par légèreté, lorsque le sentiment religieux est étouffé par les sens, l'imagination et les passions.

La croyance en l'existence de Dieu est la première condition du devoir qui s'y rapporte. L'athée, s'il l'est par conviction, n'admet ni religion ni devoir de religion. Tout ce qu'on appelle ainsi doit lui paraître des inventions humaines, plus ou moins utiles pour gouverner les peuples; et dans toutes les religions il voit à peu près la même chose, les artifices des savants et des forts qui dominent les ignorants et les faibles. Du reste, il y a très-peu d'athées de cette sorte, s'il y en eut jamais. Ceux qui croient l'être arrivent à nier Dieu par l'impuissance de leur raison à se l'expliquer, ce qui suppose la prétention d'admettre uniquement ce que la raison peut démontrer. Tous leurs arguments ne prouvent qu'une chose, c'est qu'ils ne comprennent point l'infini : et les croyants avouent ne pas le comprendre plus qu'eux. Seulement, comme ils ne font pas de leur raison la mesure de l'être et du possible, ils ne se croient pas autorisés à nier ce qui les dépasse, surtout quand des preuves éclatantes, métaphysiques, morales et cosmologiques leur attestent non-seulement la possibilité, mais encore la nécessité de l'Être suprême. Eux à leur tour ne comprennent pas qu'on puisse s'en passer; et tout ce que les négateurs de la divinité mettent à la place ne leur paraît ni clair ni solide : soit une matière éternelle, se mouvant et se développant par sa propre énergie et dont les molécules ou les atomes s'agrègent et se séparent fortuitement et fatalement sans qu'une intelligence préside à ces combinaisons, soit un grand tout, composé d'esprit et de matière, comprenant toutes les existences qui en sont les parties ou les membres, et les entraînant dans les évolutions nécessaires de sa vie unique; soit enfin, je ne sais quoi de confus, de vague, d'inexplicable, et qu'on admet en désespoir de cause parce qu'il faut admettre quelque chose.

Il n'y a pas, en effet, une de ces opinions qui n'entraîne plus de difficultés que l'existence de Dieu, et à coup sûr elles répondent beaucoup moins au sens commun et à la conscience morale des hommes. Chacune tombe dans les absurdités les plus choquantes. L'athéisme, ou ce qu'on donne pour tel, est presque toujours le travail d'un esprit faux, dominé par une idée fixe; c'est une espèce de monomanie. On se butte à une difficulté insoluble à la raison, et croyant de sa dignité de ne rien admettre que ce qu'elle approuve, on repousse la première de toutes les vérités comme une chimère, parce qu'on ne peut pas en pénétrer le fond. Là est la démence de la raison, sa contradiction avec elle-même et avec ses propres lois; car elle ne peut expliquer un fait que par un autre fait qui en est la cause, une idée que par une autre idée qui en est le principe, ce qui suppose un premier fait, une idée première, dont l'explication devient impossible, puisqu'il n'y a au-delà ni idée ni fait. Dieu est le fait primitif, la vérité première, principe nécessaire du raisonnement comme de l'être, que la raison humaine ne découvre pas, bien qu'elle puisse en démontrer l'existence et la nécessité, quand elle l'a reconnue.

L'indifférence religieuse est aujourd'hui la cause la plus fréquente de l'inobservation des devoirs envers Dieu. La plupart de ceux qui vivent sans aucune pratique de religion ne renient point Dieu pour cela ; mais ils n'y pensent point, ils ne s'en occupent pas plus que s'il n'existait pas, ou que son existence n'eût aucun rapport avec la leur. L'indifférence arrive, quand l'âme se détourne d'un objet, en sorte qu'elle n'a plus de relation avec lui, n'en attendant ni plaisir ni peine, et en perdant jusqu'au souvenir. Mais elle ne se détourne d'une chose, que parce qu'une autre l'attire et la domine. Absorbée par les désirs et les sollicitudes de la terre, elle s'y pose tout entière, s'y enfonce, et alors l'action divine ne peut pénétrer en elle. Il faut l'action et la réaction pour que le rapport s'établisse et que la vie en sorte. Si la réaction manque, il n'y a point d'effet produit, parce que ce qui est donné n'est point reçu. Dans un temps où les intérêts terrestres occupent presque toutes les volontés, absorbent leur ambition et leur activité, il est naturel qu'il y ait un détournement général de Dieu, et par conséquent un oubli presque total de ce qui lui est dû.

Une autre cause de l'indifférence religieuse, moins directe mais plus dangereuse, parce qu'elle lui donne un air raisonnable, est l'erreur d'un esprit faussé ou obscurci par de mauvaises doctrines, par ces opinions banales que les incrédules mettent hardiment en avant comme des principes incontestables ou des choses démontrées, à savoir : que si Dieu existe, ce qui n'est pas prouvé, il n'y a point de communication possible entre lui et nous ; que l'être infini et tout-puissant n'a pas besoin de notre hommage ; que nous ne pouvons rien pour lui, puisqu'il n'a besoin de personne ; que les faits sortant naturellement de leurs causes, tout ce qui arrive est produit nécessairement par ce qui a précédé sous l'action irrésistible de lois générales et immuables; que d'ailleurs, Dieu, sachant tout, a prévu toutes nos actions, et qu'ainsi notre liberté est enchaînée par sa prescience, etc., etc., etc. : tout cela pour arriver à conclure que la religion est une chimère et le culte une absurdité. Il est clair que l'irréligion, avec l'omission des devoirs de piété, et le mépris de tout ce qui s'y rapporte, est une conséquence nécessaire de pareilles opinions.

Mais la cause qui éloigne le plus souvent l'homme de Dieu et l'empêche surtout de lui rendre ce qu'il lui doit, c'est moins l'erreur de l'esprit que l'égarement du cœur. Il y a peu d'incrédules par système, et la plupart de ceux qui font profession de l'être cherchent une vaine gloire dans l'affectation d'esprit fort, et plus fréquemment encore une justification ou une excuse de leur conduite. La passion est aussi une idolâtrie; elle efface l'idée de Dieu du cœur qu'elle domine, et consume au service de la créature la vie et l'amour qui sont dus au créateur. Presque tous ceux qui vivent dans l'oubli de Dieu en sont là. Leur cœur en est plus détourné que leur esprit. Ils ne songent point à le renier ni à lui contester ses droits, mais ils ne s'en occupent pas, parce que leur âme est remplie des choses de la terre et qu'ils soupçonnent à peine qu'il y ait quelque chose au delà. On les appelle des honnêtes gens, s'ils n'enfreignent point les lois civiles et ne scandalisent point l'opinion. Ils sont même quelquefois bon époux, bon père, bon citoyen, remplissant leurs devoirs envers tous, excepté envers Dieu. Ils se vantent d'être justes envers tout le monde, et ils oublient celui auquel ils doivent le plus.

En général les hommes commencent à se détourner de Dieu et à négliger son culte à l'âge où la nature et le monde les enchantent, et quand les sensations nouvelles qu'ils éprouvent par le commerce des sens et du cœur avec la créature les poussent à chercher leur bonheur en elles. Chez la plupart des jeunes gens qui entrent dans le monde s'obscurcit momentanément l'idée divine ; et là où elle rayonne encore, dans les plus fidèles, elle revêt les formes de l'imagination et de la passion ; ce qui produit une sorte de religion sentimentale ou romantique, accommodée à l'exaltation de cette époque, et peu sévère dans la pratique. Plus tard, ceux qui ne reviennent pas à la religion, même quand ils en sentent le besoin, sont enchaînés par de mauvaises habitudes ou des liens qu'ils n'ont pas le courage de rompre. Ils apprécient le bonheur de la foi qu'ils ont connu ; mais ils n'ont pas la force de renoncer à ce qu'elle condamne, ni de lui sacrifier des penchants et des mœurs contraires à ses préceptes. Ils restent donc dans l'indifférence à l'égard de Dieu dans la pratique, ou injustes à son égard, ne lui rendant pas ce qui lui est dû, non par endurcissement de l'esprit, comme les libres penseurs, mais par faiblesse de volonté, n'ayant pas la force de briser les filets où leur cœur est pris et d'accomplir le bien qu'ils reconnaissent.

On ne remplit pas le devoir envers Dieu, si la croyance manque ou s'affaiblit ; on le remplit mal, quand elle s'altère et devient erronée. Dans ces cas, le sentiment religieux faussé peut devenir plus funeste à l'homme et à la société que l'irréligion elle-même ; car l'abus des meilleures choses est toujours le plus dangereux. L'idolâtrie, la superstition et le fanatisme sont les plus grands fléaux de l'humanité.

L'idolâtrie consiste à rendre à la créature l'hommage dû au Créateur ; ce qui suppose dans l'esprit la confusion du fini avec l'infini. L'homme est entraîné dans cette erreur par son penchant à se représenter l'invisible sous une forme sensible. Dominé par les sens, il lui faut un Dieu qu'il voie, qu'il touche, auquel il s'adresse immédiatement ; il se fait une image de Dieu, et bientôt substituant le type au prototype, la copie au modèle, il adresse ses vœux et son encens à ce qui ne doit être qu'un symbole. Ce penchant grossier est tellement fort, que même après avoir été éclairé par la lumière du ciel, comme Israël, il est toujours prêt à retomber dans une idolâtrie brutale. Et c'est pourquoi il avait été défendu aux juifs avec de si terribles menaces de se tailler aucune image de la divinité, ni de communiquer avec les nations.

Dès que l'homme croit trouver Dieu dans la nature, il apothéose successivement toutes les formes naturelles depuis les plus chétives jusqu'aux plus éclatantes. Il n'y a point d'être qu'il n'ait déifié. Les éléments, les pierres, les plantes, les animaux, les astres ont reçu ses hommages ; il s'est fait dieu lui-même, et a divinisé son semblable. De là sont sortis les mythes et les mythologies de tous les peuples. Or la morale étant une conséquence du dogme, quand le dogme est faussé, la morale l'est aussi. En déifiant les créatures, il a donc divinisé en même temps leurs caractères, leurs habitudes, leurs passions ; et comme l'idée de la perfection est inhérente à celle de la divinité, il a dû se modeler sur ce qu'il adorait et reproduire dans sa conduite les mœurs de ses dieux. Alors la religion, au lieu d'être un moyen de perfectionnement moral, est devenu un instrument de perversion, et c'est ainsi que le paganisme a dégradé l'humanité. Quand l'idée de Dieu a été obscurcie et effacée dans l'entendement des peuples, ils ont été abandonnés à toutes les passions honteuses de leur cœur, justifiées par leur culte ; *servierunt creaturæ potiùs quam creatori.... propterea tradidit illos Deus in passiones ignominiæ* (Rom. 1, 25, 26).

La superstition est toujours la conséquence de l'idolâtrie, et elle y conduit souvent. Elle consiste, comme son nom l'indique, à rester à la surface, à l'extérieur, dans les choses religieuses, s'attachant à la lettre et à ce qui est de pure forme, plutôt qu'au fond et à l'esprit. Rien n'est plus opposé à la vraie piété, au culte du cœur, à l'adoration en esprit et en vérité. Négligeant la parole divine pour la tradition humaine, la croyance s'altère, la foi se corrompt, et les choses naturelles usurpent la confiance due à Dieu seul. Cette tendance religieuse est très-dangereuse ; elle habitue à se payer de mots, de formes, de pratiques extérieures. On nettoie les dehors du vase, et l'impureté reste au dedans. La religion devient alors une simple formalité, et comme elle ne porte pas à un amendement sérieux, il arrive trop souvent que la dévotion sensible sert de manteau au vice, qui grandit et se satisfait plus à l'aise sous son égide. De là l'hypocrisie chez les uns, la niaiserie chez les autres, qui rendent la religion odieuse ou méprisable à ceux qui ne la connaissent point au fond et la jugent par la conduite des faux dévots.

Ainsi la prière vocale est certainement nécessaire comme expression de la prière du cœur. Mais si elle n'est qu'une récitation de mots et de phrases prononcés sans attention, si l'on met sa confiance dans la multiplicité et la longueur des oraisons, comme si elles avaient une vertu en elles-mêmes sans que la volonté s'y mêle, il y a superstition, parce qu'on met la lettre à la place de l'esprit. L'aumône est une excellente chose; elle rachète beaucoup de fautes, quand elle est faite avec l'intention de les expier et la résolution de ne plus les commettre. Mais qu'on croie effacer le crime et ses suites uniquement en donnant de l'argent, sans repentir sincère ni désir de mieux faire, c'est une superstition. La superstition est encore plus grossière, quand les pratiques employées par la crédulité pour attirer la protection ou les grâces du ciel n'ont rien de commun avec la parole divine, soit qu'on leur attribue une vertu imaginaire, soit qu'elles aient une puissance réelle, mais qui ne vient pas de Dieu, comme les amulettes, les talismans, les charmes, les filtres, les incantations et autres choses de ce genre

Le fanatisme est l'abus le plus terrible du sentiment religieux, parce qu'il en est la perversion la plus profonde. C'est un zèle aveugle, qui n'est pas selon la science, et qui rend capable de tout, parce qu'il croit agir pour Dieu et par son inspiration. Les sectes poussent en général au fanatisme, et comme chacune prétend avoir pour soi la vérité et la parole de Dieu, toutes concluent que leurs adversaires sont des instruments de mensonge et d'iniquité. De là des haines aveugles, et d'autant plus impitoyables qu'elles s'autorisent de la sanction céleste, et pensent servir la divinité en se satisfaisant. C'est ainsi que la violence, le meurtre, la dévastation, le carnage et tous les genres de persécutions ont pu être ordonnés au nom de la religion. L'homme dans ces cas a mis sa volonté passionnée à la place de celle de Dieu, et en s'imaginant soutenir sa cause, il l'a en effet déshonorée par des horreurs commises en son nom. Les plus grands forfaits dont le monde ait été épouvanté, ont été accomplis par le fanatisme, qui le plus souvent les exécute froidement, avec le calme d'une conviction profonde et comme des œuvres agréables à Dieu. Cette aberration du cœur suppose une grande ignorance ou une intelligence foncièrement pervertie.

Enfin, le devoir envers Dieu est mal rempli quand l'âme, ne sentant pas ce qu'elle doit à son créateur, réagit faiblement à la grâce et n'entretient point son rapport avec le ciel. Elle n'éprouve ni reconnaissance, ni amour, ni zèle, et cette apathie religieuse vient ordinairement du défaut d'instruction, parce qu'un enseignement vivant lui a manqué ou n'a pas été reçu. On se contente alors de suivre le culte extérieur dans ce qu'il a d'obligatoire, et de remplir tout juste les devoirs imposés aux temps marqués pour l'acquit de sa conscience. Ainsi font beaucoup de personnes qui passent pour pieuses ou au moins pour avoir de la religion. D'autres, au contraire, bien qu'elles ne sentent pas plus profondément l'influence divine, suppléant par leur imagination aux impressions de la grâce, transportent dans les choses religieuses la vivacité de leur caractère, l'ardeur de leur tempérament, l'emportement de leurs passions. A ces personnes il faut de longues prières, des cérémonies multipliées, des formes pompeuses, des pratiques constamment renouvelées, beaucoup de paroles, de mouvement, de musique. Croyant n'être agréables à Dieu qu'en se fatiguant à son service, au milieu de toutes ces agitations du corps et de l'esprit elles oublient le soin de leur âme et négligent la seule chose vraiment nécessaire. Le zèle de la maison de Dieu, qui semble les dévorer, devient le prétexte de leur activité naturelle, et en se tourmentant beaucoup pour rendre au Seigneur l'hommage qui lui est dû, elles ne font la plupart du temps que satisfaire leur volonté propre ou leur vanité.

§ 63.

L'accomplissement habituel des devoirs envers Dieu constitue la piété. La vraie piété est la base la plus solide et la meilleure garantie de la moralité et de toutes les vertus. Elle a sa racine dans la justice, l'homme devant à Dieu tout ce qu'il est et tout ce qu'il a. L'amour en est la consommation, la perfection, *plenitudo ergo legis est dilectio.* (Rom. 13.) De là le premier commandement, qui renferme toute la loi, ou plutôt qui est la loi même : Tu aimeras Dieu par-dessus tout. L'amour de l'homme pour Dieu n'a de mesure que dans l'amour de Dieu pour l'homme.

De l'accomplissement régulier et constant de chaque devoir résulte une vertu, c'est-à-dire une habitude de bien faire. Alors le devoir s'accomplit spontanément, au moins dans les cas ordinaires, et le bien se fait comme de lui-même. Mais pour en arriver là, il a fallu des efforts redoublés et de longs combats. Considérée dans son exercice, la piété est intérieure et extérieure. La première est le culte de l'âme, l'adoration en esprit et en vérité. Par son rapport profond avec Dieu elle produit la vie intérieure, ou la vie chrétienne la plus parfaite, et elle se réalise par l'abnégation de soi et un dévouement absolu à la volonté divine. La seconde, qui suppose plus ou moins la première, est surtout posée dans les formes, dans les pratiques, dans les observances du dehors, toujours utiles, quand l'esprit les anime, mais peu efficaces s'il ne s'y trouve pas. Ces deux genres de piété ne doivent jamais être séparés. La piété sans un culte expressif se dessèche et finit par tomber dans le mysticisme ou dans l'abstraction : dans le mysticisme si, dédaignant les observances légales et une règle positive, elle revêt des formes imaginaires et prétend entrer par elle-même en commerce avec le ciel; dans l'abstraction quand, affectant de se détacher des sens et de l'imagination, elle réduit la religion en formules logiques, sous le prétexte de la rendre raisonnable et de l'élever à la hauteur de la science.

La vraie piété évitant ces deux excès est la plus sûre garantie de la moralité. Elle pose l'âme en face du Législateur suprême, qui surveille lui-même l'observation de sa loi proclamée à la fois par sa parole et dans la conscience humaine, en sorte qu'on ne peut échapper à son regard scrutateur ni à la vindicte de sa justice, qui tiendra compte un jour de tout ce qu'on aura fait pour ou contre ses commandements. Avec une telle conviction, il est difficile de se laisser entraîner au mal sans partage, ou au moins d'y persister longtemps sans remords. Le remords est le frein le plus fort qui puisse être imposé à la volonté coupable, et il a surtout de l'efficacité par la pensée d'un juge incorruptible et inévitable, présent à toutes nos actions, et qui en voit les ressorts les plus secrets. Que sont les autres motifs de moralité auprès de celui-là, et comment pourraient-ils jamais le suppléer?

La conscience, sans la sanction religieuse, sans le flambeau de la révélation, reste souvent incertaine et obscure. L'homme l'interprète par sa raison, et sa raison séduite par l'intérêt ou la passion est le jouet des circonstances, qui la modifient à son insu. Sans la foi en Dieu, sans la connaissance positive de sa loi, la conscience morale est souvent au milieu des agitations du cœur comme un vaisseau sans gouvernail ou sans boussole.

La raison n'est pas un guide plus sûr. Sa tendance instinctive est de chercher son plus grand intérêt, et celui du moment paraît presque toujours le plus important. Le principe de l'intérêt bien entendu est faible dans la collision du devoir avec le désir. La loi la plus stricte de la raison est de se satisfaire sans nuire aux autres; mais toujours juge de ce qui lui convient, elle est rarement désintéressée en ce qui concerne les autres. Le *moi naturel* se donne facilement la préférence, et dans le doute il s'ajuge la meilleure part.

Quant à la justice civile, c'est une barrière extérieure qui arrête seulement ceux qui n'ont pas la force de la franchir ou l'adresse de la tourner; ou encore, comme dit Bacon, c'est une toile d'araignée qui prend les faibles et laisse échapper les forts. D'ailleurs elle ne saisit que le dehors, et la source du mal est au dedans. On ne corrige pas les hommes en les entravant, en les garrottant. C'est l'intérieur qu'il faut changer, et la force morale peut seule y pénétrer.

Reste l'opinion, qu'on a appelée la reine du monde, et dont le gouvernement est peu sage et bien inconstant. L'opinion sans doute impose quelque réserve et commande la prudence. Mais ce frein est aussi purement extérieur; il retient la volonté sans la changer ; et si, en définitive, elle peut se satisfaire sans choquer l'opinion ou en l'abusant, elle ne s'en fera pas faute. Or, il y a mille manières de tromper le public ou de le forcer au silence, quand on est riche, puissant, influent dans le monde; de nos jours surtout, où la société est plus que jamais divisée en partis et en sectes. Chaque parti a ses organes et ses champions; les choses les plus contradictoires sont prônées tour à tour, et chaque intérêt, avec les cent voix de la presse dont il dispose, se fait une opinion publique à son profit. Néanmoins tous ces motifs accessoires de moralité, insuffisants par eux-mêmes, peuvent être employés avec avantage comme auxiliaires de l'influence religieuse, quand ils sont épurés et consacrés par elle.

Le devoir de l'homme envers Dieu n'a point de mesure, parce que le don de Dieu à l'homme n'a point de bornes. C'est pourquoi la créature ne peut jamais acquitter sa dette envers le Créateur. Comme elle en a tout reçu, la restitution de toute son existence est de droit rigoureux ; et ainsi, quoi qu'elle fasse pour lui témoigner sa reconnaissance et lui rendre hommage, ce ne sera jamais qu'un acte de justice. Le dévouement entier à Dieu, la consécration à son service n'est donc point un luxe de morale, un surcroît de vertu, une générosité. La vraie piété, basée sur la justice, se consomme dans l'amour. L'amour porte à tout faire pour l'objet aimé, et quand il soutient le devoir, le devoir est toujours bien accompli. Aimez Dieu, dit saint Augustin, et après cela faites tout ce que vous voudrez.

CHAPITRE VI.

DEVOIRS ENVERS LES PARENTS.

§ 64.

Les lois qui dérivent du rapport du Créateur à la créature sont absolues, universelles, éternelles; elles sont lois pour toute créature intelligente du ciel et de la terre, et ainsi les devoirs qu'elles imposent sont imprescriptibles. La loi qui impose aux enfants le devoir envers leurs parents est la première des lois temporaires et naturelles. Elle est le fondement de la famille et de la société. L'autorité paternelle est la seule autorité humaine vraiment fondée en nature; la seule qui ne soit ni acquise, ni conquise, ni octroyée, ni convenue. Elle est innée à la paternité, et elle subsiste, reconnue ou non, tant que la paternité existe. Mais, comme toute loi naturelle, elle tire sa sanction d'un principe plus élevé; car la nature, comme tout ce qui est créé, ne se régit point elle-même.

La loi divine est éternelle comme l'Être dont elle part, universelle comme lui. Les devoirs qui en ressortent s'imposent à toutes les créatures intelligentes, dans quelque situation qu'elles se trouvent.

Dans toutes les sphères, dans toutes les phases de son existence, l'homme devra à Dieu son hommage, son adoration, son amour: le temps et l'espace ne changent rien à ce devoir essentiel. Il n'en est point de même des obligations naturelles. Ici le devoir est variable, passager, et doit finir avec le rapport qui le fonde. Du premier de ces rapports, celui qui unit l'individu aux auteurs de ses jours, dérive la première loi naturelle, qui constitue et régit la famille, base de l'état social. La famille est le produit de la nature par la génération, et le rapport du terme engendré aux termes générateurs fonde les obligations naturelles ou les devoirs du premier. Par le fait même les parents dominent les enfants, puisqu'ils sont leurs antécédents selon la nature. Il y a entre eux un rapport analogue à celui de la cause à l'effet, du principe à la conséquence; d'où résultent, d'un côté une supériorité naturelle et par elle la puissance et l'autorité, de l'autre une subordination naturelle et par elle soumission et obéissance. Ainsi s'est établi primitivement et légitimement le pouvoir dans le monde. Le premier gouvernement qui ait paru sur la terre est celui des enfants par les parents, le gouvernement paternel ou patriarcal, principe et modèle de tous les autres.

La puissance paternelle est innée aux parents; elle subsiste, avec quelques modifications, tant que les liens naturels ne sont point rompus par la mort. Mais ces liens, qui ressortent du sang et de la chair, ne sont point éternels; ils n'ont pas plus de durée que la génération dans laquelle ils sont fondés. Cette première loi de la nature est donc temporaire. La loi de la famille régit le monde du temps, où tout s'établit et se conserve par la filiation de la chair, et la loi divine gouverne le monde de l'éternité, où tout existe et subsiste par la filiation de l'esprit.

L'autorité paternelle est la seule sur la terre qui soit véritablement fondée en nature, les hommes ne pouvant la constituer ni la détruire. Elle ne peut s'acquérir, comme les autres puissances de ce monde, par l'argent, par la force, par la succession, par l'élection, par une transaction quelconque. Le pouvoir marital est la conséquence d'un contrat où les deux parties s'engagent librement. Si elles ne pactisaient point ensemble, il n'y aurait entre elles aucune relation d'autorité ni d'obéissance. Le pouvoir dominical et domanial, qu'il s'applique aux personnes ou aux choses, est le résultat d'une acquisition par force ou par convention. Le maître commande au serviteur en vertu d'un contrat tacite ou exprès, d'après lequel il nourrit et paye le mercenaire en retour de son travail. Cela est encore plus évident de l'établissement du pouvoir politique, qui n'est vraiment naturel que s'il est patriarcal, et alors il se confond avec l'autorité paternelle, comme la nation avec la famille. Partout ailleurs, à parler humainement, il est le résultat de la force ou de la convention, ce qui ne l'empêche pas d'être parfois providentiel ou voulu d'en haut pour le besoin de tel peuple et par la nécessité d'une situation donnée. Aussi toutes ces autorités sont-elles toujours plus ou moins contestables et contestées, parce qu'elles dépendent en grande partie des volontés humaines et des circonstances variables où elles sont placées.

La puissance paternelle au contraire est imprescriptible, inaliénable. Elle est reconnue partout comme tout ce que la nature établit, comme ce qui ne dépend point des opinions humaines. Elle est la première loi de ce monde, parce qu'elle est le premier rapport et le plus intime qui unisse naturellement les hommes et les subordonne les uns aux autres. Mais cette loi qui fonde la famille, et avec elle la société, n'a point en elle-même sa raison dernière : elle ramène nécessairement à une puissance plus haute dont elle est une dérivation, comme nous allons le voir en considérant la source d'où elle sort et ce qui la constitue.

§ 65.

Les parents ne sont pas les auteurs de la vie qu'ils donnent; ils l'ont reçue et la transmettent. Ils ne créent point, ils procréent, tenant la place du Créateur dont ils sont les ministres. La puissance inhérente à leurs fonctions n'est donc pas plus à eux que la vie; elle a sa sanction et sa règle dans la source supérieure dont elle dérive. De là le caractère sacré de l'autorité paternelle. Aussi faut-il pour l'établir légitimement un acte libre, que la religion consacre en rappelant aux époux le but et la condition de leur union. Elle est pour les enfants l'objet d'une espèce de culte, et l'accomplissement des devoirs qui s'y rapportent constitue aussi une piété, la piété filiale.

L'homme n'a point la vie en lui ni de lui-même. Il la reçoit quand il commence à exister, et il l'absorbe continuellement sous des formes diverses. Lorsqu'il se reproduit, il transmet ce qui lui a été donné, il n'est qu'un instrument. A proprement parler, la paternité n'appartient qu'au principe de la vie, à celui-là seul qui la possède en lui. C'est pourquoi l'Évangile dit qu'il n'y a qu'un père, le Père qui est au ciel, qui emploie les créatures comme organes de la propagation de la vie.

Une conséquence importante sort de là. Si la paternité terrestre est une délégation, si le père est le mandataire d'une puissance supérieure, l'autorité inhérente à la fonction qu'il remplit ne lui appartient pas plus que la vie qu'il propage, et loin que sa dignité en soit diminuée, elle est au contraire exaltée par la gloire et l'autorité de celui qu'il représente. Voilà pourquoi les parents ont quelque chose de sacré pour leurs enfants : ils sont pour eux les images de ce qu'il y a de plus auguste dans l'univers, du principe de la vie, de Dieu lui-même. La nature imprime au front du père quelque chose de solennel qui le distingue des autres hommes aux yeux de ses enfants. Aussi dans tous les siècles et chez toutes les nations la paternité a été l'objet d'une espèce de culte, et dans les États moralement et religieusement constitués les vieillards et les anciens du peuple, les pères de la génération nouvelle, ont été compris dans ce culte. C'est donc Dieu qui est honoré dans les parents ou dans ses représentants. L'accomplissement du devoir filial produit une vertu qui est aussi une piété : ce qui montre que ces deux vertus ont le même principe et tendent à la même fin.

Le caractère de la puissance paternelle, délégation divine, explique encore un fait qui se retrouve partout, la consécration du mariage par la religion.

Si l'homme n'était qu'un animal, il transmettrait la vie comme tous les animaux, par la seule impulsion de l'instinct. Mais il a une âme, une intelligence, et dans la vie physique qu'il communique est enfermée la capacité d'une vie supérieure. Il est donc l'instrument d'une génération plus haute, et il ne doit remplir cette fonction sacrée que par une sorte de mission reçue directement du principe de la vie spirituelle. La religion bénit et consacre le mariage à cette fin. De là la légitimité de l'union de l'homme et de la femme, et par suite celle de la puissanse paternelle.

La société civile agit de même dans l'intérêt de sa conservation. La loi sociale ne reconnaît pas les unions qu'elle n'a pas ratifiées, et elle ne peut ni ne doit les protéger. La sanction civile rend le mariage civilement légitime, institue légalement la puissance paternelle, et donne un état social aux enfants.

§ 66.

La puissance paternelle, étant une délégation, est subordonnée dans son exercice à l'autorité qu'elle représente; ses limites ressortent de sa nature. La vie, qui vient de Dieu, appartient à Dieu, et doit lui revenir; car il est le principe et la fin, l'alpha et l'oméga de tout ce qui existe. Les enfants, produits de l'acte vivificateur, ne sont donc point la propriété des parents; ils leur sont donnés pour que la vie soit développée en eux conformément à la destination de l'humanité. C'est un dépôt confié dont ils auront à rendre compte. Ils en répondent devant Dieu et là société.

La puissance paternelle n'est absolue dans aucun cas. Elle ne s'exerce légitimement que sous certaines conditions; elle doit toujours compte de son exercice à l'autorité dont elle relève, et les êtres qui lui sont soumis sont un dépôt et non une propriété. Ce dépôt doit fructifier entre les mains des parents et par leurs soins; car ils sont les ministres du créateur, non-seulement pour transmettre et propager la vie, mais encore pour la développer et la perfectionner. Les parents ne le sont donc ni pour leur avantage ni pour leur plaisir; c'est une espèce de mission qu'ils reçoivent à l'égard des êtres qui naissent d'eux. De là leur responsabilité. Chacun des ascendants est employé pour sa part à élever et à conduire ceux qu'il a élevés et mis au jour, et il doit leur procurer par tous les moyens possibles le perfectionnement intellectuel et moral que comporte leur condition.

L'éducation fait la plus grande partie de la responsabilité paternelle. Les parents prescrivent aux enfants des règles de conduite, des préceptes moraux, des pratiques religieuses, et trop souvent ils ne font pas ce qu'ils ordonnent et se dispensent des lois qu'ils imposent. Cette contradiction entre la conduite et la parole paternelles a des conséquences déplorables. L'enfant, que l'exemple frappe plus que le précepte, ne prend plus au sérieux les recommandations qu'on lui adresse. Il s'habitue à regarder ses devoirs comme des charges temporaires imposées à sa faiblesse, et dont il se débarrassera à son tour quand il sera grand. À ses yeux il y aura deux religions et deux morales, l'une pour les enfants et l'autre pour les grandes personnes, et comme celle-ci est plus commode, il aspire à grandir pour profiter de ses dispenses.

Les parents répondront pour leur part des fautes commises plus tard par leurs enfants, qu'ils ont négligé de former au bien ou pervertis par le mauvais exemple. La meilleure manière d'inspirer aux autres le goût de la vertu, c'est de la pratiquer devant eux, non pas en quelques occasions seulement et dans des circonstances amenées à dessein, ce qui donne une sorte de comédie dont les enfants ne sont jamais dupes, mais habituellement, sincèrement, avec simplicité, et jusque dans les choses les plus ordinaires. Ainsi se forment et se consolident les familles honnêtes où la probité devient héréditaire, parce que, en même temps que les parents en transmettent aux enfants la disposition avec le sang et la vie, ils en développent la capacité et le désir dès le berceau par une bonne parole et plus encore par de bonnes actions. C'est un insigne bonheur de naître de parents sains et vertueux et d'être élevé par eux. Par contre, c'est un malheur immense et bien difficile à réparer que d'avoir reçu en naissant un corps débile, et surtout un sang et des humeurs viciés, qui, outre les mauvais penchants qui peuvent en sortir, entravent nécessairement par les maladies le développement intellectuel et moral de l'enfant. Que sera-ce donc, si à ce triste héritage se joint l'influence déplorable du mauvais exemple dans la famille?

Du reste, la responsabilité paternelle, comme toute responsabilité, n'a lieu que vis-à-vis de l'autorité dont elle tient son pouvoir. Dans la sphère de la famille, le père ne doit compte à personne de l'exercice de sa puissance; il n'est justiciable que de Dieu. Le devoir des parents est donc à proprement parler un devoir envers Dieu. Il s'accomplit à la vérité au profit des enfants : il tourne à leur conservation et à leur bien; mais l'effet ou le résultat du devoir n'en est point le principe ni la sanction. En soignant et élevant leurs enfants, les parents répondent aux vues de la Providence, qui veut la propagation, le perfectionnement, et le bonheur du genre humain. Ils font valoir le talent que Dieu leur a confié, et c'est véritablement envers lui qu'ils sont obligés, puisqu'ils en ont reçu la vie, la puissance de la transmettre ou la paternité, l'autorité paternelle et le moyen de l'exercer.

§ 67.

Le devoir des parents, qui est au fond un devoir envers Celui duquel dérive toute paternité, est encore dans l'état social une obligation envers la société, qui, sanctionnant et garantissant civilement le mariage, constitue temporellement la famille et en protége le développement. La société, ayant sa base dans la famille, est gravement intéressée à ce que les parents élèvent convenablement leurs enfants; et ainsi, en retour de ce qu'elle fait pour assurer l'exercice de la puissance paternelle, elle a le droit d'exiger jusqu'à un certain point l'accomplissement du devoir des parents. Dans tout État bien organisé les parents reconnus par la loi sont obligés de nourrir et d'élever leurs enfants, qu'elle retient sous l'autorité paternelle jusqu'à leur majorité.

Dans l'ordre politique la famille est englobée dans l'État, qui ne peut subsister que par le concours de ceux qui le composent ; et pour établir et assurer ce concours, il a droit d'exiger de ses membres non-seulement l'obéissance à la loi, mais encore tout ce qui est raisonnablement nécessaire à la communauté. Ce droit est fondé, comme tout droit, sur un devoir accompli, c'est-à-dire que l'État ne peut réclamer de ses membres la soumission et des services que s'il les protège effectivement et les garantit. Ce qu'il leur donne leur impose des devoirs envers lui, et c'est pourquoi les parents, en tant que parents, ont des obligations à remplir envers la société, la famille n'existant moralement que par l'état social. Or rien n'importe plus à l'ordre et au bien-être des nations que l'honnêteté et la stabilité des familles, et par conséquent l'accomplissement des devoirs des parents. La famille prépare le citoyen futur ; et puisque l'homme devient plus tard ce qu'on le fait dans l'enfance, et que les principes, les croyances et les habitudes implantés en lui de bonne heure décident du reste de sa vie, la société a le droit de s'inquiéter de cette première éducation si importante à son avenir, et aussi de surveiller dans une certaine mesure l'exercice de la puissance paternelle.

Jusqu'où va le droit de l'État en cette matière? Question difficile à résoudre en théorie, et que la pratique tranche presque toujours. Les parents ont un droit sacré, qu'ils tiennent de Dieu et de la nature. Les affections et les droits de la famille en font la force et la dignité, et l'ordre qui y règne est la garantie de la société. Il est certain, d'un autre côté, que la société a aussi une puissance légitime sur tous ses membres. La patrie n'est point une abstraction ; c'est une personne morale qui a un caractère sacré, une supériorité naturelle, et par conséquent une autorité incontestable et presque maternelle. Or rien ne lui importe plus que la préparation physique et morale de ses membres commencée dans la famille. Si donc la famille dépend du pouvoir politique pour se constituer et pour durer, elle doit lui être soumise également sous ce rapport, et ainsi la loi peut s'ingérer jusqu'à un certain point dans l'exercice de la puissance paternelle. Je dis jusqu'à un certain point, car elle ne peut ni ne doit se mêler de tout, et il y a dans la famille un sanctuaire impénétrable, où doit régner seule la volonté des parents. La limite est indiquée par les besoins de l'État, dont l'intervention n'est légitime que là où elle est nécessaire.

Ainsi il faut à la société des citoyens sains de corps et d'esprit, et qui deviennent capables de la défendre et de la servir. Si elle a droit à la fin, elle a droit aux moyens; et c'est pourquoi elle peut imposer aux parents ce qu'elle juge indispensable ou utile à la santé des enfants et surtout au développement de leur intelligence et de leur moralité. Mais pour qu'elle puisse exercer avec fruit ce droit et cette surveillance, il faut qu'elle soit prête à remplacer les parents incapables ou dénaturés, et pour cela qu'elle ouvre des asiles à l'enfance abandonnée, négligée, ou maltraitée. Elle peut encore exiger que les enfants soient suffisamment instruits relativement à leur condition, mais alors elle doit mettre l'instruction élémentaire à la portée de tous, et la donner gratuitement aux plus pauvres, c'est-à-dire à ceux qui ne peuvent la payer. Elle peut exiger de tout citoyen une certaine moralité, mais alors il faut qu'elle ouvre des écoles de morale où tous puissent apprendre leurs devoirs, et ces écoles doivent être gratuites, afin que la misère ne serve point de prétexte à l'ignorance et à la perversité. C'est ce que la société commence à comprendre, après que le christianisme le lui a dit pendant des siècles; car l'enseignement religieux et moral a toujours été gratuit dans l'Église, et il le sera toujours, conformément à la parole de Jésus-Christ à ses apôtres : Donnez gratuitement ce que vous avez reçu gratuitement.

§ 68.

L'instinct naturel porte les parents à faire ce que le devoir commande et leur rend doux et plus faciles les soins et les sacrifices qu'il exige. La tendresse des parents pour les enfants est une des affections les plus profondes du cœur humain, surtout chez les mères. L'homme se reproduisant dans ses enfants, qui sont la chair de sa chair, l'os de ses os, son sang, lui-même sous une autre forme, c'est encore lui qu'il aime dans ceux qu'il a mis au jour, et cet amour, quand il est purement instinctif, est une transformation de l'amour de soi. Aussi n'est-il point le principe du devoir paternel; il le contrarie même souvent, lorsqu'il y a collision entre l'intérêt bien entendu de l'enfant et son bien-être du moment.

L'accomplissement du devoir est presque toujours aidé par des motifs accessoires qui en facilitent la pratique. Tels sont les instincts naturels qui disposent ou poussent à faire ce que la raison demande. C'est ce qui a lieu pour la satisfaction des besoins de la nature; à l'empire de la loi se joint le plus souvent l'attrait d'une jouissance. Tous les êtres, employés à donner l'existence à d'autres êtres, sont portés spontanément à les aimer et à les soigner, et ce penchant salutaire dure autant que ceux qui en sont l'objet en ont besoin. Cet instinct est surtout remarquable dans les mères. Naturellement la mère aime plus ses enfants que le père; elle est plus empressée autour d'eux; elle se soumet plus volontiers aux peines, aux fatigues que leur conservation exige, et ce qui ruinerait sa santé dans un autre temps, elle le sent à peine et le supporte avec plaisir, quand l'instinct maternel l'anime et la soutient. Cette tendresse plus vive a sa raison dans la nature de la femme et dans son rapport plus intime avec l'enfant. Elle est plus sensible que l'homme et a plus besoin d'affection. Toute sa vie est un besoin d'amour sous une forme ou sous une autre. Aussi est-elle toujours prête à se dévouer quand elle aime.

En outre l'enfant lui tient de plus près qu'au père. En elle s'opère la conception et l'enfantement. Elle contracte donc la plus étroite union avec son fruit, dès qu'il vit; car il vit d'elle, en elle et par elle. Il est enraciné dans ses entrailles comme la plante dans la terre; il se nourrit de son sang, il vit de sa vie, et tout leur est commun, tant qu'elle le porte. Puis, quand elle l'a mis au jour, il lui reste encore uni pendant longtemps par le besoin de la nourriture et des soins matériels. C'est au sein maternel qu'il puise son premier aliment, buvant encore le sang de sa mère et mangeant sa substance sous une autre forme. Il en coûte aux mères de ne plus embrasser leurs enfants, de ne plus les serrer contre leur sein, quand ils grandissent, tant elles sont portées par la nature à ne faire qu'un avec eux.

Le père reste presque en dehors de cette communauté d'existence, de cette identification de vie et de besoins. Dans les premières années de l'enfant il est plutôt un auxiliaire qu'un agent indispensable. Sa fonction est de protéger la famille et de pourvoir à sa subsistance. Plus tard, les soins de l'éducation intellectuelle et morale lui appartiendront, parce qu'il est le plus capable de cette tâche. Il n'est donc pas étonnant que sa tendresse instinctive soit moins vive et plus raisonnable.

Dire qu'une chose s'opère instinctivement, ce n'est point l'expliquer, à moins qu'on ne parvienne à se rendre compte de l'instinct. L'instinct est un entraînement naturel qui pousse à agir spontanément, sans réflexion ni volonté délibérée et même à l'aveugle. Or tous les instincts sensibles de l'homme et des animaux ont une même fin, la conservation de l'existence ; et ainsi il n'y a proprement qu'un instinct, celui de la conservation, ou autrement l'amour de soi, inné à tout être vivant, et qui s'applique à tout ce qui le constitue, à tout ce qui sort de lui, à tout ce qui s'y rapporte. Or l'enfant est une dépendance des parents; ils l'aiment donc comme ils s'aiment eux-mêmes. Ils s'intéressent à sa conservation, à son bien-être comme à celui d'un de leurs membres ou à une partie de leur existence, et ils mettent à le soigner et à le défendre le même empressement que pour leur propre personne. De là la vivacité, la tendresse la vigilance, le courage de l'instinct maternel. Jamais le sentiment du devoir seul ne donnerait à la mère naturelle le zèle qui la dévore ; c'est la plus admirable et la plus aimable transformation de l'amour de soi. L'instinct maternel se trouve à sa plus haute puissance dans certains animaux, même dans les plus faibles. Jamais ils ne sont plus courageux qu'en défendant leurs petits, et si c'était du dévouement, il faudrait avouer que les bêtes nous donneraient l'exemple de la plus héroïque vertu.

Dans le petit de la bête il n'y a qu'un animal à former, et la nature s'en charge. Dans l'enfant des hommes, il y a un être intelligent et libre, et par conséquent la nature seule ne peut faire les frais de l'éducation, l'affection instinctive des parents n'y suffit plus. Leur amour doit être éclairé et dirigé par la connaissance du devoir. Il s'élève à l'état de vertu en devenant raisonnable. Dans ce monde il n'y a point de vertu sans sacrifices, et les véritables sacrifices des parents sont tout ce qu'ils s'imposent pour la bonne éducation des enfants, malgré les répugnances de la nature et les obstacles que la tendresse charnelle de l'un ou de l'autre y apporte presque toujours. Rien n'est plus funeste au véritable bien de l'enfant qu'une affection maternelle sans raison et qui aime aveuglément. Au contraire rien de plus respectable qu'une paternité digne et consciencieuse qui, réglant l'amour naturel par le sentiment du devoir, modère l'instinct par l'obligation morale, et sait au besoin souffrir et faire souffrir l'enfant pour l'amender et le perfectionner. Voilà les soins, les sollicitudes qui laissent une trace profonde au cœur des adultes, parce qu'elles ont été vraiment utiles en formant l'homme spirituel qui ne périt pas.

§ 69.

Les parents, qui ont transmis aux enfants l'être et la vie, sont encore les instruments par lesquels leur existence est conservée, formée dans le premier âge, et qui leur donnent ensuite nom et rang dans la société. Si donc l'action et l'affection paternelles sont les conditions objectives de l'existence et de l'éducation de l'enfant, la réaction de celui-ci par l'obéissance et la confiance est la condition subjective pour que son existence se perfectionne et se consolide. Obéissance et confiance, amour et crainte, sont les éléments de la piété filiale.

La fonction paternelle a trois moments distincts qui se rapportent à la même fin, la fondation d'une famille. Les parents donnent la vie par la génération, ils la développent par l'éducation, et enfin ils la perpétuent en établissant dans le monde leurs enfants qu'ils ont rendus capables de pourvoir par eux-mêmes à leur existence et de fonder une famille à leur tour.

Le premier acte de la paternité est celui auquel

la volonté a le moins de part. Cependant, comme l'homme agit dans ce cas comme dans tous les autres par l'unité de sa personne, son état moral y a aussi de l'influence. C'est pourquoi la religion prépare le mariage avec tant de soin; c'est un sacrement où la vertu divine doit sanctifier la puissance physique et qui impose aux deux parties l'obligation de purifier leur conscience avant de s'unir. Leur rappelant tout ce qu'il doit y avoir de moral dans leur union, elle s'efforce de tempérer par les sentiments élevés de la piété l'entraînement de l'instinct et l'ardeur de la passion.

L'éducation est le second acte de la paternité et le plus important, celui qui engage le plus la responsabilité des parents; car il ne suffit pas de mettre des hommes au monde, il faut encore les élever. Au père appartient surtout ce soin nouveau. Plus fort de corps et d'esprit, il est aussi plus capable de diriger l'enfant dans l'exercice de son intelligence et de le plier à la discipline. Moins susceptible de se laisser amollir par la tendresse naturelle, sa fermeté tourne au profit de l'ordre et de la justice dans le gouvernement de la famille. Le père y est investi de la puissance, et son devoir est de la conserver intacte et digne, dans l'intérêt des enfants plus encore que pour son propre honneur. Rien de plus déplorable que l'absence d'autorité dans une famille. Là où le gouvernement défaille, règne l'anarchie, le désordre s'établit par l'interversion des rapports naturels, et la dissolution arrive.

Mais à l'action des parents doit correspondre la réaction de l'enfant, et le pouvoir reste inefficace s'il n'est reconnu et obéi. Quand l'enfant se détourne de ses parents ou s'oppose à eux, il se dérobe à leur tendresse en même temps qu'à leur autorité. Il manque alors de direction morale ; et il compromet à la fois son existence physique et sa vie spirituelle. La soumission est donc son premier devoir : sa vertu principale est l'obéissance. S'il repousse ou élude la parole de ses parents, il se prive du bien qu'elle doit lui procurer, et en voulant se rendre indépendant, il s'expose à tous les maux que peuvent lui attirer son ignorance, sa faiblesse, et sa témérité.

Or l'homme est porté à obéir par deux motifs : l'amour et la crainte, qui, mêlés et tempérés l'un par l'autre, produisent le respect. L'enfant qui respecte ses parents est le seul qui soit vraiment obéissant. Il craint leur autorité, et cette crainte est la garantie de sa subordination. Mais pour lui inspirer cette crainte salutaire, il faut parfois le déploiement de la puissance paternelle, soutenue par la sévérité et au besoin par la force. Cette puissance, comme toutes celles de ce monde, doit menacer pour être respectée. Elle doit maintenir par la contrainte ou réprimer par le châtiment les tendances rebelles de la volonté. Il faut que le père sache être père, parlant avec autorité et sévissant, quand la justice le demande. Malheur aux familles où la dignité paternelle se dégrade ! En s'abaissant au niveau des enfants sous prétexte de les conduire par la douceur et comme il convient à des êtres raisonnables, elle dégénère en familiarité inconvenante ou en disputes indécentes. Cette prétendue douceur des parents est le plus souvent de la lâcheté. Ils consultent leurs enfants ou tâchent de les persuader, parce qu'ils n'ont pas le courage de leur commander, et ils se font leurs amis, parce qu'ils n'ont pas la force d'être leurs supérieurs.

L'affaiblissement de la puissance paternelle est

une des causes les plus actives de la démoralisation sociale.

Quand la foi religieuse se perd, les hommes, se détournant de Dieu et l'oubliant, ne comprennent plus la dignité paternelle; ils méconnaissent le caractère sacré dont la revêt la délégation divine. Abandonnés à eux-mêmes, ils flottent alors entre les deux excès de la faiblesse et de la violence selon leur caractère, et la famille n'est plus gouvernée par la justice, mais par les caprices de la chair et l passion du moment. Alors aussi le devoir des enfants n'est pas mieux rempli que celui des parents. La révolte, cachée ou déclarée, prend la place de l'obéissance, et la jeunesse, l'enfance même, devient impatiente de la discipline et de la loi. Quand on n'a point appris à obéir dans la famille, il est difficile de s'y habituer dans la société. La mauvaise éducation des enfants prépare les mauvais citoyens, et les désordres de la famille sont les préludes des troubles de l'État.

Cependant la piété filiale n'est pas seulement de la crainte. La crainte seule fait des esclaves, et l'homme n'obéit librement et pleinement que par amour. C'est l'amour qui forme le premier lien entre les parents et les enfants. La crainte le consolide en le reserrant, et elle le rend respectable par le joug supérieur qu'elle lui impose. La confiance doit se joindre à l'obéissance, et elle naît de l'amour.

Après avoir élevé leurs enfants, les parents doivent les établir dans le monde, ou au moins les mettre en mesure de s'y soutenir à leur tour. C'est le complément de l'œuvre de la paternité. Le but de l'éducation, qui doit toujours être relative à la condition des enfants, est de les rendre aptes à travailler utilement au sein de la société. En général ceux-là réussissent le mieux, que le besoin force d'employer de bonne heure les talents qu'ils ont reçus de la nature. Le besoin est le plus vif aiguillon de l'esprit et de la volonté. Les hommes distingués sont toujours poussés par une vocation spéciale, et leurs parents ont en général peu de chose à faire pour déterminer leur avenir. Leur ligne se trace d'elle-même ; il s'agit simplement de la suivre, et surtout de ne pas contrarier l'instinct de la nature et la motion de la Providence. Il serait difficile de donner ici des règles de détail, à cause de la variété des caractères, des conditions, et des circonstances. On peut seulement poser en principe que l'établissement des enfants regarde les parents, et qu'ils doivent surtout s'attacher à reconnaître leur vocation, ou ce à quoi ils sont le plus aptes; qu'il y aurait prévarication de leur part à sacrifier l'enfant et son avenir à un intérêt d'ambition, d'orgueil ou de fortune, et qu'enfin ils doivent, dans le choix d'un état ou d'un établissement pour leurs fils ou leurs filles, faire abnégation d'eux-mêmes le plus qu'ils peuvent, et rechercher par-dessus tout ce que demande le vrai bien de leurs enfants.

§ 70.

Les obligations imposées par le devoir filial varient avec la position respective des parents et des enfants. Tant que l'enfant est sous la conduite des parents, il est dans leur dépendance et doit leur être soumis. Mais cette soumission ne va point jusqu'à la servitude, parce qu'il est une créature intelligente et libre. Quand il est devenu majeur, le devoir n'exige plus l'obéissance, mais seulement la déférence et l'honneur; et si l'âge, la maladie, le malheur ou toute autre cause met les parents dans l'impossibilité de se suffire, il doit leur rendre ce qu'il en a reçu, non-seulement en leur fournissant les choses nécessaires au soutien de l'existence, mais encore en faisant tout ce qu'il pourra pour adoucir leurs maux et soulager leur faiblesse.

Il est difficile de déterminer exactement les limites de la soumission filiale. Celles de l'autorité paternelle sont plus claires, au moins en théorie; car dans la pratique, le mélange de l'affection naturelle et de ce qui en ressort entraîne aisément dans l'excès. Les parents ont à respecter dans l'enfant l'être libre et intelligent, l'âme, la personne, qui ne doit jamais être traitée en esclave ni comme une chose. Il ne doit pas être employé par les parents en instrument passif de leur volonté, pour leur intérêt, leur plaisir ou selon leurs caprices. Il convient qu'il les aide de son travail et de ses moyens, quand il le peut; mais il ne faut pas l'exploiter comme une propriété, et sacrifier son éducation intellectuelle et morale à l'avantage matériel de la famille. C'est donc une prévarication des parents, que d'enchaîner tout le jour des enfants à une machine, comme il arrive quelquefois dans les pays de fabrique, dès qu'ils sont capables d'enlever une bobine ou de rattacher un fil, sans même leur laisser une heure pour l'instruction de leur esprit et la formation de leur âme. Dans ce cas l'homme est traité en animal ; on épuise ses forces pour un misérable salaire au détriment de son véritable bien ; on le laisse croupir dans l'ignorance, dans l'immoralité. On le dégrade en le rendant machine, et en vérité, devant Dieu et devant les hommes, ceux qui profitent de cette indigne exploitation sont aussi coupables que les parents dénaturés qui s'y prêtent.

Aussi les populations de ces contrées sont dévorées par les maladies et les vices, et leur constitution physique est aussi triste que leur état moral. Les liens de la famille étant brisés de bonne heure par les exigences de la fabrique, l'enfant connaît moins son père que son maître, et il est privé des soins et des caresses de sa mère. Son salaire le rend indépendant de ses parents, et en apprenant à se passer d'eux, il apprend aussi à mépriser leur autorité et à les quitter quand ils le gênent. Ainsi les hommes, dressés de bonne heure au plus vil égoïsme, n'agissent, ne vivent que pour le lucre afin de satisfaire leurs appétits grossiers et suffire à la débauche. Cet abus se retrouve encore, quoique à un moindre degré et avec des conséquences moins funestes, dans les gens de la campagne qui, dès qu'on peut aller aux champs, retirent leurs enfants des écoles et les emploient toute la journée à leurs travaux en guise d'instruments ou de bêtes de somme. Le peu d'instruction reçue pendant l'hiver est bientôt oubliée, et, ce qui est plus déplorable encore, on les empêche d'aller au catéchisme ou à l'église le dimanche, s'il y a quelque chose à faire à la maison, ou quelques sous à gagner au dehors.

Si l'on doit respecter la dignité de l'être libre dans l'enfant, il faut aussi avoir égard à sa raison et à sa pensée. Bien qu'il doive se soumettre à la manière de voir de ses parents, on ne peut lui imposer cependant une obéissance purement passive. C'est une immoralité que d'abuser de la faiblesse de l'enfance pour la remplir de préjugés, de croyances erronées ou de dispositions malveillantes: ce qui arrive quelquefois dans les familles, même à leur insu, quand des préventions les dominent ou que des haines les séparent. Partout où se trouve la faculté de penser, il faut qu'elle s'exerce, comme il faut que l'œil voie, que les poumons respirent, et la fonction de la raison est aussi essentielle à la vie spirituelle de l'homme terrestre que la fonction digestive à la vie physique. L'obéissance passive est toujours relative et conditionnelle. Il est impossible de l'imposer absolument, même à l'homme le plus inepte, le plus dépourvu de moyens; car il ne peut abdiquer entièrement l'usage de sa raison, et l'exercice de son jugement propre lui est encore nécessaire pour exécuter les ordres récusés.

Le devoir de l'obéissance envers les parents dure autant que la minorité des enfants, dont il est la conséquence. Dès que l'homme peut se suffire à lui-même par la force du corps, par la capacité de l'esprit et l'énergie de sa volonté, dès qu'il est devenu un membre actif de la société, ne demandant plus à d'autres le soutien ni la direction de sa vie, et assumant une responsabilité propre par la jouissance de sa raison et de sa liberté, il n'est plus tenu à une soumission désormais inutile et qui entraverait son développement. L'autorité paternelle, en tant que loi stricte et commandement légitime, expire à la majorité de l'enfant. Mais le devoir filial ne cesse pas, bien qu'il prenne une autre forme. Les parents restent toujours les antécédents naturels des enfants, les instruments dont

Dieu s'est servi pour leur transmettre la vie, et à ce titre ils conservent à leurs yeux un caractère sacré et ont droit à leur vénération.

En toute justice, et selon la rigoureuse équité, les enfants devant aux parents tout ce qu'ils en ont reçu, sont tenus non-seulement de leur fournir ce qui est nécessaire aux besoins ordinaires de la vie, c'est-à-dire l'alimentation et l'entretien, mais encore les soins dont ils ont été eux-mêmes l'objet dans leur bas âge; soins indispensables à la vieillesse pour alléger les derniers jours d'une vie qui s'éteint. Ici, le devoir seul serait insuffisant. Il faut y joindre quelque chose d'affectueux et de tendre, qui parte du cœur plus que de la raison ; et, comme l'amour maternel avec les empressements de son dévouement instinctif a protégé le berceau et soutenu les premiers pas de l'enfant, l'amour filial doit à son tour, par la reconnaissance du cœur et la prévenance délicate de l'affection, frayer et adoucir le chemin de la tombe. Le berceau et la tombe se correspondent, comme les deux pôles de la vie terrestre. Ils ont l'un et l'autre un caractère sacré; car ils renferment le même mystère sous deux formes différentes : l'homme naissant pour mourir, et mourant pour renaître.

§ 71.

Le résultat naturel de l'autorité et de l'affection paternelles d'un côté, de l'obéissance et de la piété filiales de l'autre, outre l'honneur des parents et la conservation des enfants, est encore la consolidation de la famille, la longue vie ou la durée de la race; car, ainsi que les individus ne subsistent dans leur jeune âge que par leur attachement aux parents, les familles ne s'affermissent dans le temps qu'en gardant les mœurs et les traditions des ancêtres, en honorant leur nom et leurs vertus. C'est par cet enchaînement des générations d'une même lignée, s'appuyant l'une sur l'autre, que la souche dont elles sortent passe d'âge en âge et déploie sa fécondité sur la terre par une nombreuse postérité.

La vie se développe partout suivant la même loi; partout le rayonnement part d'un point, se pose successivement, à certains intervalles, et chaque pose fait un anneau de la chaîne, en sorte que la vie émanée du principe passe dans tous les degrés continus et intérieurement attachés l'un à l'autre. Une semence porte virtuellement en elle une multitude de générations, elle les réalise ou les expose avec les années; et chacune sortant de celle qui l'a précédée et produisant celle qui la suit, elles se tiennent dans le temps et forment une progression déterminée par la force vitale du foyer dont elles sont parties. C'est ce que fait aussi la puissance de la déduction logique, qui dans l'ordre intellectuel produit et développe comme la nature, dont elle est le reflet dans la sphère de la pensée.

Il en est ainsi des familles et des nations considérées moralement. Aux liens du sang s'ajoute un attachement moral, qui les consolide et les fait durer en dehors des instincts naturels, ce qui ne se voit pas chez les animaux, où la famille se dissout après que les petits ont été élevés. La famille humaine au contraire subsiste par sa partie morale, et c'est pourquoi la meilleure garantie de sa perpétuité est l'accomplissement exact des devoirs de ses membres. Alors s'établit une double chaîne : chaîne physique par la transmission de la vie organique, chaîne morale par l'union des volontés au moyen de l'autorité et de l'obéissance, et dans cette union la vie spirituelle se communique par l'éducation, par l'exemple, par les mœurs, par les traditions. Chaque génération, s'appuyant moralement et physiquement sur celle qui la précède, avance sur la voie qui lui a été frayée. Elle travaille avec le fonds que l'autre lui a laissé, exploitant l'héritage des ancêtres ; et s'il y a un bon esprit dans la race, si elle a été bénie, le développement s'opère heureusement et pleinement à travers les siècles.

Ainsi s'établirent sur la terre les familles vraiment nobles et princières. L'homme, qui en doit être la souche, est investi de la vertu d'en haut par une élection mystérieuse de la providence, se préparant des instruments en ce monde pour l'accomplissement de ses desseins. Mais la race de ces hommes ne subsiste avec puissance et bonheur que si leurs descendants restent unis au principe de vie dont ils tirent leur force et leur mission ; sinon elle dégénère et disparaît bientôt. Ce que le vulgaire nomme fatalité, bonheur, heureuse ou malheureuse étoile, est au fond la main du Très-Haut, qui appelle, élève, conduit, ou repousse, abaisse, disperse, suivant que la volonté humaine est fidèle ou rebelle à sa volonté, cède ou résiste à son action. Là est la raison dernière de l'exaltation et de la chute des dynasties. Ainsi se forme la véritable aristocratie ou la domination des meilleurs, c'est-à-dire des plus intelligents et des plus vertueux, qui finissent toujours par devenir les plus puissants et les plus riches, quand la justice reste héréditaire dans les familles par le respect des mœurs et des traditions.

Par ce développement régulier des races à travers les siècles s'opère en elles et par elles le vrai progrès de l'humanité, qui pousse en avant par le mouvement naturel de la vie, mais toujours soutenu par le passé, et ne faisant qu'exposer à une puissance nouvelle et sous une autre forme ce qui était contenu virtuellement dans la racine. Que si, au contraire, chaque génération voulant se rendre indépendante de la précédente, refuse l'autorité des ascendants, et commence à elle-même son mouvement et son travail, elle n'a point de fondement dans le temps ; elle est comme suspendue en l'air, et ce qu'elle établit ne subsistera pas, d'abord parce que la base lui manque, et ensuite parce que la génération qui en sortira, imitant son exemple, se détachera à son tour et ne fera pas suite avec elle. Alors l'expérience des parents est perdue pour les enfants, et chacun n'a plus de ressources qu'en lui-même, parce qu'il ne croit qu'à lui. C'est la ruine de la famille et par suite de la nation. Ainsi se justifie le précepte du décalogue : *Honore ton père et ta mère afin de vivre longuement sur la terre*, c'est-à-dire afin que ta race s'y propage et s'y consolide ; car le père vit dans sa postérité. (*Exod.*, xx, 12.)

§ 72.

La puissance paternelle, transmettant la vie physique, se rapporte immédiatement dans son exercice au bien-être matériel de l'enfant et à ses intérêts temporaires. Cependant l'homme, qui n'est pas simplement animal, n'est point fait pour vivre uniquement par le corps et des choses dont le corps a besoin. Il est esprit et âme, et il doit vivre de la vie de l'esprit dans son esprit, de la vie de l'âme dans son âme. Il faut que cette vie plus haute soit excitée et développée en lui par la parole et l'instruction ; il faut que l'homme spirituel soit engendré dans l'homme physique. De là une autre espèce de paternité, plus pure parce qu'elle est d'un ordre plus relevé, et qui s'établit aussi par l'action et la réaction de deux termes, dont l'un transmet et nourrit la vie spirituelle, que l'autre reçoit et s'assimile. Attention et confiance, ou soumission de l'esprit et du cœur, sont les conditions nécessaires pour que l'instruction profite ; et ainsi l'amour et la crainte constituent le devoir principal du fils selon l'esprit, comme celui du fils selon la chair.

La paternité spirituelle s'explique comme celle de la nature, parce qu'elle s'établit par les mêmes lois. Dans l'un et l'autre cas c'est la transmission de la vie, mais à un autre degré. Créature intelligente et libre, l'homme doit être engendré à la vie intellectuelle, à la vie morale, comme il l'a été au monde terrestre. Or dans l'homme physique est enfermé le germe de la vie spirituelle, et ce germe, comme les autres, ne peut être vivifié que par une action objective, analogue à sa nature, c'est-à-dire

spirituelle comme lui, et c'est par la parole seule
que les influences de ce genre agissent en ce monde.
C'est donc par la parole que s'opère la fécondation
des intelligences et des âmes.

Cependant toute parole n'est point apte à féconder. Il faut qu'il y ait en elle une vertu génératrice,
ou autrement qu'elle soit parole de vérité, parole
de vie. Ici, comme dans la sphère inférieure, la vie
vient de Dieu seul. L'homme la transmet, parce
qu'elle lui a été donnée; et quand il est employé à
l'allumer dans son semblable, il reçoit la mission
du prophète, de l'apôtre, ou à un degré inférieur
celle du génie. Le propre du génie est d'ouvrir les
esprits à la lumière intelligible par son influence,
en d'autres termes, de transmettre la lumière supérieure dont il est illuminé. Il devient ainsi père
selon l'esprit, parce qu'il communique la vérité,
qui est la vie des intelligences.

Cela est encore plus vrai dans l'ordre moral ou
pour le développement des âmes. Ici encore, Dieu
seul féconde et engendre; car la vie psychique
émane de lui; mais il la répand par des instruments choisis, par des vases d'élection qu'il prépare et réserve pour cette haute mission, et ces
hommes deviennent les ministres de la volonté
divine, chargés de transmettre à la terre la vie du
ciel, et par conséquent pères par la génération de
l'âme et suivant l'ordre éternel.

La filiation spirituelle s'opère d'autant mieux,
que l'âme est plus dégagée du corps, et qu'il y a
moins d'interstices entre la parole de vie et elle.
Plus on vit par les sens, par la matière, moins on
est capable de la vie spirituelle. C'est pourquoi les
rapports de ce genre s'établissent difficilement
entre des âmes déjà unies par les liens de la chair

et du sang. Aussi les parents naturels suffisent rarement à l'éducation la plus élevée de leurs enfants. Bien qu'ils aient le devoir et le droit de pourvoir à leur développement spirituel, ils ne sont pas néanmoins les plus propres à le diriger. Le père naturel ne peut pas être le père spirituel de ceux qu'il a mis au monde. La vie de l'âme se transmet par une parole pure de tout sentiment charnel ; car le rapport doit être uniquement spirituel entre ces deux termes ; ce qui ne se peut entre ceux qui sont déjà unis par le sang. Il y aurait beaucoup à dire sur la formation et le développement de la vie spirituelle dans la conduite et la direction des âmes. Mais ce n'est point le lieu.

Les devoirs des parents et des enfants exposés plus haut se reproduisent à un autre degré et sous une autre forme dans la famille spirituelle. Là aussi il y a un terme supérieur et un terme inférieur, et de leur rapport vivant résultent des obligations respectives. Celui qui enseigne doit agir avec autorité, parce qu'il est revêtu d'une puissance plus haute, et parle au nom de la vérité ou de la justice, au nom de Celui qui en est la source. Transmettant la vie de l'esprit, il est plus près de Dieu que le père naturel, qui la reçoit et la communique par l'intermédiaire de la nature. Aussi sa puissance est plus imposante, plus grave, plus pénétrante ; car c'est la vérité elle-même qui doit parler par sa bouche. La parole d'enseignement est donc nécessairement dogmatique, non comme parole humaine, mais parce qu'elle doit être l'expression de la vérité, ou la manifestation de la volonté divine. Le ministre de la vérité ne doit jamais parler en son propre nom. Il est envoyé non pour annoncer ses idées, ses pensées, ses raisonnements, mais le vrai tel qu'il l'a vu. S'en rapporter la gloire ou vouloir l'exploiter à son profit est une prévarication. C'est dans l'ordre spirituel la même faute que la possession abusive des enfants dans la famille naturelle.

Du reste, dans ce cas comme dans l'autre, l'autorité n'a tout son effet que si elle est acceptée et obéie. La soumission du disciple à celui qui l'instruit et le dirige est la première condition du succès. Il faut qu'il commence par croire à la parole du maître, par y adhérer ; sinon elle n'entre ni dans son esprit ni dans son âme, et la vie ne s'y produira pas. L'attention qui reçoit la parole, la confiance qui l'admet, la docilité qui la réalise, tels sont les devoirs du fils selon l'esprit, de celui qui veut vivre de la vie de l'intelligence et de l'âme.

§ 73.

Le résultat naturel de l'autorité et de l'affection du maître, d'un côté, de la confiance et du respect du disciple, de l'autre, est, avec l'honneur et la gloire du premier, le perfectionnement de l'esprit et de l'âme du second, la propagation de la vérité parmi les hommes et à travers les siècles. Car si la vie physique se transmet par le sang, la vie spirituelle se propage par la parole ; et quand l'esprit, dont elle est l'expression, est communiqué et reçu purement, il déploie des trésors d'intelligence et de vertu à chaque degré de filiation. Ainsi tend à s'établir parmi les peuples le règne de la vérité et de la justice.

Les conséquences de la génération spirituelle sont analogues à celles de la génération physique, quand les devoirs qui en ressortent sont bien accomplis. Outre ce qui en revient aux individus, honneur des parents et du maître, développement des enfants et des disciples, le but providentiel est atteint, d'une part par l'extension et la consolidation de la race, de l'autre par la diffusion et l'établissement de la vérité sur la terre.

Il y a en ce monde deux espèces de filiation : l'une physique par le sang, l'autre spirituelle par la parole. La vie donnée primitivement au genre humain se propage par la génération, comme une source qui coule sans intermittence à travers les âges et se précipite vers l'océan de l'éternité. Par intervalle, et à certaines époques, l'action divine ravive ce courant dans quelques hommes en y versant un surcroît de bénédictions, et il en sort une race rajeunie, plus vigoureuse, plus riche en vertu, qui manifeste puissamment parmi les nations les dons qu'elle a reçus. L'élection de ces hommes est un mystère de la grâce divine.

Il en est de même dans l'ordre spirituel. Le trésor de la vérité a été ouvert à l'homme dès l'origine, puisque Dieu lui a parlé dès le commencement, et dans cette parole primitive, par laquelle l'Éternel s'est fait connaître, toutes les vérités fondamentales, nécessaires à l'existence et au développement de l'humanité sur la terre lui ont été révélées : dépôt sacré, trésor inaliénable, fonds inépuisable de la richesse de l'esprit, que le premier homme a dû transmettre à ses descendants comme il l'avait reçu. Cependant la tradition, passant à travers les sens, l'imagination et la pensée des peuples, devait s'altérer, s'obscurcir; et le cours en devenant plus difficile à mesure qu'il avançait, et ainsi l'action de la vérité moins efficace, il a fallu qu'elle fût ranimée à certains intervalles par de nouvelles manifestations faites à des instruments choisis de Dieu pour recevoir et annoncer sa parole. Il y a donc eu en eux un surcroît de vie intelligible, de lumière céleste; et leur parole rajeunie et rendue plus féconde a ranimé la génération spirituelle, épuré et renouvelé la transmission de la vérité. Ces hommes sont les princes de l'ordre moral, les chefs de dynastie selon l'esprit, de quelque nom qu'on les appelle, prophètes, voyants, apôtres, poëtes dans le sens supérieur, génies. Nous ne les rapprochons ici que sous ce rapport, qu'ils ont eu par-dessus leurs semblables le privilége de recevoir la connaissance de la vérité par une voie transcendante et exceptionnelle. Que cette communication supérieure se fasse objectivement, par une révélation proprement dite, ou subjectivement dans leur entendement et leur conscience; qu'ils aient vu Dieu, le ciel et l'éternelle vérité dans leur corps ou hors de leur corps, comme dit saint Paul, de lui-même (II Cor., XII, 2), nous n'examinons pas cette différence, très-notable du reste, en ce moment.

La propagation de la vérité est donc aussi continue ici-bas que celle de la vie. L'humanité vit spirituellement, moralement, par la tradition, comme elle subsiste physiquement, matériellement, par la génération. Or, de même que dans l'ordre physique il y a une ligne principale du développement du genre humain, et au milieu des familles et des races une filiation princière, une branche aînée qui est comme l'axe de l'humanité, sa lignée la plus directe; ainsi, dans l'ordre spirituel, il y a une tradition fondamentale, où la vérité s'est conservée intègre, inviolable dans sa forme et par la rigueur de la lettre, afin que les pensées et les passions humaines ne pussent l'altérer. Remontant à l'origine des choses et propagée dans l'ancien monde par un peuple choisi de Dieu à cette fin, elle a continué son cours dans le monde moderne par l'institution providentielle de l'Église, succédant à la synagogue dans la mission de transmettre intact à l'avenir le dépôt de la parole éternelle accrue par l'Évangile. Elle est devenue l'axe du développement intellectuel et moral de l'humanité, à laquelle elle a fourni en effet les bases de la science, des arts, de la législation et de la civilisation, et qui vit de ce fond primitif, principe de son progrès et garantie de son perfectionnement. Là est le salut du genre humain, parce qu'il y trouve la vérité qui illumine l'esprit, la justice qui règle la volonté, le bien qui nourrit et affermit l'âme. Aussi, est-ce du christianisme, et par sa féconde influence, qu'est né le monde moderne avec ses lumières, sa liberté, sa dignité, sa charité. Il n'a prospéré qu'en restant attaché au tronc de la doctrine chrétienne et par sa sève; il périclite dès qu'il essaie de s'en séparer, et s'il pouvait s'en détacher entièrement, il retomberait inévitablement dans la barbarie.

CHAPITRE VII.

DEVOIRS ENVERS LA SOCIÉTÉ.

§ 74.

L'homme est fait pour la société; car il ne peut devenir tout ce qu'il doit être que par elle. L'état sauvage ou barbare, contraire à sa nature, est un des plus grands obstacles à son perfectionnement. *L'état de nature*, comme l'entendent quelques philosophes, loin d'être l'état natif et originel de l'humanité, en est au contraire une dégénération qui la rapproche de l'animal. L'état vraiment naturel de l'homme est celui où toutes ses facultés se développent harmonieusement et progressivement, où tous les besoins de son existence peuvent être satisfaits : c'est l'état social.

Le mot *nature* est un de ceux dont on a le plus abusé. On a beaucoup parlé, au dix-huitième siècle et depuis, d'un *état de nature*, qui n'est que l'état sauvage, représenté par les uns comme le point de départ du genre humain, et vanté par d'autres comme le terme auquel il doit revenir pour retrouver sa vraie liberté. Tout le monde connaît les paradoxes de Rousseau à ce sujet, paradoxes qui étaient bien plus l'expression de sa mauvaise humeur contre la civilisation dont il croyait avoir à se plaindre, que le résultat d'une étude approfondie de l'homme et de la société. L'état sauvage existe encore. L'Amérique, l'Asie, l'Afrique renferment des multitudes d'hommes vivant en tribus sans s'attacher au sol par la culture ou le soin des troupeaux, ce qui serait déjà un commencement de civilisation, mais demandant leur nourriture à la chasse, à la pêche, et consumant leur existence vagabonde à satisfaire les besoins du corps sans s'inquiéter de ceux de l'esprit. Est-ce là l'état naturel de l'homme, et est-il à croire que le genre humain ait commencé de cette manière?

A coup sûr, l'état naturel d'un être est celui qui ressort de sa constitution, et qui en satisfait toutes les exigences. Or, dans le sauvage, l'animal seul est développé, ou du moins il domine tout le développement. Sa raison, esclave des sens et de l'imagination, et enfermée dans le cercle étroit des choses sensibles, s'élève à peine aux abstractions les plus simples, aux généralisations les moins étendues. La concupiscence de la chair subjugue sa volonté, quand l'orgueil ne l'exalte pas. La violence fait le droit et la justice est dans la force. Sans doute, s'il n'y avait en nous qu'une nature animale, l'état sauvage en serait la perfection ; mais il y a encore une nature spirituelle, qui ne peut être développée que par la parole, et ainsi par la société. Cette nature a pour le moins autant de droits que l'autre à être satisfaite ; et puisque la personne humaine dans son unité complexe ne devient ce qu'elle doit être que si toutes ses facultés sont exercées, tous ses besoins légitimes contentés, il est évident qu'une manière de vivre, où l'instinct animal règne sans partage et qui reproduit à peine quelques traces d'intelligence et de moralité, ne peut être que l'ébauche du développement humain, son degré le plus intime, ou, ce qui est plus probable, une dégénération de l'humanité, une espèce de décadence, par laquelle elle aura été abrutie et comme animalisée après s'être pervertie et corrompue.

La solution de la seconde question dépend de la manière dont on explique l'origine du genre humain. Ceux qui pensent qu'il est un produit des seules forces de la nature, qui l'a fait tel qu'il est aujourd'hui par une série de transformations séculaires, ceux-là doivent croire conformément à leurs prémisses qu'il a vécu longtemps dans l'état sauvage, comme il avait été arrêté des siècles dans les règnes inférieurs, et qu'ainsi il n'est arrivé à l'état rationnel et moral que par une sorte de sublimation successive et de rénovation graduelle ; ce qui est aussi contraire aux traditions de l'histoire qu'aux lois de la nature. On n'a jamais rien vu qui ressemblât à ces merveilleuses métamorphoses, et le fait de l'*humanisation* de l'animal n'a jamais été observé. Il y a au contraire une distance immense entre l'animal le plus relevé et l'homme le plus dégradé. La parole est le caractère indélébile qui les sépare essentiellement. L'origine de la parole, voilà l'écueil où échouent tous les systèmes qui ne voulant voir dans l'homme qu'un produit purement terrestre, prétendent faire sortir ses plus hautes facultés du contact avec le monde sensible. La question peut donc se traduire ainsi : d'où pourrait venir à l'homme la pensée, et la parole qui en est l'instrument et l'expression, si, produit brut de la nature physique et sans commerce avec le ciel, il ne recevait de vie, de force et d'inspiration que par son contact avec la terre? Cette parole supérieure, condition absolue du développement spirituel, ne pourrait venir d'un homme, puisque tous les individus participeraient à l'état du genre. Elle ne viendrait point de la nature physique, puisqu'il n'y a point en elle d'agent intelligent, et qu'une raison déjà éclairée par une lumière supérieure, peut seule y reconnaître l'idée et la volonté de son auteur.

Une seule doctrine résout ces questions : celle qui enseigne, sur la foi de la tradition universelle, confirmée par la parole de la Genèse et de l'Évangile, que Dieu a créé l'homme à son image, le composant d'un corps tiré de la terre, et d'une âme insufflée par l'Esprit divin ; qu'ainsi, par sa double nature, il a été dès le commencement en rapport avec deux mondes : d'un côté avec son principe par son âme, de l'autre avec la matière par son organisme ; et que, comme il s'est développé physiquement par son commerce avec la terre et ses produits, de même il n'a pu se développer moralement que par l'action continuée de l'Esprit créateur. De là, ce que la Bible appelle la conversation de Dieu avec nos premiers parents, c'est-à-dire une parole primitive, moyen de la communication céleste, et dans cette parole l'infusion primordiale dans l'entendement humain des idées universelles, principes de la science humaine. Alors s'explique comme de soi-même l'origine du langage, sans lequel il est impossible de rendre raison de l'homme civilisé. L'abîme entre le physique et le moral se comble, et l'âme et le corps se développent simultanément et harmonieusement sous la double influence du ciel et de la terre.

Tant que cette harmonie a duré, l'homme était dans l'ordre de sa création, et par conséquent dans la justice et le bonheur. Mais quand il a commencé à vivre par le corps plus que par l'âme, envahi par la vie matérielle et cessant de réagir vers Dieu, il a fini par l'oublier et il est tombé dans la dégradation. Telle est la cause de la décadence de l'humanité et des peuples. La civilisation a précédé la barbarie ; car toujours le bien est avant le mal, la vérité avant l'erreur, le positif avant le négatif. C'est par l'abandon de ce qui fonde et entretient l'état civilisé que les hommes dégénérés se sont rapprochés de l'animal, comme on voit encore de nos jours ceux qui ne vivent que pour le corps et ses jouissances prendre peu à peu les inclinations et jusqu'aux apparences de la brute.

Si donc les hommes ne sont civilisés que par une influence morale, et si toute influence de ce genre part originairement d'une action surhumaine, il suit que l'état normal s'établit, se conserve et se perfectionne en raison de sa participation à la parole révélée et aux traditions qui la propagent, c'est-à-dire à la communication de Dieu avec l'humanité. La civilisation, au contraire, s'altérera, se dégradera à mesure que ce rapport sera plus médiat, plus faible, et elle disparaîtra presque entièrement là où il n'y aura plus que des traditions grossières, d'ignorantes superstitions, ou une brutale incrédulité.

§ 75.

A mesure que le genre humain s'est multiplié sur la terre, les nations se sont établies et la civilisation s'est formée. Les nations, composées d'un grand nombre de familles, n'ont pu être constituées par la nature seule.

Il a fallu des conventions plus ou moins explicites pour instituer les gouvernements et les lois. La fin de ces associations, comme celle de la famille, est le bien-être de leurs membres ; et le véritable progrès des sociétés, ou leur valeur morale, s'apprécie par la manière dont elles contribuent au perfectionnement des individus et à la réhabilitation de l'humanité.

La société civile ne s'établit point comme la société naturelle ou la famille. Le pouvoir du père est posé par la nature même. Il n'en est point ainsi des chefs des nations, qui n'ayant aucun droit naturel de commander à leurs semblables, ne le peuvent que par la force ou par leur consentement. Or la violence ne fait jamais droit ; elle ne peut se légitimer qu'en se faisant accepter. Il y a donc des conventions expresses ou tacites à l'origine des associations politiques bien ordonnées, les volontés humaines ne pouvant s'accorder autrement. La fin de toute association est le bien de ceux qui la forment. L'intérêt commun est toujours l'idée fondamentale d'une société. Mais cet intérêt ne consiste pas seulement dans le bien-être matériel, les hommes n'entrant pas en société uniquement pour satisfaire plus sûrement et plus aisément les besoins du corps, mais aussi les besoins de leur esprit et de leur âme.

La perfection des sociétés est en raison de ce qu'elles font pour le développement humain dans toutes les directions, et surtout sous le rapport intellectuel et moral. Car une nation n'existe point pour elle-même ; elle est un membre, un organe d'un corps vivant, et à ce titre elle doit concourir au bien de l'ensemble. Il y a des peuples employés spécialement par la Providence comme des instruments de ses desseins et pour préparer et pousser le monde vers un terme marqué. Ce sont les organes essentiels ou les membres principaux de l'humanité. Tels furent autrefois les Grecs et les Romains ; tel, dans le monde moderne, le peuple français. Il y en a d'autres dont l'existence tourne au détriment du genre humain et semble empêcher son progrès véritable par l'excès d'un égoïsme national, et qui cherchent leur intérêt plus que la justice. Cette mesure sert à apprécier les nations, leur gouvernement, leur législation, leurs mœurs et la valeur de leur civilisation.

Ne perdons jamais de vue que le genre humain, un dans sa souche, reste solidaire dans son développement, et doit revenir à l'unité dans sa consommation. Le mouvement de la civilisation, qui a poussé l'humanité à croître et multiplier sur la terre, doit la ramener sur elle-même par un acte contraire, afin de réunir par l'esprit ce qui a été divisé par la matière. L'esprit triomphera des obstacles de la matière par la science ; comme la puissance morale, supérieure au temps et à l'espace parce qu'elle est la fille de l'éternité, a déjà vaincu l'égoïsme par la charité chrétienne. Le retour du genre humain à l'unité spirituelle a été annoncé la première fois par l'Évangile et commencé par l'Église. C'est pourquoi la parole de J.-C., parole universelle parce qu'elle est divine, doit être prêchée à toutes les nations et retentir jusqu'aux extrémités du monde. Les apôtres et leurs successeurs sont les ambassadeurs du ciel auprès de tous les peuples, les appelant à fraterniser au banquet sacré du Père céleste. Le christianisme a posé au milieu des nations un centre commun, pour les réunir dans une même foi et sous une même direction. C'est lui qui au moyen âge a mis l'Europe, l'Asie et l'Afrique en contact par les hautes inspirations et les puissantes impulsions des croisades. C'est encore lui qui a posé le vrai principe de la sociabilité, qui prévaut aujourd'hui plus que jamais, à savoir l'égalité devant la loi et la justice pour tous sans acception des personnes. Par lui encore l'esprit vivifiant de la charité a pénétré jusque dans la politique, et à mesure qu'il sera mieux compris et surtout plus fidèlement pratiqué, les barrières qui séparent les peuples s'abaisseront et une grande confraternité chrétienne s'établira entre eux. *Sint unum, sicut et nos unum sumus*, qu'ils soient un comme nous sommes un, tel est le dernier vœu du Christ, au moment où il va mourir sur la croix pour le salut du monde, et telle est aussi la devise de la mission évangélique.

La parole éternelle, sortie de la bouche du Sauveur, est essentiellement civilisatrice. Jusqu'à la consommation des temps, elle ne cessera d'appeler à l'unité les hommes des quatre coins de la terre pour les rattacher à Dieu. Tout lui sert à accomplir son œuvre : le bien et le mal, les vases de bénédiction et les instruments de colère, les élus et les fléaux de Dieu. Les Romains, qui possédaient la terre, ont préparé ses voies ; ces fiers conquérants ont été comme les pionniers de l'Évangile, et la croix a passé victorieuse sous les arcs de triomphe de ses persécuteurs. Après dix-neuf cents ans il se fait aujourd'hui quelque chose de semblable. La tendance à l'unité est plus puissante, plus universelle que jamais. D'un bout du monde à l'autre les esprits se communiquent et les peuples s'entendent. La pensée plus rapide que le vent traverse les mers, les fleuves, les montagnes, sur les ailes de la vapeur et de l'électricité. L'intelligence de l'homme a vaincu la nature par elle-même, et les obstacles de la matière qui entravent et séparent, cédent aux efforts merveilleux de l'esprit qui aplanit et unit. Sans doute les païens de nos jours, qui courent après la richesse comme ceux de Rome couraient après la gloire, ne soupçonnent pas plus que leurs devanciers les vues providentielles qu'ils accomplissent. Leurs voies de fer et leur télégraphie électrique aboutiront à un terme qu'ils n'ont point imaginé. Un autre commerce que celui des intérêts terrestres passera par là ; les trésors du ciel, les richesses de la parole divine profiteront des routes ouvertes par l'esprit du siècle. Les voies du monde deviendront encore cette fois les voies de Dieu ; et quand l'œuvre providentielle sera mûre, quand l'humanité aura été amenée à cette nouvelle ère qui la rapprochera de sa consommation, alors disparaîtront comme autrefois avec leurs causes et leurs motifs, avec les passions qui les ont employés et les intérêts qu'ils devaient servir, tous ces moyens humains tournés par Dieu à ses fins, et il ne subsistera plus que ce qui est éternel : la parole divine accomplie et ses bienfaits.

§ 76.

Tout homme fait partie de la société politique à laquelle appartient la famille dont il reçoit l'existence. Cette société a des lois, un gouvernement, des institutions, par lesquels elle se conserve, elle et les individus qui la composent. Sous sa protection et par son influence, les familles se développent, se constituent; les individus naissent, croissent, sont élevés et formés. La patrie est donc comme une mère pour tous ceux qui y prennent naissance. Elle fait beaucoup pour eux avant qu'ils puissent rien faire pour elle. Elle leur donne beaucoup, longtemps avant qu'ils puissent lui rendre quelque chose. De là les devoirs ou la dette envers la société.

Par le seul fait de sa naissance au sein d'une société, l'individu devient l'objet d'une protection constante, d'un secours perpétuel et de mille soins vigilants qui l'entourent dès son berceau. Toutes les institutions sociales travaillent à sa conservation et à son développement. Les lois, les sciences, les arts, tous les moyens de la civilisation concourent à son bien-être, lui rendant sans cesse des services, non-seulement sous le rapport matériel, mais surtout pour la formation de son existence intellectuelle et morale.

Quand il entre en commerce avec ses semblables par la parole, un monde nouveau s'ouvre devant lui, monde d'idées, de pensées, de sentiments, que la société pose au dehors par le langage, et où elle l'introduit peu à peu par l'enseignement : enseignement élémentaire ou primaire, pour les conditions inférieures appelées à pourvoir par le travail des mains aux nécessités physiques de l'État; littéraire et scientifique, pour les professions intellectuelles; religieux et moral pour tous, afin que les volontés de tous soient réglées par la justice. Ainsi se forme autour de chaque individu une sorte d'atmosphère morale, qui est à sa vie spirituelle ce que l'air ambiant est à sa vie physique. Il y puise tout ce qui est nécessaire à la nourriture de son âme, absorbant par le langage l'esprit de la civilisation, qui le forme et le moule pour ainsi dire, à son insu. Il reçoit ces bienfaits pendant les années de sa minorité et par l'intermédiaire de la famille, à laquelle il en rapporte d'abord sa reconnaissance et son amour. Après son émancipation, et une fois posé en personne libre et responsable, il comprend ce qu'il doit à la patrie, et il éprouve le besoin de prendre un état dans le monde, qui le mette en mesure de faire quelque chose pour la société tout en pourvoyant à sa propre conservation et à son bien-être.

Tout homme élevé par la société a donc une dette à lui payer, et il ne peut s'acquitter qu'en coopérant au bien commun, en servant la chose publique comme il en a été servi. Il y a bien des manières de lui rendre des services. Le cultivateur et l'artisan qui concourent à la production en gagnant leur pain à la sueur de leur front; l'industriel qui met beaucoup de bras et de machines en mouvement; le fonctionnaire qui applique à l'administration son talent et son temps; le militaire qui expose sa vie pour la défense commune; le propriétaire qui exploite son domaine avec intelligence, etc., etc., tous ces hommes, quoique animés par l'intérêt privé, coopèrent cependant au bien général, fin dernière de l'association. Les meilleurs citoyens sont ceux qui s'y dévouent davantage. Leurs travaux sont plus honorables à mesure qu'ils sont plus utiles; mais il n'y en a aucun qui n'ait son importance, comme parmi les fonctions d'un organisme, dont la moindre ne peut être négligée ou mal remplie sans que le corps entier n'en souffre.

Du reste, il n'est pas absolument nécessaire d'exercer une profession spéciale pour accomplir son devoir envers la société, ou lui payer ce qui lui est dû. On peut lui rendre autrement des services importants. Le savant qui fait des découvertes et les publie ; le littérateur, le poëte qui élève les âmes et adoucit les mœurs par les inspirations du beau et l'expression juste et brillante du vrai ; le moraliste qui excite l'amour de la vertu par sa parole et les actions honnêtes par son exemple ; l'homme charitable qui participe gratuitement à l'instruction de la jeunesse en surveillant les écoles, qui s'occupe des affaires communales et paroissiales, des pauvres, des malades et de toutes les misères en prenant part à l'administration des hospices ; toutes ces personnes rendent des services à la chose publique, et des services d'autant plus méritoires qu'ils sont désintéressés et sans profit personnel. Il y a là vertu civique et vertu chrétienne, patriotisme et charité, deux choses admirables qui vont très-bien ensemble, parce que l'abnégation de soi-même ou le sacrifice en est la source.

§ 77.

Les devoirs envers la société sont plus nombreux et plus exigeants à mesure qu'elle fait plus pour ses membres et qu'elle leur confère plus d'avantages. C'est ce qui caractérise les phases diverses de la vie politique. Dans l'enfance des sociétés, leur gouvernement ressemble au régime paternel. L'État étant comme la famille concentré dans son chef, l'obéissance et l'attachement au prince est le devoir essentiel du sujet, comme la soumission de l'enfant aux parents est sa vertu principale. Mais ce régime ne convient plus aux peuples arrivés à la conscience de leur force et de leur dignité. L'émancipation devient nécessaire. Alors l'état social s'établit par un pacte plus ou moins explicite, qui règle les devoirs et les droits des gouvernants et des gouvernés. L'intérêt de tous est proclamé la seule fin légitime de l'association, et chacun devant contribuer selon ses moyens au bien de la communauté, doit aussi participer à ses avantages en raison des services qu'il lui rend. La loi, expression de l'intérêt général, est pour tous, sans acception des personnes, et le gouvernement en doit être l'application impartiale, l'exacte exécution.

On peut distinguer, sous le rapport de leur formation, deux espèces de sociétés politiques : celles qui sont à l'état d'enfance ou mineures, et celles qui sont devenues majeures ou adultes. Le passage du premier état au second change complétement la constitution d'un peuple et sa manière d'être. Cette rénovation peut s'opérer graduellement par évolution, ou brusquement par révolution. L'existence politique est tout autre dans les deux cas, et elle prend des caractères différents, à mesure que la transformation s'accomplit.

Les nations mineures sont organisées à peu près comme la famille, et leur gouvernement a beaucoup d'analogie avec le régime paternel. Il en a la puissance, souvent la sollicitude, parfois l'arbitraire. Il est excellent quand il est bon, détestable quand il est mauvais. Là, comme dans la famille, l'autorité est une, sans contrôle ou du moins sans barrière extérieure. Elle est posée, ainsi que celle du père, comme une délégation de Dieu, qu'elle représente et auquel seulement elle se reconnaît responsable. Les membres de la société y sont attachés presqu'aussi naturellement que les enfants à la maison paternelle, et comme eux aussi ils n'ont pas de droits définis. Les personnes et les choses sont presque toujours à la disposition du prince; les sujets ne vivent et ne possèdent que sous son bon plaisir et par sa munificence; ils ne peuvent pas plus contracter politiquement que des mineurs ne le peuvent civilement. Leur père ou leur tuteur pourvoit à tout ce qui les concerne et leur consentement n'est pas même demandé, parce qu'ils sont censés incapables de le donner avec connaissance de cause. L'État avec toute sa puissance est concentré dans son chef, qui peut dire justement, parce que c'est l'expression de la réalité : L'État c'est moi. Les caractères de cette espèce de société sont donc, d'un côté un pouvoir absolu, c'est-à-dire sans contrôle légal de la part des sujets, et de l'autre l'absence complète de droits politiques, ou de participation du gouvernement de la chose publique.

Les sociétés de la seconde espèce ne peuvent s'établir que chez un peuple adulte, qui a acquis la conscience de sa raison, de sa dignité et des droits qu'elles lui donnent; ce qui suppose qu'il a passé par la période de l'enfance sous le régime autocratique plus ou moins tempéré. L'association libre est la perfection de l'état politique, et il faut que les hommes soient déjà très-éclairés, très-civilisés, pour avoir l'idée d'un pacte social et la conscience des droits qu'il est destiné à garantir. Le contrat, par lequel le philosophe de Genève prétend expliquer l'institution primitive de la société, est une pure utopie, tout à fait contraire à la marche de la nature humaine. Qu'il en ait été ainsi pour la fondation de telle société moderne, des États-Unis par exemple, on le comprend. Dans ce cas, ceux qui se sont réunis en confédération par un contrat étaient déjà civilisés; ils avaient participé aux mouvements et aux droits de la vie politique; ils savaient par expérience ce qu'ils cherchaient en s'associant : ce qui n'arrivera jamais à des peuplades sauvages, à des tribus barbares passant à l'état civil, et ce qui est encore moins admissible pour les premiers hommes et avant la civilisation.

Quoi qu'il en soit, une association politique ne peut se former librement sans l'accomplissement des conditions suivantes :

La première est une convention entre les parties contractantes par laquelle les droits et les devoirs de chacune sont déterminés en ce qui concerne le régime de l'association. Cette convention établit la forme du gouvernement et les moyens de l'administration ; elle règle les rapports des gouvernants et des gouvernés; elle organise les institutions par lesquelles ces rapports s'exercent et s'affermissent. C'est ce qu'on peut appeler le *pacte* social. Comme tout contrat, il doit être librement consenti par les parties, soit en personne par le suffrage universel, soit par représentation.

La seconde condition de l'association libre est que le but en soit publiquement reconnu et officiellement déclaré, à savoir l'intérêt de tous; car des hommes raisonnables et libres ne peuvent contracter ensemble que pour cette fin. Elle doit être toujours rappelée à ceux qui gouvernent, afin qu'ils y dirigent toutes leurs pensées, tous leurs actes, ne se laissant point aveugler ou entraîner par leur volonté propre, par leurs passions, ce qui est très-naturel à ceux qui commandent. Dans les gouvernements paternels, et surtout dans la monarchie héréditaire, la croyance s'établit facilement qu'un peuple appartient à une famille, à peu près comme les parents s'imaginent que les enfants sont leur propriété, et qu'ainsi en régnant on exerce un droit naturel, transmis par l'hérédité, plus encore qu'on n'accomplit un devoir. On reconnaît, à la vérité, qu'on doit gouverner selon la justice, mais il est reçu aussi que le pouvoir venant d'en haut ne doit de compte qu'à Dieu et n'est responsable qu'à son tribunal.

Dans les États libres, au contraire, l'hérédité des droits, même de la puissance royale, n'est admise que comme une condition d'ordre public. C'est une manière de consolider les institutions par la durée des familles princières, en empêchant la lutte des ambitions à chaque renouvellement du pouvoir, qui n'est point la propriété d'une dynastie ni d'une race, mais un avantage concédé par la société dans son intérêt et pour son affermissement.

La troisième condition est que la loi, qui exprime l'intérêt général, s'applique à tous sans exception ; donc, égalité de tous devant la loi, point de privilége de castes, de corporations, de familles, d'états. Tous doivent supporter les charges de l'association en raison de leur position et de leurs moyens, comme tous doivent profiter de ses bénéfices dans la mesure de leurs capacités et de leurs œuvres.

Enfin une dernière condition, qui résume les précédentes, c'est que rien ne se fasse dans l'État qu'au nom de la loi et par elle; que tous les décrets, ordonnances ou arrêtés de l'administration n'en soient que des applications, en sorte que les citoyens, garantis contre l'arbitraire ou la violence des agents du pouvoir, soient assurés de travailler en paix pour le bien commun et dans leur intérêt propre, en obéissant au gouvernement.

Tel est l'idéal d'une institution politique formée librement. Les conditions essentielles que nous venons d'exposer, dérivent de l'*idée* d'un État libre, laquelle résulte elle-même de l'établissement intelligent et volontaire d'une société.

§ 78.

Dans les États ainsi constitués les citoyens ont d'autant plus de devoirs à remplir qu'ils ont plus de droits à exercer. Ils peuvent être appelés à prendre part à la confection des lois, au gouvernement, aux diverses sortes d'élections, à l'administration de la justice, à la discussion et à la direction des affaires communales, à la défense de l'ordre public, etc., etc. De là des obligations spéciales, dérivées de la portion de la puissance publique dont la loi les investit à certaines conditions, et c'est pourquoi les gouvernements libres imposent plus de charges et de sacrifices que les autres.

Les charges sont en raison des bénéfices. L'existence du citoyen d'un État libre se trouve partagée entre le soin de la chose publique, et celui de la chose privée, entre l'État et la famille. Tout le temps qu'il donne aux affaires communes est ôté à ses affaires particulières, et dans une époque de civilisation avancée, où le travail est si productif, le sacrifice du temps n'est pas le moins considérable. Mais ce n'est pas le seul; car en laissant chômer ses affaires, non-seulement il perd tout ce qu'il gagnerait, mais encore l'exercice des diverses fonctions publiques l'oblige à des dépenses extraordinaires par le déplacement qu'elles occasionnent et le séjour forcé hors de chez lui. Ce sont donc des charges considérables, qui n'entrent point en ligne de compte dans le budget, et qui ajoutent singulièrement aux impôts ordinaires. C'était un grand inconvénient des républiques anciennes et surtout à Rome; car il fallait nourrir le peuple qui ne travaillait guère, à cause de sa participation fréquente aux affaires de l'État, et sauf la ressource odieuse et passagère de la spoliation des autres peuples par la guerre, l'État ne peut donner aux uns qu'en prenant aux autres. Or, si le trésor nourrit le peuple qui ne travaille pas, qui remplira le trésor?

En outre, là où le peuple, absorbé par les affaires générales, travaille peu ou point, l'agriculture, l'industrie, les sciences et les arts seront nécessairement négligés ou abandonnés à des étrangers, mercenaires ou esclaves. De là encore l'odieux contraste présenté par les anciennes républiques qui, renfermant dans leur sein une multitude d'êtres humains privés par l'esclavage des droits naturels de l'homme, donnaient le monstrueux spectacle d'une liberté politique fondée sur la servitude. Aussi ces

États portaient en eux-mêmes une cause incessante de division et de ruine.

La liberté politique, telle qu'elle est établie par le système représentatif, est moins onéreuse. Un certain nombre de députés, élus par le peuple ou une partie du peuple, travaillent à la confection des lois gratuitement ou avec une indemnité. Puis, outre les affaires de l'État, il y a celles de la commune, où une part légitime peut encore être accordée à l'ambition et à la capacité de chacun. La perfection de ces sortes de gouvernements est d'intéresser le plus de citoyens qu'il est possible à la bonne administration de la chose publique, et il est très-utile au bon ordre et à l'avancement des affaires, qu'à côté d'une forte centralisation pour la direction de l'ensemble, une large part d'action soit laissée aux communes dans le soin de leurs intérêts privés, afin que chaque citoyen s'attache à sa localité, y trouvant avec sa subsistance une certaine position d'influence, de puissance, et d'honneur.

Du reste, la liberté politique ne convient pas à tous les peuples. Il y en a qui n'en sentent pas le besoin et ne la comprennent pas, comme les enfants n'entendent rien à la vie civile. Certains peuples n'arriveront jamais à leur majorité, comme certains individus restent toujours enfants par caractère. On ne peut pas plus pousser à la liberté politique une nation qui n'en éprouve pas le désir, qu'on ne doit en priver celle qui la réclame. Le grand art du gouvernement est de consulter toujours l'état moral des populations et de satisfaire seulement à leurs véritables besoins.

§ 79.

Le premier devoir de l'homme envers la société, qui le protége et l'aide dans le développement de ses facultés et dans l'exercice de ses droits, est de respecter son existence et de se soumettre à son autorité. La patrie n'est point une pure abstraction ; c'est une espèce de personne morale qui a une âme, un esprit et un corps. En tant qu'elle porte dans son sein et nourrit de sa substance ceux qui vivent en elle, elle a quelque chose de maternel, qui inspire un sentiment analogue à la piété filiale. Le gouvernement qui dirige l'ensemble et veille sur tous ressemble à la puissance du père et participe jusqu'à un certain point au même respect. Enfin dans toute société, de quelque manière qu'elle soit constituée, au-dessus des gouvernants et des gouvernés plane un idéal de justice, qui représente la Providence et imprime à l'État un caractère sacré.

La patrie est vraiment une personne morale avec laquelle nous contractons, qui nous donne beaucoup et à qui nous devons rendre. Il y a entre elle et nous des liens physiques, spirituels, et moraux. La terre où nous avons pris naissance n'en est que le corps. Mais dans ce corps, comme dans le nôtre, il y a une vie supérieure, une existence immatérielle. L'âme de la société est la religion avec la foi et les croyances qui en sortent. Le sentiment religieux attache fortement à la patrie, parce qu'il est mêlé à tout ce qu'il y a de profond, d'affectueux dans le cœur humain, et que ses sentiments les plus honorables ont leur racine ou leur sanction dans celui-là. En outre, c'est par la communauté de foi que les hommes s'unissent le plus intimement, et c'est toujours un malheur pour un peuple d'être divisé sous ce rapport; comme aussi l'affaiblissement de l'influence religieuse est un grand mal, parce que la foi est le principal soutien de la justice et la plus sûre barrière contre la violence et l'égoïsme. Dans le premier cas la société est divisée dans son âme, et dans le second elle n'a plus d'âme, ou du moins elle ne la sent plus; ce qui produit un vide dont toutes ses institutions se ressentent.

On est encore attaché à la patrie par les liens de l'esprit, par l'esprit particulier qui anime le peuple dont on fait partie. Cet esprit, qui résulte du développement intellectuel de chaque peuple, s'exprime par la langue nationale, se caractérise par le mode de la pensée et du discours, et se manifeste d'une manière générale par sa littérature. L'esprit français est très-différent de l'esprit anglais ou allemand, comme l'esprit grec qui ne ressemblait pas à l'esprit romain. Par la langue maternelle sucée pour ainsi dire avec le lait, par l'instruction et l'éducation reçues, par l'exercice incessant de ses facultés au milieu de cette atmosphère intellectuelle où il est plongé dès sa naissance, l'enfant est initié peu à peu à la vie morale qui le pénètre de tous les côtés, et mis en accord avec l'esprit de son siècle et de son pays. C'est pourquoi chacun, qu'il le veuille ou non, tient par le mode de son intelligence, par sa manière de sentir et de penser, du temps et de la société où il a été élevé.

La patrie n'est pas seulement le sol, comme le corps n'est point l'homme, bien qu'il n'y ait point de patrie sans un sol ni hors du sol, comme il n'y a point d'homme sans corps. Elle n'est pas non plus une agrégation d'individus associés pour satisfaire plus aisément à leurs besoins physiques et se procurer plus sûrement le bien-être matériel ; elle est une réunion d'êtres raisonnables et libres, s'aidant mutuellement à se perfectionner et à marcher vers leur destination. Elle est donc plus respectable, elle inspire un sentiment plus tendre et plus profond, à mesure qu'elle est plus vivante par l'âme et l'intelligence, et qu'elle a plus d'influence sur le développement moral. Alors on se mêle à elle par des communications intimes, par des liens sacrés. Plus elle donne de vie religieuse et spirituelle, plus on lui est attaché, plus elle inspire de reconnaissance et d'amour. Ainsi dans la famille, les enfants restent d'autant plus unis aux parents que leur tendresse éclairée a été plus profitable au bien de leur âme.

La patrie a quelque chose de sacré qui commande le respect ; et se tourner contre elle, la menacer ou lui faire violence paraît aussi monstrueux, aussi dénaturé, que de lever la main sur sa mère. L'injustice, dont on peut être victime, n'excuse pas de ce crime, pas plus que du parricide.

Le respect dû à la société vient d'une source plus haute. Tout État régulièrement constitué, et présentant certaines garanties d'ordre et de justice, doit être regardé comme voulu par la Providence, qui établit ou soutient le pouvoir souverain dans l'intérêt de l'équité et pour l'accomplissement de ses desseins. C'est le sens de la parole de saint Paul : « Toute puissance vient de Dieu.... le prince porte le glaive pour la justice » (*Rom.*, XIII, 4). Et en effet il y a bien peu de sociétés où le despotisme règne sans contrôle et sans limites. Les gouvernements les plus absolus sont encore obligés d'en appeler à la justice et de mettre en avant le bien public, pour donner une raison ou un prétexte à ce qu'ils veulent. L'État le plus mal constitué, le plus tristement gouverné, offre encore moins d'inconvénients que l'anarchie ou l'état sauvage. C'est pourquoi toute société est respectable par cela seul qu'elle est établie. C'est un devoir pour ceux qui en font partie, en l'acceptant comme ils la trouvent, d'observer les conditions qui la font subsister, tout en cherchant, autant qu'il est en eux, à l'améliorer et à la perfectionner.

§ 80.

La loi doit être l'expression de l'intérêt général, qui est la justice dans l'association. Elle fonde et maintient l'unité de la société, tous les intérêts privés s'y rencontrant, toutes les volontés individuelles devant y converger. L'union politique constitue l'*esprit national* d'un peuple, nationalité intelligente, produit de l'association volontaire, et qui supplée jusqu'à un certain point la nationalité naturelle, formée par les liens du sang et la communauté d'origine. Plus les citoyens seront unis, plus l'État sera fort et durable. C'est donc un devoir pour chaque membre d'une société politique de subordonner son intérêt privé à l'intérêt commun, sa raison individuelle à la raison générale dans l'institution de la loi et dans son exécution.

Il y a deux sortes de nationalités correspondantes aux deux manières principales dont se forment les sociétés politiques. Les unes sont l'extension de la famille, le développement d'une race dont tous les membres sont unis par les liens du sang : ce sont les nations proprement dites. Les autres, composées des débris des premières, sont un mélange d'hommes de races et de contrées diverses, réunis par les circonstances et s'accordant à vivre ensemble dans un intérêt commun. Tels sont les peuples, en tant qu'on les oppose aux nations. La nature a la plus grande part dans la formation des premières: c'est pourquoi la vie patriarcale et le régime paternel y dominent. Elles n'ont pu se former ainsi qu'à l'origine de la civilisation, quand la terre avait peu d'habitants. Les familles, en se multipliant, se répandirent de proche en proche sur des contrées désertes. Mais lorsque la multitude des hommes s'est accrue et que de grandes nations ont surgi de tous les côtés, elles se sont mêlées par les relations de la guerre ou du commerce, et les nationalités ont dû s'effacer avec le temps. Aujourd'hui on n'en trouve plus guère, en Europe surtout, où tant de races ont passé sur le même sol, que les sociétés modernes sont comme des terrains d'alluvion formés successivement par les débris des populations qui les ont traversées. Mais c'est surtout le christianisme, dont la mission divine est d'unir les hommes, qui a fait tomber les barrières. Par son influence universelle les races ont été ramenées comme les peuples à une unité spirituelle; et dans l'Église, fondée par l'Évangile, il ne doit plus y avoir ni Grec ni barbare, ni esclave ni maître.

Une autre espèce de nationalité s'est formée parmi les peuples ainsi mêlés, et c'est encore la religion chrétienne qui l'a enseignée au monde. Les anciens l'avaient à peine entrevue dans leurs républiques fondées sur l'esclavage. L'Évangile a appris aux hommes à s'associer volontairement et avec intelligence, comme il convient à des êtres raisonnables. Il a proclamé hautement ce que doit être une société entre des créatures libres, qui s'unissent parce qu'elles le veulent, par un intérêt commun, c'est-à-dire dans l'accomplissement de la justice, et non pour l'avantage ou la gloire d'un seul ou de quelques-uns. De là la liberté moderne que la civilisation chrétienne, longtemps mélangée de paganisme et de barbarie, a portée plusieurs siècles dans ses flancs. L'ignoble régime du bas Empire, le gouvernement violent des barbares, la tyrannie de la féodalité, le despotisme de la monarchie absolue ont été les périodes successives de cet enfantement laborieux, qui n'est pas encore à terme. Cette liberté suppose en théorie l'accord de toutes les volontés dans un centre commun, qui est le bien général ou la justice pour tous, bien général qui doit être constaté et posé en loi par une délibération commune, directe ou indirecte; et elle impose dans la pratique la prédominance de l'intérêt public sur les intérêts privés. Dans un état politique ainsi constitué la garantie et la dignité des citoyens sont de n'obéir qu'à des lois librement consenties, et leur vertu consiste à sacrifier leur opinion propre et leurs intérêts particuliers à ce qui a été reconnu et proclamé législativement comme le bien général. L'État ne peut subsister qu'à la condition de ce sacrifice.

§ 31.

La loi est mise en exercice par le pouvoir exécutif ou le gouvernement. Ce pouvoir, institué par elle et agissant en son nom, doit être respecté comme elle dans sa parole et dans ses actes. Les citoyens doivent obéir en tout ce qui leur est commandé de par la loi. Leur négligence ou leur indifférence sous ce rapport est toujours malheureuse et souvent coupable. La résistance n'est permise que si la loi est ouvertement violée et l'abus de l'autorité évident. Encore un bon citoyen ne s'y résoudra-t-il qu'après avoir épuisé tous les autres moyens, et même alors sa conscience le portera à tolérer un excès de pouvoir, plutôt que d'exposer la société à une terrible perturbation.

Le respect de la loi implique celui du pouvoir chargé de l'exécuter. Aussi le premier devoir du gouvernement est de s'y tenir strictement et d'administrer d'après sa teneur et suivant son esprit. Il doit être la loi incarnée. A ce prix seulement il acquiert une grande influence sur les gouvernés, parce que, marchant dans la voie de la justice, il possède leur confiance et leur affection. Rien n'est plus funeste à la tranquillité et aux progrès d'un État qu'une administration hostile à la loi, qui tend à l'éluder ou à la fausser, tout en paraissant l'accomplir dans la forme. Cela arrive surtout quand ceux qui gouvernent ne s'attachent point sincèrement à l'ordre établi et n'acceptent point de bonne foi les conditions de leur puissance. Alors s'établit entre le gouvernement et les citoyens une lutte secrète, qui tourne toujours au détriment de la société.

L'exécution scrupuleuse de la loi sauve la responsabilité du pouvoir exécutif, et à ce point de vue les gouvernements constitutionnels sont dans une situation favorable et commode. Quand il s'agit de faire la loi, bien qu'ils aient la puissance du *veto*, ils peuvent cependant se couvrir par les Chambres qui s'occupent surtout de la législation. L'important pour le gouvernement est d'obtenir des lois qui lui conviennent, et c'est pourquoi il ne peut se maintenir sans avoir la majorité dans le Corps législatif. De là tant d'efforts pour la conquérir et pour la garder, ce qui amène des inconvénients et des abus. Puis, en allant plus loin, si la législature, dominée par une majorité complaisante, ne répond plus aux besoins ou à l'opinion de la société, le combat s'établit par la presse ou d'autres moyens entre les Chambres et le peuple; l'opposition devient nationale, et elle n'a point de repos qu'elle n'arrive à son tour au pouvoir en renversant le ministère ou même le gouvernement. Le premier cas est constitutionnel, le second est une révolution, et dans l'un et l'autre il y a de graves inconvénients.

Quant à la question de la résistance légitime à l'autorité, elle est bien difficile à résoudre dans la pratique; car un pareil acte peut avoir des suites immenses, et il est impossible de prévoir en commençant où l'on s'arrêtera. En théorie, et selon la stricte équité, quand la loi est ouvertement violée, quand les conditions du pacte social, ou ce qu'on appelle la constitution, sont foulées aux pieds et les droits des citoyens méprisés, ceux-ci de leur côté ne sont plus tenus d'obéir, et ainsi la résistance, au moins passive, est permise. On pourra, par exemple, refuser de payer un impôt non consenti par les Chambres, ne pas obtempérer à un ordre illégalement donné, repousser un agent du pouvoir qui envahit le domicile sans les formalités légales, etc., etc. On doit même aller en théorie jusqu'à reconnaître aux mandataires du peuple le droit de refuser les subsides, puisqu'ils sont les juges de l'opportunité de l'impôt. Cependant, comme le budget est la condition vitale de l'administration, la Chambre ne peut le rejeter entièrement sans danger, et même sans absurdité ; car elle ne peut vouloir la ruine de l'État, même quand elle désirerait celle du gouvernement.

Un bon citoyen, qui aime sincèrement son pays et veut par-dessus tout le bien public, y regardera donc à deux fois avant de résister ouvertement à l'autorité légale. Il épuisera d'abord toutes les représentations, tous les moyens d'accommodement, et cela non-seulement dans son intérêt propre, toujours plus ou moins compromis par les chances d'une pareille lutte, mais aussi, et principalement, à cause de la chose publique qui est un péril, toutes les fois que la société, divisée en elle-même, est en guerre avec ses membres. Ainsi commencent les révolutions, et l'on ne sait jamais à leur début comment elles finiront.

§ 82.

Comme la société ne s'occupe pas uniquement du bien-être physique de ses membres, mais aussi de leur développement intellectuel et moral; de même le citoyen ne doit pas seulement contribuer de son corps et de ses biens à la conservation et à la prospérité matérielle de l'État, il doit encore coopérer, autant qu'il est en lui, à son perfectionnement et à sa gloire. Il doit aussi maintenir en face des autres peuples l'honneur et l'indépendance du pays. Il sied aussi mal à un citoyen de dénigrer sa patrie ou de souffrir qu'on l'insulte en sa présence, qu'à un fils de dévoiler les faiblesses de ses parents ou de les laisser outrager devant lui.

Il y a bien des manières de concourir au perfectionnement et à la gloire du pays. La principale, et qui est à la portée de tous, est la conduite régulière et honorable des particuliers, la moralité des citoyens. Quand les mœurs sont bonnes, quand le plus grand nombre travaille, accomplit ses devoirs et vit dans l'ordre, l'État ne peut manquer de prospérer et de se consolider. Il y a en outre toutes sortes de moyens par lesquels on peut se rendre utile au pays : moyens religieux et moraux, scientifiques et littéraires, artistiques et industriels, commerciaux, etc. L'homme qui a fondé cet Ordre admirable de femmes qui se dévouent à soulager les plus grandes misères de la société, s'il n'était pas un saint, serait certainement encore un grand citoyen; car en travaillant pour le ciel et l'humanité entière il a bien mérité de la patrie. Il en est de même de la fondation et du soin de tous les établissements de charité. Les maisons d'orphelins, d'enfants trouvés, les écoles des pauvres, les salles d'asile, les pénitentiaires pour l'amélioration des jeunes détenus et des condamnés, les associations charitables, les sociétés de tempérance, les prix proposés à l'émulation des jeunes talents, et mille choses de ce genre que la charité chrétienne et la vraie philanthropie peuvent inventer et soutenir sont de grands services rendus à la société.

Un bon citoyen tient à l'honneur autant qu'à l'indépendance de son pays. Au sein de la civilisation et pour l'homme moral l'honneur est aussi précieux que la vie; car sans l'estime publique l'existence sociale est insupportable. C'est un devoir pour lui de défendre la gloire nationale, quand on l'attaque, et surtout s'il a la mission de la représenter devant l'étranger. L'honneur de la patrie est toujours cher à un cœur bien placé, même quand il croit avoir à s'en plaindre et s'il est victime de l'injustice. Dans le temps de nos désordres, lorsque les Français divisés voyaient la patrie, les uns dans la France, les autres dans le roi, ceux-là même que le dévouement ou l'erreur, et souvent les deux à la fois, avaient armés contre leur pays, se consolaient de leurs défaites en pensant qu'ils les devaient à des Français, et jusque dans les rangs de nos ennemis, ils étaient fiers d'avoir été vaincus.

§ 83.

La vertu provenant de l'accomplissement habituel des devoirs envers la société s'appelle *patriotisme*, mot qui exprime des choses aussi diverses que celui de *patrie*, dont il dérive. Il y a bien des degrés et des nuances dans l'amour de la patrie, depuis l'attachement naturel au pays natal jusqu'au dévouement à l'état libre, qui garantit les devoirs du citoyen. Le patriotisme des républiques anciennes allait jusqu'au fanatisme ; la patrie y était l'objet d'une sorte de culte, qui imposait aux citoyens le sacrifice de leurs personnes, de leur famille et de leurs biens. Le patriotisme moderne, plus éclairé, est aussi plus mesuré ; il exige non pas un dévouement absolu, mais la préférence constante de l'intérêt public à l'intérêt privé.

Il entre plusieurs éléments dans l'amour de la patrie. C'est d'abord un attachement instinctif, comme celui de l'animal qui se tient volontiers dans les lieux où il est né, ou y revient de préférence. Puis tous les souvenirs d'enfance, de famille, d'éducation sont attachés au sol natal. C'est là que nos pères ont vécu et sont morts ; leurs os et leur poussière y reposent. C'est là que nous essayant à la vie, nous en avons senti les premières douceurs et goûté les premières joies. Notre existence est répandue dans ces lieux, comme dans ces objets, il s'y fait sentir quelque chose de tendre et de sympathique, qui nous y attire et nous charme.

On est encore attaché au pays par un autre lien, savoir l'intérêt de sa conservation, de sa position, de tout ce qui constitue l'individualité sociale. Ces motifs rendent la patrie aimable par la considération de ses avantages. Ils nous portent à la servir et à la défendre, parce que notre intérêt est mêlé au sien et que sa destinée devient la nôtre. C'est pourquoi en tout pays et sous tous les gouvernements, pourvu qu'il y ait de l'ordre dans la société et certaines garanties de la vie et de la propriété, les hommes s'attachent moralement à l'État dont ils font partie.

Toutefois le patriotisme à sa plus haute puissance, c'est-à-dire à l'état de vertu et non pas seulement d'instinct et d'affection, n'existe que là où, par l'exercice des droits politiques et civils, le citoyen participant à l'administration de la chose publique sent vivement ce qu'il doit en retour à son pays, et voit sa liberté et sa dignité personnelle dans l'indépendance et la gloire de la patrie. Le patriotisme devient plus énergique par l'extension des droits du citoyen, ces droits lui imposant plus d'obligation envers l'État qui les donne ou les garantit. Là se trouve la mesure du dévouement à la patrie. Il peut être prescrit comme devoir, mais dans une certaine limite et proportionnellement à ce qu'elle fait pour les citoyens. L'individu ne se doit point tout entier au pays, puisqu'il n'en a point reçu tout ce qu'il a; il est homme avant d'être citoyen. A Dieu seul on peut se dévouer de la sorte, parce qu'en ayant tout reçu, on lui doit tout.

Ici est la différence du patriotisme ancien et de celui des temps modernes. La république chez les Grecs et les Romains était censée maîtresse et propriétaire de ses membres. Ils étaient dans sa main des instruments qu'elle pouvait employer à son gré ou briser à son service. Les païens ne connaissaient rien de plus sacré que l'État, avec lequel se confondait la religion. Aussi le patriotisme était à leurs yeux la plus haute vertu, et le citoyen devait être prêt à tout sacrifier sur l'autel de la patrie. Cela montre où en était l'humanité d'alors, enfermée dans le cercle de la nation comme elle l'avait été dans celui de la famille, jusqu'à ce que le christianisme, élargissant son intelligence et son activité, la rendît capable de s'intéresser non plus seulement au foyer domestique et à la cité, mais à tout ce qui est humain, au monde entier. Il y avait beaucoup d'égoïsme dans le patriotisme antique, et c'est pourquoi il était si dur envers les étrangers, dans lesquels il voyait des ennemis. Sparte surtout, et quelquefois Rome, l'ont poussé jusqu'au fanatisme en sacrifiant les sentiments naturels et même la justice à l'intérêt de l'État. Comme dans les jours déplorables de la *Terreur*, par une imitation insensée ou plutôt une parodie des vertus païennes dont on reproduisait la cruauté, on autorisa des horreurs du prétexte du salut public.

Dans les monarchies absolues le même excès est amené quelquefois par les mêmes causes, et il produit des résultats semblables : à savoir l'oppression des sujets par le despotisme d'un prince, convaincu qu'ils lui appartiennent et qu'il en peut disposer pour son intérêt ou pour sa gloire à la manière des républiques anciennes; et, d'un autre côté, si le monarque est respecté et aimé, un attachement des sujets qui peut aller jusqu'à l'enthousiasme et au dévouement complet. Il y a sans doute dans cet amour du prince identifié avec le pays quelque chose de respectable, d'admirable même; car le dévouement, sous quelque forme qu'il se manifeste, a de la beauté et de la grandeur. Mais il y a là plus de sentiment que de raison; c'est une affaire d'affection, de sympathie, de reconnaissance, de convenance personnelle, plutôt qu'un devoir. Le patriotisme, comme on l'entend aujourd'hui, est une affaire de justice. C'est tout simplement une dette à payer, un devoir à accomplir, l'équité voulant que nous fassions pour l'État en raison de ce qu'il fait pour nous. L'intérêt bien entendu du citoyen en est l'élément dominant; car il se retrouve toujours dans le bien général, dont la loi lui impose la préférence. Les sociétés modernes, qui ne sont que des associations d'utilité formées librement dans l'intérêt de leurs membres, n'ont pas le droit d'en exiger davantage. Aller au delà est de l'héroïsme; et l'héroïsme, dépassant la sphère de la justice, ne peut jamais être prescrit comme un devoir.

§ 84.

Le christianisme est éminemment favorable à la formation de la nationalité libre. L'Évangile a posé dans le monde le principe de la vraie liberté politique; car l'égalité devant la loi humaine, source et garantie de toutes les libertés civiles, est une conséquence de l'égalité des hommes devant Dieu. Le nouveau commandement apporté par Jésus-Christ est que nous devons nous aimer les uns les autres comme il nous a aimés, et à cette fin nous supporter mutuellement, rendre le bien pour le mal, renoncer à son intérêt et à soi-même pour le bien de tous. Le patriotisme le plus généreux ne va pas jusque-là. En outre la charité chrétienne, qui est l'amour de tous les hommes, corrige le caractère égoïste et toujours plus ou moins exclusif de l'amour de la patrie. C'est pourquoi un vrai chrétien sera toujours et partout un bon citoyen.

Le dix-huitième siècle, qui s'est appelé le siècle

de la philosophie et des lumières, a été à plusieurs égards, et surtout en ce qui concerne la religion, une époque de préjugés et d'erreurs plus funestes que les abus contre lesquels il s'est élevé. Il a reproché au christianisme de favoriser tous les genres de despotisme, et Rousseau a soutenu, à la fin de son *Contrat social*, qu'une république de chrétiens est impossible. Le philosophe de Genève a montré par cette assertion qu'il ne comprenait pas la doctrine de l'Évangile. Elle est si peu favorable à l'oppression, qu'au contraire elle a affranchi le monde dans le temps comme pour l'éternité, et que la vraie liberté politique n'a été connue et réalisée sur la terre que depuis sa promulgation. En effet, le principe de cette liberté, n'est-ce pas l'égalité de tous devant la loi? Or, qui a annoncé au monde l'égalité de tous les hommes, auxquels Dieu a donné la même nature et la même fin, et qu'il jugera suivant leurs œuvres et leurs mérites, comme dans un État bien constitué tous les citoyens soumis à la même loi doivent participer aux charges et aux bénéfices en raison de leur position, de leur capacité et de leur travail? C'est la parole de Jésus-Christ : et là seulement où elle s'est établie et règne, la liberté véritable s'est implantée et se développe. A mesure que cette divine parole est mieux comprise et plus fidèlement pratiquée, les hommes deviennent plus justes, plus humains; ils se respectent, ils s'aiment davantage les uns les autres, et les nations plus éclairées et plus honnêtes se perfectionnent comme les individus.

Chose admirable! Les apôtres du Christ, en proclamant cette parole libératrice : « Il n'y a plus ni grec ni barbare, ni maître ni esclave, mais seulement des enfants de Dieu par Jésus-Christ », n'ont point pour cela brisé violemment les chaînes des peuples. Ils ne les ont point appelés à l'insurrection, ni les esclaves à la révolte ; ils les ont, au contraire, exhortés tous à l'obéissance, à la patience, jusqu'à ce que le temps de l'affranchissement arrivât. C'est pourquoi le monde moderne, au milieu de ses vicissitudes, présente une marche non interrompue de libérations, depuis l'abolition de l'esclavage, l'extinction du servage, les franchises accordées aux communes, l'élévation du tiers état, la destruction des priviléges, jusqu'à l'interdiction de la traite des noirs et leur émancipation, qui est la question du moment. Le principe chrétien de l'égalité devant Dieu et devant la loi a dû germer longtemps dans le terrain inculte de l'Europe, puis se développer graduellement au milieu des peuples barbares, fleurir quand ils ont fleuri, et donner ses fruits quand les peuples eux-mêmes ont été mûrs. Malheureusement rien de bien ne se fait en ce monde sans lutte, et l'arbre de la liberté, qui est l'arbre de la croix, n'a pu croître qu'arrosé de beaucoup de sang. Le christianisme n'est point responsable de ce sang versé par les passions humaines.

Si le christianisme est vraiment libéral dans ses principes, il ne l'est pas moins dans sa pratique, et rien ne s'accorde mieux avec le patriotisme que son esprit : esprit de désintéressement, de dévouement s'il en fut jamais, et qui unit au sentiment de la justice et au respect de la loi la crainte de Dieu et l'amour des hommes. On entend dire tous les jours que la société périt par l'égoïsme ; qu'un État où chacun ne voit et ne cherche que son intérêt ne peut subsister, et que l'unique remède à la dissolution qui nous menace, serait d'inspirer aux citoyens le désintéressement, ou au moins assez de vertu pour subordonner leur intérêt privé à l'intérêt public. Or, l'Évangile a osé dire aux hommes, à une époque où ils étaient plus démoralisés que jamais, où les passions les gouvernaient sans partage, les précipitant dans toutes les ignominies : « Renoncez au monde et à vous-mêmes, et suivez-moi. » Celui qui a commandé cette sublime abnégation en a le premier donné l'exemple jusqu'à la mort. Les apôtres l'ont prêchée à toutes les nations, et leur parole a été entendue et pratiquée jusqu'aux extrémités de la terre. Le désintéressement chrétien, c'est-à-dire le sacrifice de soi, de sa volonté propre, de ses désirs, de son avantage personnel à la justice et au bien des autres, coïncide donc parfaitement avec le vrai patriotisme, qui doit préférer l'utilité commune à l'intérêt privé. En ce cas, celui qui peut le plus peut le moins ; et jamais le véritable chrétien ne restera en arrière en fait de sacrifices et de dévouement, quand la chose publique le demandera. Faisons donc des chrétiens, et nous aurons de bons citoyens.

Enfin, la religion chrétienne a élargi le patriotisme en l'animant par la charité. Enseignant aux hommes qu'ils sont tous frères, enfants d'un même Père, elle leur a recommandé de s'aimer les uns les autres fraternellement, quels que soient leur origine, leur condition et leur pays. L'Évangile, en se répandant jusqu'aux confins de la terre, en a rapproché les extrémités, et depuis ce temps la civilisation, s'étendant toujours et s'uniformisant à mesure qu'elle avance, aspire à réconcilier tous les peuples par l'unification du genre humain. Le trait distinctif de la nationalité moderne est d'être moins exclusive. Aujourd'hui, quoique les nations aient des caractères différents et soient encore opposées par les intérêts et séparées par des préventions, elles communiquent entre elles par tant de points et se pénètrent de tant de manières dans leur existence physique et morale, que le bien de chacune, considéré largement, se trouve réellement dans le bien des autres. La guerre est encore possible et elle le sera tant qu'il y aura du mal et des passions dans le monde; mais elle a changé de caractère; elle n'est plus animée par la haine, et ne traîne plus après elle, comme autrefois, la servitude ou l'extermination. L'esprit chrétien a changé le droit des gens et les relations internationales. Un temps viendra, nous l'espérons, où, par l'influence de l'Évangile mieux compris et plus sincèrement mis en pratique, ce qui reste de haines nationales s'éteindra, les antipathies et les préjugés populaires s'effaceront, et les querelles des peuples se jugeront comme celles des particuliers dans un État bien ordonné, par la discussion libre du droit et de la justice, à laquelle présidera la charité.

CHAPITRE VIII.

DEVOIRS DES ÉPOUX.

§ 85.

Les devoirs examinés jusqu'ici dérivent des rapports de l'homme avec ses supérieurs. D'autres devoirs proviennent de ses relations avec ses égaux et ses inférieurs : relations plus ou moins avantageuses par ce que les autres font pour lui, et qui, par conséquent, lui imposent l'obligation de leur rendre ce qu'il en a reçu. Cette obligation est plus exigeante à mesure que le rapport est plus intime, la bienveillance dont il est l'objet plus grande, et les services rendus plus considérables. Au premier rang de ces devoirs sont ceux du mariage. Pour les déterminer exactement il faut constater d'abord ce que l'homme et la femme sont chacun en soi, puis ce qu'ils deviennent l'un pour l'autre dans leur union.

La division des genres en deux espèces, sexes ou sections d'une même unité, se retrouve dans tous les règnes de la nature animée, et plus marquée à mesure qu'il y a de plus de vie, et que l'organisme est moins imparfait. On en aperçoit même la trace ou le reflet là où la vie semble manquer. La sexualité est donc une loi générale de ce monde, et, même en allant plus au fond et considérant d'une manière abstraite ce qui constitue le sexe, on peut dire qu'elle est une loi universelle, comme la vie qu'elle doit propager. En effet, le masculin, c'est l'actif, le féminin, c'est le passif; et ainsi toutes les existences sont l'une à l'égard de l'autre actives ou passives, selon qu'elles transmettent ou reçoivent la vie, et cela dans l'ordre spirituel comme dans l'ordre physique, dans la propagation de la vie organique comme dans celle de la vie morale. Dieu seul est l'actif universel qui n'est soumis à aucune influence, et son opération est, comme disaient les scolastiques, un acte pur et incessant.

C'est pourquoi l'Évangile dit qu'il n'y a qu'un Père, celui qui est au ciel.

Le créateur, source unique de l'être, agit continuellement sur les créatures et leur transmet la vie par son influx bienfaisant. Au plus haut degré, il est le soleil des esprits, versant en eux, par le rayonnement de sa grâce, la chaleur de l'âme et la lumière, de l'intelligence; et dans la sphère inférieure, sa lumière, concentrée et irradiée par le soleil physique, féconde le sein de la terre et vivifie les germes qu'elle contient. L'astre du jour remplit à l'égard de la terre et de ses productions les fonctions d'époux et de père, et le rapport de la terre et du ciel est une sorte de mariage, d'où sort cette multitude d'existences qui se remuent dans ses profondeurs ou s'agitent à sa surface.

Les deux sexes, en tant que sections du même genre, ont avec les caractères génériques des caractères spécifiques qui les distinguent. L'homme et la femme ont donc des traits communs et des traits divers. Possédant l'un et l'autre les éléments constitutifs de l'humanité, l'âme, l'esprit et le corps, ils diffèrent par la proportion de ces éléments, et ainsi, bien qu'ils soient égaux en nature et jouissant des facultés semblables, ils sont inégaux dans la réalité par le plus ou le moins des mêmes qualités. C'est ce qui détermine leur position respective dans le mariage. Libres et intelligents tous les deux, chacun se présente à l'autre avec des droits et une puissance propres; mais la nature assigne à chacun sa place par la fonction qu'elle lui attribue dans l'union, et par les moyens qu'elle lui donne pour la remplir.

C'est à ce titre que le mari est le chef de la communauté, parce que, chargé de transmettre la vie, il est dans la famille le représentant et le ministre du principe de la vie. Mais la femme, pour lui être soumise, n'est point son esclave; elle reste toujours un être doué de raison, et ainsi c'est dégrader la dignité humaine, c'est un crime de lèse-humanité, que de l'opprimer brutalement ou de s'en servir comme d'une chose. C'est cependant ce qui avait lieu, à peu d'exceptions près, avant le christianisme.

L'état social des femmes a été misérable dans les anciennes monarchies de l'Orient et dans les sociétés grecque et romaine. Elles n'avaient presque aucune part à la vie civile, ne possédaient rien en propre et restaient mineures toute leur vie. Il en est encore ainsi chez les peuples orientaux qui ne sont pas chrétiens. Chez eux il n'y a point de mariage, à proprement parler, c'est-à-dire point d'union conjugale librement contractée et imposant aux deux parties des obligations morales. C'est une sorte de concubinage réglé par la loi, qui autorise chaque homme sous certaines conditions, à prendre autant de femmes qu'il en peut entretenir et garder. Un des bienfaits de l'Évangile, et ce n'est pas le moindre, est d'avoir affranchi et relevé la moitié du genre humain asservie et dégradée par l'autre, en rendant à la femme son titre légitime d'épouse et de mère, sa dignité d'être intelligent et libre; et si l'on considère quelle influence les femmes ont exercée dans le monde moderne sur la civilisation et les mœurs, on verra combien l'humanité doit encore à l'Évangile sous ce rapport.

Toutefois, en réhabilitant la femme, il n'a point voulu l'égaler à l'homme dans le mariage et dans la société. Il lui a prescrit l'obéissance à son mari, parce que, plus faible d'esprit et de corps, elle est moins apte à l'exercice de la puissance et destinée à des fonctions qui entraînent la subordination. Mais il a augmenté l'empire qu'elle tient de la nature par l'attrait, par la grâce, d'une part en la rendant maîtresse de se donner à qui lui plaît ou d'aimer librement ; de l'autre, en l'ornant des vertus chrétiennes, qui relèvent la beauté par la dignité. La philosophie humaine détruit le plus souvent en prétendant réformer. Platon a dénaturé la femme dans sa *République* en voulant la réhabiliter. Il l'a tirée du gynécée pour la jeter dans le gymnase, comme si elle pouvait partager les fonctions, les travaux et les fatigues de l'homme. De nos jours, on a tenté de la mettre au niveau de l'homme, l'appelant à concourir avec lui par la capacité, par les œuvres, et on n'a fait que la dégrader et la rendre ridicule. Les suites de ces tentatives insensées sont déplorables. En dépravant les sexes elles changent leurs rapports naturels, et corrompent ainsi le mariage, détruisent la famille et avec elle la société.

Une autre considération montre la démence de ces prétentions : c'est que si les deux sexes étaient égaux en tout, ils se repousseraient au lieu de se rechercher, aucun des deux ne trouvant dans l'autre ce qui lui manque et ce qu'il désire. C'est justement la différence de l'homme et de la femme, leur *plus* et leur *moins* respectif qui les attire, pour que de leur union résulte la combinaison harmonique des deux et le complément de chacun. Le but de la nature serait donc manqué ; car c'est par l'attrait réciproque des sexes qu'elle assure le développement incessant de la vie, la conservation des espèces et l'immortalité du genre.

§ 86.

L'homme, ayant en surabondance la vie du corps et celle de l'intelligence, est porté instinctivement à communiquer ce qu'il a en excès. De là son activité naturelle, ses besoins, ses tendances, tous les modes de son développement. La force expansive, qui domine en lui, se manifeste par une organisation plus puissante, par des formes élancées et roides, par un esprit plus vif, une raison ferme, une volonté violente. Du défaut, c'est-à-dire du *moins* de la force attractive dans le sexe masculin, résulte moins d'impressionnabilité, de sensibilité et de vie intérieure.

Chaque sexe a un caractère spécifique qui détermine son organisation, sa manière d'être et ses fonctions propres. Le caractère de l'homme est de transmettre la vie, et pour cela il doit l'avoir en excès. Mais la vie humaine n'est pas seulement physique ou organique; elle est encore intellectuelle et morale, et la plénitude de l'homme sous ce rapport se déverse par l'activité de l'intelligence et de la volonté. Il peut donc être père par l'esprit comme par la chair. L'instinct de son sexe le pousse incessamment à l'activité extérieure. Il a besoin de mouvement, d'exercice, de travail actif par le corps et ses membres, quand il est peu instruit, par l'esprit et ses facultés, s'il est lettré, savant ou artiste.

La force expansive, qui prédomine dans le sexe masculin, se retrouve en plus dans tous les modes de son existence. Il l'emporte sur la femme par tout ce qui se produit au dehors, par la vigueur du corps, par la vivacité de l'esprit, par l'étendue de l'intelligence, par l'impétuosité de la volonté. L'empire de l'extérieur lui appartient; à lui de diriger la famille et la société dans le monde ; à lui le gouvernement et l'administration ; car il est le chef-né de l'association naturelle. Sa raison aime à s'exercer dans les abstractions de la pensée et dans les systèmes ou les spéculations, comme son corps à se lancer dans l'espace et à s'agiter dans le monde. Sa volonté est impérieuse ; elle décide, ordonne, frappe et brise, suivant la passion du moment ; mais, comme tout ce qui est violent, elle ne dure pas la plupart du temps, et le relâchement est en raison de l'effort. Cependant la vie, qui se jette si facilement au dehors, s'affaiblit au dedans; et c'est pourquoi les hommes ont en général moins de sensibilité, moins de délicatesse dans les choses du cœur, moins de persévérance dans les affections et dans les résolutions. Arrêtés dans leur entendement par la réflexion, vivant surtout dans la tête par la pensée, ils sont moins aptes à la vie de l'âme, au recueillement, à la piété, et il leur faut un grand travail sur eux-mêmes et de longs efforts pour rentrer au dedans, s'y rassembler et s'y fixer.

 La société de la femme est utile à l'homme qu'elle adoucit et civilise. Il trouve en elle de la réceptivité, de la soumission, quelque chose d'attrayant et de patient qui le charme, le captive, polit les aspérités de son esprit et règle sa volonté vagabonde. Il importe beaucoup à la civilisation que les femmes aient de l'influence dans la société, et c'est dans les pays où cette influence a le plus de puissance qu'il y a plus de bienveillance, plus de moralité, plus de religion, en un mot plus d'humanité. Les hommes, qui vivent continuellement entre eux, restent rudes, grossiers, durs, toujours prêts à se heurter ou à se combattre. Le commerce honnête avec les femmes les calme, les maintient, les discipline. La force morale de la douceur et de la beauté domine la force brutale du corps, amollit la roideur de la raison ; elle les apprivoise, pour ainsi dire, par la résistance passive qu'elle leur oppose, qui use la violence, et surtout par cet empire mystérieux que la femme prend à la longue sur l'homme par la grâce, par l'affection, par sa faiblesse même.

§ 87.

La femme est surtout femme par l'excès de la force attractive opposée à la surabondance de la force expansive de l'autre sexe. Les caractères spécifiques du sexe féminin sont donc l'attrait et la passivité. De là le mode particulier de son développement. Sa volonté plus profonde et plus tenace tend à se faire centre partout où elle se pose ; sa sensibilité plus intérieure et plus vive lui donne des jouissances et des peines inconnues à l'autre sexe. Son intelligence, moins forte, moins étendue, est en raison inverse de sa sensibilité. Elle sent mieux ce qui se passe en elle qu'elle ne sait ce qui existe hors d'elle. Son corps, plus faible et plus délicat, est aussi plus harmonieux dans ses formes, plus gracieux dans ses mouvements.

La force attractive, qui domine chez la femme, détermine sa manière d'être et caractérise toute sa personne. Par la part que la nature lui a donnée dans l'union conjugale, elle est la base ou le centre de la famille, comme l'homme en est la tête ou le chef; car c'est dans son sein que s'opère la reproduction de la vie, et c'est encore à son sein que le nouveau-né s'attache d'abord et dans ses bras qu'il s'essaye à vivre à la lumière de ce monde.

Ce caractère de son sexe se reproduit dans tout ce qu'elle fait. Son âme, à l'encontre de celle de l'homme, bien qu'elle soit de la même nature, est plus portée à se concentrer qu'à se répandre. Tandis que celui-ci est prêt à réagir au moindre sentiment qu'il éprouve, elle s'en laisse pénétrer plus avant et le goûte au fond. Aussi sent-elle plus intimement, plus délicatement, parce qu'elle reste plus passive sous l'influence. Elle jouit et souffre davantage.

Sa volonté est en raison de sa manière de sentir. Elle n'est point brusque, emportée, violente ; elle a de la peine à se poser nettement au dehors ; mais elle a d'autant plus d'intensité qu'elle prend moins d'extension. Ramassée pour ainsi dire en elle-même, elle plie devant la force et ne cède pas. Elle rentre en elle au moindre choc, mais pour s'affermir ; elle en ressort plus vivace à la première occasion, et cela sans se lasser ni se décourager, jusqu'à ce qu'elle atteigne son but. Sa patience est son bouclier vis-à-vis de l'homme dont la volonté impétueuse éclate et passe comme un torrent. Elle le sait par instinct ou par réflexion ; elle en profite et parfois en abuse. Du reste, sa résignation et sa persévérance mettent de la suite, de la solidité et de l'espoir dans les affaires de la communauté. Autant elle est peu propre au gouvernement du dehors, autant elle est apte à la direction du dedans. L'homme commande à l'extérieur, et elle le dirige sans qu'il le sache, en lui faisant vouloir ce qu'elle veut, en lui persuadant ce qu'il doit faire. Le faible mène souvent le fort, et l'homme, le dominateur du monde, est la plupart du temps l'instrument de la femme, qui lui est soumise.

Par sa passivité la femme est aussi plus capable de supporter la souffrance et surtout la douleur longue et tenace. En général, dans les maladies comme dans le malheur, elle montre plus d'égalité d'âme que l'homme et trouve plus de ressources. Elle devient vraiment dans ces cas, comme dit la Genèse, l'aide de son époux, qu'elle soutient et relève de sa parole et de son exemple par un dévouement sans relâche et sans bornes.

Ce retour au dedans, qui la caractérise, lui donne plus d'aptitude à la vie intérieure, plus de goût pour la piété, plus de disposition à la vie religieuse. Autant l'homme la dépasse par la spéculation de la science et la vigueur de la raison, autant elle l'emporte par la tendresse du cœur et la profondeur du sentiment. Tout tourne en pensée et en connaissance dans les hommes; tout se ramène à l'affection, à l'amour chez les femmes. C'est dans leur âme que se réfugie la foi pendant les mauvais jours. Elle s'y conserve comme le feu sacré dans le sanctuaire, d'où il rayonne mystérieusement ou avec éclat suivant les circonstances.

Cependant l'attraction a son excès : la concentration. La femme y est plus portée par sa nature. C'est un centre ardent, qui attire tout à lui, et cela par instinct, sans qu'elle le sache, ou avec ruse, sans qu'il y paraisse, parce qu'elle est faible. De là sa coquetterie innée, qui est sous une forme ou sous une autre, le désir d'occuper d'elle à l'exclusion de tout le reste. Quand la femme est méchante, elle l'est plus que l'homme, parce qu'elle attire et absorbe plus profondément le mal. Mais si elle est bonne, elle l'est éminemment, parce qu'elle se donne sans réserve au bien, dont elle devient l'instrument le plus efficace.

La femme est inférieure à l'homme par l'intelligence et surtout par la raison. Son attention est presque toujours fixée sur elle-même ou ce qui la touche ; elle n'a point de goût pour les choses abstraites et les généralités, et elle ne comprend guère les spéculations ni les théories. Mais si elle exerce peu ses facultés intellectuelles, elle ne juge pas moins bien que l'homme les choses qui l'intéressent, elle et ceux qu'elle aime. Elle discerne merveilleusement ce qui lui convient, et le plus souvent le sentiment la guide mieux que la réflexion. Aussi est-elle un très-bon juge en affaire d'affection, de goût et de convenance, là surtout où il faut plus de tact que de science acquise. Elle a en général plus de bon sens, parce qu'elle a moins d'instruction, et vit plus avec la nature qu'avec les livres et les opinions des hommes. De là la simplicité et la vérité de sa manière de voir. Molière lisait ses pièces à sa servante avant de les faire jouer, et il estimait par les impressions de cette femme ignorante la justesse de ses observations, l'à-propos du ridicule et la fidélité de ses portraits. La femme, non préoccupée par la passion ou par l'intérêt, est souvent d'un excellent conseil. Elle juge sainement, parce qu'elle voit simplement, et vite, parce qu'elle sent plus qu'elle ne raisonne.

§ 88.

Tels les deux sexes considérés séparément, tels ils sont dans leur union, où la nature détermine la part et la fonction de chacun. Cette union, physique et morale à la fois, doit être formée volontairement et avec la connaissance de sa fin et de ses conditions. Comme le mariage est la base de la famille et par conséquent de la société, et qu'en outre il change notablement l'état des personnes, la loi civile le sanctionne de son autorité en prenant acte du consentement libre des époux. La religion le consacre en tant qu'acte moral; elle le ratifie et le scelle par la bénédiction de Dieu pris à témoin de l'engagement réciproque.

Le mariage étant un pacte moral qui engage l'un envers l'autre deux êtres raisonnables, se liant par des obligations mutuelles et consentant à la fin de leur union qui est la formation d'une famille et l'éducation des enfants, la liberté doit présider à cet acte important. Le consentement libre est donc indispensable, et il sera d'autant plus libre, que l'entraînement des sens, l'exaltation de l'imagination et l'aveuglement de la passion y auront moins de part; car toutes ces choses, comme nous l'avons vu, entravent ou diminuent l'exercice du libre arbitre. Il faut en outre que ce consentement soit donné avec connaissance de cause, chaque partie sachant à quoi elle s'engage, et ce qui peut ressortir de l'acte qu'elle pose. C'est une raison pour ne point entrer trop jeune dans un état dont on ne peut encore apprécier l'importance, ni prévoir toutes les conséquences.

La société, qui doit régler et garantir les relations de ses membres conformément à la justice et dans l'intérêt de leur conservation et de leur bien-être, préside au contrat conjugal par un officier public, qui en met les dispositions en harmonie avec la loi. En outre elle reçoit l'engagement des parties et ratifie leur consentement par un acte d'autorité ; car il lui importe essentiellement que les mariages soient solidement contractés et respectés scrupuleusement, parce qu'elle a sa base dans la famille, et que l'ordre des familles amène celui de l'État. Puis l'honneur, la fortune et le bonheur des personnes dépendent de la fidélité de cet engagement où l'avenir des enfants se trouve intéressé. L'État prend donc toutes ses sûretés par les formes légales qu'il lui impose, et il ne reconnaît comme légitimes que les unions sanctionnées par la loi. Il ne protége que celles-là, et aucune autre ne constitue de droit à ses yeux ni pour ceux qui les contractent ni pour les enfants qui peuvent en sortir.

Cependant la ratification civile ne satisfait point à toutes les exigences du cœur humain dans une circonstance aussi solennelle. Il a besoin d'une sanction plus haute, qui ne soit pas seulement une garantie de stabilité devant les hommes, mais qui en imprimant au pacte un sceau divin, devienne pour les époux et leurs enfants une source de bénédictions et un gage de bonheur. Dans toutes les situations graves de sa vie, là où il faut donner une parole ou accomplir un acte qui décide de son avenir, l'homme sent plus vivement sa faiblesse, et il est porté à invoquer un secours supérieur. Chez toutes les nations, quand il s'agit de conclure un traité avec une autre nation, on prend la divinité à témoin, et l'on contracte en son nom. Le mariage est certainement le traité le plus grave que deux individus puissent former entre eux, et c'est pourquoi dans tous les temps et chez tous les peuples civilisés, outre l'acte civil qui ressort de la société, il y a un acte religieux fait en présence de Dieu, en sorte que les volontés soient liées à la fois par la loi divine et par la loi humaine. La consécration religieuse de l'engagement lui imprime un caractère surnaturel; car elle y mêle un élément divin, que les volontés individuelles ni les lois civiles ne peuvent plus détruire. Le nom divin, invoqué par l'homme et la femme au pied de l'autel, intervient dans leur union et la cimente par sa vertu. Dieu n'est pas seulement le témoin et le garant de leurs promesses; il devient encore le lien sacré de leur pacte, et ce lien est indissoluble, parce que l'homme ne peut séparer ce que Dieu a uni.

§ 89.

Les époux, se donnant l'un à l'autre par le mariage, se lient et se doivent aussi l'un à l'autre en tout ce qui se rapporte à la fin de leur union. Ils seront deux dans une même chair, comme dit la Genèse; et autant qu'il est possible dans un même esprit, dans une même volonté. Leur premier devoir est donc de faire tout ce qui est en leur pouvoir pour rendre leur union plus intime; et, à cet effet, de se soutenir et de s'aider réciproquement, afin que chaque partie suppléant à ce qui manque à l'autre, elles se complètent par leur rapprochement : ce qui n'aura lieu que si chaque sexe reste dans la position que la nature lui a faite, et accomplit uniquement ce qu'elle lui prescrit.

Le devoir commun aux deux époux est de chercher à s'unir étroitement, et pour cela de se faier des concessions réciproques et de se servir l'un l'autre, chacun des deux termes restant individuellement ce qu'il est dans l'action commune. En tant que personne, il a sa volonté, son esprit, sa conscience, sa manière de voir et de sentir, son caractère, qui dépendent en grande partie de son sexe, de sa constitution, de son éducation et de toutes les circonstances qui ont concouru à former son individualité. Ce sont donc deux *moi* en face l'un de l'autre, et dont chacun est un *non moi*, par conséquent un opposant pour l'autre, quelque cher qu'il lui soit d'ailleurs. Cette distinction subsiste même dans le rapprochement le plus intime.

L'union du mariage ne peut donc être qu'un accord, d'où résulte l'harmonie. Or, dans l'accord, les sons restent distincts tout en s'unissant : chacun conservant sa quantité et sa qualité vaut par soi, outre la valeur qu'il acquiert en s'associant à d'autres. Mais dans l'accord conjugal ce ne sont point les semblables qui s'attirent; ils se repoussent au contraire comme dans l'électricité, le positif cherchant le négatif, et le négatif cherchant le positif, parce que chacun des sexes aspire à trouver ce qui lui manque dans le terme auquel il s'attache. C'est pourquoi, pour que leur union soit heureuse et bien assortie, il faut non pas les mêmes penchants ou les mêmes qualités des deux parts, mais des différences corrélatives, du plus et du moins en raison inverse, en sorte que chacun apporte à l'autre ce qu'il n'a pas.

Une autre condition, c'est que, après l'union et dans la situation qui en sort, chaque sexe reste à la place que la nature lui assigne et remplisse fidèlement les fonctions qui lui sont dévolues. Par là seulement un rapport vraiment naturel s'établira entre les époux, et le bon ordre affermira leur société. Mais si chacun veut empiéter sur l'autre et usurper son rôle, les choses iront mal, parce qu'elles se feront contre la nature et en dehors de l'ordre. L'homme s'efféminera, la femme prendra de la virilité, et il n'y aura plus dans le fait ni homme ni femme, mais un mariage faussé et une famille mal assise. Chacun des deux sexes perd alors avec sa dignité sa véritable valeur, celle que la nature lui a donnée, pour acquérir une aptitude factice qui lui est contraire. La femme surtout se dégrade par cette déviation. En voulant se faire homme, elle s'annule comme femme; car à mesure qu'elle affecte la force et prétend à la domination du dehors, l'empire du dedans lui échappe, et avec cet empire la véritable influence.

§ 90.

L'époux, plus fort d'esprit et de corps, est investi par le fait de la puissance extérieure. Son droit naturel est de l'exercer dans la famille pour l'intérêt commun, et d'accord avec celle sur laquelle il n'a d'autorité que par son consentement. Elle lui a donné sa personne, elle lui a soumis sa liberté et son existence, autant qu'une créature raisonnable peut naturellement se soumettre. Il lui doit en retour protection contre le dehors, secours pour le soutien de sa vie, et dans leurs rapports intimes, justice, égards et soins affectueux. Le devoir de l'épouse est corrélatif. En s'unissant à l'homme, chargé par la nature et par les lois divines et humaines de la diriger, elle s'engage à n'être qu'à lui et elle promet de lui obéir. Elle lui doit la soumission en retour de sa protection et de son soutien, et elle ne peut rien faire qui intéresse la communauté, sans son consentement; car l'homme est son chef naturel, *vir caput mulieris*. (Ephes. 2, 25.) Elle suit la condition de son époux.

L'autorité du mari ressort de la puissance de son sexe et de sa position vis-à-vis de la femme. Doué d'un organisme plus robuste et d'une raison plus ferme, porté par sa nature aux choses du dehors et plus capable de les comprendre et de les diriger, le gouvernement officiel de la famille lui appartient. Mais à ce pouvoir est associée, quelquefois opposée, une puissance occulte. L'homme pose sa volonté, dans ce qui l'entoure; la femme pose la sienne dans celle de l'homme, et il fait le plus souvent ce qu'elle désire, en sorte qu'il lui commande ce qu'elle veut. Voilà son empire à elle, et il est d'autant plus assuré qu'elle le laisse moins paraître. Sa place et son rôle sont dans l'intérieur de la maison. Là elle vaut tout son prix et jouit de ses véritables avantages. Elle n'est point née pour gouverner la famille, encore moins l'État. La loi salique qui exclut les femmes de la succession au trône est conforme à la nature et à la raison.

Dans l'exercice de son autorité le mari doit, autant qu'il est possible, être d'accord avec sa femme, et n'agir, au moins dans les choses graves, qu'avec son consentement; car il doit à ce consentement le pouvoir dont il est investi dans la communauté, et la femme, en se donnant à lui, n'a aliéné ni sa raison ni sa liberté morale. Elle s'est volontairement associée, et par conséquent elle a le droit de donner son avis dans les affaires de l'association.

Par cela qu'il est revêtu du commandement et chargé des soins extérieurs, l'époux doit protéger et soutenir l'épouse absorbée par les soins du ménage, par l'enfantement, l'allaitement et l'éducation des enfants en bas âge. Il doit lui fournir ce qui est nécessaire aux besoins de la famille, et quand l'un et l'autre reste à sa place et s'acquitte consciencieusement de ses obligations, ils doublent leurs forces et leur bien-être mutuel en accomplissant leurs devoirs.

Dans leurs relations intimes, le plus fort doit au plus faible non-seulement la justice, comme à tous ses semblables, mais encore le respect de sa conscience et de sa dignité, des égards pour sa faiblesse, et cela d'abord parce qu'elle est son égale devant Dieu, et ensuite parce qu'elle lui est livrée sans défense et qu'il lui est plus facile de l'opprimer. Cette générosité du fort envers le faible, des hommes envers les femmes, que les païens n'ont jamais connue et qui a produit le caractère chevaleresque et la galanterie moderne, est une application de l'esprit chrétien; c'est, comme la politesse, une forme mondaine de la charité évangélique. La parole de Jésus-Christ commande de secourir les malheureux, de protéger les faibles, de venir en aide aux opprimés, comme elle ordonne d'estimer les autres plus que soi, d'être leur serviteur et de les prévenir par des marques d'honneur; d'où proviennent les formules populaires de la politesse chrétienne inconnues aux sociétés qui ne le sont pas, et où il y a si peu de générosité pour le sexe, que les femmes y sont à peine considérées comme des êtres humains, les hommes regardant comme un abaissement de vivre avec elles sur le pied de l'égalité.

Le devoir spécial de l'épouse se ramène à un seul point : soumission à l'époux, et à lui seul, en ce qui concerne leur existence commune. Elle s'est donnée à lui, et sauf ce qu'elle doit à Dieu et à ses enfants, elle ne doit vivre que pour lui. Mais cette obéissance n'est point celle d'une esclave ni d'une créature sans raison. Elle exige seulement qu'en cas de dissentiment, elle se conforme à la manière de voir du mari et exécute sa volonté; car il faut de l'unité dans l'association. Toute maison divisée tombera.

C'est pourquoi la femme mariée ne peut contracter civilement en son nom, tant qu'elle est en puissance de mari. Elle est mineure devant la loi; son époux est son tuteur naturel, parce qu'il est le chef de la communauté et la représente devant l'État. Aussi, la loi civile doit toujours tendre à resserrer le lien conjugal tout en assurant les droits de l'épouse, et le régime le plus conforme à la nature et à la fin du mariage est celui de la communauté. La femme n'est point faite pour l'indépendance; en général elle ne la supporte pas, et quand dans l'état conjugal elle peut réserver sa fortune ou la gestion séparée de ses biens, c'est une tentatio pour elle de secouer l'obéissance, de refuser la soumission et par conséquent de sortir de sa place et de manquer à ses devoirs. L'épouse est liée à l'époux tant qu'il est vivant ; elle doit suivre sa condition partout et en toutes choses, sauf les cas où son existence, sa moralité ou sa dignité seraient compromises par la vie commune, et auxquels la législation doit pourvoir.

§ 91.

La vertu provenant de l'accomplissement habituel des devoirs du mariage, s'appelle *fidélité conjugale*. Elle est la garantie de l'intégrité, de l'honneur et du bonheur de la famille. L'affection mutuelle des époux, et surtout l'estime qu'ils peuvent concevoir l'un pour l'autre, les aident puissamment à remplir leurs devoirs respectifs, dont l'obligation ne dépend ni de la disposition des cœurs ni des circonstances. Ces devoirs sont d'autant plus difficiles qu'ils sont de tous les instants par la continuité de la vie commune, où les volontés individuelles, toujours distinctes malgré leur union, ont souvent l'occasion d'être différentes ou même contraires.

Le mariage n'est parfaitement intègre que si les deux parties données l'une à l'autre vivent exclusivement dans les conditions de leur alliance. Ce sont les deux moitiés d'un même tout, dont chacune ne peut se compléter légitimement que par l'autre. De là la vie intime du mariage, la chasteté et la discrétion conjugales. Quand les époux ont des peines, et il y en a toujours, c'est entre eux qu'ils doivent d'abord chercher des consolations ; et s'ils n'en trouvent pas dans leur affection mutuelle, la religion, qui domine toutes les positions et a des remèdes pour tous les maux, leur offre ses conseils et ses secours. Il est inconvenant et souvent dangereux pour les époux, surtout pour la femme, de chercher au dehors des consolations aux chagrins domestiques ; car ces consolations, rarement désintéressées, compromettent plus qu'elles ne servent, et le mal s'aggrave quelquefois par le remède.

La pureté du mariage en fait l'honneur et la paix ; l'honneur, quand l'union n'est point souillée par une influence étrangère ; la paix, si les époux se conduisent comme il convient à des créatures raisonnables, se respectant mutuellement, se faisant des prévenances et des concessions réciproques, et portant avec patience et surtout en silence les tribulations inévitables de leur position. Une fois ce pacte formé, ils ne sont plus libres de le rompre, au moins sans immoralité. Rien ne peut prescrire contre la force de l'engagement, quelque onéreux qu'il puisse être. La justice est indépendante des dispositions du cœur, elle ne varie pas avec ses affections ; car le cœur des humains est inconstant et faible, et si ses obligations ressortaient de ses goûts, elles seraient sans stabilité, sans garantie, et la famille serait toujours en question. Quand la conscience est sauve, le mal n'est jamais sans remède et le secours ne manquera pas. Il est triste sans doute d'être uni à une personne qu'on n'aime plus ou qu'on ne peut estimer ; mais la mesure du devoir n'est point dans le charme ou le mérite de l'objet auquel il s'applique, mais dans la justice d'un engagement contracté, et qui doit être accomplie, même envers ceux qui la violent. Le désordre d'un époux n'autorise point celui de l'autre; le crime n'excuse pas le crime. La vertu suréminente, je dirai presque l'héroïsme du mariage, se montre quand l'époux maltraité, outragé dans ses droits et sa dignité, fidèle à ce qu'il a promis et respectant ses engagements, absorbe l'injure dans la patience chrétienne et rend le bien pour le mal.

Par ce côté ressort l'utilité morale du mariage et comment il peut concourir au perfectionnement des individus et de l'humanité. Quand deux volontés sont attachées l'une à l'autre par un lien indissoluble, force leur est de s'accommoder, de se maintenir l'une par l'autre en se neutralisant. Leur position respective les oblige d'apprendre la patience et de pratiquer le renoncement, tolérant pour qu'on les tolère, et pardonnant parce qu'elles ont besoin de pardon. Après s'être souvent heurtées, se brisant par les chocs et s'émoussant par le frottement, elles arrivent à se toucher sans se blesser; elles se supportent d'abord, s'arrangent ensuite, et la paix finit par s'établir avec la justice et l'ordre. Chaque volonté, ainsi occupée dans la famille, épuise l'excès de son activité dans cette lutte de tous les jours, et devenant plus calme, plus modérée par l'expérience et par l'âge, elle se forme peu à peu à l'équité et à la charité. Mais le mariage n'a cet effet que s'il est vraiment une union morale, c'est-à-dire l'alliance de deux êtres libres qui se maintiennent l'un par l'autre et se balancent en s'unissant. Le christianisme, en réhabilitant la femme dans ses droits naturels, a rendu au mariage sa valeur morale et sa dignité. Il l'a ramené à sa véritable fin, qui est, outre la propagation du genre humain, l'amélioration des deux sexes l'un par l'autre, et par suite le progrès moral et le perfectionnement de l'humanité. C'est pourquoi il a été élevé par l'Église à la dignité de sacrement.

§ 92.

L'acte le plus contraire à la nature et à la fin du mariage est la violation de la fidélité conjugale par l'adultère. En lui-même il est aussi criminel chez l'époux que chez l'épouse, car des deux côtés il y a manque de foi, injustice, lésion du lien commun; mais il est plus grave chez la femme par ses conséquences. L'adultère est la ruine de la famille et de la société. Il existe, physiquement ou moralement, dès que l'un des époux porte ailleurs l'affection, les soins et l'attachement qu'il doit à l'autre.

L'adultère brise l'unité du mariage. L'amour de l'un des époux se portant en dehors de la communauté, et la possession de sa personne n'étant plus exclusivement réservée à l'autre, ils ne sont plus deux dans une même chair; ils ne sont plus unis, comme ils doivent l'être, par le corps et par l'âme. La fin du mariage en est altérée, comme sa nature, par la corruption de la famille dans les enfants.

En principe il est aussi criminel chez l'homme que chez la femme. C'est la même iniquité par le manque de foi, par la violation d'une promesse sacrée, par le dépouillement de la partie lésée de ce qui lui est dû. Mais la position de l'épouse et la fonction de son sexe rendent le mal plus grave de son côté. La faute du mari jette le désordre hors de la famille; celle de la femme l'y attire et l'y introduit. Elle en devient le réceptacle, le foyer. Le sanctuaire domestique est profané, et la vie de la famille, altérée à sa source, est faussée dans son esprit et dans son développement par une influence étrangère. Le cours providentiel des choses, qui devait s'effectuer par la propagation légitime d'une même race, est arrêté, croisé et faussé par les passions coupables des hommes.

De là beaucoup de choses mystérieuses et déplorables, qui arrivent dans les familles et dans la société, et qui semblent inexplicables ; des personnes divisées, troublées en elles-mêmes pendant toute leur existence comme par le mélange et l'opposition de deux vies ennemies, de deux esprits contraires, ou faussées dans leur caractère et dans leurs facultés par le défaut d'harmonie entre les éléments qui les constituent; des antipathies instinctives des enfants contre l'un ou l'autre de leurs parents, ou des frères entre eux, quand sortis du même sein ils ne sont pas effectivement de la même race, et reproduisent par leurs dispositions et leurs goûts contradictoires, par les oppositions de leurs esprits et de leurs cœurs l'antagonisme originel qui les a produits. Outre ces monstruosités naturelles, qui ne paraissent pas toujours, l'adultère opère une double injustice, qui doit attirer le désordre et la malédiction dans la famille; injustice envers l'époux trompé, qui nourrit le fruit du crime et donne sa protection, sa fortune et son nom, au produit de son déshonneur; injustice envers les enfants légitimes, auxquels un étranger vient dérober la vie et la substance de la famille, dont il réclamera un jour avec eux l'héritage de richesse ou de gloire.

Ce qui augmente encore la culpabilité de la femme adultère, c'est qu'elle a plus d'obstacles à surmonter pour commettre le crime, l'opinion et les convenances sociales lui imposant plus de barrières ; et d'un autre côté ayant plus de secours extérieurs et intérieurs contre la tentation, elle a plus à perdre en y cédant. Sa responsabilité est donc plus grande de toutes manières.

Une nation est moralement bien malade, quand l'adultère y devient commun, banal, objet de plaisanterie et même titre de gloire et de distinction, au moins pour les hommes. C'est un signe de la corruption générale des mœurs, qui amène toujours la décadence de l'État. Ce relâchement des liens sacrés du mariage, cette manière légère d'en interpréter les droits et d'en accepter la violation, proviennent toujours d'une philosophie immorale. Le sensualisme, en quelque temps et sous quelque forme que ce soit, ancien ou moderne, grossier ou raffiné, est la mort de la morale publique et privée ; car il renverse tous les principes de l'ordre, de la justice et de la vertu. La conscience n'a plus de base, l'honnêteté plus de motif, le devoir plus de sens ; et l'homme terrestre, ne connaissant rien au-dessus de lui, ne respectant aucune autorité et ne craignant que la force, lâche la bride à ses mauvaises passions et met son bonheur et sa gloire, soit à les assouvir avec excès et par tous moyens, s'il est emporté par la chair, soit à les satisfaire d'une manière plus séduisante et par tous les raffinements de la civilisation, s'il appartient à une société polie. Tels furent les derniers temps de l'empire romain, que Juvénal a si énergiquement stigmatisés ; telles en France les mœurs du xviiiᵉ siècle, qu'on a nommé le siècle de la philosophie et des lumières, et qui s'est surtout signalé par les doctrines les plus pernicieuses et la plus profonde immoralité.

§ 93.

Le mariage, impliquant une donation réciproque de l'homme et de la femme, ne peut être légitimement contracté qu'entre deux personnes à la fois : car, d'un côté on ne peut donner ce qui ne vous appartient plus, et de l'autre, il y aurait injustice que plusieurs se donnassent à un seul, qui ne peut se donner tout entier à plusieurs. La polygamie simultanée est donc contraire à l'institution du mariage. Elle dégrade l'un des deux sexes, et, en effet, elle n'existe légalement que là où un sexe, réputé d'une nature inférieure à l'autre, est traité en esclave ou comme une chose. Produit de la sensualité et de l'ignorance, elle est préjudiciable à la famille et à la société. Le despotisme en est ordinairement la suite. La monogamie, au contraire, signe de la prépondérance du moral sur le physique, est une conséquence du progrès de la civilisation.

La polygamie, qui est une injustice parce qu'elle viole l'égalité naturelle des deux sexes, les droits et la dignité de l'un étant sacrifiés à l'intérêt ou au plaisir de l'autre, est encore contraire aux fins du mariage, qui sont la fondation de la famille, l'éducation des enfants et le perfectionnement moral des époux. Avec elle il n'y a point de vrai mariage ; car les éléments d'un engagement mutuel ne s'y trouvent point, savoir deux êtres raisonnables, en possession de leur liberté et de leur personne, se donnant l'une à l'autre volontairement et avec conscience. La femme devient une propriété de l'homme, et comme il n'a pas besoin de son consentement pour la posséder, elle n'est ni dans la condition ni dans la dignité de l'union conjugale. Il n'y a point de lien moral ; le cœur et l'esprit n'y sont pour rien. Aussi la polygamie n'est en usage que chez les peuples grossiers, où la vie des sens domine. Elle entraîne une autre indignité, qui révolte la nature autant que la conscience. Après avoir dégradé la femme, elle mutile l'homme pour en faire le gardien sûr de ses plaisirs.

Là où il n'y a point de mariage, la famille n'existe pas. La polygamie la tue dans sa racine, qui est l'union exclusive des conjoints, leur affection réciproque et l'accomplissement d'un devoir commun. Il n'y a plus de parents que selon la chair ; donc point de lien spirituel entre le père, la mère et les enfants ; point d'éducation du premier âge abandonné aux soins des esclaves ; point de gouvernement moral de la maison, point de maison, dans le sens moral de ce mot. L'ignorance et la grossièreté des parents se transmettent aux enfants, et les nations qui vivent sans se perfectionner par la moralité et par la science, végètent immobiles, parce que l'humanité dégradée à sa source n'a plus ni force ni vertu pour s'élever et s'améliorer. Ensevelie dans les jouissances de la chair, elle n'a plus la conscience de sa haute nature, et perd le goût et la capacité des choses de l'esprit.

En détruisant la famille, la polygamie ruine l'État qui ne peut plus être qu'une agrégation formée ou maintenue par la violence, et dont la volonté du plus fort fait la loi. La nation sortant de la famille, le despotisme du père se reproduit dans le souverain, qui traite aussi ses sujets comme sa propriété, exerçant sur eux le droit de vie et de mort, disposant à son gré de leur personne et de leurs biens; ou plutôt il est l'unique propriétaire, le maître absolu de toutes choses, et aucun ne vit, ne possède et n'agit qu'avec sa permission et sous son bon plaisir.

La polygamie règne chez presque tous les peuples barbares; elle disparaît à mesure que la vie intellectuelle et morale prend le dessus. Cette transformation s'opère partout où l'esprit de l'Évangile pénètre. Mais on ne change pas les hommes subitement, et en devenant chrétiens, les barbares ont conservé longtemps une partie de leurs mœurs et de leurs habitudes. L'Église, ministre de Dieu sur la terre pour relever et sauver l'humanité, pleine de douceur parce qu'elle est une puissance morale, et patiente parce qu'elle est éternelle, a toléré parfois des abus qu'elle ne pouvait tout d'abord ni empêcher ni détruire. Prenant les hommes où ils en sont, elle commence par leur faire sentir et reconnaître le mal, et elle les porte ensuite à l'éviter, les traitant suivant leur faiblesse et n'exigeant à chaque degré que ce qu'ils peuvent faire. Ceux qui lui ont reproché sa condescendance l'ont jugée légèrement, avec les opinions et les préventions de notre époque, et sans connaissance suffisante des hommes et des choses. Agissant toujours avec sagesse, avec une immense charité, elle s'est faite toute à tous, comme l'Apôtre (I. Cor. ix, 22) pour les gagner tous à Jésus-Christ. En proclamant l'égalité des hommes devant Dieu, elle a posé la base d'une nouvelle politique, elle a fondé la liberté moderne et détruit le principe de l'esclavage. En déclarant la femme l'égale de l'homme, elle a réformé la vie domestique, elle a donné à la famille son fondement véritable. Elle a ramené le mariage à la pureté de la monogamie, conséquence nécessaire du contrat libre, et par cette réhabilitation de la femme elle a relevé à la fois la famille, l'État et le genre humain.

§ 94.

L'indissolubilité du mariage est une conséquence de sa nature. Un contrat ne peut être équitablement résilié, qu'à la condition du rétablissement des personnes et des choses dans leur état antérieur, ou au moins d'une réparation équivalente. Or, l'un et l'autre sont impossibles dans ce cas. En outre, le mariage est un contrat qui intéresse des tiers, dont l'intervention est toujours prévue, les enfants. Enfin, il est un acte religieux par lequel les deux parties sont liées devant Dieu, témoin et garant de leurs promesses. La répudiation et le divorce sont donc essentiellement contraires à la nature du mariage, et par conséquent à la morale et au bon ordre de la société.

L'idée du mariage étant posée, la question du divorce, si controversée quand on ne l'apprécie que par ses conséquences, est décidée nettement par le rapprochement des termes ; et quels que soient les motifs allégués en sa faveur ou pour l'excuser, il n'en reste pas moins convaincu d'immoralité, parce que, en brisant le lien conjugal, il consomme une injustice sous le rapport naturel, civil, moral et religieux.

Il blesse l'ordre de la nature; car il dissout l'union des parents, nécessaire à la conservation des enfants, dont l'éducation est longue et difficile. Il les prive de la tendresse et des soins de la famille, et de plus il annule la portée de l'existence des époux employée jusque-là dans une œuvre commune, la rendant stérile et même embarrassante pour l'avenir. Sous le rapport civil il y a dommage pour l'un ou l'autre, quelquefois pour tous deux ; car la réparation ou la compensation sont impossibles. En supposant même le consentement libre des deux, l'injustice n'en serait pas moins réelle ; car dans ce cas on se résigne à un moindre mal pour en éviter un plus grand, et dans la destruction de la communauté, il y a toujours quelqu'un de lésé, une victime. Le plus grand détriment retombe sur les enfants, dont les droits sont nécessairement en péril, contre le vœu de la nature et de la loi qui les réserve. Il y a des choses qui ne se remplacent point. La législation, qui autorise le divorce, dépouille donc les mineurs, et sacrifiant les enfants aux parents, elle devient complice et responsable de leur désordre.

Enfin il y a outrage à la morale, parce que la bonne foi est foulée aux pieds, les époux manquant à la promesse solennelle qui les a engagés à toujours, promesse faite au nom de Dieu pris à témoin et comme garant de sa sincérité, et ratifiée au pied des autels par une vertu sacramentelle et la bénédiction d'en haut. Les époux, en se donnant l'un à l'autre, sont donc liés non-seulement par leur consentement, mais encore par la sanction de Celui dans lequel ils s'unissent. Dieu a donc aussi sa part et son droit dans ce contrat; son nom ne doit point avoir été pris en vain, et la séparation ne serait légitime de ce côté que s'il déliait ce qu'il a lié. Mais aucun homme ne peut séparer ce qu'il a uni. C'est ce que le christianisme n'a jamais fait, partout où il est resté dans sa pureté divine et conforme à l'esprit de Jésus-Christ. L'Église a toujours proscrit le divorce, et quand elle a ordonné ou autorisé des séparations, c'est que l'union n'avait point été légitimement contractée, les conditions requises n'ayant point été observées.

Le divorce a été condamné par la parole de Jésus-Christ. Répondant aux docteurs de la loi, qui lui demandaient si l'on peut renvoyer sa femme pour cause d'adultère et avec un billet de répudiation, comme Moïse l'avait permis : « Au commencement, dit-il, il n'en était point ainsi; car il est écrit que Dieu a créé l'homme mâle et femelle et qu'ils seront deux dans une même chair; que l'homme ne sépare donc point ce que Dieu a uni. Moïse l'a permis à cause de la dureté de votre cœur (Marc., x, 5). » Là est la solution de la question au point de vue religieux. Mais il en ressort aussi que le mariage n'est vraiment indissoluble que s'il est un acte de religion, c'est-à-dire accompli devant Dieu et en son nom. Cela seul est indestructible qui est institué d'en haut, et c'est pourquoi la nouvelle loi a fait du mariage une chose sacrée, un sacrement. Son caractère sacré et son indissolubilité tiennent ensemble comme le principe et la conséquence; nier l'un c'est nier l'autre, et c'est pourquoi les partisans du divorce, et particulièrement les chefs et les sectateurs de la prétendue réforme, qui en ont si largement profité, ne reconnaissent point le mariage comme un sacrement. L'omission du mariage religieux, dont il y a encore trop d'exemples de nos jours, est une suite de cette négation.

Du reste, le divorce s'est jugé lui-même par ses fruits partout où il a été autorisé ou toléré. Il introduit dans le sanctuaire de la famille l'inconstance des passions humaines, et il fait de l'union conjugale une affaire d'intérêt, de goût ou de caprice. Il produit de tels abus, de tels désordres, que là où l'esprit de parti ou de secte le permet, les tribunaux suffisent à peine à faire droit aux demandes de séparation, et que la législation, tout en maintenant le principe, multiplie les obstacles et les difficultés pour en empêcher l'application.

CHAPITRE IX.

DEVOIRS ENVERS LE PROCHAIN DANS LA FAMILLE ET DANS LA SOCIÉTÉ.

§ 95.

La famille constituée par le mariage se développe par la génération et s'étend par les alliances. Tous ceux qui en font partie sont unis entre eux par une certaine communauté de vie, d'intérêt et d'honneur, qui les rend jusqu'à un certain point solidaires les uns des autres, et d'où dérive une réciprocité de services et de devoirs. L'exigence de ces devoirs est en raison du degré de parenté et des services rendus. Chacun doit soutenir sa famille et ses membres autant qu'il le peut, physiquement et moralement. Ainsi se forme l'esprit de famille, qui ne doit jamais prévaloir contre la justice.

Nous comprenons sous ce titre de *prochain* tous ceux entre lesquels s'établit une relation directe, soit par des liens naturels, soit par des circonstances volontaires ou involontaires qui les rapprochent et les mettent dans une certaine communauté d'existence. Les proches sont les parents, les maîtres et les serviteurs, les concitoyens, le bienfaiteur et l'obligé, les amis, tous les membres d'une association quelconque.

La famille, considérée dans son ensemble, forme une société particulière au milieu de la société générale. Ses membres sont unis entre eux par le sang, par les alliances, par une communauté d'intérêts, par une solidarité d'honneur. Chacun en travaillant pour soi et les siens concourt donc en quelque chose au bien des autres, et par le seul fait de leur union ils se soutiennent et s'aident directement ou indirectement de leur nom, de leur crédit, de leur fortune, de tous les avantages de leur position sociale. Ils se doivent donc les uns aux autres et s'obligent, puisqu'ils se donnent réciproquement quelque chose. Il est difficile de préciser exactement en théorie la rigueur et l'étendue de ces devoirs. Les circonstances les déterminent dans la pratique. On peut seulement dire en général qu'ils sont en raison du degré de parenté et des services reçus. Celui qui les accomplit est un *bon parent*.

L'esprit de famille fait la force, la stabilité et la dignité des familles. Il resserre l'union en maintenant les traditions des ancêtres et faisant marcher plusieurs générations dans une voie commune et vers un même but. Ainsi se forme en chaque pays l'aristocratie de tous les degrés, depuis le noble jusqu'au paysan ; et par cette transmission d'un même esprit une vertu plus solide, qui devient comme héréditaire, s'établit dans les familles. Mais le mal ici-bas est toujours à côté du bien, et souvent l'excès d'une qualité devient un vice. Cet esprit conservateur tend naturellement à devenir exclusif, jugeant tout au point de vue de son intérêt, de ses maximes, de ses préjugés, et finissant souvent, à cause du changement inévitable des circonstances, par être en désaccord avec le présent et hostile à l'avenir.

L'égoïsme et la rivalité des familles contribuent parfois à la ruine de l'État. Si elles ne sont maintenues par un pouvoir prépondérant, comme dans les monarchies puissantes, elles entrent en lutte et déchirent la société. On l'a vu au moyen âge, alors que les forteresses des grandes familles hérissaient les montagnes, dominaient les plaines, embarrassaient les villes et opprimaient les populations. La société était une guerre continuelle, d'autant plus terrible qu'elle s'agitait au sein du même peuple et que personne ne pouvait y échapper. Aussi la monarchie absolue, ou le despotisme, sortent presque toujours d'une pareille situation dont ils sont le triste remède.

L'esprit de famille aveuglé, fanatisé par la passion, devient encore par une autre voie un instrument d'injustice, de désordre et de crime. Il transmet le mal comme le bien, les haines comme les affections, et ce mal et ces haines, envenimés par les passions antérieures qu'ils ont excitées, s'infusent avec le sang, par la parole et par les exemples dans le cœur des enfants. Ils y deviennent comme une seconde nature, comme un instinct funeste qui tend aveuglément à la ruine de ceux qui en sont l'objet; et en outre, ces préjugés, légués par les ancêtres avec l'autorité d'une dernière volonté ont, aux yeux de leurs descendants, quelque chose de sacré, qui confond malheureusement dans leur esprit le crime avec le devoir. De là, des ressentiments interminables, des vengeances atroces, la soif du sang ennemi, et d'épouvantables forfaits que les lois et les gouvernements sont trop souvent impuissants à empêcher et à punir. La religion seule peut extirper du fond des cœurs la racine de ce mal, ou le neutraliser par l'influence surnaturelle de la charité.

L'abus le plus commun de l'esprit de famille est la partialité pour les siens contre l'équité et au mépris des droits d'autrui. C'est l'écueil ordinaire du pouvoir : ceux qui ont l'autorité en main, qui distribuent les emplois ou manient la fortune publique, sont le plus tentés de ce côté, soit par les instances et l'avidité de leurs proches, soit par l'ambition d'élever ou d'enrichir leur famille. On s'élève soi-même en élevant les siens, on se fortifie de la puissance qu'on leur donne; car l'égoïsme de la famille se ramène en définitive à celui qui en est le chef. Si cet abus devient général dans une nation, le gouvernement s'affaiblit en se déconsidérant, et les populations perdent le respect de l'autorité, qui paraît les exploiter dans un intérêt privé. Les liens entre les gouvernants et les gouvernés se relâchent, l'affection périt avec la confiance, et alors

Il ne faut plus qu'un choc pour briser la machine politique et rompre l'unité sociale. L'esprit de famille poussé à cet excès s'appelle le *népotisme*.

§ 96.

Dans la famille sont compris ceux qui la servent (*domestici*). De là une nouvelle relation qui produit de nouveaux devoirs, ceux des serviteurs et des maîtres. Le serviteur donne ses forces, son travail, son temps ; il use sa vie au service de son patron, qui lui doit en retour un salaire et la protection. C'est un contrat de louage, mais de louage d'hommes, qui, malgré leur position inférieure, ont toujours le droit d'être traités en homme. Ici surtout l'humanité, la conscience religieuse et la charité doivent adoucir et compléter l'équité rigoureuse. Il faut que les serviteurs participent, suivant leur degré, aux sentiments et à l'esprit de la famille pour la servir avec zèle ; et cela ne peut arriver que si les maîtres s'intéressent à leur sort et pourvoient convenablement à tous leurs besoins.

Ceux qui servent la famille en font nécessairement partie ; ils sont mêlés à sa vie de tous les jours, voyant tout ce qui s'y passe, prenant part à tout ce qui s'y fait. Leur secours est indispensable dans les circonstances les plus graves ; et ainsi, suivant leurs dispositions, ce sont des auxiliaires très-utiles ou des ennemis dangereux. Leur manière d'être a une grande influence sur l'état de la famille, sous le rapport économique d'abord, à cause de leur intervention nécessaire dans les dépenses de la maison; puis sous le rapport moral, parce qu'ils sont les aides obligés des parents dans le soin et l'éducation des enfants. Trop souvent le père ou la mère, absorbés par les affaires ou entraînés par les plaisirs du monde, laissent leurs enfants en bas âge aux mains des domestiques, leur remettant la tâche pénible et difficile qu'ils devraient remplir eux-mêmes. Quand on pense que presque tous les enfants des classes aisées vivent d'abord avec les serviteurs de la maison, qu'apprenant à parler dans les bras d'une nourrice ou d'une servante, ils reçoivent avec le premier langage les premières impressions et des dispositions primitives qui influeront sur toute leur existence, on comprend l'importance des bons serviteurs, remplissant consciencieusement leur devoir et dévoués aux intérêts et au bonheur de la famille.

Mais il n'y a de bons serviteurs que là où il y a de bons maîtres. Le maître forme le serviteur, comme les parents forment l'enfant, comme l'instituteur forme le disciple. Si, entre ceux qui servent et ceux qui sont servis, il n'existe qu'un contrat de stricte justice, déterminant le service d'un côté et le salaire de l'autre, le maître en aura tout au plus pour son argent. Ce sera une affaire de commerce, où chacun tâche de prendre plus et de donner moins. Le service devient tout à fait mercenaire, et, fût-il équitable, on n'y sentira point le cœur ni l'affection. Il sera sec et parcimonieux comme tout ce qui se vend, et on n'y pourra jamais compter, parce qu'il est au plus offrant.

Les maîtres de leur côté, n'ayant aucune relation affectueuse avec leurs serviteurs, croient avoir tout fait en les nourrissant et les payant. Cependant c'est la moindre de leurs obligations. Les supérieurs répondent jusqu'à un certain point de la conduite de leurs subordonnés, surtout dans la famille, et cette responsabilité, dépassant les nécessités physiques de leur existence, s'étend à leurs besoins moraux; car ils ont une âme comme leurs maîtres; ils sont enfants du même Père qui est au ciel, par conséquent leurs frères à double titre s'ils sont chrétiens, par la nature et par la grâce. La stricte justice ne suffit donc pas entre eux; il faut encore l'humanité, et plus que l'humanité, la charité de Jésus-Christ, qui peut seule compenser ou réparer ici-bas les inégalités des conditions et de la fortune.

Le traitement charitable des serviteurs, s'il n'était le devoir des maîtres, serait encore leur intérêt bien entendu; car l'amour excite l'amour, et l'on ne sert bien que celui qu'on aime. L'affection obtient plus que la force, et le cœur ouvert et touché par la bonté donne au centuple ce qu'il refuserait ou disputerait à la dureté. La domesticité sans attachement moral n'est plus qu'un louage d'hommes unis par la nécessité à la famille et que l'intérêt en sépare. C'est le parti de l'opposition dans l'intérieur de la maison, un ennemi dans le camp, d'autant plus dangereux qu'il en sait tous les secrets et qu'on ne peut se passer de lui. Dans ce cas les domestiques, quoique dans la famille, n'en sont réellement pas; car, ne participant ni à ses sentiments ni à son esprit, ils n'en défendent ni les intérêts ni l'honneur. Leur avidité au contraire est continuellement surexcitée par la richesse de leurs maîtres, et la pensée que tout cela pourrait leur appartenir comme à eux, excite dans leur cœur la cupidité, la convoitise et l'envie.

Ainsi vont les choses, quand elles se font uniquement par le désir du gain et pour de l'argent. Aujourd'hui la famille et la société ne marchent plus guère autrement. Le lucre est le mobile général, et la vanité seule égale la cupidité. On trouve peu de ces braves gens d'autrefois, qui, après avoir nourri ou élevé les enfants, ne pouvant s'en séparer, attachaient leur affection et leur destinée au maître qu'ils avaient vu naître; en sorte qu'à chaque génération de la famille se formait en même temps une génération parallèle de serviteurs qui l'accompagnait sur la terre, et trouvait son tombeau là où toute la vie elle avait trouvé sa subsistance. Ceux-là étaient vraiment des membres de la famille, et les maîtres s'y attachaient comme à leurs parents ou à leurs enfants.

Il faut dire aussi que la législation actuelle de la société concourt à ce mal. Quand, par le droit d'aînesse ou par des majorats, le chef-lieu de la famille, avec ce qui est nécessaire pour l'entretenir, appartenait au fils aîné, une famille centrale subsistait, autour de laquelle se groupaient les autres enfants et les serviteurs avec eux, sûrs d'y trouver un asile dans leurs vieux jours ou quand la maladie les aurait mis hors de service. Ils passaient à l'héritier principal avec les immeubles, comme une partie du patrimoine. Mais là où chaque succession dissout le foyer de la famille, et où la fortune sans cesse divisée va toujours s'amoindrissant, il n'y a plus ni fixité ni durée. La richesse ne s'accumule plus sur le sol, et l'avenir de personne n'est assuré. A chaque décès tout est remis en question, tout est à recommencer, et les serviteurs se renouvellent avec tout le reste.

Il y a de nos jours peu de familles où les domestiques vieillissent, et il est encore plus rare de les voir passer d'une génération à l'autre. De là un plus grand nombre de pauvres, surtout parmi les vieillards, soutenus autrefois jusqu'à la mort par la famille qu'ils avaient servie, et qui retombent maintenant à la charge de la société. L'asile et le pain, que la reconnaissance privée donnaient affectueusement à la vieillesse, sont fournis officiellement par l'assistance publique, par la taxe des pauvres. On est obligé de multiplier de tous côtés les hôpitaux, les hospices, les refuges, et encore il est très-difficile au pauvre d'y trouver sa place. Nous reconnaissons que ces hôtels de la misère sont en général bien organisés, bien administrés, là surtout où le dévouement de la charité chrétienne s'y mêle; mais malgré tout, l'indigent ne s'y trouve jamais comme au sein de la famille dont il partageait le pain et l'honneur, et quoi qu'on fasse, il y aura toujours dans les âmes honnêtes une répugnance à y entrer, à y vivre et à y mourir.

§ 97.

Les hommes, qui par leur naissance ou par leur choix font partie d'une société civile, constituent par leur réunion un corps social, dans lequel chacun, remplissant des fonctions publiques ou privées, coopère à sa manière et à son degré au bien-être de tous les autres. Là aussi il y a une communauté de vie, d'intérêt et d'honneur, d'où résulte une certaine solidarité et une réciprocité de services et d'obligations. Les concitoyens se doivent les uns aux autres non-seulement le respect de leurs droits individuels, mais encore assistance et protection selon l'ordre et la justice. Ainsi se forme l'esprit public de la commune, de la province, et de la nation.

Toute société politique, grande ou petite, forme une espèce de communauté, où chacun, en travaillant pour soi, travaille aussi pour l'ensemble : et ainsi tous sont obligés envers chacun et chacun est redevable à tous. Cet échange de services, qui est le lien de l'association, en fait l'utilité et le charme. Nos concitoyens, nos compatriotes, nous sont plus proches que les hommes d'une autre nation, et de là des devoirs particuliers à leur égard.

Ainsi s'établit ce qu'on appelle *la commune*, qui est la base de l'organisation sociale, parce qu'elle représente ce qu'il y a de commun entre les membres d'une même société, soit dans leurs intérêts soit dans leur concours. Ce qui resserre le plus l'union des concitoyens, c'est, outre l'intérêt général bien compris et le respect des droits individuels, l'assistance réciproque dans les peines, dans les dangers, dans les désastres, en sorte qu'il s'établisse entre eux une assurance mutuelle de secours et de ressources pour tous les besoins physiques et moraux de l'existence. La société est établie à cette fin, et elle est plus civilisée, plus avancée et plus digne, à mesure qu'elle fait davantage pour l'homme spirituel. Les voies légales et gouvernementales ne suffisent pas en pareil cas; car la bienfaisance et la charité ne s'imposent point. L'influence religieuse doit s'y mêler pour inspirer le véritable respect de l'homme, de sa dignité et de ses droits; car la parole divine enseigne à tous qu'ils ne sont pas seulement unis par des liens naturels ou sociaux, parents ou concitoyens, mais qu'ils sont plus intimes les uns aux autres comme enfants du même Père, et par leur fraternité éternelle en Jésus-Christ.

D'où il suit que pour répondre à leur haute destinée et aux grâces de la Providence, il ne leur suffit pas de ne point se haïr mutuellement, pas même de se supporter, mais qu'ils doivent encore s'assister par tous les moyens, et s'aimer les uns les autres comme leur Père commun les aime. La charité chrétienne est partout le complément de la justice. Elle élève, ennoblit, transfigure les devoirs dans la famille et dans la société ; et les âmes qu'elle anime, loin de trouver un joug pesant dans les obligations que ces rapports leur imposent, les acceptent volontiers, les accomplissent avec joie, toujours prêtes à faire plus qu'il ne leur est demandé et à consommer la justice par l'amour.

§ 98.

Il peut s'établir entre deux personnes, qui ne sont ni parents ni compatriotes, une relation particulière par des services ou des bienfaits. La justice veut que l'obligé cherche à rendre ce qu'il a reçu, et, s'il ne peut acquitter sa dette effectivement, qu'au moins il la reconnaisse et l'avance dans l'occasion. C'est le devoir de la reconnaissance, dont l'accomplissement, pénible à l'amour-propre, est un soulagement pour les âmes nobles.

La reconnaissance est la pierre de touche des belles âmes. Les cœurs étroits et vains ne peuvent la supporter; car l'orgueil est humilié du bienfait et l'égoïsme en redoute la restitution. Il y a beaucoup d'ingrats dans le monde, parce que la plupart demandent volontiers et reçoivent avec joie, mais peu aiment à donner ou à rendre ; et là comme ailleurs l'instinct natif du moi, triste fruit du péché d'origine, ne peut être complétement vaincu que par une influence céleste. L'ingratitude est un des vices qui révoltent le plus la conscience, surtout quand on en est l'objet, et de là une réaction plus ou moins violente de plaintes et d'indignation. Mais au sentiment de la justice offensée se joint presque toujours celui de l'amour propre irrité, et alors on risque souvent de satisfaire sa vanité sous le prétexte de venger l'équité. Il est donc plus sûr et plus noble de supporter en silence.

Outre le retour par lequel on doit acquitter sa dette, ce qui est la partie obligatoire de la reconnaissance, il y a encore en elle un sentiment particulier de bienveillance et de respect envers le bienfaiteur qui nous lie à lui par le cœur, comme l'obligation morale par la conscience. L'expression de ce sentiment est un besoin pour les âmes délicates. Il ne leur suffit point de rendre ce qu'on leur a donné, ce qui est une sorte d'échange ; elles sont encore pressées de reconnaître par des marques d'affection, par des témoignages de dévouement ce qu'on a fait pour elles. Car le bienfaiteur a vis-à-vis de l'obligé le mérite de l'initiative. Il l'a aimé le premier, et cette prévenance d'amour, qui ne peut jamais se payer, doit être compensée par la réaction surabondante de celui qui en a été l'objet.

Quand le bienfait est méconnu ou payé d'ingratitude, l'obligé devient presque toujours l'ennemi du bienfaiteur. Il semble que le bien reçu tourne en poison dans son cœur, comme le rayon solaire dans les plantes vénéneuses, qui le pervertissent en l'absorbant. L'ingrat ne peut supporter la présence ni le souvenir de celui qui lui a rendu service ; car il y trouve une cause d'humiliation qui irrite son orgueil ou un reproche qui tourmente sa conscience.

Si l'on ne faisait du bien aux hommes qu'en vue de leur reconnaissance, on s'en lasserait bientôt, tant l'égoïsme naturel la rend facilement oublieuse ou ingrate. Il y a de la grandeur d'âme à ne pas faire valoir les services rendus, ou du moins à n'en point réclamer le prix. Mais, il faut l'avouer, une telle vertu est rare dans le monde, et ceux-là même, qui en sont parfois capables, s'en dégoûtent, quand l'ingratitude se répète, et que leurs bonnes intentions sont méconnues ou calomniées. Il faut donc aux âmes généreuses un autre motif, pour faire le bien, que leur propre gloire. Ce motif, l'Évangile nous l'a donné et Jésus-Christ l'a mis le premier en pratique par sa vie et par sa mort. L'amour divin ou la charité, qui naît du commerce de l'âme avec la source de la vie, voilà la racine profonde et impérissable de la bienfaisance. Elle fait le bien comme Dieu, parce qu'elle aime comme lui, sans retour sur soi-même et sans mesure, parce qu'elle n'agit pas pour l'homme ignorant ou passionné, mais en vue de Celui qui sait tout et donne à chacun sa récompense. Elle seule aussi est sincèrement reconnaissante, parce qu'elle est plus touchée de l'intention du bienfait que de son utilité, et que dans l'un et l'autre cas, soit pour faire le bien, soit pour le reconnaître, touchée de l'esprit de Dieu, elle est l'instrument volontaire de sa bonté et de son amour.

§ 99.

Deux âmes peuvent se rapprocher par une sympathie réciproque, qui établit entre elles un rapport intime qu'on appelle *amitié*. La véritable amitié n'est point une simple liaison formée par des convenances d'âges, de caractères, de goûts, de situation. Elle n'est pas le résultat des circonstances et des intérêts du moment. Toutes ces choses unissent les hommes extérieurement pour un temps, mais ne lient point les âmes. Ce qui les attache par le fond, c'est la confiance fondée sur l'estime, c'est une espèce de foi en quelque chose de divin qui les attire l'une vers l'autre par une affinité mystérieuse, et les unit dans un terme supérieur. La vraie amitié ne peut exister qu'en des âmes généreuses capables de comprendre le bien et de s'y dévouer. Son devoir est d'abord la réciprocité d'affection et de services, puis le dévouement au véritable bien de celui qu'on aime, jusqu'à donner sa vie pour le lui procurer.

Les hommes se rapprochent plus ou moins, s'unissent à tel ou tel degré en raison de leurs relations et de leurs affinités. On aime par l'âme, quels que soient la forme et l'objet de l'amour. Mais l'âme est enveloppée d'un corps, et ce corps est en commerce perpétuel avec le monde et les choses du dehors. Le monde, les choses sensibles, le corps et tout ce qui s'y rapporte influent donc directement ou indirectement sur nos affections, nos attachements, notre amour ; et de là la hiérarchie des liaisons humaines et les degrés de l'amour. Plus l'affection dépend des sens et de la chair, plus elle est égoïste ; car elle est soumise à la loi de la nature inférieure. Moins au contraire le corps y influe, plus elle est pure, élevée et désintéressée; car elle est dominée par la loi de l'âme et de l'esprit, suivant laquelle il est plus doux de donner que de recevoir. La véritable amitié est un amour en dehors des liens du sang, des appétits sensuels et de l'intérêt humain ; elle est d'autant plus pure, qu'il y a en elle moins de retour sur soi et que l'amour-propre en est exclu.

Après le sentiment de la piété qui unit l'âme à Dieu, après cette affection toute spirituelle qui unit deux âmes en Dieu par la vie du ciel, après la charité qui donne à tous ce que l'amitié donne à un seul, l'amitié sincère est certainement la plus noble des affections. Elle a son fondement dans une espèce de foi, non pas à la personne aimée, mais à l'esprit supérieur qui vit en elle, et qui nous la rend aimable par sa bonté, par sa vertu, par la noblesse de son cœur ; car l'homme n'est bon, vertueux et noble que par sa participation à la source du bien et de tous les dons parfaits. Deux âmes ne peuvent s'unir profondément et d'une manière durable que dans un terme supérieur, qui les enlève à elles-mêmes et aux intérêts du moment, et c'est pourquoi elles deviennent capables de se dévouer l'une pour l'autre. Mais, remarquons-le bien, celui auquel profite ce dévouement, n'en est point réellement l'objet. Il y aurait du fanatisme à se sacrifier à un homme ; l'ami se dévoue à la justice, à la vérité, au bien éternel qu'il voit et admire dans son ami, c'est-à-dire à Dieu, principe unique de tout ce qui est bon, juste et vrai.

L'amitié est supérieure aux affections naturelles, qui, ayant leurs racines dans la chair et le sang, sont toujours plus ou moins mélangées d'intérêt propre, et se rapportent en définitive à une jouissance personnelle. L'amour humain, proprement dit, en est l'exemple le plus frappant : et au fond tout amour qui tient de la chair lui ressemble, par ce trait, que le moi s'y trouve sous les plus belles apparences de l'abnégation et du sacrifice. Ce qui distingue l'amitié, au contraire, c'est le désir unique du bonheur de l'ami. On l'aime en esprit et en vérité, et alors l'esprit domine l'union des cœurs et la vérité y préside. Aussi la parole de vérité est le signe certain d'une amitié sincère, qui a le courage de la dire ou de l'entendre.

Une telle amitié ne peut exister qu'entre des âmes généreuses et capables de dévouement. Elle a été très-rare dans le monde payen, et on le comprend : parce que ces âmes, toutes remplies de l'esprit de la terre et dominées par les éléments inférieurs, n'avaient point de motifs ni de force suffisante pour se renoncer et se sacrifier au bien d'un autre. Le dévouement à la patrie appartient à un autre ordre de choses. Mais depuis que l'Évangile a éclairé et spiritualisé l'humanité, depuis qu'un médiateur a été donné pour la relier à Dieu et les hommes entre eux par un sacrifice immense, fruit de l'amour infini, qui leur a appris à aimer sans retour et jusqu'à donner sa vie pour ce qu'on aime, l'amitié est devenue facile aux cœurs vraiment chrétiens, et l'histoire du christianisme en fournit mille exemples. Car, ici comme en toutes choses, l'esprit de foi transfigure ce qu'il touche et l'élève à sa plus haute puissance.

L'amitié chrétienne n'est plus seulement une affection humaine; c'est l'union des âmes, purifiées par l'abnégation de tout ce qu'elles ont de personnel, sanctifiées par la piété et se confondant presque avec la charité. On reconnaîtra que vous êtes mes disciples, a dit le Maître, si vous vous aimez les uns les autres, comme je vous ai aimés. Et les Gentils disaient avec admiration des premiers chrétiens : Voyez comme ils s'aiment ! C'est qu'en effet la foi en la parole divine est la source du véritable amour, de cet amour éternel, que le Christ est venu apporter à la terre, et pour lequel il n'y a plus ni Juif, ni gentil, ni Grec, ni barbare, ni libre, ni esclave, ni homme, ni femme, mais des enfants du Père céleste, rachetés et régénérés par son propre sang. C'est pourquoi il nommait ses disciples ses amis, les amis de Dieu, et il nous appelle tous à cette sublime amitié par la participation à la même foi et à la même espérance.

CHAPITRE X.

DEVOIRS GÉNÉRAUX DE L'HOMME ENVERS SES SEMBLABLES.

§ 100.

Rien de ce qui touche l'humanité n'est étranger à l'homme, comme rien de ce qui tient à un corps organisé n'est indifférent aux membres et organes de ce corps. Chaque membre, chaque organe reçoit immédiatement ou médiatement quelque chose du foyer et de toutes les parties. Il doit donc aux parties et au foyer; et son état, qui influe sur l'organisme entier, contribue au bien ou au mal des parties et du tout. Il en est ainsi dans chaque corps de famille, dans chaque corps social, dans l'humanité entière. Chaque individu, en tant que partie intégrante du genre humain, a donc des devoirs envers ses semblables, qu'on peut appeler *devoirs d'humanité*.

Ces devoirs, les plus généraux de tous, puisqu'ils se rapportent à tous les hommes, sont fondés en justice comme les autres; car l'humanité est une, et tous les individus qui en sortent, participant à cette grande unité par leur vie physique et morale, forment un organisme vivant, où chacun a sa place et dans sa fonction travaille pour vivre dans le mouvement commun de l'ensemble, et contribue ainsi indirectement au bien ou au mal de tous sans le savoir. Sans doute, cette liaison ne s'aperçoit pas à première vue, et l'influence réciproque entre des termes aussi éloignés semble se perdre dans l'immensité de l'espace. Mais si on se place à un point de vue supérieur, les distances s'effacent, les extrêmes se rapprochent, les relations apparaissent entre les peuples, et dans chaque peuple entre les individus, et dans le mouvement général de l'humanité sur la terre on entrevoit l'action et la réaction de ses membres, la solidarité de leur existence, et par conséquent la réciprocité des services et des devoirs.

Cette communauté des humains, en puissance dans les premiers parents et dans les chefs de race, se réalise par la suite des générations et se perfectionne par la civilisation. Par les progrès incessants des sciences, des arts, de l'industrie, du commerce, par tous les mouvements des nations, voyages, navigations, colonies, expéditions de guerre et de découvertes, par toutes les voies de communications à travers la terre, l'eau et l'air, et enfin par ces admirables moyens de multiplier la pensée et de l'envoyer plus rapide que le vent jusqu'aux extrémités du monde, les habitants de toutes les parties du globe ont été successivement rapprochés, et ils parviennent aujourd'hui à s'entendre, à se comprendre, et pour ainsi dire à se toucher des deux bouts de la terre, malgré l'espace et le temps.

Il devient donc littéralement vrai aujourd'hui, que rien d'humain n'est étranger à l'homme ; car tout ce qui arrive de nos jours chez un peuple retentit aussitôt dans toutes les parties de l'immense réseau qui couvre la terre, y répand le bien et le mal, le vrai et le faux, une influence bonne ou mauvaise. Celui qui invente ou découvre quelque chose qui peut améliorer l'existence humaine, devient donc par le fait utile à l'humanité entière. Celui qui annonce au monde une parole de vérité ou qui l'explique dans un livre, parle et écrit pour tout le genre humain, sur lequel il répand la lumière. L'écrivain, au contraire, qui abuse de son talent et de sa réputation pour propager l'erreur, le mensonge ou des doctrines funestes, fait de proche en proche du mal à tous les hommes, comme on voit le corps souffrir dans son ensemble par la maladie de l'un de ses organes.

C'est l'Évangile qui a universalisé ce commerce

intellectuel et moral entre toutes les parties du globe. Le son de sa voix s'est fait entendre jusqu'aux extrémités du monde, et Jésus-Christ est le premier maître qui ait embrassé la terre entière dans son école, donnant à ses apôtres la mission d'instruire toutes les nations. A ce seul caractère on reconnaîtra sa nature divine et l'action de l'homme-Dieu. Depuis lors l'humanité a repris le sentiment de son unité, réalisée par l'Église qui en est devenue le centre spirituel. Les barrières qui séparaient les peuples tombent successivement. Chaque siècle a amené son progrès sous ce rapport, et malgré les apparences, jamais l'avancement n'a été plus sensible que de nos jours. Là se trouve la clef de la civilisation moderne qui, produit du christianisme, en a suivi les phases au milieu du désordre et des luttes de ce monde. Là est la véritable philosophie de l'histoire.

Où nous mène cette marche incessante de la civilisation ? Où tend ce progrès lent, mais continu même au milieu de mouvements oscillatoires et parfois rétrogrades en apparence ? Il doit nous conduire à la destination de l'humanité, à la fin commune de tous les hommes, c'est-à-dire à leur union dans la justice et dans la vérité, par conséquent dans le bonheur. Mais le mouvement général se compose du mouvement de tous ou du plus grand nombre. La liberté de chacun y est donc pour sa part, soit qu'elle y concoure, soit qu'elle l'entrave. Voilà pourquoi une bonne œuvre, qui honore son auteur et profite à quelques-uns, est encore utile à tous, parce qu'elle augmente la somme du bien dans le monde et contribue à lui donner sur le mal la victoire définitive d'où dépend le salut du genre humain. Une action mauvaise, au contraire, fournit à la cause du mal des secours et des armes; elle entre pour sa part dans le prolongement de la lutte, empêchant, autant qu'elle le peut, l'accomplissement de la volonté providentielle. Il importe donc à tous que la parole de vérité se répande sur la terre, et surtout qu'elle soit accomplie dans la conduite des hommes. A coup sûr, le plus grand bien qu'on puisse faire à ses semblables est de leur apprendre à devenir meilleurs et ainsi vraiment heureux, non pas seulement en ce monde qui passe, mais dans une autre vie qui n'aura point de fin. L'apostolat chrétien est donc l'instrument principal du progrès et de la régénération des hommes; lui seul peut les ramener à la consommation de l'unité, en les réintégrant par la foi et la charité dans le corps glorieux de l'humanité ressuscitée en la personne de Jésus-Christ qui en est le chef.

§ 101.

Le devoir général de l'homme, membre du corps de l'humanité et participant comme tel à la vie de l'ensemble, est de coopérer de tout son pouvoir, et selon sa position, son état et ses fonctions, au bien du tout et des parties. La première dictée de ce devoir est de s'abstenir de tout ce qui y est contraire. Chacun doit la justice à tous, parce que tous sont ses égaux par nature. Or, la première condition de la justice est que les droits individuels soient respectés; c'est que personne ne fasse à son semblable ce qu'il ne voudrait pas qu'on lui fît à lui-même, afin que la personne humaine soit garantie dans la triple manifestation de sa vie : dans son existence physique, intellectuelle, et morale.

La justice entre les hommes est l'application de leur égalité devant la loi. Chacun a ses droits, qui dérivent de la nature et de ses besoins; et ainsi l'équité s'exprime par cette formule générale : laisser à chacun ce qui lui appartient, ou lui rendre ce qui lui est dû.

Mais on ne comprend ce qui est dû aux autres que par le retour sur soi-même, par la conscience de ses propres droits, et de ce qu'on souffre quand ils sont violés ou méconnus. Il faut avoir été victime de l'injustice pour bien sentir et apprécier l'équité. De là le précepte moral : Ne fais point à autrui ce que tu ne veux pas qu'on te fasse : précepte plus droit, plus à la portée de tous, que la formule abstraite de la justice; parce que, en nous ramenant à la réflexion sur nous-mêmes, à la comparaison des autres avec nous, il nous aide à reconnaître leurs droits qui valent les nôtres; et que par la peine éprouvée quand on nous ravit ce qui nous appartient, nous jugeons de celle d'autrui dans le même cas. Cette maxime, qui est devenue un axiome moral, énonce donc la loi et le motif subjectif de l'observer. Elle est la base de la législation civile, qui, devant maintenir les hommes en paix au sein de la société et dans leurs relations de tous les jours, leur interdit, au nom de l'équité et de leur intérêt bien entendu, tout ce qui peut nuire à la personne humaine.

§ 102.

La première chose que la loi interdit à l'homme vivant en société est d'attenter à la vie de son semblable : *Tu ne tueras point*. Tuer, c'est rompre violemment l'unité de l'existence humaine ; c'est, en brisant un rapport essentiel à la vitalité, séparer avant le temps une âme du corps auquel elle est unie pour se développer en ce monde. Détruire le corps, c'est donc arrêter le développement de l'âme ; c'est l'empêcher de remplir sa destinée sur la terre ; c'est entraver, autant qu'il est humainement possible, l'accomplissement de la volonté providentielle sur un homme. L'homicide est donc à la fois une injustice envers l'homme et une opposition à la volonté de Dieu.

L'âme unie au corps ne peut se développer ici-bas que par son intermédiaire et par l'excitation des choses sensibles. La vie humaine ne commence et ne se soutient que par le rapport de l'âme avec le corps et les relations du corps avec le monde où il est placé. D'après l'ordre providentiel, et en raison de sa constitution physique, celui qui n'abuse point de son organisme et l'entretient convenablement doit vivre un temps déterminé, jusqu'à ce que les forces lui manquent par la défaillance de la vitalité et l'épuisement des organes. Ainsi se produit la mort naturelle. Or le but de notre existence étant le déploiement de l'âme et de ses facultés, elle a été bien employée, quand on s'est approché de ce but en raison des moyens donnés. Car elle n'a de sens que par sa destination, et elle est aussi précieuse comme moyen de l'atteindre, qu'elle serait misérable si elle était sa fin à elle-même.

Celui qui contribue à abréger la vie de ses semblables prend donc sur lui une immense responsabilité, dont il subira les conséquences. Tuer un homme, c'est, en chassant violemment une âme de ce monde, enjamber sur la Providence, comme disait saint Vincent de Paule, et bouleverser sa destinée. Le lien de l'âme et du corps étant brisé avant le temps, le plan divin est arrêté, contrarié par la volonté perverse d'une créature, laquelle, en précipitant une âme hors de sa voie, est l'instrument du principe du mal, qui se sert des crimes des hommes pour entraver et combattre les desseins de Dieu. Ici la raison se perd dans le mystère ; elle ne peut prévoir et supputer toutes les suites de ce dérangement d'une destinée humaine pour celui qui en est la victime, pour le meurtrier qui en est l'auteur. Ce qui la rassure et l'effraye tout ensemble, c'est que l'un et l'autre restent sous la main de Dieu, que sa justice inévitable les suit comme sa miséricorde, et qu'ils recevront tôt ou tard suivant leurs mérites et leurs œuvres.

Quand l'homme a tué par devoir, comme le soldat sur le champ de bataille, ou en se défendant contre une attaque, sa volonté est dans ces cas l'instrument de la justice ; il est à couvert et ne répond de rien. Mais si son bras a été mu par la passion, s'il a voulu, médité et perpétré le meurtre dans son intérêt, c'est à lui qu'en reviennent les conséquences effroyables, et le sang retombe sur sa tête avec le crime qui l'a versé. C'est le plus grand des malheurs que d'être chargé du sang de son semblable. On n'étouffe jamais entièrement la voix de ce sang, et ses cris, prolongés en échos dans la conscience, y excitent une terreur toute particulière, qui trouble encore l'âme dans son fond longtemps après la consommation du forfait.

§ 103.

La loi qui défend l'homicide, défend aussi tout ce qui tend directement ou indirectement à nuire au corps, à le blesser ou le mutiler : les voies de fait, les violences, les mauvais traitements, tout abus que l'homme peut faire de ses forces contre les autres ou contre lui-même ; car l'interdiction de l'homicide s'applique à nous comme à nos semblables, parce que nous ne sommes pas plus les maîtres de notre propre vie que de celle des autres. L'ayant reçue du créateur comme un moyen et pour une certaine fin, nous la devons à Celui qui nous l'a donnée et qui nous en demandera compte. Le suicide est donc une injustice ; car celui qui s'ôte la vie dispose de ce qui ne lui appartient pas. Il est, en outre, une absurdité, parce que, en aucun cas, il n'améliore la position qu'il change.

Il ne nous est pas plus permis de nous tuer que de tuer notre semblable ; car il y a injustice des deux côtés. Mais dans le suicide l'injustice ne tombe pas sur celui qui est tué, parce que l'obligation de conserver son existence n'est point un devoir envers soi, mais envers Celui qui nous l'a donnée avec sa destination et les moyens nécessaires pour l'accomplir. Si je ne devais garder la vie que parce qu'elle est un bien, n'aurais-je pas le droit de m'en délivrer, si elle devient un mal, et de la rejeter comme un fardeau, quand elle m'accable? Mais je dois compte de cette puissance à celui qui me l'a confiée. Je suis ici-bas par ordre supérieur, chargé d'une mission, ayant autorité pour la remplir et devant fonctionner dans le vaste plan du créateur, qui daigne m'employer comme son coopérateur, et m'a doué, à ce titre et pour cette fin, de facultés éminentes. Donc, l'individu qui se tue trouble l'ordre providentiel, manque à ce que la sagesse divine voulait de lui, disposant de ce qui ne lui appartient pas, puisqu'il ne s'est rien donné de ce qu'il a, et désertant le poste où il a été placé. C'est pourquoi il se rend coupable envers Dieu dont il viole la propriété et le droit souverain, puis envers la famille et la société qu'il prive d'un de leurs membres, enfin envers tous ceux qui avaient quelque chose à réclamer de son existence.

Le suicide est en outre une absurdité; car un être raisonnable n'agit point sans motif, et il y a toujours une pensée, un désir au fond des déterminations de sa liberté. Or la pensée, le désir, le motif de celui qui se tue, c'est d'échapper à une situation qui lui semble intolérable; c'est de fuir une douleur, un mal du moment : ce qui implique l'espoir d'un état meilleur, ou d'un bien contraire au malheur qu'il veut éviter. A-t-il donc quelques données qui justifient cette espérance ou motivent ce désir ? Sait-il le moins du monde ce qui l'attend de l'autre côté de la vie ? on ne le sait avec assurance que par la foi chrétienne, et celui qui a de la foi, ne songera jamais à se détruire ; car la foi inspire le courage de supporter la vie, si dure qu'elle soit, et souvent elle rend douce l'existence la plus amère. Mais l'homme qui n'a pas la foi ou qui ne l'écoute plus, emporté par son imagination malade qui cherche un soulagement dans la chimère du néant ou de ce qui lui ressemble, se précipite en aveugle dans un abîme plein de ténèbres. Il agit donc de la manière la plus déraisonnable, par l'entraînement du désespoir, et comme à l'aventure.

Celui qui croit améliorer son sort en se détruisant est donc dans une déplorable illusion. Pourquoi se trouverait-il mieux en se dépouillant de son corps? Parce qu'il aura porté sur lui une main sacrilége, est-ce que les puissances du ciel et de la terre vont se réunir pour l'assister? les anges de Dieu s'approcheront-ils de lui pour le soutenir dans sa chute ? C'est un crime ajouté aux désordres qui l'ont conduit à cette extrémité. D'ailleurs les souffrances, dont il prétend se délivrer, le plus souvent ne viennent pas du corps. Elles ont leur siége dans l'âme, dans une volonté désordonnée, dont les passions ont éprouvé des mécomptes de fortune, de gloire ou d'amour. Il n'anéantira pas son âme avec son corps; car Dieu l'a créée inexterminable, et elle subsistera après comme avant, pleine de mauvais désirs, souillée par le désordre, en révolte contre Dieu et séparée de lui. Ce qui souille l'homme, dit l'Évangile, ce n'est pas ce qui entre en lui, mais ce qui en sort : les impuretés, les vengeances, les homicides et toutes les horreurs que l'enfer y a versées.

Voilà ce qu'on ne change point en quittant violemment la terre. On retrouve ses misères, parce qu'on se retrouve soi-même et qu'on est son propre bourreau. L'enfer est déjà dans cette âme, et elle en sentira les tourments partout où elle sera jetée, et sous quelque forme qu'elle existe. Elle ne pourrait être soulagée qu'en revenant à l'ordre, par l'expiation du mal commis et la soumission de sa volonté à Dieu. Voilà le changement qu'il faudrait opérer et non celui de la forme extérieure, qui aggravera au contraire le supplice en ôtant à l'âme les ressources de l'existence actuelle, et la livrant nue et sans défense aux attaques des ennemis de Dieu et de l'homme.

L'interdiction de l'homicide comprend celle des voies de fait, violences ou désordres, qui peuvent endommager l'existence et contribuer à l'affaiblir ou à la détruire. Ces choses sont défendues comme moyens d'une fin criminelle, non-seulement à l'égard de nos semblables, mais aussi en ce qui nous concerne. Ainsi l'homme peut se suicider sans le vouloir, par l'exagération de ses désirs, par l'intempérance de la jouissance, l'emportement des passions, quelquefois même par l'excès du travail et de l'activité. Beaucoup abrègent ou débilitent leur existence par leur propre faute. Ils assument dans ce cas une grave responsabilité, surtout, quand corrompant la vie à sa source, ils tournent en instrument de jouissance et de dégradation les moyens naturels du développement de l'humanité. Ils fanent eux-mêmes ou coupent leur vie dans sa fleur, et cette fleur desséchée avant le temps tombe en poussière, sans donner les parfums, les fruits et la semence qu'elle devait produire pour l'immortalité. Combien de jeunes gens se suicident ainsi sans le savoir! et plus tard, quand ils traînent une vie languissante par un sang vicié et dans un corps épuisé, ils oublient qu'ils ont eux-mêmes préparé le poison qui les tue.

§ 104.

L'homicide n'est permis ou excusable que dans le cas de défense légitime. C'est alors un combat d'homme à homme ou de peuple à peuple; c'est le droit de la guerre, qui n'est droit que par la justice, quand il est impossible d'empêcher l'iniquité autrement que par la force. Aussi c'est toujours au nom de la justice violée, des droits méprisés, que les nations se déclarent la guerre. La défense naturelle en est le motif ou le prétexte. Le duel ne rentre pas dans ce cas, parce que chacun des combattants, s'exposant volontairement à la mort, est agresseur en même temps qu'attaqué. Quelque forme qu'on lui donne, il est une violation flagrante de la loi divine. Aussi absurde qu'immoral, il tend à la destruction de la société, à la subversion de la civilisation.

La loi de la conservation autorise tout ce qui peut servir à se défendre, quand on est attaqué dans son existence, dans sa liberté, dans sa dignité. Cependant, même dans ces cas, le droit est en raison du besoin, et s'il est possible de le préserver

autrement qu'en prenant la vie de son semblable,
on le doit. La guerre entre les nations est comme
les luttes des particuliers : la nécessité seule la
rend légitime. Une nation doit maintenir son existence comme un individu. Elle est chargée de protéger elle-même son territoire, son indépendance
et ses droits, puisqu'il n'y a point de tribunal pour
juger entre elle et son aggresseur. Les peuples en
collision n'ayant personne pour décider entre eux,
semblent en outre en appeler par les armes au jugement de Dieu, qui viendra en aide au bon droit,
et donnera gain de cause à la justice; car la conscience publique est portée à croire qu'il ne laissera pas succomber l'innocent ni triompher le coupable. Cette conviction, juste au fond, n'est pas
toujours confirmée par les événements, ou du
moins ne se réalise pas toujours comme nous l'entendons; et la bonne cause réussit souvent par des
moyens qui semblent propres à la perdre. Assurément, Dieu n'abandonnera jamais le juste, et sa
faveur est pour le bon droit; mais il ne la manifeste pas toujours par les voies et dans le temps
que nous voudrions. Il y a plus : le juste paraît quelquefois en ce monde plus malheureux que le coupable. Les saints ont beaucoup à souffrir, sinon
pour leur propre faute, au moins pour celles des
autres et pour l'expiation commune. Qui fut plus
innocent, plus pur que le Christ, et qui a été plus
persécuté, plus outragé, plus torturé? Le bonheur
et le malheur, tels que les hommes l'entendent,
les succès ou les revers du moment ne prouvent
donc rien pour la justice ou l'iniquité. Les desseins
providentiels, qui surpassent notre raison, s'accomplissent mystérieusement, lentement, mais avec
sûreté, et il faut attendre la fin pour les juger.

Le meurtre n'est légitimé même à la guerre que par la nécessité de la défense naturelle. Hors de là il redevient crime ; et quoiqu'il puisse être excusé par le désordre inséparable des combats, il n'en n'est pas moins coupable aux yeux de la morale, s'il est inutile. De là dérivent les applications du droit des gens à l'état de guerre, et les règles d'humanité et d'équité qui doivent y présider. Il n'est point permis de tuer un ennemi désarmé, d'égorger les vieillards, les femmes et les enfants qui ne prennent point part au combat. On doit, autant qu'il est possible, respecter les temples, les hôpitaux, les maisons religieuses, les monuments publics, tout ce qui sert aux sciences, aux lettres, aux arts, à la civilisation ; car ces choses sont communes à tous les peuples et tournent à l'avantage et au perfectionnement de l'humanité. On doit, autant qu'il se peut, épargner les propriétés privées, parce que la guerre est entre les États, et non entre les particuliers, qui ne sont pas personnellement ennemis les uns des autres. C'est là ce qui distingue les guerres modernes de celles des temps anciens ; et de nos jours ceux qui violent les maximes du droit des gens sanctionnées par l'Évangile déshonorent leur cause et leur drapeau, et attirent sur leur tête la vengeance divine avec les malédictions des hommes.

Le duel ne rentre pas dans le cas de la défense naturelle. Il est donc un attentat contre la vie humaine, un crime. Les circonstances qui l'amènent et dont on l'environne, peuvent l'excuser, mais ne le justifient pas, et c'est une erreur déplorable, une immoralité que de le prôner comme une action glorieuse. Il y a dans le duelliste l'intention de prendre la vie de son semblable, même au péril de la sienne et sans y être contraint pour se défendre, puisqu'il s'expose volontairement et malgré la société qui le protége.

Le duel est un crime de lèse-société ; car il tend directement à la détruire en sapant le principe sur lequel elle repose ; la première condition de l'état social étant que l'existence et les droits de chacun soient maintenus par la loi et par la force publique. Or, deux particuliers qui se provoquent pour vider une querelle ou venger une injure, se mettent de leur volonté propre hors la loi. Ils bravent la puissance établie, attentent à la dignité de l'État en méprisant ses lois, et rentrent, autant qu'il est en eux, dans l'état sauvage, où chacun est toujours sur ses gardes ou en armes pour se défendre ou attaquer.

Cette coutume, issue de la barbarie, nous y ramènerait bientôt si elle devenait générale. Espérons que le bon sens et la conscience publique, d'accord avec la législation, affaibliront peu à peu et finiront par détruire ce cruel préjugé. L'opinion, sans doute, y contribuera plus que la loi, qui ne peut cependant rester aveugle ou muette, quand les citoyens s'égorgent devant elle. Tout sang versé dans la société doit être réclamé par la justice du pays, et l'existence d'un citoyen ne doit jamais être compromise impunément. La loi qui condamne l'homicide est applicable au duel comme à tout autre meurtre. Le jugement par le jury donne le moyen de satisfaire à la fois la justice et l'opinion par l'admission des circonstances atténuantes. L'interdiction des lois civiles à temps ou à toujours semblerait la peine la plus convenable contre ce genre de crime ; car elle est analogue à la nature du délit, le duelliste s'étant mis de lui-même en dehors de l'ordre social.

Nous n'insisterons point sur l'absurdité du duel considéré dans ses suites. Quel rapport y a-t-il entre la vérité, la justice, l'honneur, et la force du corps, l'adresse de l'escrime ou le hasard d'un coup de feu? On vous a donné un démenti; est-ce une raison pour égorger un homme ou vous faire égorger par lui? Si vous avez menti en effet, quand vous le tuerez, cela prouvera-t-il que vous n'êtes pas un menteur, et tuerez-vous la vérité avec lui? Mais il vous tuera peut-être, et ainsi pour réparer l'affront dont vous vous plaignez, il y ajoutera un crime. Si vous n'avez point menti, la victoire ou la défaite de votre adversaire prouvera-t-elle qu'il a eu tort? Il y a absurdité des deux côtés. C'est mettre la vérité et la justice à la pointe d'une épée; c'est remplacer le droit par la force et par conséquent renverser avec la morale le bon sens et la civilisation.

§ 105.

La société a-t-elle le droit d'ôter la vie à l'un de ses membres? Oui, dans le cas de défense naturelle, et quand elle ne peut se conserver autrement. C'est alors un état de guerre, qui entraîne les conséquences de la guerre. Quant aux attentats contre les particuliers, bien qu'on puisse dire qu'elle est frappée dans chacun de ses membres, néanmoins, comme elle peut se préserver par d'autres moyens, la peine capitale ne paraît pas autorisée dans ces cas par la nécessité de la défense. Il faut chercher le principe et la sanction de ce droit terrible dans cette éternelle justice, qui dit à la conscience humaine que l'expiation doit être proportionnée au délit, et qu'ainsi celui qui a versé volontairement et injustement le sang de son semblable mérite que son propre sang soit versé. La peine de mort n'est donc légitimement applicable qu'à l'homicide volontaire, et dans ce cas la société frappe le coupable, non pour se défendre, non pour se venger ou terrifier, mais pour accomplir la loi suprême de la justice dont la puissance publique est l'instrument.

Toutes les fois que la société est dans le cas de défendre son existence, elle a le droit de tuer ceux qui l'attaquent au dedans comme au dehors. D'un côté comme de l'autre, elle repousse la force par la force. Après la victoire, la question est controversable, parce que l'imminence du danger étant passée, la peine capitale paraîtrait une vengeance plus qu'une nécessité ; et quoique les séditieux fassent couler plus de sang qu'aucun meurtrier, néanmoins, après leur défaite, ils ressemblent jusqu'à un certain point à des prisonniers de guerre, protégés par le droit des gens, dès qu'ils sont désarmés. Il est donc préférable d'épargner leur vie, autant que possible. Quant aux conspirations et aux complots, qui n'ont pas eu un commencement d'exécution, ou qui ont avorté, si le gouvernement parvient à les découvrir et à en saisir les auteurs, il lui est inutile de les tuer pour se défendre ; il peut les mettre hors d'état de lui nuire par la séquestration ou le bannissement. La peine capitale appliquée aux crimes de ce genre révolte jusqu'à un certain point la sensibilité publique, et jette de l'intérêt sur les coupables. Le peuple les plaint souvent plus qu'il ne déteste leur faute. Sa sympathie est pour ceux que la loi frappe : ce qui est toujours un malheur, parce que le respect de la loi et de l'autorité en est affaibli. En politique il faut tâcher de n'avoir jamais contre soi les sentiments d'humanité, si naturels au cœur de la multitude non égarée, et qui, blessés ou refoulés dans les masses, produisent parfois la terrible réaction de l'indignation populaire.

Dans les attentats privés, l'État peut évidemment se défendre et protéger les particuliers sans immoler les coupables. Sans doute, ce qui blesse un de ses membres le blesse et le menace indirectement. Mais alors il faudrait punir de mort presque tous les crimes. Les partisans de la peine capitale ne nous semblent pas la plupart s'être élevés assez haut, cherchant la solution de la question dans des raisons purement humaines qui ne la décident pas au fond. On a dit que la société a le droit de prendre ses sûretés et de retrancher de son sein celui qui menace son existence. Oui, sans doute, sauf les cas où elle peut faire autrement. La peine capitale n'est juste que si elle est moralement nécessaire. Avec un tel argument on arriverait à légitimer la loi des suspects, les mesures de salut public, les assassinats de 93, toutes les horreurs de la Convention et de la Terreur. Personne ne serait plus en sûreté devant un pouvoir ombrageux. On l'a vu dans ces temps déplorables, où le sang le plus pur de la France a coulé par torrents sous le prétexte de la sauver.

On a dit que la société a le droit de se venger du crime qui l'attaque, et on a mis en avant le grand mot de la vindicte des lois. C'est encore une idée fausse, d'où sort une conséquence cruelle. La société n'a pas plus que l'individu le droit de se venger. Elle a le droit de se défendre et le devoir de protéger ses membres, et pour cela elle doit maintenir les passions, régler les intérêts, réprimer les crimes, empêcher les désordres, veiller à ce que tous observent les lois, et punir ceux qui les violent. Mais la punition, pour être juste, ne doit jamais être une vengeance; car la vengeance est une passion humaine, qui ne s'inquiète point de la justice. Elle entraîne presque toujours à l'iniquité, et même fût-elle juste dans ses motifs et dans ses effets, elle serait encore immorale, parce qu'elle n'agit point dans l'intérêt de l'ordre mais pour se satisfaire.

La peine capitale, dit-on encore, se justifie par ses effets; elle imprime une frayeur salutaire à ceux qui seraient tentés de commettre le crime et que la menace de la mort retiendra. On peut demander d'abord s'il est permis de tuer des hommes pour en effrayer d'autres; et ensuite, pour qu'une punition soit juste, elle doit être méritée et analogue au délit. Or, il n'y a aucun rapport entre l'intimidation produite par le supplice des coupables et le crime pour lequel on le condamne. En poussant plus loin ce raisonnement, on devrait punir de mort le vol pour diminuer le nombre des voleurs. D'ailleurs est-il bien certain que les exécutions sanguinaires inspirent plus d'horreur du crime? Voit-on que sous les législations les plus cruelles il y ait moins d'attentats, et que les violations de la loi décroissent en raison de la terreur de ses menaces et de la gravité des supplices? L'expérience prouve le contraire. Tout ce qu'on y gagne c'est un redoublement d'audace et de cruauté dans les délits ordinaires, qui exposent à la mort comme les plus grands forfaits. En général la barbarie des lois pénales excite à les enfreindre. Les volontés perverses s'exaltent par un faux sentiment de grandeur contre une législation dure et qui paraît injuste. Elles se plaisent à braver une société qui leur semble abuser de sa puissance; elles lui déclarent la guerre et se posent en ennemies devant elle. D'un autre côté, quand la peine est excessive, les juges et le peuple prennent le coupable en pitié. On blâme secrètement la loi, on l'élude s'il est possible, on dissimule la culpabilité, et quelquefois le criminel demeure impuni, parce que le seul châtiment applicable est hors de proportion avec le délit.

Ce n'est point en son nom ni pour son intérêt que l'État a le droit d'infliger la mort à l'un de ses membres; car l'État n'est pas plus le maître de la vie des hommes qu'un particulier, et aucun avantage de ce monde ne doit prévaloir contre le sang humain. Si donc la société a ce droit terrible, il faut qu'elle le tienne de plus haut, de Celui-là seul qui est le maître de la vie et de la mort.

Si l'État est une association utile sous le rapport du bien-être matériel, il est aussi une institution morale pour le perfectionnement de l'humanité et l'accomplissement des desseins de Dieu sur elle. La puissance dont son gouvernement est investi a pour fin la justice. Les princes, dit saint Paul, portent le glaive afin de faire observer la loi et de punir ceux qui l'enfreignent. Ils sont les ministres de l'ordre pour le bien, et de là leur droit d'infliger une peine aux malfaiteurs, non-seulement pour conserver la société, protéger ses membres et arrêter les méchants, mais encore et par dessus tout pour maintenir la justice et rendre à chacun suivant ses œuvres. Quand la loi punit, elle est donc vraiment la déléguée et l'instrument du législateur suprême, du dispensateur des biens et des maux. C'est ce qui imprime à la justice humaine un caractère sacré qui en fait une sorte de sacerdoce ; car toute justice est rendue au nom de Dieu dont elle dérive, et de qui tout tribunal relève en dernier ressort.

L'équité veut que la punition soit proportionnée à la faute. L'analogie exacte entre le crime et la peine fait la perfection de la pénalité. Un homme a fait tort à un autre dans ses biens : qu'il soit puni par une diminution de sa propriété, et s'il n'en n'a pas, dans ses moyens d'en acquérir, dans la liberté de sa personne, de ses membres, de ses facultés. Il a diffamé : qu'il soit déshonoré à son tour par une note infamante. Il a conspiré contre l'État : qu'il en soit renvoyé, dépouillé des droits civiques ou frappé de mort civile. Mais de plus, il a médité le meurtre, et après en avoir préparé les moyens, il est parvenu à le consommer. Quelle peine répond à ce crime et par quoi compensera-t-on le sang versé ? Dans ce cas, comme dans les autres, il doit être fait au coupable ce qu'il a fait lui-même. Tu as voulu répandre le sang, ton sang sera répandu ; tu as donné volontairement la mort à ton semblable, l'équité veut ta mort. Voilà ce que l'éternelle justice a proclamé à l'homme dès le commencement : d'abord à Caïn, le premier meurtrier, qui entendit cet arrêt dans son cœur après avoir tué Abel, et qui se sentant voué à la mort, croyait que tout homme aurait le droit de lui ôter la vie; ensuite à Noé après le déluge, quand il lui fut dit : Que la vie d'un homme serait redemandée à tout être vivant, et que le sang de celui qui verserait le sang serait versé; car l'homme a été fait à l'image de Dieu. C'est ce que la justice divine a enseigné à tous les peuples, dont les législations ont décerné la peine capitale à l'homicide volontaire.

Le droit existe donc, et la société peut l'exercer légitimement, mais dans le seul cas où il est justifié par la nature du délit. A un seul crime la peine de mort est justement applicable, ce qui ne veut pas dire qu'il faille toujours la lui appliquer. Dans les choses humaines comme dans l'ordre divin, une part est laissée à la clémence ; et quand cela est possible, dans l'intérêt du bien, la miséricorde doit l'emporter sur la justice. A l'autorité souveraine appartient toujours le droit de grâce, qui peut adoucir ou commuer la peine.

Quand on peut conserver l'existence du criminel sans compromettre celle de la société et sans révolter la conscience publique, on doit le faire pour tâcher de le ramener au bien, et ce sera le sauver doublement. La société complétera son œuvre de miséricorde en agissant comme la Providence, qui châtie pour rendre meilleur. Il faut juger à ce point de vue les lois pénales et leur application. Celles qui font souffrir sans chercher à corriger, sont ignorantes et brutales; elles omettent la plus belle partie de leur tâche, l'amendement du criminel. Un système où seraient employés simultanément avec intelligence et charité tous les moyens religieux, moraux et économiques pour changer et redresser les volontés perverties, aurait une immense influence sur l'état social. La discipline et le travail, la disposition des lieux, la surveillance et autres choses de ce genre sont assurément très-utiles; mais il ne faut pas tout en attendre, et c'est une grande illusion que de prétendre améliorer les hommes par des moyens purement extérieurs. Une seule chose va remuer le cœur au fond et y exciter avec le remords le repentir et le désir du bien, c'est la parole chrétienne, inspirée par la foi, donnée avec charité et introduisant dans l'âme obscurcie par les ténèbres du crime un rayon d'espérance et d'amour. Sans cette influence du ciel tout le reste serait stérile, et le système pénitentiaire n'en aura que le nom; car on n'obtiendra point la pénitence sans laquelle il n'y a pas d'amendement réel.

L'institution du régime pénitentiaire est une des gloires de notre époque, qui avait déjà eu le mérite de mieux proportionner les peines aux délits, et d'abolir tout ce qui dans l'exécution de la justice ressemblait à la cruauté de la vengeance. Aujourd'hui les supplices barbares disparaissent chez les peuples civilisés. On ne torture plus le criminel et encore moins le prévenu. A mesure que l'esprit du christianisme se répandra parmi les nations, et pénétrera davantage leurs institutions et leurs gouvernements, les mœurs s'adoucissant et la civilisation fournissant aux hommes plus de moyens de connaître leurs devoirs et de les remplir, il est à espérer que les grands crimes diminueront et avec eux les grands supplices. La peine de mort sera toujours inscrite dans les codes, parce que la justice a le droit de la réclamer en certains cas: mais elle sera bornée à ces cas, et même alors la clémence publique saisira toutes les circonstances atténuantes qui pourront dispenser de l'appliquer. Ainsi se concilieront, par l'influence des mœurs et l'inspiration de la charité, le jugement et la miséricorde.

§ 106.

Avec la vie de son semblable, l'homme doit respecter tout ce qui lui sert à l'entretenir. La loi de justice défend d'attenter à la propriété d'autrui : *Tu ne déroberas point*. Dérober, c'est soustraire à la puissance d'un autre un objet qu'il possède et dont il a le droit d'user. L'emploi des biens de la terre étant nécessité par nos besoins, le droit de propriété est fondé en nature. Il s'acquiert primitivement par la première occupation, se légitime moralement par le travail, et s'établit légalement par l'état civil qui, protégeant chacun de la force publique, lui donne la facilité d'acquérir et lui garantit la jouissance de ce qu'il a acquis.

La propriété se rattache à l'existence physique comme le moyen à la fin. Si l'on veut la conservation des individus et des familles, il faut en admettre les conditions. La créature ne peut vivre sans s'approprier des objets indispensables, et c'est de son impuissance à se suffire à elle-même que dérive son droit de les posséder, c'est-à-dire d'en user pour la satisfaction de ses besoins ; car ce qu'on appelle la propriété n'est qu'un usufruit. L'animal qui a faim saisit ce qui peut le rassasier ; son besoin fait son droit. Il n'en est pas ainsi de l'homme, être moral et physique à la fois. Il ne peut s'emparer de ce qui lui est nécessaire que si ce qui lui convient n'appartient à personne ; ce qui constitue le droit du premier occupant. Mais la propriété ainsi acquise ne devient moralement respectable, que si l'occupant y ajoute quelque chose par son travail, la cultivant, la façonnant, la chargeant de sa peine, de son industrie et de son espérance. Alors il y a injustice à l'en dépouiller, parce qu'on lui ôte ce qui vient de lui, ce qu'il y a mis, le fruit de son labeur et de ses efforts. Le travail a toujours été la source la plus légitime et la plus honorable de la propriété.

Ici se montre l'action bienfaisante de l'institution sociale, qui garantit à chacun, par une loi commune et la protection générale, l'exercice de ses facultés et l'emploi de ses forces pour acquérir et conserver. Non-seulement la possession se stabilise, mais ce qui était auparavant un fait naturel et moral devient un fait légal, consommé devant la loi civile et qu'elle met à l'abri de la violence et de la ruse. En dehors de la société, le père n'est jamais sûr de laisser ce qu'il possède à ses enfants; car un plus fort peut survenir, qui dépouillera la famille sans respect pour les droits de la nature. Le droit de propriété, qui se complète par la faculté de transmettre, n'est donc vraiment réalisé que dans le régime social.

Parmi les différents modes de succession il y en a de naturels et de conventionnels. Que les enfants héritent de leurs parents, rien de plus naturel et de plus juste, puisque l'enfant est le sang du père, sa chair, ses os, le père prolongé pour ainsi dire et reproduit dans un autre lui-même. Ayant donné au fils sa substance et sa vie, il doit lui fournir aussi les moyens de l'entretenir, s'il les possède; et d'ailleurs ces moyens, les biens de la terre ont été acquis par son travail, administrés par son intelligence, augmentés ou conservés par ses soins. Tout ce qui est à lui passe donc naturellement à ceux qui proviennent de lui, et là comme ailleurs l'accessoire suit le principal. On comprend de la même manière la raison de la succession dans la lignée et dans la parenté, tant qu'il y a une goutte du même sang dans les veines des héritiers : bien que la succession collatérale ait moins de force naturelle que la succession directe.

Quant à la faculté de tester en faveur d'une personne étrangère à la famille, on n'y peut trouver d'autre fondement naturel que la volonté du testateur, ce qui soulève une difficulté grave, quoiqu'elle paraisse une subtilité au premier abord. En effet, pour donner il faut posséder ; et le testateur n'entend donner qu'après sa mort, c'est-à-dire quand il ne possédera plus ; car la mort enlevant à sa volonté son corps et ses organes, qui sont ses seuls moyens de s'appliquer aux biens terrestres, en rend la possession impraticable. La personne seule possède, et elle a disparu de ce monde. On cesse donc d'être propriétaire en mourant, et par conséquent tester ou disposer par un acte qui n'est exécutable qu'après la mort, c'est donner ce qu'on n'aura plus, et ainsi ce qu'on n'a pas le droit de donner. La mort anéantit les droits du mariage ; le survivant est par le fait délié de la promesse et peut contracter un nouvel engagement. Il en est de même de la propriété, union de la volonté humaine avec les choses de ce monde. La mort, brisant cette union, détruit l'appropriation, et la chose devient vacante, là où il n'y a pas d'héritiers du sang. La succession par testament est donc d'institution sociale. C'est une mesure d'ordre, une convention raisonnable pour assurer la transmission de la propriété au défaut de l'hérédité naturelle, et il y entre quelque chose de l'orgueil de l'homme qui tend à prolonger sa puissance au delà du tombeau, et veut encore gouverner les affaires de ce monde, même quand il n'a plus de droit ni d'action ici-bas.

---

§ 107.

Le vol, quelle qu'en soit la forme, est une injustice envers l'individu et la famille, qu'il dépouille illégitimement de ce qui leur appartient. Il est de plus un attentat à l'existence de la société, qui ne peut s'établir, se développer et se conserver que par le respect de la propriété publique et privée. C'est à la législation pénale de chaque peuple à prévoir, à prévenir et à punir les diverses sortes de vol en raison de la gravité des cas.

La société est vivement intéressée à ce que la propriété soit solidement garantie. C'est ce qu'elle doit protéger le plus après l'existence des individus. La propriété en effet est la base de l'industrie, du commerce, des arts, de tous les moyens de produire et d'acquérir la richesse. Elle est le fond auquel s'applique le travail et ses ressources. Si elle n'est point assurée, si le citoyen peut craindre à tout instant de la perdre, il en jouira le plus vite qu'il sera possible, lui arrachant à la hâte sa substance par une exploitation grossière et mal entendue; ou bien, entassant le revenu, il l'enfouira dans la vue incertaine de l'avenir, et pour le soustraire à la convoitise et à la rapacité. Dans l'un et l'autre cas, la propriété ne rendra pas ce qu'elle pourrait donner, et la source de la richesse publique sera diminuée ou tarie. L'avantage d'un bon gouvernement, qui maintient les droits de chacun et applique la justice à tous, c'est que tous, travaillant avec sécurité et comptant sur le produit de leur travail, exploitent librement, largement et à long terme ce qu'ils possèdent, et concourent ainsi à la prospérité générale en accroissant leur fortune privée. Que cette confiance s'affaiblisse ou s'éteigne, et aussitôt les capitaux disparaissent, les bourses se resserrent, l'argent se cache, et toutes les industries sont en souffrance, toutes les entreprises languissent avec la circulation vitale de l'argent qui est au corps politique sous le rapport économique ce que le sang est à l'organisme.

Toutes les manières de dérober, tous les artifices du vol, doivent être constatés, recherchés et punis par la législation et ses tribunaux. Malheureusement de tout temps la cupidité a été plus ingénieuse dans les ruses que la pénalité dans ses poursuites, et c'est très-souvent dans les termes même de la loi, dans sa rédaction obscure ou équivoque, dans ses dispositions multipliées et ses plus subtiles précautions que la mauvaise passion trouve les moyens de se satisfaire. Le vol de la fortune publique est le plus fréquent et le plus scandaleux. Il y a mille manières de le déguiser, et les dilapidations se cachent sous les apparences de la régularité. C'est un préjugé, à certaines époques et chez les nations démoralisées, que la propriété publique étant à tout le monde, il n'y a pas d'injustice ou au moins pas grand mal à prendre à l'État. On prend donc ou l'on reçoit sans scrupule dans l'occasion, en ayant soin toutefois de mettre les choses en règle selon la forme, pour qu'il n'y paraisse point. Il y a des abus de ce genre sous tous les régimes, et peut-être en plus grand nombre là ou le système électif, ayant plus d'influence, il y a aussi plus de voix à gagner et à conserver. C'est un grave inconvénient des gouvernements de ce genre, et il est bien difficile de l'empêcher.

§ 108.

Arrivé à la conscience de soi, l'homme sent le besoin d'être nourri et fortifié dans son esprit. Ce besoin ou cette faim de l'intelligence se manifeste d'abord par la curiosité ou l'empressement de voir, d'entendre, d'apprendre, puis par le désir de la connaissance, de la science, par l'amour de la vérité. La vérité, et la parole qui l'exprime, est la nourriture de l'esprit, comme la substance de la terre est la nourriture du corps. Mais la parole humaine, qui doit affirmer la vérité, peut aussi l'altérer ou la nier. L'homme peut volontairement mettre sa parole en désaccord ou en opposition avec ce qui est. Alors il parle faussement, il rend un faux témoignage ; et cette fausseté du discours, reconnue et voulue, constitue le mensonge qui est toujours un mal, parce qu'il est opposé à la vérité.

Il y a deux moyens d'attenter à l'existence de la personne intelligente, de l'homme esprit : soit en le frustrant de la nourriture dont il a besoin pour vivre et se développer, soit en lui en donnant une mauvaise qui le rende malade ou le tue. Refuser sciemment la parole d'instruction à son semblable est le premier crime ; lui communiquer avec intention une parole d'erreur ou de mensonge est le second. L'un et l'autre mènent à la même fin, la mort de l'intelligence.

L'homme intelligent ne se développe que par l'enseignement. Le lui refuser ou négliger de le lui donner, c'est l'empêcher de vivre dans la plus noble partie de son être, c'est le condamner à l'existence animale, l'abrutir, ou tuer la personne humaine. C'est un crime de lèse-humanité. Le despotisme aveugle et barbare agit quelquefois de cette manière pour assurer sa domination ; il tient les populations dans l'ignorance pour les rendre plus soumises, il les dégrade afin de les mieux asservir. Ce qui est plus indigne encore, s'il est possible, c'est l'empêchement que certains gouvernements, qui s'offrent au monde comme les modèles du libéralisme, mettent à l'instruction de leurs esclaves, et même à leur éducation religieuse et morale. Un crime en amène un autre. Après avoir dégradé l'homme extérieur par l'esclavage, il faut tuer l'homme intérieur par l'ignorance, il faut le priver de tout moyen de se reconnaître et de connaître la vérité, d'acquérir la conscience de sa nature et de sa dignité, de peur qu'il n'acquière aussi le sentiment de sa force, et qu'ayant honte un jour de se sentir un animal, l'envie ne lui monte au cœur de devenir un homme. C'est une abomination chez un peuple chrétien.

Du reste ce système est aussi imprudent que criminel. Cette instruction qu'on redoute, qu'on repousse avec obstination, arrivera tôt ou tard par d'autres voies ; car, dans notre siècle, avec la presse et les relations multipliées des peuples, il est aussi impossible de l'empêcher de se répandre, que d'arrêter le mouvement de l'air et de la lumière. Il y aura un jour de réveil pour ces hommes abrutis à dessein par leurs semblables ; et il sera terrible, parce que, au fanatisme de leur liberté reconquise se joindra une haine atroce contre leurs oppresseurs, qui pour les exploiter les avaient rendus semblables aux bêtes.

Une autre manière d'attenter à la vie intellectuelle de l'homme, c'est de lui donner une parole de mensonge ou d'erreur en place de la vérité : et le mal est d'autant plus grand que l'individu reçoit l'instruction avec plus de candeur et de confiance. La vérité est l'objet propre de l'intelligence ; elle est sainte en elle-même ; car elle est la manifestation de Dieu dans l'univers, et nous ne sommes si désireux de la connaître et de l'aimer que parce que nous sommes faits pour connaître et aimer Dieu. L'intelligence ne vit donc véritablement que par son rapport avec Celui qui est la vérité et la vie. Or, dans notre état présent, le rapport s'établit par la parole humaine, qui nous annonçant le nom de Dieu, son infinité et ses perfections, nous apprend à le connaître et nous porte à réagir vers lui pour la première fois. Fausser la parole par le mensonge ou l'erreur, c'est pervertir le moyen de la connaissance, c'est empoisonner la nourriture des esprits et ainsi leur donner la mort par ce qui doit leur transmettre la vie. Le mensonge est donc immoral à double titre, d'abord comme outrage à la vérité obscurcie ou reniée, et ensuite comme une injustice à l'égard de l'homme, qu'il prive de la chose nécessaire à la vie de son esprit en lui refusant la vérité ou lui communiquant l'erreur. Aussi le mensonge, quel qu'il soit, n'est jamais légitime aux yeux de la morale, quoique les circonstances puissent parfois en atténuer la malice. Ici comme ailleurs, la fin ne justifie pas les moyens; car il n'est jamais permis de mal faire, si peu que ce soit, même pour obtenir un grand bien. L'esprit du monde, qui est réellement un esprit de mensonge, l'emploie habituellement par l'ironie, qui prend les choses à contre-pied ou à rebours, et dit presque toujours autre chose que ce qu'elle veut dire. C'est ce qu'on appelle en général l'esprit de société ou le bel esprit, par lequel les hommes civilisés, plus mondains que chrétiens, s'amusent et s'abusent continuellement les uns les autres par un échange plus ou moins raffiné de paroles fausses, dont ils ont à peine conscience, tant ce mal leur est devenu habituel.

La parole humaine prend un caractère sacré quand elle est la pure expression du vrai. Sans le vrai, elle est un vain son, une cymbale retentissante; et si elle va contre le vrai, elle est un désordre, une dépravation. Son emploi entraîne donc une grande responsabilité pour l'être raisonnable, qui doit se servir avec respect, avec prudence de ce don divin, et ne point le profaner par un usage immodéré ou déréglé. Dans tous les temps le silence discret et la tempérance du discours ont été regardés comme des signes de sagesse. Celui qui aspire et travaille sérieusement à son perfectionnement moral, doit mettre une garde sur ses lèvres et un frein à sa langue.

Cette responsabilité s'augmente encore pour ceux ceux qui ont reçu ou qui s'arrogent la mission d'instruire. L'enseignement est une sorte de sacerdoce ; car il consiste à transmettre aux hommes le plus précieux des biens, la connaissance de la vérité. Le maître doit s'efforcer d'abord d'entrer en commerce avec la vérité qu'il veut annoncer aux autres, et ensuite la communiquer sincèrement, sans mélange de son esprit propre, autant qu'il est possible, pure de passions et de préjugés. L'embrassant avec ardeur dès qu'il l'aperçoit et quelles qu'en soient les conséquences, il doit la dire avec courage, simplicité et désintéressement, autant que les circonstances l'exigent ou le permettent. Enseigner ou écrire, quand le devoir n'y oblige pas, suppose une conviction profonde de l'importance de ce qu'on veut dire; sinon c'est un signe de présomption ou de légèreté, maladies très-communes de nos jours, où tant d'hommes cherchent la gloire, le pouvoir ou la fortune par la publicité. Voilà pourquoi nous avons aujourd'hui tant de livres et de journaux, que les lecteurs n'y suffisent plus. La pensée, parlée ou écrite, est presque devenue une manufacture, et le travail scientifique et littéraire s'exploite aussi avantageusement que toute autre industrie.

Quant à l'enseignement, par cela qu'il est donné à des ignorants, enfants ou adultes, il doit être surveillé avec sollicitude, non-seulement pour qu'il ne tourne pas au détriment de la chose publique par la propagation de doctrines immorales, mais encore afin qu'il dispense une instruction saine, forte et propre à nourrir l'esprit et le cœur. Un gouvernement sage n'abandonne jamais entièrement l'éducation du peuple à l'intérêt privé, aux préjugés ou aux passions du moment, à l'incurie des familles. Tout en respectant la puissance paternelle et ses droits en ce qui concerne le soin et la direction de la famille, il l'aidera cependant dans cette importante affaire, en montrant le but auquel on doit tendre et les plus sûrs moyens d'y parvenir. Il préviendra les abus de la liberté de l'enseignement en imposant à la faculté d'instruire en public des épreuves difficiles, des conditions sérieuses, qui deviennent des garanties de science et de moralité. En cela une autorité sage et vraiment morale ne doit pas avoir seulement en vue sa conservation, sa force ou sa gloire, mais, avant tout et par-dessus tout, le perfectionnement et la dignité des peuples, qui ne vivent en société que pour devenir meilleurs et plus heureux. A la sollicitude nationale, à l'ardeur du patriotisme, elle joindra le zèle des intérêts de l'humanité, accélérant, facilitant, autant qu'elle le pourra, le mouvement de la civilisation dans la voie véritable, encourageant tout ce qui peut mener à la vérité, à la justice, au bien, et combattant avec courage, sous toutes les formes l'erreur, le mensonge, et le mal.

§ 109.

Tuer, c'est détruire le rapport d'un être avec le principe dont il reçoit la vie. Le corps meurt quand il cesse de réagir vers le monde physique, et la décomposition de sa forme en est la suite. L'esprit meurt à la vie intellectuelle par l'ignorance, par l'erreur, par l'absurdité. L'âme aussi peut mourir, non pas en elle-même, mais à sa véritable vie qu'elle reçoit de la source de son être; et ainsi, quoi qu'elle soit impérissable, il y a pour elle un état mortel, une mort spirituelle. On peut donc tuer l'âme comme le corps en brisant son rapport avec ce qui la fait vivre, c'est-à-dire en pervertissant sa volonté, en la détournant du principe de la justice et du bien.

La mort est partout la privation de la vie. Partout elle est produite par l'interruption du rapport avec ce qui fait vivre physiquement, logiquement ou moralement, et ce rapport est interrompu quand l'objet vivifiant cesse d'agir sur le sujet, ou le sujet de réagir sur l'objet.

Le corps, tirant sa nourriture du monde matériel, meurt dès que sa réaction vers ce monde ne peut plus s'opérer. L'esprit, puisant son aliment dans le monde inintelligible, meurt s'il n'est plus en commerce avec la vérité. L'âme, recevant sa subsistance du monde divin, meurt en se détournant de Dieu, parce qu'elle ne correspond plus à la vie divine. Ce rapport intime de l'âme avec Dieu est le fond de la religion. C'est pourquoi celui qui ne vit religieusement d'aucune manière, dont le cœur ne s'élève jamais vers Dieu par la pensée, par le désir, par la prière, par l'amour, est mort à la vie de l'âme. En se séparant du Principe de son être, il tend à détruire sa vie véritable; il se suicide réellement dans son âme, et d'une manière d'autant plus horrible qu'il porte la mort au fond de son être et se tue dans sa racine même. Donc celui qui par l'influence maligne du mensonge ou de l'erreur détourne son semblable du principe du bien, et le pousse par l'excitation de l'orgueil ou de la sensualité à désobéir au suprême législateur, comme Satan dans la séduction du premier homme, celui-là contribue de tout son pouvoir à tuer l'âme de son frère. Il est homicide, assassin au premier chef, et si au jour du jugement on redemande au meurtrier le sang qu'il a versé, à plus forte raison réclamera-t-on au séducteur les âmes qu'il a perdues.

Ainsi s'explique l'état de mort où tombèrent les chefs de la race humaine par leur désobéissance à la loi de Dieu, ou par la rupture de leur rapport avec lui, autant qu'il leur était possible. Alors la vie du ciel se retira d'eux, ou plutôt cessa de pénétrer dans leur âme qui s'y était fermée. Ils commencèrent à vivre d'une vie fausse, produit du commerce illicite de leur volonté propre avec le père du mensonge et de l'iniquité et avec le monde matériel ; et tant que leur rapport primitif avec le Créateur ne fut point rétabli, assis dans les ténèbres, ils restèrent dans l'ombre de la mort, eux et leur postérité engendrée dans le péché. De là la nécessité de la rédemption par la grâce, et d'un sacrement régénérateur pour faire renaître l'humanité à la vie véritable.

C'est de cette mort que l'Église entend parler, quand elle défend certaines actions qui ôtent la vie de l'âme, et qu'elle nomme à cause de cela des péchés mortels. Le chrétien qui a péché de la sorte est déchu de l'état de grâce. Il est mort dans son âme, et n'y peut revivre que par un secours particulier qui le porte à sentir son mal, à le reconnaître, à le rejeter, à le détester, à l'expier; et alors seulement son cœur délivré de l'influence maligne, retrouve la force de se retourner vers le bien et de se rouvrir à son action.

Le rapport de l'âme avec Dieu par la grâce peut être rompu soudainement par un seul acte criminel, ou s'affaiblir peu à peu et s'éteindre par une succession de fautes répétées qui l'en éloignent chaque jour davantage, par le mépris de sa parole, par la violation habituelle de ses commandements, jusqu'au moment où la réaction spirituelle s'arrêtant, l'âme reste sans aucun sentiment de l'action divine, sans mouvement vers Dieu. Alors sa vitalité, ne s'exerçant plus suivant sa loi et dans sa sphère, descend dans un monde inférieur, et se pose tout entière par l'esprit et par le corps sur des objets indignes d'elle et qui ne peuvent la remplir. Là elle s'agite en vain pour trouver du bien-être et du repos. Quoi qu'elle fasse, elle y manquera toujours de la seule chose nécessaire, parce qu'elle n'est plus en rapport direct avec son principe. Ainsi commence son supplice en ce monde, tantôt par une agitation incessante où elle essaye tous les moyens de jouissance de la terre, tantôt par un vide affreux qui se creuse en elle comme un abîme sans fond. Ainsi s'explique philosophiquement ce que la doctrine chrétienne enseigne sur la mort de l'âme et les actes qui y conduisent, d'après ces paroles de Jésus-Christ à ses disciples : Ne craignez point ceux qui tuent le corps et ne peuvent tuer l'âme; mais craignez plutôt celui qui peut perdre l'âme et le corps dans l'enfer (Matt. x, 28).

§ 110.

Après la mort de l'âme, l'esclavage est le plus grand dommage que la personne humaine puisse subir. Car la liberté étant une propriété essentielle de la nature, tenter de la détruire, sinon dans le for intérieur, ce qui est impossible, au moins dans son exercice extérieur, c'est vouloir détruire l'homme ou le dégrader en le réduisant par la violence à l'état d'animal ou de chose. L'esclavage est contraire au droit naturel, parce que la liberté est inaliénable. L'homme ne peut être l'objet ni d'une donation ni d'une vente, parce qu'il n'appartient à aucun homme, pas même à ses parents ni à lui-même. Il ne pourrait se vendre sans absurdité, car on n'a aucun équivalent à lui donner en retour, et par le fait de la servitude il ne serait plus apte à posséder. Le prétendu droit d'esclavage, tiré de la victoire ou de la conquête, est un abus de la force, qui ne peut être soutenu que par la force.

L'esclavage est toujours illicite, même quand il est devenu légal. Fruit de la violence, il finit ordinairement par la violence. Les républiques anciennes étaient sans cesse menacées par leurs esclaves, et Rome surtout en reçut des coups terribles. Partout où existe la servitude, il faut s'attendre un jour ou l'autre à des catastrophes. C'est un volcan comprimé, dont l'éruption est toujours menaçante. Car l'homme ne se résigne jamais complètement à un état contraire à sa nature, et le désir de secouer le joug lui reviendra avec la moindre espérance. Or, comprimer par la force l'être moral dans l'exercice de la liberté, dans la disposition et la jouissance de sa personne, dans les sentiments les plus intimes de son cœur, est l'outrage le plus odieux, le plus grand attentat contre sa dignité. L'Évangile l'a condamné en enseignant l'égalité de tous les hommes devant Dieu, et c'est pourquoi partout où sa parole a été reçue, où son esprit a pénétré, l'esclavage a cessé graduellement, et les corps ont été affranchis comme les âmes. Mais cette abolition ne pouvait être soudaine, là surtout où, à la servitude de l'antiquité païenne appuyée par de vieux préjugés et une longue possession, succédait l'esclavage des barbares fondé sur la guerre et la violence. Par l'influence chrétienne l'esclave est devenu serf, et le servage laissant au vaincu la faculté de posséder et d'amasser, a servi d'intermédiaire pour arriver à l'affranchissement des communes par l'industrie, le commerce et la science.

Le monde en était là, quand l'esclavage a reparu après la conquête de l'Amérique et d'une partie de l'Afrique, qui a amené l'infâme trafic de la vie humaine. La traite des noirs est une des plus grandes abominations qui ait souillé la civilisation moderne, et l'on ne conçoit pas que des peuples qui se disent chrétiens aient pu y prendre part ou seulement la tolérer. Les noirs, tout inférieurs qu'ils puissent être aux blancs par leur organisation et leurs facultés, n'en sont pas moins des hommes, portant le caractère humain, doués d'intelligence et de liberté, et ainsi ayant droit au respect et aux égards dus à l'humanité. Cependant on les a traités comme des bêtes de somme, et dans plusieurs pays, dans ceux-là même qui se donnent aux autres comme les modèles de la liberté, la législation a autorisé la traite, ouvrant des marchés d'hommes, défendant d'agir avec les noirs comme avec des humains, et leur interdisant l'instruction et même jusqu'aux secours de la religion. Voilà donc encore une liberté politique fondée, comme celle des anciens, sur la servitude. Mais, de nos jours, le crime est plus odieux et le scandale plus grand ; car le monde a vécu deux mille ans de plus, la parole de la vraie liberté lui a été annoncée, et ceux qui oppriment leurs semblables sont des hommes affranchis par la croix de Jésus-Christ.

D'un autre côté, ceux qui ont embrassé avec ardeur la cause de l'abolition de l'esclavage y mettent peut-être un zèle qui n'est pas selon la science. L'indignation du cœur est souvent obligée de se contenir devant la force des circonstances, et il y a des maux que la prudence doit tolérer momentanément par la crainte d'en exciter de plus grands. Des remèdes intempestifs ou mal appliqués sont quelquefois pires que la maladie à guérir. Délivrer subitement des esclaves sans les préparer à la liberté par un état intermédiaire, c'est déchaîner des bêtes féroces; car les hommes abrutis par l'esclavage ont tous les instincts, toutes les passions de l'animal. Il faut donc commencer par les civiliser, par les moraliser au moyen de l'éducation chrétienne. La religion de Jésus-Christ peut seule les humaniser avec le temps.

Qu'on imite aujourd'hui la sagesse de l'Église des premiers siècles en des circonstances analogues. L'apôtre avait dit : Depuis que le Christ est mort pour tous, il n'y a plus ni grec, ni barbare, ni libre ni esclave; il n'y a plus que des hommes capables de devenir des enfants de Dieu par le sang régénérateur du Dieu fait homme; et cependant il a dit aussi : Que chacun reste dans sa condition et en accomplisse les obligations. Un esclave de Philémon s'échappe et vient se réfugier auprès de Paul à Rome; il est renvoyé à son maître avec une lettre qui l'engage à traiter son esclave fugitif comme il convient à un chrétien. L'esprit de Dieu n'agit point violemment ni par secousse. C'est un esprit de sagesse, qui dispose tout avec force mais avec douceur, *fortiter et suaviter*, préparant toujours dans les volontés humaines les événements, les changements, les révolutions qu'il veut amener. Voilà la vraie manière d'amender les hommes, de les perfectionner, de les rendre plus heureux, et telle a toujours été la conduite de l'Église. Alors les améliorations persistent et se développent, parce qu'elles ont leur fondement dans les âmes où la semence du bien a été implantée. L'esprit propre de l'homme, au contraire, agit surtout par le dehors, et la violence est son principal moyen. Il bouleverse, ravage, subjugue; c'est un torrent qui renverse tout sur son passage, qui nivelle tout par la destruction, mais qui s'épuise bientôt par sa violence même et ne laisse après lui que des ruines.

§ 111.

Si un individu ne peut être possédé et exploité comme une chose, sans outrager l'humanité, à plus forte raison un peuple. Les sujets ne peuvent en aucun cas être la propriété des gouvernants, et la fin du pouvoir politique n'est ni l'intérêt ni la gloire des princes, mais l'avantage et le bien-être des gouvernés. Le despotisme, qui subordonne l'intérêt général à son intérêt propre et pose en loi la volonté d'un seul ou de plusieurs, est donc un attentat contre l'existence morale de la société et de ses membres. Les anciens regardaient la tyrannie comme le plus abominable des crimes. Il ne faut pas confondre le despotisme avec la monarchie qui, dirigée par la justice, n'a rien d'attentatoire à la liberté humaine.

Le despotisme est, comme l'esclavage, un abus de la force, et, ne pouvant se soutenir que par la force, il impose un état contre nature, qui finit tôt ou tard par une violente réaction. Il n'est jamais fondé en droit, même quand il paraît motivé par les circonstances et accepté par la lâcheté ou la faiblesse des peuples. Il n'en est point ainsi de la monarchie pure ou du gouvernement d'un seul. C'est une forme politique comme une autre, qui a son temps dans l'histoire de presque tous les peuples, et par conséquent une bonté relative. Elle est à certaines époques le seul gouvernement possible, soit à l'origine des nations quand elles sont régies comme une famille, et que le pouvoir politique a encore la force, l'étendue et la bienveillance de l'autorité paternelle; soit dans les grands dangers de l'État, qui demandent une décision rapide, de la fermeté et de l'unité dans l'action : dans ces cas, les républiques elles-mêmes nomment un dictateur ; soit après les révolutions, quand l'anarchie a tout dissous, et que la société ébranlée, déchirée par les partis, a surtout besoin d'une volonté forte et d'une main puissante pour la raffermir sur sa base. Alors le pouvoir absolu, s'il est juste, est excellent comme transition.

Sans doute, l'homme investi d'une telle puissance risque fort de s'exalter dans sa volonté propre, de la substituer à l'équité, et de prendre sa grandeur et sa gloire pour l'intérêt et le bien du pays. La tentation est forte, la pente glissante, et il faut une conscience bien délicate, un sentiment vif de la justice, une grande crainte de Dieu et de ses jugements, pour ne point se laisser entraîner. Aussi est-ce aux princes qui ont su se contenir et respecter la dignité humaine au milieu des séductions d'un pouvoir sans limites, que les peuples accordent le plus volontiers leur admiration et leur amour. Certes, il n'y aurait point de plus beau spectacle sous le soleil, qu'un homme élevé par la Providence au-dessus de ses semblables et revêtu d'une autorité indéfinie dont il n'abuserait point, et qui, sachant gouverner les autres parce qu'il sait se gouverner lui-même, n'emploierait son pouvoir, ses lumières, sa force et toutes ses ressources qu'à faire le bonheur de ses sujets en les rendant plus éclairés, plus civilisés et plus vertueux. Ce serait certainement l'image la plus brillante de Dieu sur la terre, et dans un tel souverain resplendirait véritablement la majesté divine, « et ce je ne sais quoi de sacré que l'Éternel, dit Bossuet, imprime au front des rois. »

En certaines circonstances où la Providence la fait surgir d'une manière inattendue et par les événements les plus extraordinaires, la royauté, soutenue d'en haut au milieu de la lutte des partis et du choc des passions populaires, jusqu'à ce qu'elle ait accompli sa mission et l'ait justifiée par le rétablissement de l'ordre, par sa justice, par ses bienfaits, par l'impulsion heureuse qu'elle donne à son siècle, la royauté, pour être absolue, n'en est pas moins dans ces conditions ce qu'il y a de plus grand, et de plus bienfaisant sur la terre. Elle peut même, suivant l'esprit qui l'anime, être favorable à la liberté, quand le prince veut par-dessus tout l'équité, respecte les droits, la dignité de chacun, et subordonne son avantage à l'intérêt public. Il peut se faire alors des choses admirables chez les nations, parce que dans aucune autre forme de gouvernement les desseins vastes et utiles ne sont aussi bien conçus ni plus rapidement exécutés. L'unité de direction et de puissance a une force prodigieuse pour le bien. Sans doute, elle est tout aussi forte pour le mal, qui dans ce monde est toujours à côté du bien, et l'abus des meilleures choses est le plus funeste.

Du reste, le despotisme n'est point une espèce de gouvernement, comme Montesquieu l'affirme, mais la corruption, la perversion de tous les gouvernements ; et il peut se retrouver avec toutes les formes possibles d'administration, sous tous les régimes imaginables, avec des constitutions, des chartes, des corps pondérants, des institutions modératrices, des garanties écrites, et tout ce qu'une liberté ombrageuse invente pour entourer le pouvoir de barrières. Avec des mœurs honnêtes et de la bonne foi la monarchie absolue sera modérée, consciencieuse et vraiment libérale, surtout si elle est chrétienne. Mais les institutions politiques les mieux combinées deviennent impuissantes si les mœurs ne les soutiennent pas, et les meilleures lois, les lois les plus favorables à la liberté, servent à peu de chose, quand les gouvernants et les gouvernés sont devenus incapables de les prendre au sérieux et ne veulent pas les exécuter.

§ 112.

La personne morale peut encore être attaquée dans sa liberté et sa dignité de plusieurs manières : 1° dans sa foi et dans l'exercice de son culte, par la persécution de la violence ou du ridicule ; 2° dans ses convictions morales, quand on veut lui imposer des actions qui répugnent à sa conscience ; 3° dans ses affections, qu'on prétend dominer par l'autorité ou par la force ; 4° dans sa pudeur, par des violences criminelles, par des actes inconvenants, par des paroles obscènes ; 5° dans son honneur et sa réputation, par des outrages et par la diffamation.

1° Rien au monde n'est plus odieux et en même temps plus absurde que l'emploi de la violence en ce qui concerne la foi religieuse, soit pour l'imposer, soit pour la changer. La foi est une adhésion libre du cœur à ce qui lui paraît la vérité ; et, quand elle est vivante, elle a pour éléments le sentiment de ce qu'elle croit, le consentement de la volonté qui s'y attache, et la résolution de le mettre en pratique. En l'absence du sentiment, on peut encore adhérer à une parole dogmatique sur le témoignage d'une autorité respectable ou par des motifs de crédibilité. Cette foi moins profonde a cependant son utilité et son mérite, au moins comme préparation, et c'est un devoir pour l'être intelligent de s'efforcer d'en éclairer l'obscurité et de l'approfondir, pour y acquiescer avec plus de raison et de liberté.

L'attentat contre la foi vient de ce qu'on en méconnaît la nature. La regardant comme une chose extérieure, une parole à prononcer, une formule à répéter, des pratiques à accomplir, on croit facile de l'imposer ou de la modifier ; et, si les volontés s'y refusent, on s'imagine pouvoir les y contraindre par des moyens violents. On arrachera peut-être à la crainte ou à la douleur par des menaces ou des tortures, un signe, un mot, une apparence de consentement : la foi, jamais ! car elle implique un sentiment et une réaction libre de l'âme, qui ne se forcent point. Prétendre imposer la foi est aussi absurde que vouloir enchaîner la liberté dans son for intérieur. La persécution religieuse est donc le despotisme le plus odieux et le plus insensé, parce qu'il viole ce qu'il y a de plus sacré dans l'homme et tend à le subjuguer au plus profond de son être, qu'il ne peut atteindre. Elle outrage l'humanité, et elle est une sorte de blasphème contre Dieu, qui aime les adorateurs en esprit et en vérité, et ne veut pas être honoré des lèvres, mais du cœur.

Le ridicule ou la moquerie est une autre manière de persécuter la foi. Chacun ayant le droit de croire, de penser et d'agir en raison de ce qu'il sent et comprend, s'il ne viole pas les droits des autres et ne trouble pas l'ordre public, le tourner en ridicule et chercher à l'avilir aux yeux de ses semblables en le bafouant, c'est le vexer et l'entraver dans l'exercice de sa liberté. Il y a en outre dans le ridicule une espèce de violence par le respect humain, qui exerce une grande influence sur la plupart des hommes vivant en société. C'est pourquoi, à certaines époques où la violence est usée par l'impuissance des supplices ou réprouvée par l'opinion, l'ennemi de Dieu attaque la foi par le sarcasme, et s'efforce d'ébranler par la crainte du mépris public ceux que la mort n'effraye pas. Cette arme perfide a tué plus d'âmes que les bourreaux. Julien combattit ainsi les chrétiens ; ne pouvant les détruire par le fer et le feu, il essaya de les abattre par l'ignominie. [Le dix-huitième siècle s'y est pris de la même façon; il a fait au christianisme une guerre de sarcasmes et d'injures, pour le faire paraître ridicule et absurde. Mais les mauvaises volontés passent avec les hommes, et ce qui est éternel subsiste.

De nos jours la moquerie anti-religieuse est surannée, même selon l'esprit du monde. Notre siècle, si passionné pour la liberté, est obligé de respecter celle de la croyance comme toute autre. Le citoyen doit être libre en cela comme en tout le reste, tant qu'il respecte les lois et ne nuit à personne. Il est de mauvais goût aujourd'hui de se moquer des croyances et des observances religieuses. L'abus du ridicule en ces choses en a fait ressortir l'inconvenance et le danger, et ce respect public pour ce qu'il y a de plus profond et de plus sacré dans la conscience est certainement un des traits les plus honorables de notre époque.

2° Il en est du sentiment moral comme de la foi religieuse. Le violenter, c'est attenter à l'un des droits les plus sacrés de la personne, celui de juger le bien et le mal dans sa conscience, et d'agir en raison de son jugement. Là aussi, il y a quelque chose qui ne se force point et que les instruments matériels ne sauraient atteindre. On peut séduire la conscience, l'embarrasser, la tromper, la fausser par l'erreur ou le mensonge, mais pour cela il faut la persuader, et la violence y est impuissante. Il y a cependant certains moyens qui ressemblent à la coaction extérieure et qui sont immoraux comme elle. Ainsi placer un homme entre sa conscience et la nécessité de son existence ou de celle de sa famille, mettre le sentiment du devoir aux prises avec les affections les plus naturelles du cœur, extorquer un mensonge par la menace de la mort, imposer les opinions, les passions d'un parti par une pression politique qui compromet une position sociale, etc., etc., c'est opprimer l'être moral, c'est attenter à sa liberté et à sa dignité en le poussant à des actes qui répugnent à sa conscience. Sans doute, une âme généreuse et forte préfère la mort au déshonneur et surtout au crime. Mais les âmes de cette trempe sont rares, et dans les affaires de ce monde il faut estimer les hommes et les choses par la mesure moyenne de la réalité, et non par la perfection de l'idéal. Il faut toujours faire la part de la faiblesse humaine, en tenant compte de la force et des droits des sentiments naturels dont le devoir peut exiger l'immolation.

3° Les affections du cœur doivent être aussi libres que la foi et la conscience. Il y a tyrannie et même démence à vouloir les contraindre ; car l'amour ne se commande pas. Il n'est vrai que s'il est volontaire ; et encore, au fond, il ne dépend pas même des volontés qui l'éprouvent. C'est une sympathie secrète qui attire les cœurs, sans qu'on puisse la plupart du temps expliquer pourquoi ni comment. Les parents se trouvent quelquefois obligés de contrarier leurs enfants sous ce rapport. Il serait immoral d'employer alors la violence ou d'autres moyens d'intimidation, surtout pour entraîner un consentement. Il faut donc avoir égard aux répugnances et aux doutes. On peut faire des représentations, donner des conseils, des avertissements, parler à la raison et à la conscience ; mais on ne doit jamais forcer un acte que la liberté seule peut dignement poser. Les parents ont toujours le droit de *veto*, tant que les enfants dépendent de leur autorité ; et, par le refus de leur consentement, ils peuvent empêcher ou retarder ce qu'ils désapprouvent, et préserver de ses propres écarts une volonté entraînée ou aveuglée.

4° Attenter à la pudeur, c'est blesser la personne morale dans ce qu'elle a de plus sensible ; c'est à la fois l'outrager dans sa dignité et lui causer une souffrance cruelle par l'embarras et l'espèce d'angoisse où on la jette, angoisse plus vive et plus profonde à mesure que le sens moral est plus délicat. La pudeur est comme le thermomètre de la pureté de l'âme. Elle est propre à l'homme, le seul être de ce monde qui soit composé de deux natures ; et c'est de l'opposition sentie de ces deux parties de son être que naît la honte, par l'assujettissement fatal de l'esprit aux nécessités du corps qu'il devrait dominer. Il ne rougit, dans ce cas, que parce qu'il sent sa dégradation. La pudeur est donc un témoignage frappant de la noblesse originaire de l'humanité et de son abaissement actuel. Aussi, paraît-elle seulement quand la scission s'opère entre l'homme spirituel et l'homme physique, dès que l'âme entre en lutte avec la chair. Jusque-là l'enfant vit comme l'animal, satisfaisant sans honte ses besoins les plus grossiers, suivant tous les instincts de la nature inférieure, et ne rougissant de rien parce qu'il ignore encore le bien et le mal.

La pudeur est entretenue par toutes les choses honnêtes, et surtout par la foi religieuse, qui en augmente singulièrement la délicatesse. Ces deux sentiments se conviennent en cela qu'ils détachent le cœur de celui qui est sensuel et terrestre, pour l'élever vers une vie plus haute. La foi est la meilleure garantie de la pureté ; et quand elle manque ou s'affaiblit, l'homme perd peu à peu la conscience de sa dignité et retombe plus facilement sous l'influence de l'animalité. D'un autre côté, quand la pudeur s'altère, la foi en éprouve un contre-coup; car l'entraînement de la sensualité est ce qu'il y a de plus contraire à l'élan de l'âme vers Dieu. Rien n'est donc plus à ménager dans l'intérêt de la dignité individuelle et pour la moralité publique que le sentiment de la pudeur. Dans l'enfance, dans l'adolescence surtout, il doit être excité et garanti avec une grande sollicitude. Il faut peu de chose pour le faner dans sa fleur, pour le dessécher dans sa racine. Offenser la pudeur est donc toujours un grave attentat à la dignité, à la pureté, au perfectionnement de l'âme humaine. Il y a mille degrés dans ce mal, depuis les plus grossières violences jusqu'aux paroles à double sens et aux allusions inconvenantes.

5° La personne humaine peut encore être lésée dans sa réputation, et dans la vie commune c'est un grand dommage qui détruit en partie le bienfait de la société en la rendant pénible et même hostile. Autant la communauté est douce et utile, quand les membres unis se soutiennent mutuellement, autant elle est difficile et périlleuse, quand ils deviennent ennemis, ou du moins sans liens d'affection ou d'estime. Alors c'est presque l'état de guerre, et une guerre d'autant plus dangereuse qu'elle est intestine, déguisée sous les apparences de la paix, et qu'il est presque impossible d'y échapper. Or, un des liens principaux de la société est la bonne opinion que les hommes ont les uns des autres, ce qui constitue la réputation de chacun. La réputation est à l'existence morale ce que l'atmosphère est au corps, un rayonnement, une sorte d'auréole qui nous entoure, par laquelle notre vie s'étend et est encore très-sensible; car, par l'opinion que nos semblables ont de nous, par le prix que nous y attachons et l'influence qu'elle exerce en effet sur notre conduite et notre bonheur, nous vivons en partie dans les autres, et nous devenons susceptibles et vulnérables en eux.

C'est une tendance naturelle à l'homme de désirer la louange et l'estime de ses semblables. Leur approbation le relève à ses propres yeux, et leur estime lui assure leur bienveillance et leur appui. Ce penchant est bon s'il est bien réglé : il devient dangereux par l'exagération, quand le désir de la louange ou la crainte du blâme l'emporte sur les dictées de la conscience et les convictions de la foi. L'homme alors vit plus au dehors qu'au dedans. Le mobile principal de ses actes est aussi variable que le temps et les circonstances, et sa moralité n'est point assise sur le roc de la parole divine, mais sur le sable mouvant de l'opinion humaine. Le *qu'en-dira-t-on* est tout-puissant sur son esprit, qu'on pousse ou retient par le respect humain. De là le faux honneur, qui se laisse conduire par les jugements des hommes, veut leur complaire à tout prix, craignant par-dessus tout le blâme et le dédain, même injuste, au point qu'il aime mieux parfois être méprisable que méprisé. Ce qu'on appelle le point d'honneur est le dernier degré de cet excès. Ceux qui s'en rendent esclaves prouvent qu'ils tiennent plus à l'apparence du bien qu'au bien lui-même, et qu'ils s'inquiètent moins d'être honorables que de le paraître.

La réputation et l'honneur peuvent être attaqués de plusieurs manières, dont les principales sont l'outrage public et la diffamation. La loi civile prévoit jusqu'à un certain point ces délits ; elle a une police pour les prévenir et des tribunaux pour les punir. Néanmoins elle sera toujours impuissante à empêcher tous les attentats de ce genre; car rien n'est plus subtil que la parole, et surtout la parole du mensonge et de la passion, qui frappe à l'improviste, dans l'ombre, ou par des voies détournées. C'est peut-être la source la plus abondante de l'injustice dans la société. On y parle à tort et à travers sur le prochain; on juge sans connaissance de cause; on dit ce qu'on sait et ce qu'on ne sait pas; on répète ce qu'on a entendu, on l'exagère pour rendre la chose plus intéressante et frapper davantage. L'amour-propre, qui croit se relever en rabaissant les autres, y ajoute sa pointe, et la malignité d'une parole s'accroît en se répandant. Trop souvent par un mot piquant, échappé à la sotte envie de faire de l'esprit, on inculpe un innocent, on ternit une réputation, on discrédite une personne, on déshonore une famille, on en prépare la ruine; et comme tout se sait en définitive, après avoir semé du vent on recueille des tempêtes. Ainsi se multiplie le mal dans le monde, et l'ennemi de Dieu et du genre humain, en semant la discorde, se réjouit de mettre les hommes aux prises et de les détruire les uns par les autres. C'est pourquoi la parole évangélique recommande de ne point juger son prochain; car nous avons tous notre juge, qui nous attend à la porte de cette vie, et nous serons jugés par la mesure que nous aurons appliquée à autrui.

Les attentats à la réputation et à l'honneur sont peut-être ceux auxquels un homme de cœur est le plus sensible, et qu'il a le plus de peine à supporter, parce qu'en blessant l'amour-propre ils froissent le sentiment de la justice. La crainte du mépris public, de la déconsidération au milieu de la société, crainte toujours exagérée par l'imagination, est une des peines les plus vives de l'homme du monde ; et comme la législation est à peu près impuissante à le garantir de ce côté, il est tenté de venger sa propre injure, surtout quand le préjugé populaire l'y pousse et lui en fait presque un devoir. C'est assurément la considération la plus forte pour excuser le duel en certains cas, où, dit-on, l'individu, au défaut du droit civil qui ne le protége pas suffisamment, rentre dans son droit naturel de se défendre lui-même. Ce qui est un pur sophisme ; car il ne s'agit pas ici d'un attentat à la vie, que la loi sociale permet toujours de repousser, quand on est attaqué ; il s'agit tout simplement de médisances, de calomnies, d'injures ou de picoteries d'amour-propre, de choses qu'elle ne peut saisir, tant elles sont subtiles, et qu'elle ne défend nullement de repousser par des armes semblables à celles de l'attaque, c'est-à-dire par la parole, qui seule a vraiment la puissance de détruire ou de réparer le mal qu'elle a causé. Mais en appeler au fer et au feu pour vider une question de vérité ou de justice, c'est tout simplement une absurdité, comme nous l'avons montré plus haut, puisqu'il n'y a aucun rapport entre le moyen et la fin. L'honnête homme, l'homme d'honneur dans la société, saura, surtout s'il est chrétien, se faire respecter par d'autres voies qu'un spadassin.

———

Ici se termine la morale proprement dite, ou la science du devoir. Il resterait à faire deux choses. Après avoir expliqué le précepte de justice : « Aime ton prochain comme toi-même, » il faudrait commenter le conseil de perfection : « Celui qui aime bien aime jusqu'à donner sa vie pour ce qu'il aime :

aimez-vous les uns les autres comme je vous ai aimés. » (Jean. 15, 12.) Il faudrait outre-passer la sphère de l'équité où tout est déterminé, pour entrer dans celle de la charité qui n'a point de limites. Ce serait un traité de la perfection chrétienne. L'homme de bonne volonté, qui aspire à cette perfection après avoir accompli la loi, trouvera tout ce qui peut l'y conduire dans les livres saints, dans l'imitation de Jésus-Christ, dans les ouvrages de Taulère, de saint François de Sales, de Bérulle, de Rodriguez, de Fénelon, etc., etc.

L'autre chose non moins importante serait, après avoir exposé la théorie des devoirs, d'en montrer l'application à la situation de chacun et à la vie de tous les jours : ce qui conduit d'un côté à une casuistique, dans les cas de doute ou de collision ; de l'autre à la direction spirituelle, qui doit former la volonté à la pratique du bien. Or, chaque théologie morale a sa partie casuistique, et quant à la direction des consciences, elle ne se fait point par les livres.

Enfin, ceux de nos lecteurs qui voudront approfondir la morale chrétienne, dont ce livre expose la partie élémentaire, pourront consulter l'ouvrage où nous avons comparé la morale de l'Évangile aux divers systèmes des philosophes[1].

1. Un volume in-8, chez Vaton.

FIN

TABLE DES MATIÈRES.

	Pages.
AVERTISSEMENT	I

PARTIE THÉORIQUE.

1. Des conditions nécessaires de la moralité, la loi, la conscience et la liberté 1

CHAPITRE PREMIER.
DE LA LOI.

2. Qu'est-ce que la loi?........................... 6
3. Nécessité de la loi dans l'ordre physique............ 9
4. Autorité de la loi dans l'ordre logique.............. 12
5. Puissance de la loi dans l'ordre moral.............. 15
6. Principe unique de la loi dans les trois ordres. La loi est l'expression vivante de la volonté souveraine.... 17
7. Objet de la volonté souveraine par rapport à l'homme.. 21
8. La loi vitale de l'homme se manifeste par le besoin d'une triple nourriture......................... 25
9. Loi du corps................................... 27
10. Loi de l'esprit................................. 28
11. Loi de l'âme................................... 31
12. Vie de l'âme. — Mort de l'âme................... 35
13. De la loi universelle de l'amour................... 38
14. Conditions de l'accomplissement de la loi par l'homme... 41
15. Chimère de l'autonomie ou de l'indépendance absolue dans la créature............................. 44

CHAPITRE II.
DE LA CONSCIENCE MORALE.

16. Qu'est-ce que la conscience?..................... 47
17. Origine de la conscience......................... 49
18. Degrés successifs de son développement............ 50
19. Comment l'homme acquiert la connaissance de ses obligations morales........................... 54
20. Influence maternelle............................ 57
21 et 22. Influence religieuse...................... 64-70
23. Développement du sentiment naturel de l'équité. — Influence de l'éducation....................... 73

24. Influence de la législation............................. 75
25. Moyens de cette influence............................. 80
26. Ce qui rend tous ces moyens de *moralisation* légitimes et efficaces................................... 82
27. Action directe de la religion par l'enseignement, le culte et la discipline. — Excellence du christianisme.. 86

CHAPITRE III.

DE LA LIBERTÉ MORALE.

28. De la liberté en général............................. 91
29. De la liberté humaine............................... 96
30. De la liberté morale................................. 101
31. Démonstration de la liberté. — Analyse de l'acte libre.. 103
32. Preuve de l'existence de la liberté par la conscience du mérite et du démérite............................ 111
33. Id. par les croyances des peuples, par les institutions religieuses et civiles, par les moyens de l'instruction et de l'éducation................................ 114
34. Conditions de l'exercice de la liberté.............. 119
35. Objections contre la liberté........................ 123
36. Causes qui empêchent l'exercice de la liberté...... 135
37. Causes qui l'affaiblissent.......................... 148
38 et 39. 1° L'ignorance............................. 149-154
40. 2° La passion....................................... 160
41. 3° La crainte....................................... 164
42. Nécessité de l'exercice de la liberté............... 171
43. Importance du premier et du dernier acte de la liberté... 175
44. Des mobiles et des motifs de la liberté............ 178
45. Prédispositions qui aident ou gênent la liberté.... 181
46. 1ʳᵉ conséquence de l'exercice de la liberté, le devoir... 186
47. 2ᵉ conséquence, le droit............................ 190
48. 3ᵉ conséquence, la responsabilité................. 193
49. 4ᵉ conséquence, le mérite et le démérite.......... 198
50. La moralité et l'immoralité, la vertu et le vice... 203
51. Importance de l'exercice de la liberté............. 208

PARTIE PRATIQUE.

CHAPITRE IV.

DES DEVOIRS.

52. Objet de la partie pratique de la morale........... 213
53. L'accomplissement de la loi ou le devoir est doublement obligatoire pour l'homme...................... 217

54. Nombre, mesure et valeur respectives des devoirs.... 219
55. Division des devoirs déterminée par les rapports de l'homme.. 221
56. L'homme a-t-il des devoirs envers lui-même.......... 224

CHAPITRE V.
DEVOIRS ENVERS DIEU.

57. Première condition des devoirs envers Dieu.......... 230
58. Comment s'acquiert la connaissance de Dieu......... 232
59. Origine du culte intérieur............................ 237
60. Comment le culte intérieur devient culte extérieur... 239
61. Des deux parties du culte............................ 241
62. Le culte divin est un devoir et un besoin. Comment on manque à ce devoir. — Athéisme, indifférence religieuse, idolâtrie, superstition, fanatisme, légèreté, etc... 250
63. Ce que c'est que la piété............................. 260

CHAPITRE VI.
DEVOIRS ENVERS LES PARENTS.

64. De la loi fondamentale de la famille................. 264
65. Origine de l'autorité paternelle...................... 267
66. Sanction de cette autorité; — ses limites........... 269
67. Devoirs des parents.................................. 272
68. Amour des parents................................... 275
69. Devoir des enfants. — Éléments de la piété filiale.... 279
70. Limites du devoir filial.............................. 283
71. Conséquences de l'accomplissement du devoir paternel et du devoir filial............................... 287
72. Paternité spirituelle................................. 290
73. Comment elle s'établit : devoirs qu'elle produit. — Conséquences de leur accomplissement............. 294

CHAPITRE VII.
DEVOIRS ENVERS LA SOCIÉTÉ.

74. L'état social est le véritable état naturel de l'homme... 298
75. Origine, développements et conditions de l'état social.. 302
76. Devoirs envers la société............................ 306
77. Nombre et importance de ces devoirs en raison de l'état politique... 309
78. Les devoirs des citoyens sont en raison des droits qu'ils exercent.. 314
79. Devoirs généraux envers la patrie.................... 317
80. De l'esprit national................................. 320
81. Du respect dû au pouvoir............................ 323
82. Comment les citoyens peuvent et doivent contribuer au perfectionnement et à la prospérité de la patrie.. 325
83. L'accomplissement habituel des devoirs du citoyen est le patriotisme.. 327

84. Le christianisme est éminemment favorable à la liberté politique. 331

CHAPITRE VIII.
DEVOIRS DES ÉPOUX.

85. Du mariage et de ses conséquences. — Rapports et différences des sexes........................... 336
86. Caractères spécifiques de l'homme................. 340
87. Caractères spécifiques de la femme............... 342
88. De l'union de l'homme et de la femme sous le rapport physique, moral, civil, religieux............ 346
89. Devoirs réciproques des époux..................... 348
90. Droits et devoirs du mari et de la femme.......... 350
91. De la fidélité conjugale........................... 354
92. De l'adultère...................................... 357
93. De la polygamie................................... 360
94. Le divorce... 363

CHAPITRE IX.
DEVOIRS ENVERS LE PROCHAIN DANS LA FAMILLE ET DANS LA SOCIÉTÉ.

95. Devoirs de parenté : esprit de famille............. 366
96. Droits et devoirs des serviteurs et des maîtres.... 370
97. Devoirs des concitoyens : esprit public........... 374
98. Devoirs envers les bienfaiteurs.................... 376
99. Devoirs de l'amitié................................ 379

CHAPITRE X.
DEVOIRS GÉNÉRAUX DE L'HOMME ENVERS SES SEMBLABLES.

100. Devoirs d'humanité................................ 382
101. Respect des droits d'autrui....................... 386
102. Attentats contre la vie. — Homicide, violences... 388
103. Suicide... 390
104. La guerre. — Le duel............................. 394
105. La peine de mort.................................. 398
106. Du droit de propriété............................. 406
107. Attentat à la propriété. — Le vol................ 409
108. Attentats contre l'intelligence. — Le mensonge, l'erreur... 411
109. Attentat contre la vie de l'âme. — Mort de l'âme.. 416
110. De l'esclavage.................................... 419
111. Du despotisme..................................... 423
112. Attentats contre la foi, le culte, la conscience, les affections, la pudeur, l'honneur, etc............. 426
CONCLUSION... 435

FIN DE LA TABLE DES MATIÈRES.

8497. — Imprimerie générale de Ch. Lahure, rue de Fleurus, 9, à Paris.

LIBRAIRIE DE L. HACHETTE ET Cⁱᵉ
Boulevard Saint-Germain, 77, à Paris.

DICTIONNAIRES DIVERS

Dictionnaire de la langue française, contenant la nomenclature la plus étendue, la prononciation et les difficultés grammaticales, la signification des mots avec de nombreux exemples, et les synonymes, l'histoire des mots, depuis les premiers temps de la langue française jusqu'au seizième siècle, et l'étymologie comparée, par M. *E. Littré*, de l'Institut. 2 vol. très-grand in-4.

Dictionnaire des communes de la France, contenant pour chaque commune la division administrative, la population, la situation géographique, l'altitude; la distance des chefs-lieux de canton, d'arrondissement et de département; les bureaux de poste, les stations et correspondances des chemins de fer et le bureau télégraphique; la cure ou succursale; l'indication de tous les établissements d'utilité publique ou de bienfaisance; tous les renseignements administratifs, judiciaires, ecclésiastiques, militaires, maritimes; le commerce, l'industrie; l'agriculture; les richesses minérales; la nature du terrain; enfin les curiosités naturelles ou archéologiques; les collections d'objets d'art ou de sciences, avec la description de tous les cours d'eau, de tous les phares, de toutes les montagnes, et des notices géographiques, administratives, statistiques sur les 89 départ., etc.; par *Ad. Joanne*, avec la collaboration d'une société d'archivistes, de géographes et de savants. 1 vol. gr. in-8, de 2430 pages, imprimé sur deux col. Br.   20 »

Le cart. percal. gaufrée se paye en sus 2 fr. 25; la demi-rel. chagrin, 4 fr.

Dictionnaire des antiquités chrétiennes, contenant le résumé de tout ce qu'il est essentiel de connaître sur les origines chrétiennes jusqu'au moyen âge exclusivement, savoir : I. ÉTUDE DES MŒURS ET COUTUMES DES PREMIERS CHRÉTIENS. 1° Vertus, travaux, professions, luttes, pendant les six premiers siècles; 2° Culte, hiérarchie, discipline, symbolisme ; 3° Institutions relatives à la vie religieuse, à l'assistance fraternelle, à l'instruction; prédication, écoles, bibliothèques, etc. — II. ÉTUDE DES MONUMENTS FIGURÉS. 1° Architecture : ses premiers essais dans les catacombes, églises souterraines, cryptes, *cubicula*, etc.; architecture en plein air : oratoires, basiliques, etc. Monuments funéraires, cimetières, *loculi*, sarcophages, etc.; 2° Iconographie : antiquité et culte des images; explication de tous les sujets retracés dans les monuments de toute sorte, etc.; 3° Épigraphie : notions générales; caractères des inscriptions chrétiennes, leur application à l'apologétique catholique; 4° Numismatique : énumération des signes de christianisme introduits dans la monnaie publique depuis le quatrième

IV.

siècle jusqu'à la chute de l'empire d'Orient. — III. VÊTEMENTS ET MEUBLES ; 1° Vêtements des apôtres et des premiers chrétiens; vêtements des clercs dans la vie privée, dans les fonctions sacrées; articles spéciaux sur chacun de ces vêtements; 2° Meubles, instruments divers pour l'usage de la liturgie, pour la vie commune, etc. — IV. HISTOIRE LITTÉRAIRE de chacune des parties de l'archéologie chrétienne, citations des auteurs qui les ont traitées, etc.; par M. l'abbé *Martigny*, curé-archiprêtre de Bagé, chanoine honoraire de Belley, membre de l'Académie romaine-pontificale de la religion catholique, de la Société impériale des antiquaires de France, etc. 1 vol. gr. in-8. contenant 250 grav. Br. 15 »

Le cart. percaline gaufrée se paye en sus 1 fr. 50; la demi-rel. chagrin, 3 fr.

Dictionnaire des synonymes de la langue française, avec une introduction sur la théorie des synonymes, par M. *Lafaye*, doyen de la Faculté des lettres d'Aix. 2° édit. 1 vol. gr. in-8 de 1900 p. Br. 15 »

Ouvrage qui a obtenu de l'Institut le prix de linguistique en 1843 et en 1858.
Le cart. percaline gaufrée se paye 2 fr.; la demi-reliure chagrin, 3 fr. 50c.

Dictionnaire des sciences philosophiques, publié par une société de philosophes et de savants, sous la direction de M. *Ad. Franck*, de l'Institut, professeur au Collége de France. 6 forts vol. in-8. Br. 55 »

La demi-reliure en chagrin se paye en sus 12 fr.

Dictionnaire de l'économie politique, contenant l'exposition des principes de la science, l'opinion des écrivains qui ont le plus contribué à sa fondation et à ses progrès, la bibliographie générale de l'économie politique par noms d'auteurs et par ordre de matières, avec une notice biographique et une appréciation raisonnée des principaux ouvrages. Ouvrage publié par une société d'économistes et de savants, sous la direction de MM. *C. Coquelin* et *Guillaumin*. 2° édit. 2 vol. gr. in-8, imprimés sur deux colonnes. Br. 50 »

La demi-reliure en chagrin se paye en sus 7 fr.

Dictionnaire des noms de baptême, par M. *Belèze*, ancien élève de l'École normale. 1 vol. in-8. Br. 5 »

Dictionnaire universel de la vie pratique à la ville et à la campagne, contenant toutes les notions d'utilité générale, tous les renseignements usuels et toutes les applications journalières, en matière : 1° de religion, d'éducation, de conduite dans la vie et de savoir-vivre ; 2° de droit et de législation, d'administration publique, de placement de fonds et d'assurances; 3° de médecine, d'hygiène et d'art vétérinaire ; 4° d'agriculture, de silviculture et d'horticulture, d'arpentage, de levée des plans et de drainage; 5° d'industrie et de commerce ; 6° d'économie domestique, de cuisine, d'ameublement, d'habillement, de ménage; 7° d'exercices de corps et de jeux de toute espèce. Ouvrage rédigé, avec le concours d'auteurs spéciaux, par M. *Belèze*, ancien élève de l'École normale supérieure. 2° édit. 1 vol. gr. in-8 de 1800 pages. Br. 21 »

Le cart. percaline gaufrée se paye en sus 2 fr. 25 c.; la demi-reliure chagrin, 4 fr.; la demi-reliure chagrin, avec tranches et gardes peignes, 5 fr.

Dictionnaire universel des sciences, des lettres et des arts, comprenant : I. POUR LES SCIENCES. 1° Les *sciences métaphysiques et morales*. Religion et théologie naturelles; psychologie, logique, morale ; éducation ; droit et législation, administration, économie politique. —

2° Les *sciences mathématiques*. Mathématiques appliquées : Mécanique, astronomie, génie, art militaire, marine ; calcul des probabilités, assurances, tontines, loteries, arpentage et géodésie ; métrologie (mesures, poids et monnaies), etc. — 3° Les *sciences physiques* et les *sciences naturelles*. Physique et chimie ; minéralogie et géologie ; botanique, zoologie, anatomie, physiologie. — 4° Les *sciences médicales*. Médecine, chirurgie, pharmacie et matière médicale ; art vétérinaire. — 5° Les *sciences occultes*. Alchimie, astrologie, magie, sorcellerie, etc. — II. POUR LES LETTRES : 1° La *grammaire*. Grammaire générale, linguistique, philologie. — 2° La *rhétorique*. Genre oratoire, genres didactique, épistolaire, etc. ; figures, tropes. — 3° La *poétique*. Poésie lyrique, épique, dramatique, didactique, etc. ; prosodie. — 4° Les *études historiques*. Formes diverses de l'histoire, histoire proprement dite, chronique, mémoires, etc. ; chronologie, archéologie, paléographie, numismatique, blason ; géographie théorique, ethnographie, statistique. — III. POUR LES ARTS : 1° Les *beaux-arts* et les *arts d'agrément*. Dessin, peinture, gravure, lithographie, photographie ; sculpture et statuaire ; architecture ; musique, danse et chorégraphie ; gymnastique ; escrime, équitation, jeux divers, jeux d'adresse, jeux de hasard, jeux de combinaison. — 2° Les *arts utiles*. Arts agricoles ; Arts métallurgiques ; Arts industriels ; Professions commerciales, etc. ; — avec l'étymologie de tous les termes techniques, l'histoire sommaire de chacune des principales branches des connaissances humaines ; rédigé, avec la collaboration d'auteurs spéciaux, par M. *Bouillet*. Nouv. édit. Ouvr. dont l'introduction dans les écoles est autorisée par le ministre de l'instruction publique. 1 vol. de 1750 pages, grand in-8, pouvant se diviser en deux parties. Br. 21 »

Le cart. percaline gaufrée se paye en sus 2 fr. 25 c. ; la demi-reliure chagrin 4 fr. ; la demi-reliure chagrin avec tranches et gardes peignes, 5 fr.

Dictionnaire universel d'histoire et de géographie, contenant : I. L'HISTOIRE PROPREMENT DITE : Résumé de l'histoire de tous les peuples anciens et modernes, avec la série chronologique des souverains de chaque État ; — Notices sur les institutions publiques, sur les assemblées délibérantes, sur les congrégations monastiques et les ordres de chevalerie ; sur les sectes religieuses, politiques et philosophiques ; sur les grands événements historiques, tels que guerres, conspirations, traités, conciles, etc. II. LA BIOGRAPHIE UNIVERSELLE : Personnages historiques de tous les pays et de tous les temps, avec la généalogie des maisons souveraines et des grandes familles ; — Saints et martyrs, avec les jours de leur fête ; — Savants, artistes, écrivains, avec l'indication de leurs travaux, de leurs découvertes, de leurs systèmes, ainsi que des meilleures éditions et traductions de leurs écrits. III. LA MYTHOLOGIE : Notices sur les divinités, les héros et les personnages fabuleux de tous les peuples, avec les diverses interprétations données aux principaux mythes et aux traditions mythologiques ; — Articles sur les religions, cultes et rites divers ; sur les fêtes, jeux, cérémonies publiques ; sur les mystères, ainsi que sur les livres sacrés de chaque nation. IV. LA GÉOGRAPHIE ANCIENNE ET MODERNE : Géographie comparée, faisant connaître les divers noms de chaque pays dans l'antiquité, au moyen âge et dans les temps modernes ; — Géographie physique et politique, avec les dernières divisions administratives et la population, d'après les relevés officiels ; — Géographie industrielle et commerciale, indiquant les productions de chaque contrée ; — Géographie historique, mentionnant les événements principaux qui se rattachent à chaque localité ; par M. *Bouillet*. Ouvr. recommandé par le Conseil de l'instruction publique, et approuvé par Mgr l'archevêque de Paris. Nouv. édit. entièrement refondue. Un vol. de 2040 pages gr. in-8, pouvant se diviser en deux parties. Br.   21 »

   Le cart. percaline gaufrée se paye en sus 2 fr. 25 c.; la demi-reliure chagrin, 4 fr.; la demi-reliure chagrin avec tranches et gardes peignes, 5 fr.

Atlas universel d'histoire et de géographie, contenant : I. LA CHRONOLOGIE : Concordance des principales ères avec les années avant et après Jésus-Christ; table des archontes d'Athènes, des consuls de Rome; catalogue des saints, calendriers, etc. ; *tables chronologiques universelles*, comprenant tous les faits de l'histoire universelle. — II. LA GÉNÉALOGIE : Tableaux généalogiques des dieux et de toutes les familles historiques de l'antiquité et des temps modernes, suivis d'un traité élémentaire de l'art héraldique, avec : 1° neuf planches de blason coloriées; 2° une planche coloriée des principaux ordres de chevalerie ou décorations; 3° deux planches coloriées de pavillons des principales puissances. — III. LA GÉOGRAPHIE : 88 cartes gravées et coloriées faisant connaître la géographie ancienne et moderne de tous les pays du monde. Cette troisième partie comprend, en outre, des tables explicatives, indiquant les ressources commerciales et industrielles, les divisions administratives et religieuses de chaque pays, par M. Bouillet. — Ouvrage formant le complément du *Dictionnaire universel d'histoire et de géographie* du même auteur. 1 vol. grand in-8. Broché.   30 »

   Le cart. percaline gaufrée se paye en sus 2 fr. 75 c.; la demi-reliure chagrin, 4 fr. 50 c.; la demi-reliure chagrin avec tranches et gardes peignes, 5 fr. 50

Le même ouvrage, sans les douze planches du traité de l'art héraldique. Broché.   21 »

   Le cart. percaline gaufrée se paye en sus 2 fr. 25 c.; la demi-reliure chagrin, 4 fr.; la demi-reliure chagrin, avec tranches et gardes peignes, 5 fr.

Dictionnaire universel des contemporains, contenant toutes les personnes notables de la France et des pays étrangers, avec leurs noms, prénoms, surnoms et pseudonymes, le lieu et la date de leur naissance, leur famille, leurs débuts, leur profession, leurs fonctions successives, leurs grades et titres, leurs actes publics, leurs œuvres, leurs écrits et les indications bibliographiques qui s'y rapportent, les traits caractéristiques de leur talent, etc. Ouvrage rédigé et tenu à jour avec le concours d'écrivains et de savants de tous les pays, par M. *G. Vapereau*, ancien élève de l'École normale, ancien professeur de philosophie, avocat à la Cour impériale de Paris. 3° édit. 1 vol. gr. in-8. Br.   25 »

   Le cart. percaline gaufrée se paye en sus 2 fr. 25 c.; la demi-reliure chagrin, 4 fr. ; la demi-reliure chagrin avec tranches et gardes peignes, 5 fr.

   Le *Supplément* de la 1re édit. et celui de la 2e édit. se vendent chacun 1 fr. 50

Imprimerie générale de Ch. Lahure, rue de Fleurus, 9, à Paris.

OUVRAGES DU MÊME AUTEUR.

Étude sur l'art de parler en public. 1 vol. in-18 jésus, 2ᵉ édition... 3 fr.

La belle saison a la campagne; lectures spirituelles. 1 volume in-18 jésus, 4ᵉ édition.............................. 3 fr. 50 c.

La chrétienne de nos jours. 2 vol. in-18 jésus, 3ᵉ édition.... 7 fr.

Le chrétien de nos jours. 2 vol. in-18 jésus, 3ᵉ édition..... 7 fr.

Méditations sur les épîtres et les évangiles des dimanches et des fêtes. 1 vol. in-18 cavalier, br................. 3 fr. 50 c.

Méditations sur les épîtres et les évangiles du carême. 1 vol. in-18 cavalier, br......................... 3 fr. 50 c.

Philosophie morale. 2 vol. in-8........................ 12 fr.

Psychologie expérimentale. 2 vol. in-8................ 12 fr.
    Id.   Id.   2ᵉ édit. 2 vol. in-12...... 7 fr. 50 c.

La morale de l'Évangile comparée aux systèmes des philosophes. 1 vol. in-8.................................. 6 fr.

La conscience. 1 vol. in-8............................. 6 fr.
    —   1 vol. in-12........................... 3 fr. 50 c.

Philosophie des lois. 1 vol. in-8...................... 6 fr.
    —   —   1 vol. in-12................ 3 fr. 50 c.

L'Imitation de Jésus-Christ illustrée. 1 vol. grand in-8.... 15 fr.

L'Imitation de Jésus-Christ illustrée. 1 vol. in-12..... 3 fr. 50 c.

Imprimerie générale de Ch. Lahure, rue de Fleurus, 9 à Paris.

www.ingramcontent.com/pod-product-compliance
Lightning Source LLC
Chambersburg PA
CBHW070544230426
43665CB00014B/1800